TRADIÇÃO JURÍDICA E CULTURA BRASILEIRA

Proteção ao patrimônio cultural: direito à religiosidade

TRADIÇÃO JURÍDICA E CULTURA BRASILEIRA

Proteção ao patrimônio cultural: direito à religiosidade

Ílder Miranda-Costa

Copyright © 2012 Ílder Miranda-Costa

Grafia atualizada segundo o Acordo Ortográfico da Língua Portuguesa de 1990, que entrou em vigor no Brasil em 2009.

Publishers: Joana Monteleone/ Haroldo Ceravolo Sereza/ Roberto Cosso
Edição: Joana Monteleone
Editor assistente: Vitor Rodrigo Donofrio Arruda
Projeto gráfico, capa e diagramação: Sami Reininger
Revisão: Rogério Chaves
Assistente de produção: João Paulo Putini
Imagem de capa: Ílder Miranda-Costa, *Maestro*, 1985, aquarela, 29 x 19 cm.

CIP-BRASIL. CATALOGAÇÃO-NA-FONTE
SINDICATO NACIONAL DOS EDITORES DE LIVROS, RJ

C872t

MIRANDA-COSTA, Ílder.
TRADIÇÃO JURÍDICA E CULTURA BRASILEIRA: proteção ao patrimônio cultural: direito à religiosidade.
Ílder Miranda-Costa.
São Paulo: Alameda, 2012.
382p.

Inclui bibliografia
ISBN 978-85-7939-075-3

1. Religiosidade. 2. Religião e direito – Brasil. 3. Religião e cultura – Brasil. 4. Religião – História. I. Título.

11-8218.   CDD: 261.50981
                  CDU: 261.6:34 (81)
                                        031929

ALAMEDA CASA EDITORIAL
Rua Conselheiro Ramalho, 694 – Bela Vista
CEP 01325-000 – São Paulo – SP
Tel. (11) 3012-2400
www.alamedaeditorial.com.br

DEDICATÓRIA

Em 1981, presentearam-me com Teogonia: a origem dos deuses, de Hesíodo (século VIII a. C.), tradução de Jaa Torrano.

O presente, um livrinho de 10,2 x 13,7 cm, com cento e sessenta páginas, editado pela Massao Ohno-Roswitha Kempf Editores iluminou-me logo a partir da quinta página. Lá estava, sob o título Dedicatória, em caixa alta, as seguintes palavras de Torrano:

> Quando Heráclito viu perfeito o seu livrinho, depositou-o no templo de Ártemis Senhora das Feras, a Deusa de muitos úberes.
> Agora que vejo concluído o meu, a Deusa não tem mais templos, nem as feras têm Senhora, nem as feras são mais ferozes, ainda que sejam piores: contagiosas, poluentes.
> Como Heráclito pôs em seu livrinho os aforismos de sua Sabedoria Arcaica, tentei por neste meu as dicas das visões que vi e da Senda que tenho trilhado e pela qual penso alcançar o télos de meu Destino.
> Outros já passaram por esta Senda; por isso a novidade de tudo o que eu digo de novo está na força da repetição. A força do Sábio está em saber dizer o já dito com o mesmo vigor com que foi dito pela primeira vez.
> Evocada ou não, contemplada ou sem templo, a Deusa Mãe está presente e nos nutre. As feras, ainda que tenham perdido a inocência e a natural crueldade, são sempre as suas crias.
> Tão perverso como as ex-feras minhas contemporâneas, de cujo convívio não poderei me apartar senão quando me sentir próximo do fim de meus dias, vivo nos últimos anos desta Idade de Ferro preditos por Hesíodo, - e confio este meu livrinho aos que tiverem prazer em falar e ouvir falar dos Deuses sempre vivos, e aos que com Eles vivem.[1]

---

[1] Torrano, Jaa. "Dedicatória". In: Hesíodo. Teogonia: a origem dos deuses. Trad. Jaa Torrano. São Paulo: Massao Ohno-Roswitha Kempf, 1981, p. 5.

"Mas se é para aí que nós temos que ir, creio que devemos pôr o maior empenho em saber onde está a verdade e onde o erro no assunto de que tratamos, porque a todos interessa igualmente que isto fique esclarecido."

PLATÃO, *Górgias*, 505 e

"[...] a coisa é pior no que toca à minha ignorância, da qual a mim mesmo não faço segredo. Há momentos em que dela me envergonho; é certo que também há momentos em que me envergonho dessa vergonha. Talvez todos nós, filósofos, estejamos atualmente mal colocados em relação ao saber: a ciência cresce, os mais eruditos entre nós estão quase a descobrir que sabem muito pouco. Mas seria ainda pior se fosse diferente – se soubéssemos *demais* [...]"

NIETZSCHE, *A gaia ciência*, § 381

SUMÁRIO

PREFÁCIO	11
PARTE I Cultura brasileira: **a religiosidade do povo**	15
1. teologia cristã	17
Cristianismo primitivo e helenismo	17
Agostinho (354-430)	43
Tomás (1225-1274)	64
Concílios e Encíclicas	76
2. cristianismo sincrético de matriz religiosa latino-americana	83
Matriz religiosa latino-americana	83
Matriz religiosa brasileira	99
3. o que não pode morrer é o que viverá para sempre	111
PARTE II Patrimônio cultural: **tradição jurídica e direito à religiosidade**	123
4. direito em atenas	125
Para um olhar contemporâneo sobre o legado grego	126
Povo grego: história e destino (das invasões do terceiro milênio à *pólis*)	133
Pólis e religião	143

Pólis e direito: reflexões à luz das Guerras Médicas	154
Pólis e ser humano: reflexões à luz do Império Macedônio	162
Pólis e *sophia*: reflexões à luz de *A República* e *Górgias*	169

5. ROMA NO DIREITO — 181

Si fueris Romae, Romano vivito more — 185

Idade Média: o nascimento da família de direitos românicos — 230

Jusracionalismo e a descoberta moderna do fundamento romano do direito — 297

6. CODIFICAÇÃO: A JUSROMANÍSTICA MODERNA — 315

7. PROTEÇÃO JURÍDICA À HERANÇA CULTURA E ESTADO: *DIREITOS CULTURAIS* — 365

REFERÊNCIAS BIBLIOGRÁFICAS — 373

PREFÁCIO

DUAS OU TRÊS DÉCADAS ATRÁS, a pauta da mídia era marcada por uma contradição insolúvel: de um lado, uns tantos profetas da *Era de Aquarius*, na qual a humanidade, legatária em grande parte do libertarianismo do final dos anos 1960 e dos anos 1970, acreditava antever as transformações por que passariam o mundo e sua re-espiritualização rumo a uma sociedade do futuro; de outro, a cultura inóspita dos *yuppies wallstreet*ianos desprovidos de valores e tão representativos do que mais tarde a genial interpretação de Christian Bale imortalizaria em *Psicopata Americano*. Tratava-se, já então, de uma notável contradição entre o vazio ético e uma nova ética, por assim dizer, planetária.

É espantoso que em verdade o que tenhamos visto descortinar-se ante nossos olhos, desde então e até hoje, tenha sido a mais que surpreendente *Revanche de Dieu*, na expressão consagrada pelo seminal pensador Samuel Huntington. Esta vingança de Deus — ou dos Deuses — marca a surpreendente eclosão da questão religiosa no coração dos debates da contemporaneidade. Para Huntington, uma reação tardia à opressão decorrente da excessiva ideologização do mundo nos paradigmas da Guerra Fria. Para nós outros, uma resposta aguda e condoída à decadência dos valores decorrentes da materialização da vida humana, tão ao gosto de duas ditaduras que tanto nos oprimem, ainda que em tanto se contraponham: a ditadura do sistema econômico capitalista (e seu natural corolário na globalização do pensamento único) e a ditadura intelectual dos pensadores de matriz marxista, tão fortes e hegemônicos em tantas universidades durante o triste século XX.

Para além da matéria, do material e da materialização da vida humana, para além do materialismo, surpreendentemente agiganta-se o espiritual nesta virada de século, e a partir de diferentes centros e abordagens. Penso que a mais consistente releitura do tempo presente é a que afirma, com Gonçal Mayos, que vivemos o momento do *giro cultural*, no qual, afinal, a cultura e o Espírito, as ciências da cultura e a ciências do Espírito, ou a Filosofia mesma, reassumem papel polar nas nossas reflexões sobre o homem e sobre o todo.

É o giro cultural que nos anima a revivificar o espírito de nossas tradições mais profundamente arraigadas, recuperando o valor aqui e ali negligenciado do nosso legado histórico-cultural.

Precisamente aí é que o Professor Doutor Ílder Miranda-Costa encontrou-se com nosso grupo. Detentor de vários bacharelados, o último deles no campo transdisciplinar por excelência da juridicidade — o Direito não é uma disciplina, mas a transgressão mesma de todos os limites disciplinares, uma vez que rege todos os aspectos da vida —, experimentado produtor cultural e premiado teatrólogo, Ílder procurava reconciliar-se consigo mesmo na seara do Direito Administrativo, na qual, já então, militava.

Qual não foi o meu prazer em pervertê-lo, apontando-lhe o virtuoso (e vicioso) caminho das reflexões jusfilosóficas. Às beiras dos seus 50 anos, generosamente dispôs-se a um reinventar-se, metamorfoseando-se em um jovem intelectual que, a despeito e a partir de sua riquíssima experiência de vida, via-se com a alegria lúdica de um jovem que descobre o mundo.

Nessa redescoberta, reconciliam-se os muitos ílderes e se desdobram num pesquisador de mentalidade crítica, aguda, prolixa, plural, criativa. Assim é que cursaria seu mestrado em Filosofia do Direito, exerceria o magistério jusfilosófico na Velha Casa de Afonso Pena — na qual com pioneirismo implantou a disciplina da Psicologia Aplicada ao Direito, outra de suas múltiplas habilidades intelectuais — e recentemente se doutoraria em Direito, sob a terna orientação do Professor Doutor Arthur J. Almeida Diniz e a vigilante inspiração do Professor Doutor Joaquim Carlos Salgado, nosso grande líder.

Deu-me Ílder o gosto de orientá-lo em seu mestrado, cuja dissertação, notável, é que dá origem ao presente livro que a coleção *Direito & Cultura*, por mim dirigida, e a nossa inestimável parceira, a *Editora Alameda*, publicamos, sob os auspícios diretos do Programa Pesquisador Mineiro, da Fundação de Amparo à Pesquisa do Estado de Minas Gerais (FAPEMIG).

Trata-se de uma obra extremamente inspirada, e em muito conectada tanto com os novos tempos do giro cultural, em geral, quanto, em especial, com o que começa a se delinear em alguns centros de investigação como *Heritage Law* — algo como um direito ao patrimônio histórico e cultural, à herança das gerações passadas.

Não se trata de qualquer conservadorismo moral ou religioso, ou de qualquer retorno reacionário; o passado que permanece só permanece porque *é* o presente e *é* o futuro que *será*. Nem todos têm a felicidade de serem tocados em suas almas pelo hegelianismo, mas aqueles que o foram aprendemos que o presente traz em si, negado, conservado, e elevado, o passado.

Mineiro, Ílder não deixa de comprometer-se com o patrimônio histórico de um dos Estados membros mais fortemente marcados pela religiosidade, especialmente aquela de matriz católica e apostólica romana. Sem medo de parecer contrário à secularização e a laicização dos costumes, corajosamente estabelece — e, nisso, em absoluta comunhão com seu orientador — a necessária emergência de um novo direito fundamental: um *direito à tradição religiosa*.

Enquanto tantos — estupidamente — defendem a abolição de imagens e crucifixos em espaços públicos, a derrubada de estátuas representativas de religiosidade e talvez em algum momento o banimento perpétuo de toda e qualquer espécie de arte sacra, Ílder propõe um basta, lembrando o papel que a tradição religiosa possui na conformação da nossa cultura e da nossa história. Retirar um crucifixo, censurar uma imagem, proibir o sagrado constitui violência inaceitável. É contra esta violência que se constrói a presente obra: contra a interdição do sagrado, contra a exclusão do divino.

Nela, o leitor encontrará muito da reflexão que coletivamente buscamos construir na chamada *Escola Jusfilosófica Mineira*, que tem em Ílder Miranda-Costa um de seus mais inspirados integrantes. Sério, dedicado, leal, Ílder nos traz um texto que permite ser lido tanto por um iniciado quanto por um aprendiz nas artes jurídicas.

Oxalá nossos manes consagrados abençoem as reflexões aqui esposadas, permitindo o ecoar dos sólidos ideais que inspiram a obra e o autor. Mais que isso, para as ideias aqui desenvolvidas reclamamos a sagrada intervenção de São Thomas Morus, o festejado utopista a quem incumbe, no seio da Santa Madre Igreja, a proteção do juízo dos nossos parlamentares e governantes: é a eles, à sua consciência e ao seu tirocínio que, em última analise, destinam-se as corajosas palavras deste livro.

Uma última palavra, de gratidão. Lá atrás, no alvorecer do presente projeto, eu, que prefiro trabalhar sempre com colaboradores o quão mais jovens possível, vi-me entrevistando um quase cinquentenário na seleção para o mestrado. Tive de perguntar-lhe, curioso, o que levava um homem já tão experiente a aventurar-se pela academia, e ouvimos de Ílder a conta matemática de que, se trabalhasse com afinco, seria doutor por volta de seus 55 anos e talvez lhe sorrisse a Providência, conferindo-lhe quinze anos de magistério superior num centro de excelência — numa universidade pública.

Sinto em meu coração a imensa alegria de ter acreditado naquele menino que nascia, naquele homem que, seguindo o exemplo mítico de um Homem que se fizera um Deus-menino, não hesitou em tornar-se ele mesmo de novo um menino: um dos nossos meninos na nossa tão amada família intelectual. Pois o menino Ílder fez-se Mestre e Doutor, e o novo homem Ílder traz em si tantos signos de vitória que agradecemos, nós, pela benção de o termos acompanhado neste reinício de jornada.

Que os Deuses cubram de pétalas de flores seu caminho rumo ao futuro.

Na Barcelona de tantas culturas, no outono de 2010
Prof. Dr. José Luiz Borges Horta

PARTE I
Cultura brasileira:
a religiosidade do povo

1. TEOLOGIA CRISTÃ

Cristianismo primitivo e helenismo

ACERCA DA ESTRUTURA do encontro entre filosofia grega e pregação cristã, adverte Vaz, "era necessário [...] que a própria filosofia grega fosse construída na forma de uma teologia"[1] – ponto de vista alicerçado da seguinte maneira:

> De fato a filosofia grega é, fundamentalmente, uma teologia. Ela traduz a tentativa audaz de transpor, para o registro conceptual da razão, que começava a surgir nas cidades jônicas por volta do século VI a.C., os elementos herdados das religiões que floresciam no Mediterrâneo oriental e que eram as religiões dos povos que vieram a se encontrar no espaço histórico-geográfico que chamamos o mundo grego.[2]

---

[1] Vaz, Henrique Cláudio de Lima. *Escritos de filosofia I*: problemas de fronteira. 2ª ed. São Paulo: Loyola, 1998, p. 73.

[2] *Idem, Ibidem*, p. 74. À frente, p. 75, Vaz apresenta pontos que refletem a natureza teológica da filosofia grega: "como, por exemplo, o problema platônico das Ideias que evolui, no neoplatonismo, para o problema da Inteligência (*Nous*) como lugar das Ideias que constituem o exemplar das realidades sensíveis e dá origem à metafísica exemplarista do Espírito".

Mileto, Éfeso, Samos, Cólofon... *as cidades jônicas que, por volta do século VI a. C.*, descobriram que a natureza abre-se à curiosidade da razão investigadora – daí nasceu a ciência. Por sua vez, a filosofia, segundo Vaz, tentou traduzir essa descoberta em termos tais que se revelasse a homologia entre *natureza racional* e *natureza contemplada pela visão religiosa*, pois:

> O homem antigo era essencialmente religioso. Seu mundo cultural não podia abrigar uma atitude cética ou indiferente em matéria religiosa. A natureza jamais se lhe apresentava sob uma feição operacionalmente empírica, como algo que se submete a uma experimentação metódica e se mede. Para o homem antigo, o mundo era epifania do sagrado. Diante do mundo estava sempre em atitude de religiosa reverência.[3]

Inserida *na religiosidade do mundo cultural do homem antigo*, o projeto da filosofia era enunciar a compreensão religiosa do universo através da razão. Vaz, apoiado em Jaeger, demonstra:

> Nesse sentido, a filosofia é, desde o início, *teologia*, expressão racional do *theion*, do divino. Podemos, pois, datar dos filósofos pré-socráticos o nascimento da teologia. Seus problemas fundamentais são por eles formulados pela primeira vez.[4]

Nascida sob o signo da teologia, o destino e o caráter da filosofia sofreram sua influência, conforme o mapeamento efetuado por Vaz, tendo em vista, fundamentalmente, Platão e Zenão:

> O pensamento de Platão é, fundamentalmente, uma visão teológica do mundo. Esse filósofo contemplava o mundo orientado finalisticamente para a ideia de Bem, realidade absolutamente transcendente (*Rep.* VI, 509 c), da qual, como do sol para as coisas visíveis, flui para tudo o mais a luz inteligível e, portanto, a consistência do ser.

---

3   Idem, ibidem, p. 74.

4   Idem, ibidem. Vaz refere-se a: Jaeger, W. *The theology of the early greek philosophers*, Oxford University Press, 1947.

No diálogo *Teeteto*, Platão convida o filósofo ao esforço de tornar-se semelhante a Deus e, assim, alcançar a sabedoria (*Teet*, 176 a-b). E nas *Leis*, seu último diálogo, respondendo ao sofista Protágoras que havia proclamado o homem medida de todas as coisas, colocava a medida suprema em Deus (*Leis*, IV, 715 e-716 c) [...] Por outro lado, a teologia é coroamento de toda a moral estoica, pois essa se fundava na aceitação de um *logos*, de uma razão divina imanente ao universo e cuja providência conduz todas as coisas.[5]

Na época helenística – os "séculos que se interpõem entre o declínio da filosofia grega clássica e o aparecimento do cristianismo"[6] –, predomina no mundo grego e, posteriormente, no mundo greco-romano, a *religião cósmica*, assim definida por Vaz:

> A veneração da natureza ou do "cosmos" considerado como Deus, ou, pelo menos, como manifestação do divino, como "Deus visível" (*theós oratós*) que a própria visão corporal pode contemplar. Em verdade, transluz no universo tal beleza, tal ordem e tal harmonia que este somente pode ser declarado divino ou manifestação do divino.[7]

No terreno da filosofia grega, estão fundadas as raízes da *teologia cristã* – juízo que, para ser apreendido, exige considerar a distância entre a morte do *Jesus histórico* e o aparecimento de *comunidades palestinas cristãs*, organizadas em torno de bispos, presbíteros e diáconos – líderes eclesiais (do latim, *ecclesia*, "igreja") responsáveis por ensino e transmissão da fé.[8] Sobre natureza e papel das comunidades cristãs, a inteligência de Vaz é cabal:

---

[5] *Idem, ibidem*. À mesma página, Vaz acrescenta: "[Para Platão] o ato supremo do conhecimento reside justamente na *theoria* ou contemplação, cujo objeto é Deus, isto é, as realidades que no universo, pelas suas características de perfeição e, sobretudo, de eternidade, de superação da contingência e precariedade da existência [...], podemos chamar de divinas."

[6] *Idem, ibidem*, p. 75.

[7] *Idem, ibidem*.

[8] Entre *Jesus* e *comunidades* houve o descaminho da, nos termos de Johnson, Paul. *História do cristianismo*. Trad. Cristiana de Assis Serra. Rio de Janeiro: Imago, 2001, p. 58, "legatária original da missão de Jesus, a Igreja de Jerusalém, [que] não se ateve inabalavelmente à sua

> Essas comunidades são depositárias da mensagem de Jesus – que proclamam Cristo e Senhor – e nelas se redigem os escritos que irão constituir o Novo Testamento e onde já se manifesta um rico pensamento teológico.[9]

Vaz completa, em estilo lapidar: "Se a história do cristianismo começa com o Jesus histórico, a história da teologia cristã começa com os escritos do Novo Testamento".[10] Entre a morte de Jesus, "provavelmente no ano 33 da nossa era",[11] e as cartas de Paulo, a partir do ano 50, "desenvolve-se uma teologia notavelmente complexa",[12] sobre a qual se apoiam os evangelhos e os primeiros capítulos dos Atos dos Apóstolos. Em duas décadas o cristianismo torna-se "religião culta",[13] porque, segundo Vaz,

> a pregação cristã primitiva não se contentou com ser apenas um "querigma" (anúncio), a proclamação de uma mensagem, mas foi igualmente um ensinamento enraizado em duas tradições didáticas de grande riqueza: a tradição rabínica com sua apurada técnica de exegese e interpretação da Escritura, e a tradição das escolas greco-romanas.[14]

O que torna possível *um ensinamento enraizado em duas tradições didáticas de grande riqueza* é o fato de que, no conjunto dos convertidos ao cristianismo, sobressaem grande número de judeus helenizados não provenientes de meios populares – Paulo, de Tarso,[15] é exemplo primoro-

---

doutrina e estava deslizando de volta para o judaísmo antes de ser, na verdade, extinta, com seus remanescentes tendo acabado rotulados como hereges".

9 Vaz, *Escritos de filosofia I: problemas de fronteira*, cit., p. 72.
10 *Idem, ibidem.*
11 *Idem, ibidem.*
12 *Idem, ibidem.*
13 *Idem, ibidem.*
14 *Idem, ibidem,* p. 73.
15 Tarso foi a cidade mais importante da Cilícia. Em 64 a. C., o General Cneu Pompeu anexou-a à Província da Síria. Localizada na foz do rio Çay, que deságua no Mar Mediterrâneo, Tarso é, hoje, uma cidade da província de Mersin, na Turquia.

so. Em torno dessas balizas, a leitura teológica da vida de Jesus, transferida para o Novo Testamento, leva em si, segundo Vaz, "uma complexa herança cultural"[16] e difunde-se por todo o mundo mediterrâneo, "seguindo os grandes eixos das estradas romanas por onde circulavam as armas imperiais e as ideias gregas".[17]

Difusão que, por um lado, enfrentou contra-ataques, como o disparado por Nero (37-68); imperador de 54 a 68),[18] e que, por outro, contou com golpes de sorte, tais como o da história da Igreja de Jerusalém, conforme relata JOHNSON:

> Durante a década de 60, a Igreja de Jerusalém foi perdendo seu significado cristão e os resquícios de universalismo, à medida que se identificava com a crescente revolta contra Roma. Os zelotes percorriam as áreas rurais. O terrorismo religioso recrudesceu nas cidades. As procissões apinhadas das grandes festividades tornaram-se ocasiões para assassinatos súbitos, que provocavam revoltas e brutais retaliações. A lei e a ordem desmoronaram e Roma foi considerada culpada pelas dificuldades econômicas que se seguiram. Em Jerusalém, um proletariado em desespero ergueu-se contra Roma e uma aristocracia sacerdotal colaboracionista e a favor de feiticeiros, bandoleiros patrióticos e sectários. A revolta final e sua repressão duraram quatro anos. Exigiu muito

---

16   Vaz, *Escritos de filosofia I*: problemas de fronteira, *cit.*, p. 73.

17   *Idem, ibidem*, p. 76.

18   Em 64, Nero foi acusado de ter provocado o incêndio que destruiu boa parte de Roma. Tácito (55-120), *apud* COLLINS, PRICE, *História do cristianismo*, *cit.*, p. 39, narra a defesa do Imperator: "Nero lançou a culpa sobre uma classe de homens que a multidão chamava de cristãos... um grande número deles foi condenado... o opróbrio acompanhou seu final: eram dilacerados por cães até a morte, ou presos a cruzes; e quando a luz do dia escasseava, eram queimados para servir como lâmpadas à noite [no jardim do imperador]". Em 1876, HENRYK SIEMIRADZKI (1843-1902), pintor polonês, descreve a cena em *As tochas de Nero*; a tela está no Muzeum Narodowe, Cracóvia. Em 115, TÁCITO (55-120), descreveu os cristãos como "uma classe de homens desprezada por seus vícios [...] condenados, não tanto pelo crime de incêndio quanto por odiarem a humanidade".

dos recursos militares e econômicos do império e a vingança de Roma foi nas mesmas proporções.[19]

Quatro anos durou a Guerra Judaica, de 66 a 70. Ao final, o Templo foi destruído. A respeito da sorte que o evento trouxe para a história do cristianismo, ouça-se JOHNSON:

> O que assegurou a sobrevivência do cristianismo não foi o triunfo de Paulo no campo, mas a destruição de Jerusalém, e, com ela, a fé cristã judaica. Uma das muitas razões colaterais por que Paulo ansiava por dissociar a doutrina cristã do judaísmo era seu desejo de resgatá-la da política irredentista judaica. O messias político e militar judeu nada significava para gregos e romanos. E, no entender de Paulo, Jesus nunca fora um messias nesse sentido. Não era disso que tratava o cristianismo. Como judeu da diáspora, ele não tinha motivo de queixa dos romanos. Pelo contrário, parecia admirar o sistema romano e dele tirou proveito. Seu apelo público à cidadania romana foi mais que uma fuga física da justiça da lei, que agora lhe era odiosa: era uma renúncia simbólica ao *status* judaico.[20]

O centro de gravidade do cristianismo deslocou-se para Roma. O *Jesus histórico da Igreja de Jerusalém* foi substituído pelo *Cristo greco-romano* – obra coletiva, da qual participaram criadores famosos, listados por JOHNSON, ao se referir à divergência entre o Jesus nazareno e a cristologia de PAULO, esta, sim, substância da fé universal cristã:

> Isso foi remediado por Marcos, que escreveu a primeira biografia de Jesus, apresentando-o como uma divindade. Lucas, em seu

---

19 JOHNSON, *História do cristianismo, cit.*, p. 56. *Zelote*, membro do partido judeu que se opôs à dominação romana, sob o argumento de que situação seria incompatível com a soberania do Deus de Israel.
20 *Idem, ibidem.*

evangelho e seus Atos, completou a cirurgia plástica dando ao tronco decapitado do Jesus de Jerusalém uma cabeça paulina.[21]

Se a PAULO o Império pareceu confortável, os cristãos representaram dor de cabeça para Roma. Trajano (53-117; imperador de 98 a 117), por exemplo, recebeu de PLÍNIO, o Moço, governador da Bitínia, na Ásia Menor, o seguinte relatório – indício dos problemas administrativos gerados pela relação entre cristãos e pagãos –, avaliado por COLLINS e PRICE:

> Por enquanto, eis o que tenho feito com os que são acusados de cristãos. Pergunto-lhes se são cristãos e, se confessam, pergunto-lhes uma segunda ou terceira vez com ameaças de punição. Se perseveram, ordeno sua execução; quanto aos cidadãos romanos, providencio para que sejam enviados a Roma.[22]

Essas as razões da autoria, no processo de perseguição. Em apelação, os réus tentam explicar-se, diante de Trajano. QUADRATO e ARISTIDES, por exemplo, escrevem-lhe, oferecendo as justificativas racionais de suas crenças. BOEHNER e GILSON depõem a favor dos apologistas, que batizam de apologetas:

> É um fato histórico que a "Boa Nova" recrutou seus primeiros ouvintes e adeptos principalmente entre as classes humildes. [...] Mas é igualmente um fato histórico que dentro em pouco, e em número sempre crescente, muitos homens cultos encontraram na sabedoria da cruz a plena satisfação da sua sede de verdade [...] Para eles, a conversão não implicava de modo algum na renúncia à cultura intelectual. Conquanto o imperativo cristão do "metanoeite" lhes abrisse um novo panorama ideológico, e projetasse novas luzes sobre os problemas de Deus, do homem e do mundo, não se lhes exigia uma rendição ao absurdo. Muito pelo contrário. O imperativo cristão é uma força positiva, que tudo submete ao serviço da cruz, inclusive a reflexão. Os primeiros a renderem tal serviço foram os

---

21 Idem, ibidem, p. 57.
22 PLÍNIO, apud COLLINS, Michael; PRICE, Matthew. História do cristianismo: 2000 anos de fé. São Paulo: Loyola, 2000, p. 45.

apologetas dos séculos II e III. Coube-lhes a tarefa de mostrar que a mensagem de Cristo, [...] oferecia à razão soluções mais profundas do que as de qualquer filosofia.

[...]

Historicamente, *as apologias têm sua origem nas calúnias e inverdades que então circulavam entre os pagãos a respeito da doutrina cristã*, e nas investidas de certos filósofos. Conhecemos os nomes de alguns destes filósofos: Fronto de Cirta, o mestre de Marco Aurélio, o retor Luciano de Samósata (c. 170), o platônico Celso (c. 178) e, em época posterior, o neoplatônico Porfírio e o imperador Juliano Apóstata.

Dentre os apologetas mais antigos destaca-se a figura de Justino, cujas obras melhor se prestam para ilustrar os propósitos dos apologetas no que concerne à filosofia. Quanto aos demais apologetas, tais como Quadrato, discípulo dos apóstolos, o filósofo Aristides de Atenas, Taciano, Atenágoras, S. Teófilo de Alexandria e Ireneu, remetemo-los aos manuais de Patrística.[23]

Apologias parecem, no entanto, inaceitáveis à ciência do historiador Suetônio (69-141), que, considerando que *tudo o que é abjeto vem do Oriente*, sentencia os cristãos, conforme registro de Collins e Price: "uma classe de homens entregues a uma nova e malévola superstição".[24]

Um dos alvos do anticristianismo é Inácio, bispo de Antioquia. Por volta de 107, a caminho do martírio – do grego *martirions*, "dar testemunho" –, em Roma, escreve cartas de amor a Jesus, provando sua devoção a Deus, como demonstram os trechos a seguir, apontados por Collins e Price: "Que nada mais me seja concedido senão derramar meu sangue como uma oferenda a

---

23 Boehner, Philotheus; Gilson, Etienne. *História da filosofia cristã*. 9ª ed. Petrópolis: Vozes, 2004, p. 25-6. (grifo nosso).

24 Suetônio, apud Collins, Price, *História do cristianismo, cit.*, p. 38. A obra de Suetônio inclui: *De ludis grecorum*; *De spectaculis et certaminibus romanorum*; *De anno romano*; *De nominibus propiis et de generibus vestium*; *De roma et jus institutis*; *Stemma ilustrium romanorum*; *De claris rhetoribus* e a conhecida *A vida dos doze Césares*, que chega à contemporaneidade.

Deus... Estou perdido de paixão pela morte";[25] "É melhor morrer por Jesus do que reinar até o fim do mundo".[26]

Apesar do desprezo que despertam, no final do século I, segundo COLLINS e PRICE, "os cristãos tinham desenvolvido um tipo bem definido de culto";[27] e citam JUSTINO (c. 100-c. 165), descrevendo aquilo que, ao longo de dois mil anos, tem sido o culto padrão dos cristãos católicos, centrado em leitura bíblica, sermão, orações e comunhão:

> Escrevendo nos anos 150, Justino Mártir nos dá alguma ideia de como os cristãos se juntavam para adorar: "No dia chamado pelo nome do sol, ocorre uma reunião de todos os que vivem nas cidades e no campo. As memórias dos apóstolos são lidas, assim como os escritos dos profetas, tanto quanto o tempo permitir. Quando o leitor termina, o presidente, em seu discurso, admoesta e insta a todos para que imitem aqueles valiosos exemplos. Então todos nos levantamos e oramos juntos em voz alta. Finda a oração, saudamo-nos mutuamente com um beijo. Neste momento, como já citamos, traz-se o pão, com o vinho misturado à água, para o presidente", que os recebe e ora, oferecendo "louvor e glória ao Pai do Universo, em nome do Filho e do Espírito Santo", dando graças "por termos sido considerados dignos de receber esses dons em nossas mãos". Quando ele conclui suas orações e ações de graça, "o povo aquiesce dizendo Amém – assim seja".
> O pão e o vinho abençoados eram então distribuídos pelos diáconos, que mais tarde levavam pão e vinho aos que não tinham podido estar na reunião. Justino diz que a participação na eucaristia era limitada: "A ninguém é permitido compartilhar a menos que creia serem verdadeiras as coisas ensinadas e que tenha sido lavado nas águas que trazem a remissão dos pecados e dão o segundo nascimento, e viva conforme Cristo nos ordenou. Pois não

---

25 INÁCIO, *apud* COLLINS, PRICE, *História do cristianismo, cit.*, p. 44.
26 *Idem, ibidem*, p. 41.
27 COLLINS, PRICE, *História do cristianismo, cit.*, p. 40.

os recebemos como pão comum e vinho comum, mas como Jesus Cristo nosso Salvador".[28]

Mas o sentido de certos aspectos da doutrina eucarística é deturpado pelo imaginário popular. Alimentar-se com o *corpo e o sangue do Senhor* é entendido como canibalismo. COLLINS e PRICE acrescentam que "as referências à comunhão como 'festa de amor' davam margem a boatos sobre incesto, orgias e sacrifício de crianças".[29] Para além do relato do culto cristão, a importância de JUSTINO reside no fato de ele, segundo BOEHNER e GILSON, "haver dado domicílio à filosofia no seio do cristianismo".[30] Em *Diálogo com Trifon*, JUSTINO, segundo BOEHNER e GILSON:

> Relata uma entrevista (fictícia?) com o rabino (Tarfon c. 135) e investe contra os judeus. Justino procura demonstrar que a antiga lei foi abolida pela lei de Cristo, que este é Deus, e que os pagãos são chamados ao reino de Deus, do qual os judeus se excluíram.[31]

O colóquio entre JUSTINO e Trifon resulta em consequências importantíssimas para o relacionamento entre filosofia e cristianismo, o que justifica, plenamente, a longa citação de BOEHNER e GILSON:

---

[28] *Idem, ibidem.*

[29] *Idem, ibidem*, p. 44.

[30] BOEHNER, GILSON, *História da filosofia cristã, cit.*, p. 31. Os autores, p. 26, apresentam um resumo da vida de JUSTINO: "Justino, filósofo e mártir, – como já lhe chamava Tertuliano (Adversus Val. 5) – nasceu em Nablus, a antiga Siquém na Samaria, no primeiro quartel do século II. Seus pais eram gentios. Já adulto, converteu-se ao cristianismo, provavelmente em Éfeso, após haver cultivado apaixonadamente o estudo da filosofia. Pôs-se a pregar a palavra de Deus sem depor o manto filosófico (Eusébio, Hist. 4,11; Justino, Dial. 1). Reuniu em torno de si um grupo de discípulos e fundou uma escola durante sua segunda estadia em Roma. Sofreu o martírio entre os anos de 163 e 167, na mesma cidade. É possível que ele, que tanto se ufanava do título de 'filósofo', fosse denunciado por seu colega Crescêncio, o filósofo cínico, a quem acerbamente combatera. Foi condenado à morte pelo prefeito Rústico, no tempo de Marco Aurélio – ambos estoicos. Conservam-se as atas autênticas do seu martírio. O papa Leão XIII incluiu-lhe o nome no Missal e no Breviário romano. Sua festa celebra-se no dia 14 de abril."

[31] *Idem, ibidem*, p. 26.

Também eu nutria, a princípio, o desejo de tratar com algum destes filósofos. Dirigi-me, pois, a um estoico e passei com ele bastante tempo. Entretanto, como nada adiantasse no conhecimento de Deus – ele mesmo era incrédulo e julgava desnecessário tal saber – abandonei-o e associei-me a um dos que passam pelo nome de peripatéticos. Este homem se tinha em conta de muito perspicaz. Frequentei-o por alguns dias. Pediu-me então que lhe pagasse um salário, para que as nossas relações não resultassem inúteis. Por isso abandonei-o, deixando mesmo de tê-lo em conta de filósofo.

Mas como a minha alma persistisse no desejo ardente de conhecer a natureza e excelência da filosofia, fui ter com um renomado pitagórico, que muito se gloriava do seu saber. Ao tratar com ele da minha admissão como ouvinte e discípulo, perguntou-me: "Como assim? Já estudaste, porventura, a música, a astronomia e a geometria? Ou julgas poder contemplar alguma daquelas realidades que conduzem à felicidade, sem teres aprendido primeiro estas ciências, que desembaraçam a alma das coisas sensíveis, e a tornam apta para as inteligíveis, de modo a poder contemplar o que é belo e bom em si mesmo?" E tendo elogiado sobremaneira aquelas ciências, e insistido na sua necessidade, despediu-me, pois tive de confessar que as ignorava. É escusado dizer que me entristeci bastante com esta nova desilusão, tanto mais que eu tivera a impressão de que ele sabia alguma coisa. Mas, refletindo sobre o tempo que teria de gastar naquelas disciplinas, não me senti disposto a tão longa demora.

Cada vez mais perplexo, resolvi procurar os platônicos, que também desfrutavam de grande fama. Ora, justamente naqueles dias chegara à nossa cidade um dos representantes mais doutos e eminentes desta escola. Pus-me a frequentá-lo com a máxima assiduidade. Fiz grandes progressos e apliquei-me diariamente a ele, tanto quanto me era possível. Senti-me tomado de um grande entusiasmo pelo conhecimento das coisas incorporais, e a contemplação das Ideias dava asas ao meu espírito. Comecei logo a ter-me por sábio, e tolo como era, cuidei chegar sem demora à contemplação de Deus. Pois este é o objetivo da filosofia platônica.[32]

---

32 JUSTINO, Diálogo com Trifon, apud BOEHNER, GILSON, História da filosofia cristã, cit., p. 32.

BOEHNER e GILSON contam que JUSTINO se retira a um lugar solitário à beira da praia, onde se depara com um ancião, que lhe pergunta sobre seus desígnios:

> Justino respondeu que viera àquele lugar para cultivar a filosofia, da qual lhe adviria a felicidade. Ao que o ancião lhe perguntou o que entendia por filosofia e por felicidade. "A filosofia, retrucou Justino, é a ciência do ser e o conhecimento da verdade; a felicidade é o prêmio desta ciência e desta sabedoria". Interrogado sobre Deus, respondeu: "Deus é aquilo que permanece invariavelmente idêntico e é a causa do ser dos demais seres".[33]

Deus é aquilo que permanece invariavelmente idêntico e é a causa do ser dos demais seres. A partir desse conceito de Deus, JUSTINO impugna os fundamentos da filosofia de PLATÃO e recebe do interlocutor o que lhe parece ser uma orientação mais segura do que a proporcionada pela filosofia:

> O ancião lhe dá a entender, outrossim, que a leitura dos livros sagrados deve ser precedida da oração, "para que as portas da luz se abram ao teu espírito. Pois estas coisas só as contempla e compreende aquele a quem Deus e o seu Cristo conferem a necessária inteligência".
> Justino sente-se tomado, desde logo, de um amor ardente aos profetas e amigos de Cristo. Está persuadido de que a doutrina deles contém a única filosofia fidedigna e salutífera. Faz-se cristão. "Eis aí", conclui ele, "por que e como vim a ser um filósofo".[34]

O comentário de BOEHNER e GILSON sobre a mudança que JUSTINO imprime à sua vida – *eis aí por que e como vim a ser um filósofo* – é dramático: "[estas palavras] Significam nada menos do que uma transformação completa do conceito da filosofia. Das mãos dos gregos, a filosofia passa às mãos dos cristãos".[35]

---

33 BOEHNER, GILSON, *História da filosofia cristã, cit.*, p. 27.
34 *Idem, ibidem*, p. 28.
35 *Idem, ibidem*.

Das mãos dos gregos, a filosofia passa às mãos dos cristãos... BOEHNER e GILSON esclarecem a contundência da afirmação:

> Justino está ciente de que os problemas ventilados pela sabedoria grega são idênticos àqueles que são levantados e solucionados pelo cristianismo; tanto os filósofos como os cristãos buscam a Deus e aspiram à união da alma com Deus. Sabe igualmente que ao aspirar a um objetivo religioso, a filosofia sincretista dos gregos criou para si um problema insolúvel, posto que superior às força da razão humana. Com efeito, ou a filosofia visa a um objeto que lhe é proporcionado e acessível, o qual por isso mesmo não poderá ser de natureza religiosa, ou o seu objetivo é de caráter propriamente religioso, e nesse caso será necessário transcender a filosofia meramente natural e adotar a religião cristã, à qual se há de reservar, por conseguinte, o nome de "filosofia". E é este, precisamente, o sentido que Justino empresta à filosofia.[36]

No entanto, relatam BOEHNER e GILSON, em *Apologia II*, JUSTINO revela sua mais profunda impressão sobre a filosofia:

> Ninguém creu em Sócrates a ponto de dar a vida por sua doutrina. Quanto a Cristo, porém, a quem Sócrates já conheceu em parte..., n'Ele creem não só os filósofos e sábios, como também os artesãos e as pessoas simples, e isto com o mais perfeito desprezo às honrarias, ao temor e à morte. Pois Ele é a força do Pai inefável, e não um vaso da razão humana.[37]

Na verdade, avalia JOHNSON, tomando como corpo de análise, tanto os embates no campo teórico, quanto os choques na esfera pragmática: "os Mediterrâneos oriental e central, nos séculos I e II, fervilhavam com uma infinita multiplicidade de ideias religiosas, lutando para se propagar";[38] e, reconhece:

---

36   *Idem, ibidem.*
37   JUSTINO, *apud* BOEHNER, GILSON, *História da filosofia cristã, cit.*, p. 31.
38   JOHNSON, *História do cristianismo, cit.*, p. 58.

Isso visto, era inevitável que a Igreja se expandisse não como um movimento uniforme, mas como um conjunto de heterodoxias. Ou, talvez, "heterodoxias" seja a palavra errada, já que dá a entender que havia uma versão ortodoxa. O sistema paulino, de fato, acabaria por tornar-se ortodoxo, mas as demais versões cristãs que difundiram-se a partir de Jerusalém não eram derivadas dele, mas, pelo contrário, tiveram evolução independente. Desde o início, pois, houve inúmeras variedades de cristianismo, com pouco em comum além de serem centradas na crença na ressurreição. Eram marcadas por dois fatores: as tradições orais individuais, que acabariam por encontrar expressão escrita como "evangelhos", e, ligadas a estas, alegações de sucessão apostólica. Cada Igreja tinha sua própria "história de Jesus", e todas haviam sido fundadas por um membro do bando original, que passara a tocha adiante para um sucessor designado, e assim por diante. O elemento mais importante em todas essas Igrejas primordiais era a *árvore genealógica da verdade*.[39]

O conceito de *árvore genealógica da verdade* é grego e reproduz-se na lógica do *gnosticismo*, conforme JOHNSON:

> A ideia foi primeiro aplicada pelos gnósticos, que enumeravam seus mestres, e os *mestres* destes, até chegar a Jesus, transmitindo o conhecimento sagrado. Assim, Basílides, um dos hereges gnósticos, apelou para Gláucias, descrito como intérprete de Pedro, e, então, de Pedro a Cristo; outro gnóstico, Valentino, declarava ter sido instruído por Teudas, discípulo de Paulo; tanto os seguidores de Carpócrates quanto os de Naasseno recorriam a Mariamne, a quem Tiago, o irmão de Jesus, transmitira os mistérios.[40]

Ao longo do século II, a Igreja adota o fundamento e apresenta sua *genealogia da verdade*, armando-se contra, por exemplo, CELSO (século II), que,

---

39   *Idem, ibidem*, p. 59 (grifo nosso).
40   *Idem, ibidem*, p. 68. Até o presente, a sucessão apostólica é tema fundante, ao menos do catolicismo da Igreja Católica e *Apostólica* Romana.

em 170, aprimora o modo de identificar cristãos, denunciando-os, conforme COLLINS e PRICE:

> Há uma nova raça de homens nascida ontem, sem pátria nem tradições, unidos contra todas as religiões e instituições civis, perseguidos pela justiça, universalmente notórios por sua infâmia, mas gozando de uma execração comum: são os cristãos.[41]

COLLINS e PRICE mostram como CELSO, estranhando, na vida comunitária cristã, a insistência na ideia de família e a obstinação na prática da caridade (que, em idioma cristão traduz-se por amor que move a vontade à busca efetiva do bem do próximo e que procura identificar-se com o amor de Deus), comenta: "Sua concórdia é muito espantosa, ainda mais porque não mostra repousar em nenhuma base fidedigna".[42] E afirma CELSO, conforme atestam COLLINS e PRICE:

> os cristãos evitavam os educados, os sábios e os sensíveis, preferindo seduzir "qualquer estúpido, qualquer iletrado, qualquer criança". Acreditava que isso mostrava que eles "querem e conseguem convencer apenas os tolos, os desonrados e os imbecis, e apenas escravos, mulheres e criancinhas".[43]

Perante o relacionamento entre imperadores e cristãos, isto é, diante da cena composta por Neros, Tácitos e outros, VAZ encarrega-se de consolidar a análise, elevando-a ao plano da reflexão:

> Podemos, portanto, afirmar que a partir do ano 100 da nossa era, um fato cultural decisivo começa a tomar corpo, acompanhando o fim da Antiguidade e prolongando-se nas duas Idades Médias que conhecemos, a bizantina e a latina: a teologia cristã,

---

41 CELSO, apud COLLINS, PRICE, História do cristianismo, cit., p. 44. CELSO escreve Discurso verdadeiro (c. 178), em que se opõe ao messianismo cristão. ORÍGENES refuta-o, em Contra Celso (entre 245 e 250).

42 Idem, ibidem, p. 39.

43 COLLINS, PRICE, História do cristianismo, cit., p. 46.

desenvolvida a partir do ensinamento do cristianismo primitivo e que, em permanente simbiose com a filosofia grega, passa a constituir o espaço conceptual dentro do qual irão crescer ideias e valores, cuja presença marcará, de modo indelével, todo o curso posterior da história do Ocidente.[44]

A partir do ano 100 da nossa era, o desenvolvimento teológico do cristianismo é sempre mais rico... e a Igreja primitiva mostra-se perfeitamente capaz de vencer desafios, na forma de cultos e seitas à margem de sua doutrina. COLLINS e PRICE resumem o modo como a Igreja lida com interpretações contrárias às suas:

> As controvérsias com heréticos [...] tiveram um efeito positivo ao encorajar a Igreja a definir suas crenças. Contra Marcião e os gnósticos, a Igreja reafirmou sua fé no Antigo Testamento e começou a definir o que pertencia ou não ao cânon do Novo Testamento. Contra Montano, os líderes da Igreja declararam a prioridade da revelação bíblica sobre revelações privadas posteriores.[45]

Contra todos que reivindicam para si a posse de um código de verdade secreto, a tática da Igreja consiste em manter-se pública, acessível a todos, pregando que a salvação não é exclusividade dessa ou daquela elite, mas que, pelo contrário, está ao alcance de qualquer um. No plano estratégico, as medidas eclesiais são estruturantes. Confirmando a importância de uma

---

44 VAZ, *Escritos de filosofia I*: problemas de fronteira, *cit.*, p. 73.
45 COLLINS, PRICE, *História do cristianismo*, *cit.*, p. 43. O *Gnosticismo* abraça várias correntes; em geral, acredita que detém a posse de um conhecimento secreto, que o mundo material é mau, que as almas dos poucos eleitos podem lutar para fugir dele e que, para tal, há receitas esotéricas. Dois de seus líderes, Basilides, no Egito, e Valentino, em Roma, pregam o docetismo (do grego, *dokesis*, "aparência"), segundo o qual Jesus apenas parecera ser homem, mas que, de fato, fora um espírito. MARCIÃO, predicando que, dentre os autores bíblicos, Paulo é o único verdadeiro, elimina da Bíblia o que considera elementos problemáticos do cristianismo. Em 144, é expulso da Igreja de Roma. MONTANO, alegando ser repositório de uma nova revelação, funda, a partir de 170, culto baseado em liderança carismática, rígido padrão de comportamento e convicção de que seus membros são os únicos cristãos verdadeiros.

árvore genealógica da verdade, elabora-se listas de sucessão dos bispados individuais, que, no depoimento de JOHNSON, "remontavam à fundação original do episcopado por algum dos apóstolos",[46] escorando a autoridade do bispo atual. No entanto, argumenta JOHNSON, "a lista podia ser arrumada", não que houvesse "falsificação consciente, visto que, na segunda metade do século II, pressupunha-se que tais bispos sempre tinham existido; tudo que era necessário era estimular as memórias das pessoas para obter os detalhes"; mas é, na verdade, "olhando por trás das listas, surge um outro quadro": em Edessa, "a ortodoxia só chegaria nas últimas décadas do século III"; em Alexandria, "a ortodoxia só seria instituída na época do bispo Demétrio, 189-231"...[47] Inicia-se, pois, no final do século II, a *uniformização*, o estabelecimento da ortodoxia. JOHNSON aponta os fatores que possibilitam o processo:

> O primeiro deles foi a evolução de um cânon de escritos do Novo Testamento.
> [...]
> Isso significava aceitar um grande número de contradições teológicas, éticas e, na verdade, histórico-factuais; por outro lado, preservava o espírito universalista do cristianismo e era muito mais fiel à tradição do próprio Jesus, como provedor de incontáveis matrizes e ideias, do que uma teologia homogênea como a de Paulo.
> A expansão do cânon também era uma arma contra a heresia. Todos os indícios sugerem que os heresiarcas não criavam heresias: apenas articulavam tendências populares já existentes ou, em determinados casos, lutavam por tradições que estavam sendo esmagadas pela marcha ortodoxa. Um cânon abrangente permitia que a Igreja tivesse maior apelo junto às populações heréticas ou, em outras palavras, acolhesse sob seu guarda-chuva de fé os seguidores de tradições antigas e divergentes.
> [...]
> Havia uma dura negociação entre os centros rivais do cristianismo e, cada vez mais, o Oriente e o Ocidente. Assim, o Ocidente logrou

---

46 JOHNSON, *História do cristianismo*, cit., p. 68.
47 *Idem, ibidem*, p. 69.

êxito em sua insistência na eliminação de muitos documentos alexandrinos, mas não foi capaz de impingir ao Oriente uma série de importantes escritos romanos do início do século II.[48]

O resultado, para o Ocidente: um novo Novo Testamento, moldado pela Igreja – e não o contrário; um conjunto de *novas escrituras*, muito próximas das conhecidas pela Modernidade, contendo a essência da fé cristã; uma ferramenta apta a auxiliar a invenção de uma Igreja institucional, que, em breve, determinará a extensão de sua autoridade. Os homens que a dirigem estão, agora, preparados para vigiar a obediência à lei contida no mandamento ético dos evangelhos e a regular a realização da ideia de *vida cristã*, como condição de salvação. Estão, também, aparelhados para sustentar o *dogma*, reservando para si o processo de autorização tanto da classificação de um texto como sagrado, quanto de sua explicação, que, agora, passa a ser exigida. A Igreja torna-se corporação – eis como, nas palavras de JOHNSON:

> A ideia de um clero parece ter sido casamento entre ideias gregas e judaicas. Os anciãos de Jerusalém da Igreja cristã judaica detinham um elemento de autoridade, eram "pilares". Os bispos e diáconos da Igreja Gentia, originalmente, tinham funções exclusivamente espirituais. [...] Contudo, na época do surgimento das primeiras fontes romanas, no começo do século II, a matriz de uma estrutura clerical já fora forjada.
> [...]
> Inácio [de Antióquia], que provavelmente escreveu hinos e introduziu o canto antifônico na Igreja, recorreu a uma imagem musical: somente se todos [o bispo, o conselho de presbíteros e os diáconos] desempenhassem seus papéis, conforme o estipulado, é que a unidade básica da Igreja seria preservada. Nesse estágio [...], a democracia primitiva do período escatológico se fora: a congregação havia perdido a liberdade, os bispos ensinavam a verdade autorizada e o ofício era visto como o instrumento pelo qual a tradição apostólica seria preservada.
> [...]

---

48 *Idem, ibidem*, p. 70-1.

Assim, as Igrejas instituíram a intercomunhão e a defesa mútua contra a heresia, com base no episcopado monárquico e sua genealogia apostólica.[49]

Mesmo assim, não há como fugir a certas evidências: há, no século II, dois tipos básicos de cristianismo: o otimista racional, que crê que o princípio do amor seja suficiente, com o homem tendo um desejo essencial de praticar o bem, e o pessimista, convencido da corruptibilidade básica das criaturas humanas e da necessidade do mecanismo da danação. O primeiro tipo de cristianismo é representado por Marcião (110-160); o segundo, por Tertuliano (160-225), cujo ataque à facção oposta é assim apresentado por Johnson:

> Para eles, escarneceu: "Deus é, pura e simplesmente, o bem. Ele de fato proíbe todo o pecado, mas só da boca para fora [...] pois nosso medo ele não deseja [...] eles não têm qualquer medo de seu Deus. Dizem que só um ser mau, deve ser temido, um bom amado. Tolo! Pode-se dizer que aquele a quem chamamos de *Senhor* não deve ser temido, quando o próprio título que a ele se atribui indica um poder que *tem* de ser temido?" Sem o medo, os homens "transbordariam de luxúria", mergulhariam em jogos, circos, teatros frequentes – todos proibidos aos cristãos – e render-se-iam de imediato à perseguição.[50]

Collins e Price contam como Tertuliano ridiculariza os critérios dos inimigos daqueles que considera cristãos verdadeiros:

> Se o Tibre sobre demais ou o Nilo baixa demais, se o céu permanece fechado ou se a terra se move, se chega uma praga ou a fome, o grito é "os cristãos para o leão". Todos eles para um só leão?[51]

---

49 *Idem, ibidem*, p. 72-3.
50 *Idem, ibidem*, p. 62.
51 Tertuliano, *apud* Collins, Price, *História do cristianismo, cit.*, p. 47.

COLLINS e PRICE reproduzem a resposta de TERTULIANO a Celso, definindo cristãos, refere-se a eles como *uma nova raça de homens nascida ontem*:

> Nascemos ontem, mas já enchemos tudo o que tendes – cidades, ilhas, fortes, aldeias, assembleias, até acampamentos militares, tribos, conselhos municipais, o palácio, o senado e o fórum. Não vos deixamos nada além dos templos.[52]

Nem MARCIÃO, nem TERTULIANO... Na análise de JOHNSON: "O caráter que a Igreja – ou melhor, a tendência cada vez mais vitoriosa dentro da Igreja – estava adquirindo era empírico e inclusivo; tendia a rejeitar interpretações ideológicas unilaterais".[53] Trabalho pragmático de afastamento da diversidade doutrinária e adoção de uma aparência de ortodoxia, baseada em um cânon negociado e sustentado pela associação dos bispos. A consequência: uma Igreja internacional, entendida por JOHNSON como "a obra do século II", pois "no Ocidente, a diversidade estava desaparecendo rapidamente; no Oriente, a ortodoxia estava se tornando a maior tradição única já nas primeiras décadas do século III".[54]

É do final do século II, certa *Carta a Diogneto*, anônima, esclarecendo, conforme transcrição de COLLINS e PRICE, aspectos da religião cristã, que vão se tornando hegemônicos ao longo do período:

> Os cristãos não se distinguem das outras pessoas nem pela origem, pela língua nem pelo modo de se vestir. Não vivem em suas próprias cidades, nem têm língua própria, nem sequer levam um tipo especial de vida. Vivem em seus próprios países, mas como estrangeiros; toda terra estranha é lar para eles, e seu lar é como uma terra estranha. Vivem sua vida na terra, mas são cidadãos do céu. Obedecem às leis da terra, mas, pelo teor de suas vidas, vivem acima da lei. Amam a todos, mas todos os perseguem. São desprezados e condenados; são mortos e ganham a vida. São pobres,

---

52 *Idem, ibidem.*
53 JOHNSON, *História do cristianismo*, cit., p. 74.
54 *Idem, ibidem.*

mas tornam muitos ricos. São desonrados, mas ganham a glória por meio da desonra. São atacados pelos judeus como estrangeiros, e perseguidos pelos gregos; mas aqueles que os perseguem não podem dar nenhuma razão para essa hostilidade. Em poucas palavras, a alma é para o corpo, o que os cristãos são para o mundo... A alma está no corpo, mas não é do corpo; os cristãos estão no mundo, mas não são do mundo.[55]

CIPRIANO, por volta de 250, sintetiza a posição ortodoxa, reproduzida por COLLINS e PRICE: "Não pode ter Deus como Pai aquele que não tem a Igreja como Mãe".[56] Quer dizer: a Igreja é força inconteste no seio do Império, atrai para seus exércitos homens ricos e de alto nível cultural e tem consciência disso. JOHNSON interpreta as exigências que a nova Igreja tem diante de si:

> Era inevitável que ocorresse uma mudança de ênfase – do desenvolvimento puramente prático, em resposta à necessidade, para a elaboração deliberada de políticas.
> Isso foi expresso de duas maneiras: a tentativa de converter o cristianismo em um sistema filosófico e político e o desenvolvimento de dispositivos de controle para impedir que essa intelectualização da fé a destruísse. O processo duplo entrou em funcionamento nas décadas iniciais e intermediárias do século III, com Orígenes epitomando o primeiro elemento e Cipriano o segundo. Se Paulo trouxe para a primeira geração de cristãos as úteis habilidades de um teólogo capacitado, Orígenes foi o primeiro grande filósofo a repensar a religião desde os primeiros princípios.[57]

---

55   COLLINS, PRICE, *História do cristianismo*, cit., p. 46.
56   CIPRIANO, apud COLLINS, PRICE, *História do cristianismo*, cit., p. 43. Oportu-namente, AGOSTINHO, em *De Baptismo* 4.17, dirá: "*Salus extra Ecclesiam non est*", "*extra Ecclesiam nulla salus*", "*nemini salus esse nisi in Ecclesia potest*", "fora da Igreja não há salvação".
57   JOHNSON, *História do cristianismo*, cit., p. 74.

Johnson arremata: "Se Orígenes esboçou o conceito de um universo cristão, Cipriano desvelou o mecanismo necessário para manter sua coesão e colocá-lo em funcionamento".[58]

Orígenes (185-253) *foi o primeiro grande filósofo a repensar a religião desde os primeiros princípios,* esboçando um *conceito de um universo cristão.* Boehner e Gilson analisam a relação entre Orígenes e a filosofia grega: "Orígenes é um filósofo cristão. Seu propósito [...] é edificar um sistema do saber cristão a partir do patrimônio seguro da fé. Nesta empresa teve de valer-se da filosofia grega";[59] e atestam seu amplo conhecimento da filosofia grega:

> Dizia a pura verdade ao assegurar a Celso que não cultivara apenas o estudo das Escrituras, mas também o da filosofia, e que o fizera por amor à verdade. Esta assertiva é corroborada pelo testemunho insuspeito de Porfírio: "Platão foi seu companheiro inseparável; manuseava constantemente as obras de Numênio e de Crônio, de Apolófanes, de Longino, de Moderato e de Nicômaco, bem como as dos célebres pitagoristas. Utilizou igualmente os livros do estoico Cairemon e de Cornuto".[60]

Platão *é seu melhor amigo* e Epicuro, o maior inimigo. Mesmo assim, segundo Boehner e Gilson, Orígenes mantém atitude reservada para com os filósofos, acusa-os de erros, conforme se segue:

> *Os erros dos filósofos gregos* são retratados em cores particularmente vivas numa passagem em que Orígenes rebate a afirmação de Celso de que os cristãos teriam recorrido a um médico falso, isto é, a Cristo, de preferência aos verdadeiros médicos, que são os filósofos. Em sua resposta, Orígenes faz ver a ignorância e os erros destes médicos de Celso. Com efeito, quem são estes "verdadeiros médicos"? Os epicureus, que negam a Providência e apregoam que o prazer é o sumo bem? Porventura não é mais digno de louvor

---

58   *Idem, ibidem,* p. 76.
59   Boehner, Gilson, *História da filosofia cristã, cit.,* p. 54.
60   *Idem, ibidem.*

aquele que preserva os homens da enfermidade causada por tais médicos? Os peripatéticos, que ensinam que o mundo não é governado por Deus, e que Este se conserva inteiramente alheio à sorte dos homens? Não será verdadeira obra de caridade curar os que se deixaram ferir tão cruelmente por tais filósofos-médicos? Os estoicos, que anunciam um Deus corruptível? Não será nosso dever reconduzi-los ao verdadeiro Criador? Ou, finalmente, os platônicos, que creem na migração das almas? Não será melhor médico aquele que os convence de uma justa retribuição no além?[61]

Apesar da exceção apresentada contra os filósofos, ORÍGENES faz abundante uso da filosofia grega. BOEHNER e GILSON revelam os elementos gregos presentes na cosmologia de ORÍGENES:

> Baseado na revelação, Orígenes ensina que o mundo foi criado por Deus, ou mais exatamente, pelo Logos. Deus é o ser verdadeiro, como sabemos por seu próprio testemunho; pelo que todas as coisas devem participar de algum modo desse ser: "*Ex eo autem, qui vere est, qui dixit per Moysen: Ego sum qui sum, omnia quae sunt, participium trahunt*". Que se há de entender por tal participação? Significa, por um lado, que todas as criaturas participam no ser de Deus, de quem receberam o ser, enquanto efeitos de Deus; por outro lado, ela significa que todas as coisas compartilham da verdade de Deus, ou do Logos, no qual Deus as conhece.[62]

Um dos aspectos, pois, da *participação* assim se define: *todas as coisas compartilham da verdade de Deus, ou do Logos, no qual as conhece*. BOEHNER e GILSON informam como ORÍGENES define o *lógos*:

> O Logos é a sabedoria hipostática do Pai e o Verbo eterno pelo qual tudo foi feito. Este Logos-sabedoria existia "no começo de todos os caminhos" do Senhor, isto é, antes da criação de qualquer criatura. *Nele estava a Verdade, isto é, as Ideias ou imagens*

---

61 *Idem, ibidem*, p. 55.
62 *Idem, ibidem*, p. 61.

originais ou prototípicas (species, rationes), a cujo modelo as coisas foram feitas.[63]

Nele – no logos – estava a Verdade, isto é, as Ideias... BOEHNER e GILSON mostram-se atentos à similitude entre a metafísica platônica e o *logos, como verdade original do mundo*, de ORÍGENES:

> Poder-se-ia, pois, denominar o Logos de "lugar" das Ideias, ainda que tal expressão não ocorra em Orígenes. Talvez se estranhe que, numa exposição dessa natureza, Orígenes tenha deixado de servir-se da terminologia platônica; mas é preciso não esquecer o seu escrupuloso empenho em excluir a concepção platônica de um mundo de Ideias separado de Deus.[64]

A perspicácia de VAZ, refletindo acerca dos altos níveis de sofisticação intelectual a que a teologia cristã é elevada, atesta sua *mudança de ênfase* – deixando para trás o mero empiricismo: "Com efeito, no século III, em Alexandria, a teologia cristã já apresentava um corpo doutrinal capaz de confrontar-se com os grandes sistemas da filosofia grega da época".[65] A partir do século III de nossa era, na concepção absoluta de HEGEL, a proclamação da encarnação de Deus na história entrega as chaves do destino do Ocidente às mãos do cristianismo. Em sua atenção à fase final da cultura do mundo antigo, VAZ apresenta rica narrativa acerca do período:

---

63 *Idem, ibidem* (grifo nosso).
64 *Idem, ibidem*, p. 61.
65 VAZ, *Escritos de filosofia I*: problemas de fronteira, *cit.*, p. 73. A análise de VAZ, à página 76, *ibidem*, detalha acontecimentos da época que agora nos ocupa: "No século III em Alexandria, capital intelectual da Antiguidade tardia, a obra de um Orígenes já é construída com os apurados instrumentos intelectuais da grande tradição helênica. Seu livro *Sobre os Princípios* (do qual só foi conservada a tradução latina de Rufino de Aquileia) é comparável, na sua estrutura e na audácia com que pensou o cristianismo, aos livros da *Metafísica* de Aristóteles. Isto significa que o cristianismo, no século III, já podia apresentar, através de Orígenes, uma teologia tão intelectualmente ambiciosa quanto as grandes teologias da filosofia grega, como o platonismo ou o aristotelismo".

A partir de então, podemos dizer que o desenvolvimento da chamada Antiguidade tardia oscilou, do ponto de vista intelectual, entre as grandes proposições teológicas que provinham do cristianismo e a grande teologia greco-romana, o neoplatonismo. A propósito, diz Hegel, na sua *Fenomenologia do Espírito*, que o mundo ocidental em determinado momento hesitou, como se se encontrasse diante de uma opção ou em face de um bívio no qual os dois caminhos que se ofereciam eram o cristianismo e o neoplatonismo. Efetivamente, as elites do império romano, ao fim da Antiguidade, deixaram-se seduzir pela grandeza, pela nobreza, pela admirável coerência e, igualmente, pela extrema beleza da visão neoplatônica do mundo. Mas, a essa altura, o cristianismo podia já apresentar um desenvolvimento intelectual que o tornava capaz de oferecer-se como alternativa à visão neoplatônica.[66]

A fase final do mundo antigo é de tal sorte complexa que se, por um lado, conduz a organização política do Império Romano à decadência, por outro, exemplo, aperfeiçoa o Direito romano ao plano da codificação. Vaz retrata-a, denotando agudez de espírito na conclusão:

> Em suma, esse mundo [...] foi, na verdade, a época em que foram elaboradas e lançadas no curso da história ocidental muitas das ideias das quais ainda hoje vivemos. Foi justamente então que se deu, para usarmos os termos de Hegel, a grande opção: em vez de seguir o caminho traçado pelo neoplatonismo, o mundo antigo escolheu o caminho do cristianismo. Por quê?
> [...]

---

66 *Idem, ibidem*, p. 76. Em linhas gerais, *neoplatonismo* é a doutrina fundada por Amônio Sacas (175-242), em Alexandria. Segundo o neoplatonismo, o ser divino é absolutamente transcendente, os múltiplos seres que constituem o Universo dimanam de um ser único (emanação) e, pela interiorização progressiva do homem, o mundo retorna a Deus. Seus representantes principais são, em Roma, Plotino (204-270), e os gregos Jâmblico (c. 250-330), na Síria, e Proclo (410-485), em Atenas. Sobre as linhas fundamentais da Filosofia de Plotino, na sua vertente contemplativa e mística e na sua interação com o Cristianismo, ver Brun, Jean. *O Neoplatonismo*. Trad. José Freire Colaço. Lisboa: Edições 70, 1991.

> Para Hegel, foi a proclamação da encarnação de Deus na história que entregou nas mãos do cristianismo as chaves do destino do Ocidente. Mais simplesmente, poderíamos dizer que uma das razões fundamentais pelas quais o cristianismo prevaleceu sobre o neoplatonismo foi o fato de que *o primeiro se tornou neoplatônico, ao passo que o segundo rejeitou o cristianismo*.[67]

O cristianismo se tornou neoplatônico, ao passo que o neoplatonismo rejeitou o cristianismo. Sem admitirem posição de neutralidade, as correntes combatem por uma parcela da herança de PLATÃO, as ideias que compartilham colocam em fileiras opostas pagãos e cristãos. BROWN (1935-) acrescenta elementos à análise de VAZ:

> Os cristãos acolhiam com prazer nos platônicos uma bela descrição da estrutura do universo espiritual, mas os platônicos pagãos encaravam o mito cristão da redenção – a encarnação, a crucificação e a ressurreição do corpo – como uma inovação bárbara nos ensinamentos autênticos de seu mestre. Para eles, era como se um vândalo houvesse instalado uma escultura barroca vulgar e histriônica sob a cúpula etérea de uma igreja bizantina. Os platônicos pagãos mais "liberais" haviam esperado "civilizar" as igrejas cristãs, escrevendo em letras douradas em suas paredes que "*No princípio era o Verbo*".[68]

Difícil não atribuir a esse período da História do Ocidente imagem de rapidíssima e fulgurante eletricidade: curto-circuito! Conectando pontos de potenciais diferentes, a época promove um tão grande encadeamento de juízos que parece que o mundo vai ficar sem nexo, uma tão intensa sucessão de ideias que a vida, parece, vai perder a coerência. Apesar da pressa com que o Ocidente se decide pelo caminho através do qual lançou seu futuro, VAZ sabe metodizar sua atuação:

---

[67] VAZ, *Escritos de filosofia I*: problemas de fronteira, *cit.*, p. 77 (grifo nosso).
[68] BROWN, Peter Robert Lamon. *Santo Agostinho*: uma biografia. Trad. Vera Ribeiro. 2ª ed. Rio de Janeiro: Record, 2005, p. 124.

Da parte do cristianismo teve lugar um processo de assimilação pelo qual, recebendo o neoplatonismo, ele incorporava definitivamente toda a tradição da grande teologia grega. Ao invés, rejeitando o cristianismo, o neoplatonismo fechou-se num sistema que se foi tornando cada vez mais abstrato, mais esotérico na sua expressão intelectual, de sorte que, nos últimos autores neoplatônicos da escola de Atenas, tornou-se quase ininteligível, a não ser para os poucos que o estudavam num pequeno círculo de iniciados.[69]

Abatido o neoplatonismo – pelo que parece, por sua própria sina –, o cristianismo habilita-se para enformar os séculos que se seguem ao declínio de Roma. VAZ desvenda seu desdobro medieval:

> O cristianismo, assimilando o neoplatonismo nas suas grandes intuições, difundiu-se como forma de cultura, unificando o universo mental do homem antigo na hora do declínio e da crise, segundo as linhas da visão neoplatônica, em que o mundo aparece como um grande movimento que procede do primeiro Princípio – Deus – e a ele retorna. Essa visão circular do mundo com um caminho de procissão e de retorno irá oferecer justamente à teologia medieval sua *Denkform*, sua forma de pensamento fundamental.[70]

Agostinho (354-430)

> Pois eu me indagava como podia apreciar a beleza nas coisas materiais [...] e o que é que me tornava capaz de formular julgamentos corretos sobre as coisas mutáveis, dizendo que isso devia ser assim, aquilo não devia ser assim. Perguntava-me como podia ser capaz de julgá-las dessa maneira, e assim percebi que, acima de minha inteligência sujeita à mudança, havia a imutável e verdadeira eternidade da verdade [...]

---

69   VAZ, *Escritos de filosofia I*: problemas de fronteira, *cit.*, p. 77.
70   *Idem, ibidem.*

> O poder da razão, ao perceber que também em mim era passível de mudança, levou-me a considerar a fonte de seu próprio entendimento. Afastou-me o pensamento de suas cogitações habituais [...], para desvendar qual era a luz que o esclarecia quando proclamava, sem a menor sombra de dúvida, que o imutável era superior ao passível de mudança, e de onde provinha seu conhecimento do próprio imutável. Pois, a menos que de algum modo conhecesse o imutável, não poderia estar seguro de ser este preferível ao mutável. E foi assim que, num instante de assombro, minha mente logrou a visão do Deus que *é*.
>
> AGOSTINHO, *Confissões*, VII, 17.[71]

É possível que AGOSTINHO seja a figura que conjugue o ardor púnico ao espírito helênico e à vontade romana. Talvez seja isso que faz de AGOSTINHO o pioneiro do pensamento cristão e o orientador do Ocidente através de séculos e séculos, ao longo de todo um milênio. Em AGOSTINHO, a filosofia patrística atinge o apogeu.

BOEHNER e GILSON põem à vista as fundações da filosofia patrística latina:

> A história da Patrística latina desenrola-se primeiro e principalmente em terras africanas. De há muito a África Setentrional – a antiga Cartago – tornara-se a província mais florescente do império romano; de par com a cultura e os costumes romanos, adotara-se ali também a língua latina. Relativamente pouco atingida pelas lutas entre imperadores e contra-imperadores, devido à sua remota situação geográfica, a velha colônia gozava de uma prosperidade invejável, que aliás não deixava de beneficiar a própria Roma. Criaram-se assim as condições materiais necessárias para um incremento notável da cultura literária e científica.
>
> É provável que o cristianismo se implantasse bastante cedo em Cartago, sendo anunciado, não pelos próprios apóstolos, mas por pregadores vindos de Roma. Pelo ano 200 já havia ali uma numerosa comunidade cristã. [...] Neste período deve localizar-se

---

71 AGOSTINHO. *Confissões*, VII, 17, *apud* BROWN, *Santo Agostinho*, *cit.*, p. 114.

também a vida de Tertuliano, o protagonista literário da comunidade cristã africana.".[72]

TERTULIANO, adversário da filosofia, é notório por sua inflexibilidade, cujo grau é bem representado por JOHNSON:

> [Tertuliano] Deplorava, em particular, as tentativas de racionalistas, como Marcião, de conciliar a doutrina cristã com a filosofia grega: "o que tem Atenas a ver com Jerusalém? Que relação há entre a Academia e a Igreja? O que os hereges têm com os cristãos? Nossas instruções vêm do pórtico de Salomão, que ensinou, ele mesmo, que o Senhor deve ser procurado na simplicidade de coração. Fora com toda as tentativas de criar um cristianismo estóico, platônico e dialético!"[73]

Em linhas gerais, TERTULIANO afirma que, para o cristão, a filosofia, além de supérflua, representa um verdadeiro perigo, que a fé e a razão quase se contradizem e que no seio do cristianismo não há lugar para a filosofia. Suas palavras, às quais BOEHNER e GILSON dão suporte, esclarecem seu ponto de vista:

> Qualquer operário cristão já encontrou a Deus e dá testemunho dele, respondendo por suas ações a todas as perguntas que se lhe possam fazer a respeito de Deus; Platão, ao contrário, afirma não ser fácil encontrar o arquiteto do universo, e, mesmo que se o tenha encontrado, declara ser difícil fazê-lo conhecido de todos.[74]

Aguerrido, combativo; armipotente, TERTULIANO é o guerreiro; arma o cristianismo de recursos, meios, expedientes.

AGOSTINHO é diferente... é o mestre. AGOSTINHO, homem superior e de muito saber, é o perito na ciência de Deus, é o que ensina; escritor eminente, é o artista, o religioso e o filósofo do cristianismo ocidental.

---

72 BOEHNER, GILSON, *História da filosofia cristã, cit.*, p. 130.
73 JOHNSON, *História do cristianismo, cit.*, p. 63.
74 TERTULIANO, *apud* BOEHNER, GILSON, *História da filosofia cristã, cit.*, p. 133.

Saepe homo de ipso vanae gloriae contemptu vanius gloriatur[75] (*Confessiones* 10, 38), muitas vezes o homem se vangloria com muita vaidade do próprio desprezo pela glória vã. *Scientia nostra scientiae Tuae comparata ignorantia est* (*Confessiones* 11, 4). Nosso conhecimento comparado ao Teu conhecimento é ignorância. *Sed maioris est gloriae ipsa bella verbo occidere quam homines ferro, et acquirere vel obtinere pacem pace non bello* (*Epistulae* 229, 20), mas é glória maior destruir as guerras com a palavra do que matar o homem com a espada, e ganhar e manter a paz por meio da paz, não por meio da guerra.

Semper ambula, semper profice: noli in via remanere, noli retro redire, noli deviare (*Sermones* 169, 18), caminha sempre, sempre avança: não pares na estrada, não recues, não te desvies. *Semper autem debeo caritatem, quae sola etiam reddita semper detinet debitorem* (*Epistulae* 192), eu sempre devo o amor, que é a única dívida que, mesmo paga, mantém a pessoa devedora. *Semper te misericordia Dei protegat!* (*Epistulae* 189, 8), que a misericórdia de Deus te proteja sempre!

Si enim fallor, sum (*De Civitate Dei* 11, 20), se cometo erros, eu existo. *Si est voluntatis arbitrium, non omnia fato fiunt* (*De Civitate Dei* 5, 9), se existe vontade de decisão, nem tudo acontece pelo destino.

Si non potes intellegere, crede ut intellegas. Praecedit fides, sequitur intellectus (*Sermones* 110 1), se não podes entender, crê para entenderes; a fé precede, o entendimento acompanha. *Si sapientia Deus est, per quem facta sunt omnia, verus philosophus est amator Dei.* (*De Civitate Dei* 8, 1), se Deus, criador de todas as coisas, é sabedoria, o verdadeiro filósofo é aquele que ama a Deus. *Deum esse credimus* (*De Civitate Dei* 10, 4), acreditamos na existência de Deus.

AGOSTINHO e o Ocidente... retomem-se as lições de VAZ, situando o papel e lugar do discurso filosófico-teológico cristão na formação da cultura ocidental:

> Mas eis que um fato irrecusável e de enorme significação para a história espiritual do Ocidente se apresenta à nossa reflexão: a experiência da *transcendência* segundo a tradição bíblica, tendo atingido, na experiência cristã da *mediação* pela Fé no Fato do

---

75 Registro a fonte das frases latinas, bem como de suas traduções, atribuídas a AGOSTINHO: http://www.hkocher.info/minha_pagina/proverbios.htm, acesso em 5 de junho de 2007.

Cristo, o ponto extremo da sua oposição à *mediação* pela Filosofia segundo a tradição grega, irá operar a composição absolutamente imprevisível da *anabasis* e da *katabasis*, da *mediação* que procede do "alto" e da *mediação* que se estabelece pelo esforço de ascensão a partir do "baixo": dessa operação resultará o discurso filosófico-teológico cristão que será a linguagem canônica da *transcendência* ao longo dos séculos de formação da cultura ocidental.[76]

A experiência da transcendência segundo a tradição bíblica, atinge, *na experiência cristã da mediação pela Fé no Fato de Cristo, o ponto extremo da sua oposição à mediação pela Filosofia segundo a tradição grega...*, conforme anunciado por PAULO:

> Cristo não me enviou para batizar, mas para pregar o Evangelho; e isso sem recorrer à habilidade da arte oratória, para que não se desvirtue a cruz de Cristo.
> A linguagem da cruz é loucura para os que se perdem, mas, para os que foram salvos, para nós, é uma força divina. Está escrito: *Destruirei a sabedoria dos sábios, e anularei a prudência dos prudentes* (Is 29, 14). Onde está o sábio? Onde o erudito? Onde o argumentador deste mundo? Acaso não declarou Deus por loucura a sabedoria deste mundo? Já que o mundo, com a sua sabedoria, não reconheceu a Deus na sabedoria divina, aprouve a Deus salvar os que creem pela loucura de sua mensagem. Os judeus pedem milagres, os gregos reclamam a sabedoria; mas nós pregamos Cristo crucificado, escândalo para os judeus e loucura para os pagãos; mas, para os eleitos – quer judeus, quer gregos –, força de Deus e sabedoria de Deus. Pois a loucura de Deus é mais sábia do que os homens, e a fraqueza de Deus é mais forte do que os homens.[77]

Da composição da *anabasis* e da *katabasis*, segundo VAZ, resulta o discurso filosófico-teológico cristão, "essa grandiosa operação intelectual e

---

76 VAZ, Henrique Cláudio de Lima. *Escritos de filosofia III*: filosofia e cultura. São Paulo: Loyola, 1997, p. 214.

77 PAULO, 1 *Cor* 1, 17-25.

espiritual que se estendeu do século III ao século XIII d. C.".[78] Sem esquecer que os problemas da formação da teologia cristã na era patrística, no seu confronto com a filosofia grega, figuram em plano dos mais elevados da reflexão do Ocidente sobre si mesmo: o encontro entre filosofia clássica e *kérigma* cristão – encontro que, conforme Vaz, apoiado em Pelikan, se dá, sobretudo, "no terreno da teologia natural de procedência platônica, que evolui para o monoteísmo do Platonismo médio e de Plotino".[79] Sem esquecer a amplitude da questão, dizia-se, é possível estudar, com Vaz, aquilo que engendra o discurso filosófico-teológico cristão:

> A constituição desse discurso foi obra dos Padres da Igreja e dos teólogos. Ele não deve ser confundido nem com o discurso do ensinamento (*didachê*) da Igreja, para o qual forneceu categorias e modelos teóricos, nem com a pregação ou anúncio (*kérigma*) propriamente ditos. O discurso filosófico-teológico é obra, na Igreja, da contemplação dos teólogos. Embora sendo um *serviço* eclesial, ele conserva, no seu exercício, uma analogia com o *bios theoretikós* dos filósofos da tradição grega.[80]

Ora, se *a teologia cristã forma-se na era patrística*, ou, melhor dizendo, *a constituição do discurso filosófico-teológico cristão é obra dos Padres da Igreja*, e se, em Agostinho, *a filosofia patrística atinge o apogeu*, fica, então, evidenciada a necessidade de desvendar sua Metafísica. É em grande estilo que Vaz procede ao ato de sua apresentação:

> Se o agostinismo se define como uma "metafísica da experiência interior", na expressão admiravelmente justa de Windelband, retomada por E. Gilson, é precisamente a universalidade desta experiência, seu alcance metafísico, que a liberta das limitações de Agostinho e a torna como um "arquétipo" ou *eidos* (no sentido

---

78   Vaz, *Escritos de filosofia III*: filosofia e cultura, *cit.*, p. 214.
79   *Idem, ibidem*, p. 215.
80   *Idem, ibidem*.

platônico), de cuja participação nasce e caminha a dialética concreta do espírito do Ocidente.[81]

De modo inequívoco, pois, *a experiência de* AGOSTINHO *aparece com uma experiência do espírito em sua acepção mais rigorosa*. Diante do quê, VAZ lança a pergunta capital para a arguição de uma tradição religiosa, da qual o Ocidente é herdeiro:

> Mas porque a experiência do espírito é ainda, em Agostinho, uma experiência de "conversão", e em torno do conceito de "conversão" se adensa todo o seu conteúdo inteligível, somos levados a afirmar que as linhas de força da experiência de Agostinho se organizam no sentido de uma reflexão propriamente religiosa. Ora, ninguém ignora que precisamente à volta da conversão de Agostinho se fere a batalha sobre a interpretação do seu espírito. Conversão ao neoplatonismo ou conversão, já desde o início, ao autêntico cristianismo?[82]

BOEHNER e GILSON preparam o ambiente de onde brota a pergunta de VAZ – *Conversão ao neoplatonismo ou conversão, já desde o início, ao autêntico cristianismo?* Em *Confissões*, AGOSTINHO revela que a trajetória que o leva ao cristianismo nasce precoce: "Ouvira falar, ainda criança, da vida eterna, que nos é prometida, graças à humildade do vosso Filho e Senhor nosso, descido até a nossa soberba. Fui marcado pelo sinal da cruz."[83] Aos 16 anos, entrega-se àquilo que considera ser *"Excesserunt caput meum vepres libidinum"*.[84] Em 373, estuda *Hortênsio*, de CÍCERO (106 a.C.-43 d. C.), e, numa palavra, desperta para a filosofia. Conforme BOEHNER e GILSON:

---

81 VAZ. *Escritos de filosofia VI*: ontologia e história, São Paulo: Loyola, 2001, p. 77.
82 *Idem, ibidem*, p. 76.
83 AGOSTINHO. *Confissões* I, 11, apud BOEHNER, GILSON, *História da filosofia cristã, cit.*, p. 142.
84 AGOSTINHO, *Confissões* II, 3, 6. "Foi então que *os espinhos das paixões me sobrepujaram a cabeça* sem haver mão que os arrancasse" (grifo nosso), conforme tradução de ANGELO RICCI, para a Coleção Os pensadores, São Paulo: Abril Cultural, 1984, II, 3, 6, p. 31.

Verificou, com especial satisfação, que Cícero não recomendava nenhuma escola filosófica, em particular, mas sim a filosofia como tal, e a busca da sabedoria em si mesma. Todavia não deixou de sentir a ausência do nome de Cristo, que "bebera com o leite materno o meu terno coração e do qual conservava o mais alto apreço".[85]

O sentimento de falta de Cristo leva AGOSTINHO à Escritura, mas decepciona-se com o estilo ordinário e a linguagem tosca dos textos sagrados. É quando toma conhecimento de MANÉS (210-276), cuja doutrina afirma que Deus é luz – ente corpóreo –, e que as almas humanas são partículas da luz divina. AGOSTINHO impressiona-se com o modo como os maniqueus rejeitam e condenam os dogmas católicos, mas decepciona-se com o sistema através do qual a seita promete, segundo BOEHNER e GILSON, "um saber de ordem superior, bem como a prova cabal da verdade".[86] Entretanto, conforme BROWN, "os maniqueístas haviam transformado Agostinho num metáfisico tenaz, se bem que com pouca leitura".[87] Está pronto para os desdobramentos daquilo que BROWN chama de *renascimento da filosofia*, em meados do século III da era cristã, ocasião em que se havia descoberto,

> a doutrina autêntica de Platão: as nuvens se haviam desfeito e este, que era o ensinamento "mais refinado e esclarecido" da filosofia, pudera reluzir com todo o seu brilho nos textos de Plotino – uma alma tão próxima de seu antigo mestre que, nele, Platão parecia reviver. [...] Damos a esse movimento o nome de "neoplatonismo", porém os participantes davam-se o nome de "platônicos" – *Platonici* puros e simples, ou seja, herdeiros diretos de Platão.[88]

---

[85] BOEHNER, GILSON, *História da filosofia cristã, cit.*, p. 143. As palavras de AGOSTINHO estão em *Confissões* III, 4, 8.

[86] BOEHNER, GILSON, *História da filosofia cristã, cit.*, p. 143.

[87] BROWN, *Santo Agostinho, cit.*, p. 127.

[88] *Idem, ibidem*, p. 110. Eis o modo como BROWN interpreta PLOTINO (205-270): "Plotino, um grego egípcio, havia lecionado em Roma [...] Seus discursos difíceis e alusivos, hoje conhecidos com *Enéadas*, foram organizados por seu discípulo Porfírio [232-304], também grego, proveniente de Tiro".

No século seguinte, grande parte do platonismo é cristão, conforme narrativa de Brown:

> Essa mudança, sumamente significativa, tivera início em Roma, em meados do século [século IV, pois]. Ali, um professor africano de retórica, Mário Vitorino, ligara-se subitamente à Igreja cristã. Havia também traduzido Plotino e outros escritos neoplatônicos para o latim. Assim, os livros que a tradução colocara à disposição de homens menos instruídos, como Agostinho, tinham sido fornecidos por um homem que sabidamente morrera como cristão.[89]

Para os *platônicos cristãos* a história do platonismo converge, naturalmente, para o cristianismo, sob o seguinte argumento, apontado por Brown: "Ambos apontavam na mesma direção. Ambos eram radicalmente extra-mundanos. Cristo dissera: '*Meu Reino não é deste mundo*'; Platão dissera a mesma coisa sobre seu reino das ideias".[90] Brown traz à tona o modo como Agostinho assimila as novas ideias:

> Como acontece com muitos pensadores imensamente férteis, é difícil imaginar Agostinho como leitor. No entanto, o que aconteceu nesse momento crucial e nos anos que se seguiram foi um período de longa e paciente leitura, aparentemente auxiliada por alguns debates. Tal leitura incluiu tratados de Plotino, um dos autores mais notoriamente difíceis do mundo antigo. Foi um leitura tão intensa e minuciosa que as ideias de Plotino foram cabalmente absorvidas, "digeridas" e transformadas por Agostinho.
> […]
> Assim, Agostinho, um filósofo amador que não falava grego, surge como um dos poucos pensadores que foram capazes de dominar os autores neoplatônicos com originalidade e independência de espírito ímpares, numa época em que diversos homens de instrução muito superior orgulhavam-se de ser "platônicos".[91]

---

89   *Idem, ibidem*, p. 111.
90   *Idem, ibidem*, p. 112.
91   *Idem, ibidem*, p. 113.

O universo de Plotino é um todo contínuo e ativo que não admite clivagens brutais e irrupções violentas. Cada ser extrai força e sentido de sua dependência desse *continuum* vivo. A existência do mal presume a de uma ordem que, embora desdenhada, continua real e provida de sentido. A noção provoca, no ex-maniqueísta Agostinho, uma mudança de perspectiva: desloca o centro de gravidade de sua vida espiritual. A absorção agostiniana do neoplatonismo provoca uma revolução, assim traduzida por Brown:

> Ele não mais se identificou com seu Deus: esse Deus era completamente transcendental – Sua natureza separada tinha de ser aceita. E, ao se dar conta disso, Agostinho teve de admitir que também ele era separado e diferente de Deus: "Percebi estar muito longe de Vós, numa terra em que tudo Vos era dessemelhante, e ouvi Vossa voz a me dizer: "Sou o pão dos homens maduros. Cresce e te alimentarás de mim. Mas não me transformarás em ti [...], tu é que te mudarás em Mim."
> Assim como não mais podia identificar-se com o bem, Agostinho não mais podia rejeitar tudo o que não ficasse à altura de seus ideais como uma força maléfica absoluta e agressiva.[92]

Influenciado pelo neoplatonismo, Agostinho entrega-se à ideia de que, sintetiza Brown, "o mal era apenas um pequeno aspecto de um universo muito maior, muito mais diferenciado, de finalidades mais misteriosas e com um Deus muito mais elástico que o de Mani":[93]

> Eu já não desejava um mundo melhor, pois que pensava na criação como um todo: e, à luz desse discernimento mais equilibrado, via que as coisas superiores eram melhores que as inferiores, mas a soma de toda a criação valia mais do que as coisas superiores, tomadas isoladamente.[94]

---

92 *Idem, ibidem*, p. 118.
93 *Idem, ibidem*.
94 Agostinho, *Confissões*, VII, 8, 19, *apud* Brown, *Santo Agostinho, cit.*, p. 118.

"Mas Agostinho jamais seria outro Plotino", afirma Brown, "talvez lhe faltasse a portentosa tranquilidade do grande pagão".[95] Sem saber como resistir à tentação de uma completa autonomia espiritual, Agostinho volta-se para Paulo, o profeta de Manés. O contato entre os dois é analisado por Brown:

> Assim, ao ler Paulo nessa época, Agostinho lia um texto do qual, quando maniqueísta, havia tomado conhecimento em fragmentos dispersos. Agora, era chegado o momento de vê-lo como uma unidade; e, como seria inevitável, a unidade que emergiu foi tingida pelas preocupações agostinianas. "Pois, ainda que um homem '*se deleite na lei de Deus, em seu eu interior*', que fará com '*esta outra lei que vê em seus membros*'? Que fazer do '*homem infeliz*' que ele é? Quem o haverá de '*libertar*'?"[96]

Agostinho desloca-se para o cristianismo. Continua convertido à *Filosofia*, mas essa *Filosofia*, deixando de ser um platonismo inteiramente independente, está, agora, modificada pelos ensinamentos de Paulo e, à luz da metáfora que Brown reproduz apropriadamente, "passara a se identificar com 'a religião entranhada em nossos ossos na infância' – ou seja, com a sólida devoção católica de Mônica".[97] Agostinho conquista, permita-se dizer, a emancipação espiritual, abandonando, de modo metódico e consciente, cada uma das orientações que abraçara.

Em nome da noção de espírito, desiste da via do racionalismo.

Renuncia ao materialismo, a partir da metafísica do espírito neoplatônica, fundada na noção de uma luz incorpórea, invisível e puramente espiritual, na doutrina do ser absoluto, na certeza de que todas as coisas que existem são boas, donde se segue que o mal como tal não existe, pois não é senão a privação de um bem, razões pelas quais o mal não pode originar-se de Deus.

---

95 Brown, *Santo Agostinho*, cit., p. 126.

96 *Idem, ibidem*, p. 127. As palavras de Agostinho estão em *Confissões* VII, 21, 27: "*quid faciet de alia lege in membris suis repugnante legi mentis suae et se captivum ducente in lege peccati, quae est in membris eius?* [...] *Quid faciet miser homo?*".

97 *Idem, ibidem*, p. 127.

Nega o ceticismo, com base em razões expostas, principalmente, em *Contra acadêmicos* e em *Soliloquia*, ambos de 386, em *De trinitate*, de 399 a 419, e *De civitate Dei*, de 413 a 426.[98] Os argumentos contra o ceticismo concentram-se em cinco linhas. Contra a teoria dos erros dos sentidos, AGOSTINHO reivindica *a evidência imediata dos fatos*. Em oposição ao uso da lógica como exercício de invalidação de argumentos, AGOSTINHO afirma a *evidência das verdade lógicas*, pois, 'se há quatro elementos no mundo, não há cinco', 'se o sol é um só, não há dois sóis', 'é impossível que seja dia e noite ao mesmo tempo e no mesmo lugar', 'é impossível que uma mesma alma seja mortal e imortal'... Em objeção à exigência de que o sábio abstenha-se de afirmar, AGOSTINHO acusa o ceticismo de *desumano*. Em contradição com a evolução histórica do ceticismo, AGOSTINHO opina que a corrente não passa de reação do espiritualismo platônico ao materialismo histórico.[99]

98 BOEHNER, GILSON, *História da filosofia cristã, cit.*, p. 140-1, elaboram as seguintes resenhas das obras referidas: *Contra acadêmicos* (três livros) – "No primeiro livro o autor examina o conceito de sabedoria; no segundo expõe a doutrina dos acadêmicos, e no terceiro oferece uma refutação da mesma". *Soliloquia* (espécie de monólogo, em dois livros) – "Após uma fervorosa prece inicial, Agostinho aborda o problema do conhecimento, das qualidades do sábio e da verdade, que, sendo imortal, reclama um substrato também imortal, a alma". *De trinitate* (quinze livros) – "É sua obra mestra em matéria dogmática. Os primeiros sete livros explanam a doutrina da Trindade com base na Sagrada Escritura, solucionando, ao mesmo tempo, as dificuldades decorrentes da revelação e da razão. Os oito livros restantes procuram penetrar mais a fundo no mistério, à mercê de analogias e imagens emprestadas, sobretudo, da psicologia. A obra é uma fonte preciosa para a psicologia agostiniana." *De civitate Dei* (22 livros) – "O ensejo externo para a composição desta obra foi a tomada de Roma por Alarico, em 410. Os dez primeiros livros contêm uma grandiosa apologia do cristianismo contra as acusações dos gentios, que culpavam os cristãos pela ruína de Roma e do Império. A parte restante espraia-se num amplo tratado de teologia da história".

99 Sobre a fundação do ceticismo, BOEHNER, GILSON, *História da filosofia cristã, cit.*, p. 151, emitem nota esclarecedora: "Sua origem histórica prende-se a uma medida pedagógica de Arquesilau, visando impedir o acesso de Zenon à Academia. É que este negava a imortalidade da alma e a existência de um mundo espiritual, e por isso foi reputado indigno de compartilhar os segredos da Academia. Arquesilau preferiu ocultá-los por completo, na esperança de que alguma geração futura tornasse a descobri-los; pôs todo seu empenho em libertar a Zenon e seus adeptos de suas falsas doutrinas, abalando-lhes a certeza. Arquesilau, como vemos, só adotou uma posição aparentemente crítica e cética, e isto por motivos pedagógicos. Tornou-se assim o fundador

Por fim, enfrenta o ceticismo com considerações de capital importância em torno da evidência do *Cogito*, a respeito das quais Boehner e Gilson elaboram extraordinária exposição:

> Depois da breve invocação inicial: "*Deus, semper idem, noverim me, noverim te*", a Ratio lhe propõe as seguintes perguntas: "Tu, que desejas conhecer-te a ti mesmo, sabes que és? –Sei. – Por onde o sabes? – Não sei. – Sabes que és movido? – Não sei. – Sabes que pensas? – Sei. – Logo, é verdade que pensas? – Sim!" Depois de várias outras perguntas e respostas do mesmo gênero, a razão verifica que uma coisa, pelo menos, é certa: "*Esse te scis, vivere te scis, intelligere te scis*". Como se vê, Agostinho fundamenta a verdade na existência do sujeito existente, vivente e pensante.[100]

Depois de *fundamentar a verdade na existência do sujeito*, Agostinho dedica-se à essência da alma, estudo acompanhado por Boehner e Gilson:

> As opiniões dos filósofos divergem neste ponto. Nenhum filósofo entretanto pode pôr em dúvida os dados imediatos de sua própria consciência: "Quem duvidará que vive, que recorda, que entende, que quer, que pensa, que sabe e que julga? Pois, se duvida, vive; se está em dúvida acerca daquilo que duvida, sabe que está duvidando; se duvida é porque quer ter certeza; se duvida, pensa; se duvida, sabe que não sabe; se duvida, julga que não deve assentir temerariamente". E ainda que se pudesse duvidar de tudo o mais, disto não se pode duvidar. Caso contrário já não haveria do que duvidar, o que tornaria impossível a própria dúvida.[101]

Agostinho quer demonstrar que não há erro capaz de destruir a verdade implícita na própria possibilidade do erro: a existência do sujeito que

---

da Nova Academia. Também Carnéades propugnou um ceticismo pedagógico, em oposição a Crisipo, dando origem, assim, à Terceira Academia".
100 *Idem, ibidem*, p. 150.
101 *Idem, ibidem*. Agostinho expressa a argumentação em *De trinitate* X, 10.

erra. *A verdade está sempre um passo adiante do erro*, máxima expandida em *De civitate Dei*:

> Quem não existe não pode enganar-se; por isso, se me engano, existo. Logo se existo porque me engano, como posso enganar-me, crendo que existo, quando é certo que existo, se me engano? Embora me engane, sou eu que me engano e, portanto, em quanto conheço que existo, não me engano. Segue-se também que, em quanto conheço que me conheço, não me engano. Como conheço que existo, assim conheço que conheço.[102]

A experiência de transcendência, em Agostinho

AGOSTINHO *tanto conhece que existe, quando conhece que conhece... Num instante de assombro, logra a visão do Deus que é*. Em *De civitate Dei*, professa sua fé: *Deum esse credimus*, acreditamos na existência de Deus. Segundo VAZ, conforme visto, há, na experiência de conversão de AGOSTINHO, uma *universalidade*, que exerce a função de *arquétipo* ou *eidos* platônico "de cuja participação nasce e caminha a dialética concreta do espírito do Ocidente".[103] Noutras palavras, há, na conversão de AGOSTINHO, a experiência de *transcendência*, na versão cristã.[104]

A reverência que VAZ dedica a AGOSTINHO reflete-se no comentário à sua obra, "que, como a de Platão ou Descartes, repousa nas bases de nossa civilização e levanta-se diante de nós nas horas de crise com a luz julgadora de um critério de fidelidade à nossa tradição espiritual".[105]

A *conversão* de AGOSTINHO opera-se em planos diversos. É, nos termos de VAZ, um movimento total da alma que se arranca ao pecado para dar-se à fé, à inteligência e ao amor; é a passagem do profano, do "pecado", ao "interior" como lugar privilegiado da Verdade; e é algo além disso:

---

102 AGOSTINHO, *De civitate Dei* XI, 26, *apud* BOEHNER, GILSON, *História da filosofia cristã*, *cit.*, p. 150.
103 VAZ, *Escritos de filosofia VI*: ontologia e história, *cit.*, p. 78.
104 Conforme visto, são três, à luz de VAZ, as versões da experiência de *transcendência*: bíblica, helênica e cristã.
105 VAZ, *Escritos de filosofia VI*: ontologia e história, *cit.*, p. 77.

Mas "a volta ao interior" assume imediatamente um caráter sacral, porque o encontro da Verdade na *mens* é um encontro de Deus (*Confissões*, VII, 10; PL, 32, 742), e esse encontro se tece nos atos de louvor, de dom e de amor – na "confissão" propriamente agostiniana – subindo a um plano de relação de pessoa a pessoa, que constitui, como mostrou Scheler, o plano do ato religioso.[106]

A conversão de Agostinho é conversão ao *interior* e é, na unidade de um mesmo movimento, conversão ao *superior*, ao *superior summo meo*, tal como compreendido no livro III, de *Confissões*. Segundo Vaz, todo o sentido da reflexão religiosa de Agostinho está no *superior summo meo*:

> Nós o exprimiríamos, de bom grado, assim: o ato religioso não é tal se não é ele mesmo, em sua intencionalidade profunda, o mediador de uma realidade transcendente. Logo, não há filosofia religiosa sem afirmação da transcendência.[107]

Agostinho assinala sua filosofia religiosa com o caráter *dialético* de sua conversão. Vaz traduz as implicações disso: "O encontro de um absoluto transcendente no seio da razão, como origem radical e fim da razão mesma e do amor que dela nasce, definiria assim o agostinismo como filosofia religiosa";[108] "é numa fidelidade à razão levada até o fim de suas exigências que a conversão de Agostinho se abre para a transcendência do 'Deus superior'", mostrando que "toda filosofia religiosa é, necessariamente, uma filosofia da transcendência".[109] Vaz acrescenta:

> O caráter propriamente agostiniano desta experiência [uma experiência religiosa cujo aprofundamento é um progressivo aproximar-se de Deus "presente e distante", que constitui, no sujeito, uma

---

106 *Idem, ibidem*, p. 79.
107 *Idem, ibidem*.
108 *Idem, ibidem*.
109 *Idem, ibidem*, p. 80.

"intenção" religiosa, onde a dialética faz-se "conversão" real] está, de uma parte, em sua decidida orientação ao "interior", de outra, em sua "comunicabilidade", ou seja, em sua inserção no plano da razão. [...] E é a "comunicabilidade", por sua vez, que torna possível a "situação" de Agostinho na religião cristã como em lugar privilegiado, onde a experiência mostra, em sua singularidade mesma, a universalidade de seu conteúdo, e torna-se assim uma experiência da razão em seu exercício transcendente, uma justificação do universal no seio do ato religioso, uma filosofia religiosa, enfim.[110]

A passagem à *interioridade* e à *transcendência* é, para AGOSTINHO, "uma crítica radical de todo esquema cronológico".[111]

O tempo – lugar da multiplicidade, da dispersão e do erro[112] – arrasta, obediente à lei que rege o movimento do espírito no tempo, o espírito numa dialética da ilusão, representada pela *tentação da imanência* e pelo *lado negativo da experiência religiosa (idolatria, ficções imaginativas da religião do espírito e adoração de si mesmo)*. VAZ representa-a:

A dialética da ilusão desdobra-se em três planos que são as três tentações do espírito no tempo: "Voluptas, excellentia, spectaculum", a dispersão do prazer, a vontade de poder, a atitude estética de uma curiosidade contente consigo mesma.[113]

Na dialética da ilusão, o espírito procura libertar-se do fluxo do tempo e atingir a permanência de um absoluto. Mas o faz através de uma *transcendência enganosa*, como quem procura, na interpretação de VAZ, "transportar para

---

110 Idem, ibidem.
111 Idem, ibidem, p. 83.
112 Idem, ibidem, p. 82, esclarece: "O tempo não é só o lugar da inadequação e da dispersão. Ele é, para o espírito, o lugar do erro. Se o erro é, essencialmente, a mutabilidade, a que se sujeita a mente enquanto julga ser o que não é, ele mostra a implicação temporal de um espírito que 'procura o verdadeiro fora da verdade'. Mas, por outro lado, já aqui aparece a articulação dialética que permitirá passar da mutabilidade da mente que erra à verdade transcendente e imutável que preside o discernimento do erro".
113 Idem, ibidem, p. 82.

fora do mundo as próprias grades da imanência e da prisão no mundo".[114] Vaz expõe as minúcias do processo: "O espírito, em luta, com a 'diversão' do sensível [...], constrói um absoluto espacial, distendendo ao infinito a luz corpórea que parece escapar de algum modo à densidade da matéria".[115] Essa é a crítica ao esquema cronológico, em face da qual Agostinho defende a *conversão autêntica*, que, em seu primeiro momento, é o de aprofundamento da experiência religiosa, ou é, acompanhando a beleza das imagens construídas por Vaz, "um decidido 'recolher-se' a uma presença sempre presente, à contemplação de um objeto intemporal"; é o próprio Vaz que aprimora a explicação:

> A vida contemplativa, o *bíos theoretikós* de que a tradição filosófica transmitira a Agostinho os títulos de um longo e nobre passado, adquire aqui o sentido de um "repouso ativo" – "agite otium" [...]: que é emergir sobre a dispersão espácio-temporal [...] e buscar a unidade absoluta [...]. O "otium cogitationes" é a reversão do sentido primeiro que assume a componente "moral" na experiência da temporalidade. Lá, dispersão; aqui, recolhimento.[116]

Lá, dispersão; aqui, recolhimento, enquanto tentativa da alma em afirmar-se numa unidade supratemporal. A alma volta-se ao *interior*... e, assim, pode avançar na componente epistemológica – para a inquisição da verdade. Nesse ponto, a *interioridade* torna-se objeto de *dúvida*. Daqui emerge o *cogito*: como, com certeza, não pode haver dúvida da dúvida, a transcendência da verdade triunfa e a presença do espírito a si mesmo torna-se irrecusável. Vaz molda a racionalidade da conversão agostiniana: "*Cogito, ergo veritas est* – e primeiramente a verdade do próprio ato de pensar –, tal o ponto de apoio agostiniano do movimento de reflexão que deve levar a Deus."[117] A experiência religiosa prepara-se para se expressar racionalmente: sem perder a estrutura de um

---

114 *Idem, ibidem*, p. 83.

115 *Idem, ibidem*.

116 *Idem, ibidem*. Há, na experiência da temporalidade como fluxo, três componentes que elevam a experiência acima da pura faticidade do empírico: - uma componente "moral"; - uma componente "epistemológica"; e, - uma componente "metafísica".

117 *Idem, ibidem*, p. 84.

religioso, de *religatio*, a alma quer conhecer Deus, a razão quer demonstrar a existência de Deus.

Ao superar a prova da *dúvida*, o *cogito* reveste-se, afirma Vaz, "da necessidade da norma ideal [...] que julga o conteúdo da experiência em que se insere".[118] Pode avançar na componente metafísica... para organizar a experiência religiosa em filosofia. Vaz expõe os meios:

> Se há uma presença da verdade que se revela definitivamente no encontro da mente consigo mesma – no "cogito" –, a evidência desta intuição assume um caráter dinâmico, ela opera imediatamente a *passagem à Verdade transcendente*, à própria mente. Com efeito, a busca da verdade, a organização da experiência em dialética, é um movimento do espírito. Mas a verdade não se procura a si mesma; ela é, simplesmente.[119]

Agostinho conclui que, por uma exigência interna de sua atividade, o espírito se transcende a si mesmo. Vaz, citando, acompanha Agostinho, para expressar a racionalidade da *passagem*: " 'Ao te transcenderes, diz, lembra-te que transcendes a alma no ato de raciocinar; dirige-te pois para o foco onde se acende a luz da razão. E não é à Verdade que chega todo bom raciocinador?'"[120]

Se perguntado – "Que Verdade transcendente é essa, assim descoberta no mais íntimo da razão?", Agostinho responderia: – "Deus." Se o inquiridor continuasse: – "Então, Deus é presença antes de ser Ideia?", ouviria de Agostinho: – "Sim, e descobrir o Deus-Verdade é necessariamente entregar-se ao Deus-Amor." Na interpretação de Vaz, a metafísica da interioridade de Agostinho: "É um ato religioso na mais rigorosa acepção e, em virtude da travação racional que o sustenta, é também a coroa de uma genuína filosofia religiosa".[121]

---

118   Idem, ibidem, p. 85.
119   Idem, ibidem (grifo nosso).
120   Idem, ibidem, p. 85.
121   Idem, ibidem.

A cidade de Deus

A filosofia (religiosa) de AGOSTINHO é um *retorno para Deus*, de caráter obrigatório e realizado em dois degraus: do exterior para o interior e do interior para além do espírito. A condição desse retorno é o reconhecimento, pela *vontade* e pelo *entendimento*, de *uma ordem objetiva moral e social*.

A *vontade* reconhece a esfera moral da ordem objetiva, mediante a reta apreciação dos valores e pela conduta adequada a eles numa reta ordem, realizando o fim da moralidade. BOEHNER e GILSON descobrem os fundamentos da volta para Deus:

> Esta identificação do ideal moral com a reta ordem revela uma forte influência do helenismo, ou talvez mais exatamente, do ideal grego da beleza, e do ideal romano da lei. A natureza, a vida, todo o cosmos, enfim, são perfeitamente ordenados. Tudo é regido pela lei natural, pelo número e pela proporção. O resultado é uma ordem admirável, apta a deleitar a vista e o entendimento. Esta ordem é o efeito da vontade divina, que é a lei interna regendo as criaturas em harmonia com as normas eternas da divina sabedoria.[122]

A força motriz da vontade é o amor, que se completa na caridade, cerne da moral, pois *se amas de verdade não podes deixar de fazer o bem*.[123] A vontade é livre e aperfeiçoa-se na liberdade. AGOSTINHO afirma o *liberum arbitrium*, mas reconhece que nem sempre a vontade logra fazer o bem, daí a dependência a Deus, fonte de todo o bem. A vida moral aperfeiçoa-se através de atos que, em suma, refletem tomadas da posição diante das coisas, com base

---

122 BOEHNER, GILSON, *História da filosofia cristã, cit.*, p. 187.
123 *Idem, ibidem*, p. 191. Mais profundamente, a estrutura do mandamento – *se amas de verdade não podes deixar de fazer o bem* – é a seguinte, conforme BOEHNER e GILSON (p. 191): "Quem diz caridade, diz amor; quem diz amor, diz vontade; quem diz vontade, diz atividade. Assim, o amor, por sua mesma natureza, tende a traduzir-se em atos."

nos conceitos de *utie frui*.[124] "Sendo que só Deus merece um amor ilimitado", comentam Boehner e Gilson:

> Com o fim de repousar nesse objeto por excelência do amor, e de fruir dele, é mister pormos certos limites ao nosso amor a outros objetos, consoante o valor de cada um deles. Nossa primeira tarefa moral é, pois, a de ajuizar de todas as coisas segundo o seu verdadeiro valor, e de conformar o nosso amor a esta valoração. O resultado de tal procedimento será a instauração da *ordem do amor* pela prática da virtude, que outra coisa não é senão o amor bem ordenado.[125]

Quem apenas usufrui um bem não pode dele dispor. Aquele que *usa*, é senhor do bem e pode dele dispor livremente. O maior grau de liberdade consiste em estar sujeito apenas a Deus. Boehner e Gilson apontam a lógica mais profunda da ordem moral agostiniana:

> Eis a razão por que a verdadeira observância da lei é a liberdade nascida do amor. Há, com efeito, duas maneiras de se cumprir a lei: por temor ou por amor. Enquanto era cumprida por temor, a vontade permanecia na escravidão; embora presente, ela não agia com liberdade. Com o advento da graça e do amor, porém, a lei passa a ser aceita e amada por amor de Deus.
> [...]
> A ordem social não é senão um prolongamento da ordem moral fundamental, ou seja, da ordem reta do amor.[126]

Para Agostinho, o Estado é um dom de Deus. Mas há dois Estados: o do Demônio, o terreno, e o de Deus. A história da humanidade é a história das relações entre os Estados de Deus e do Demônio. Boehner e Gilson registram detalhes:

---

124 *Fruir* significa afeiçoar-se a uma coisa por amor a ela mesma. *Usar* é servir-se de algo para alcançar o objeto que se ama, supondo-o digno de ser amado.
125 Boehner, Gilson, *História da filosofia cristã, cit.*, p. 194 (grifo nosso).
126 *Idem, ibidem*, p. 195.

> Esta história, Agostinho a delineou magistralmente na segunda parte da "Cidade de Deus" (livros 11-22). Os livros 11-14 descrevem a origem dos dois Estados no mundo invisível dos anjos. Com a criação dos espíritos angélicos instituiu-se o Estado de Deus, e com a queda dos anjos maus, o Estado do Demônio. A queda de Adão ocasionou a cisão entre os dois Estados no seio da humanidade. Os livros 15-18 descrevem a luta entre os dois Estados na terra. Iniciada com Caim e Abel, esta luta prolonga-se através dos períodos subsequentes da história da humanidade. O livro 15 analisa esse conflito no período de Adão a Noé, o livro 16 no de Noé a Abraão; na Segunda parte descreve-se a evolução do Estado de Deus até Davi. O livro 17 prossegue a análise desde o tempo dos reis até Cristo. O livro 18 retoma a evolução do Estado terreno a partir de Abraão até o fim do mundo; trata, ainda, das relações entre os dois Estados e oferece um panorama geral dos impérios universais. Os livros 19-22 descrevem o fim dos dois Estados e sua separação definitiva e eterna. O livro 19 trata do fim dos dois Estados na terra; o livro 20, do último juízo; o livro 21, da reprovação eterna do Estado do Demônio, e o livro 22, da felicidade eterna do Estado de Deus na mansão celeste.[127]

Cidade de Deus une platonismo e Escritura – e daí sua importância magna, pois trela um e outra definitivamente, fundindo as matrizes da cultura ocidental. Daí o título de *mestre, preceptor, mentor* da cultura ocidental. Nas observações de BOEHNER e GILSON:

> Mais que nenhuma outra doutrina, a teologia agostiniana da história teve o efeito de transformar a face da terra. Ainda que o "Sacro Império Romano de Nação Germânica" não fosse ideia do próprio Agostinho, ele não se originou sem uma interpretação política do seu conceito do Estado de Deus. Se, por hipótese, tivéssemos de prescindir da obra de Agostinho na história

---

127 *Idem, ibidem*, p. 202.

espiritual do Ocidente, depararíamos um hiato inexplicável entre o mundo atual e os tempos evangélicos.[128]

Tomás (1225-1274)

Tomás de Aquino, um homem do século XIII ocidental

O panorama espiritual da Idade Média é, por um lado, dominado pela teologia, da qual ciência e filosofia são consideradas simples servas, *ancillae theologiae*. COMPARATO registra o grau que a noção atinge em TOMÁS: "Logo na abertura de sua monumental *Summa Theologiae* [*Prima Pars, quaestio 1*], São Tomás afirma não só que a teologia é uma ciência, mas a mais digna de todas as ciências".[129] Por outro lado, o horizonte especulativo medieval prima-se por respeito absoluto à tradição, submetendo questões e divergências ao argumento da autoridade. Nesse quadro, a corrente inovadora da escola de Chartres e, principalmente, Pedro ABELARDO (1079-1142), propagador do método de análise lógica de palavras e orações, procuram iluminar a fé pelo uso metódico da razão. "Pouco depois da morte de Abelardo", relata COMPARATO "as obras completas de Aristóteles começaram a ser difundidas na Europa ocidental; de início mediante tradução das versões em língua árabe, em seguida diretamente a partir do original grego".[130]

O relacionamento entre Islã e ARISTÓTELES é assim balizado por VAZ:

> É a partir de 750, ano inicial da dinastia dos Abássidas, que o mundo árabe, vitorioso pelas armas, começa a ser lentamente penetrado pela cultura grega. Os intermediários foram os cristãos sírios, cuja cultura religiosa se alimentava com as obras da patrística grega e, por ela, viera ao conhecimento da

---

128 *Idem, ibidem*, p. 204.
129 COMPARATO, Fábio Konder. *Ética*: direito, moral e religião no mundo moderno. São Paulo: Companhia das Letras, 2006, p. 139.
130 *Idem, ibidem*, p. 142.

filosofia e de toda a cultura clássica. A teologia muçulmana é uma ramificação do pensamento bíblico. Ela é dominada pela noção do Deus transcendente e criador. Ao contato com a filosofia grega, um problema análogo ao problema fundamental da filosofia cristã se formulará para os pensadores árabes: como conciliar a noção de "criação" e a contingência dos seres criados com a necessidade inteligível, predicado primeiro da realidade verdadeira segundo a tradição da filosofia grega?[131]

Vaz traça, em desenho primoroso, o movimento histórico do espírito ocidental, a partir do século XI:

> Depois de dois séculos de lenta penetração, a torrente aristotélica, misturando, de resto, suas águas às de múltiplos afluentes neoplatônicos e suportando o peso dos grandes comentários árabes e judeus, vence afinal, no século XIII, todas as barreiras e submerge totalmente o solo intelectual da cristandade do Ocidente.[132]

Segundo Vaz, a autoridade e a influência exercidas por Aristóteles sobre os árabes são objetos da seguinte circunstância, que confere feição neoplatônica ao aristotelismo árabe:

> Os livros IV-VI das *Eneadas* de Plotino formaram a substância do tratado que circulou entre os árabes com o nome de *Teologia de Aristóteles*. E um resumo dos *Elementos de teologia* de Proclo (o *Liber de causis* dos latinos) foi também atribuído sem discussão ao Estagirita.
> A especulação árabe antecipa, assim, alguns dos problemas que serão cruciais no século XIII medieval, quando a obra de Aristóteles for integralmente conhecida dos latinos.[133]

---

131 Vaz, *Escritos de filosofia I*: problemas de fronteira, *cit.*, p. 11.
132 *Idem, ibidem*, p. 35.
133 *Idem, ibidem*, p. 12.

BRAUDEL examina caminhos pelos quais ARISTÓTELES volta ao Ocidente, depois do mergulho islâmico:

> A filosofia de Aristóteles, transplantada para o meio muçulmano, apresenta-se forçosamente como uma explicação perigosa do homem e do mundo, diante de uma religião revelada, o Islã, que também é uma explicação geral do mundo e de um rigor extremo. Mas Aristóteles obseda, subjuga todos os *falasifat* (adeptos da *falsafa*, isto é, da filosofia grega).[134]

Ao processo de apreensão do pensamento de ARISTÓTELES pelo Islã, BRAUDEL dá o nome de *humanismo* muçulmano, indicando suas figuras mais notáveis:

> Trata-se de uma longa corrente de pensamento, que cumpre situar simultaneamente no tempo e no espaço. Limitá-la-emos a cinco nomes essenciais: Al-Kindi, Al-Farabi, Avicena, Al-Gazali, Averróis. Avicena e Averróis são os mais célebres, e este último certamente o mais importante pelas imensas repercussões, através da Europa, daquilo que se chamará de *averroísmo*.[135]

Um dos grandes representantes do *averroísmo* é SIGER de Brabante (c. 1240-1284).[136] As notas essenciais de seu pensamento, apresenta-as BOEHNER e GILSON:

---

134 BRAUDEL, Fernand. *Gramática das civilizações*. Trad. Antonio de Pádua Danesi. 3ª ed. São Paulo: Martins Fontes, 2004, p. 95.

135 BRAUDEL, *Gramática das civilizações*, *cit.*, p. 95. A respeito do pensamento árabe, VAZ, *Escritos de filosofia I*: problemas de fronteira, p. 12, noticia: "A filosofia árabe se divide em duas grandes correntes: a corrente oriental se irradia de Bagdá; a corrente ocidental tem seu centro em Córdoba, na Espanha. De resto, elas se sucedem cronologicamente. É mesmo provável que a reação antifilosófica no califado oriental de Bagdá tenha sido a ocasião que levou a filosofia árabe a emigrar para a Espanha".

136 Em *Escritos de filosofia VII*: raízes da modernidade. São Paulo: Loyola, 2002, p. 61, VAZ adverte: "Em sua obra *Averroès et l'averroïsme* (1ª éd., 1852), ap. *Oeuvres Complètes* III, Paris, Calmann-Lévy, 1949), o jovem E. RENAN, sem dispor de qualquer fonte manuscrita da época, criou a ficção de um 'averroísmo latino', de cunho racionalista, promovendo Siger de Brabant a seu chefe de fila. Embora corrigida, a versão renaniana prevaleceu até

Siger desvincula a filosofia da teologia, afirmando que, conquanto a Revelação contenha toda a verdade, não é necessário que se harmonize com a filosofia. Filosofar é, para Siger, "buscar o que pensaram os filósofos, e notadamente Aristóteles, ainda que, ocasionalmente a doutrina do filósofo não concorde com a verdade".[137]

Sem se preocupar em harmonizar fé e ciência, SIGER chega a conclusões contrárias à primeira. Delas, BOEHNER e GILSON elaboram o seguinte rol:

> Eis alguns exemplos de tais proposições contrárias à fé: Deus não é a causa eficiente das coisas, mas apenas causa final. Não se pode atribuir a Deus a presciência de acontecimentos futuros contingentes, pois Aristóteles provou que tais acontecimentos, caso Deus pudesse prevê-los, tornar-se-iam necessários. O mundo é eterno; eternas também são as espécies terrestres, inclusivamente a espécie humana. Todos os acontecimentos se reiteram: um mundo sucede a outro, num perpétuo retorno das coisas. Siger ensina, particularmente, a unidade do intelecto em todos os homens, o qual, embora presente por sua atividade nos homens individuais, situa-se acima deles, de modo a excluir a imortalidade pessoal.[138]

Tanto os acontecimentos, quanto as posições filosóficas conferem à história ocidental consequências, das quais COMPARATO investiga a que concerne a TOMÁS:

> O pensamento tomista é todo impregnado das categorias aristotélicas: as quatro causas, ato e potência, substância e acidente. Em quase todas as discussões teóricas, Aristóteles é citado como a grande autoridade filosófica, praticamente a única, pela designação metonímica "o Filósofo".[139]

---

recentemente, sendo abandonada em face da crítica de F. van Steenberghen e outros e da edição crítica das obras de Siger de Brabant".

137 BOEHNER, GILSON, *História da filosofia cristã*, cit., p. 447.
138 *Idem, ibidem.*
139 COMPARATO, *Ética*, cit., p. 142.

A obra de Tomás representa um dos momentos mais intensos do diálogo entre helenismo e cristianismo, do encontro de, no parecer de Vaz, "duas visões de mundo que se entrelaçam e aparentemente se opõem nos fundamentos de um mesmo mundo cultural".[140] Essas são as circunstâncias que, acompanhando a síntese de Comparato, permitem afirmar: "A originalidade de São Tomás, no quadro intelectual da Idade Média, reside na aliança entre tradicionalismo e espírito renovador".[141] Homem do século XIII ocidental, Tomás percebe que o aristotelismo comprova-se forte o bastante para ou transformar-se em ameaça aos fundamentos da visão cristã de mundo, ou colocar-se a serviço da teologia. Opta pela segunda alternativa e põe-se ao trabalho de realinhar o destino do cristianismo.

O *aristotélico* Tomás de Aquino é assim analisado por Vaz: "O ponto de vista de santo Tomás, mesmo quando ele se entrega a um trabalho de técnica estritamente filosófica como o de comentar Aristóteles, é o ponto de vista da *contemplação teológica*".[142] Vaz interpreta o método de Tomás de Aquino: "Comentador de Aristóteles, ele aplica rigorosamente os métodos e os critérios da interpretação filosófica. Mas a filosofia não é a sabedoria suprema".[143] Isso posto, Vaz diz que:

> o movimento total do pensamento de santo Tomás descreve uma *elipse* e não um *círculo*. É uma teologia que é gerada pela conjugação de um *duplo foco*: a ciência de Deus comunicada pela revelação (teologia) e a ciência do homem alcançada pela reflexão autônoma (filosofia). Duplo foco, mas gerando um único movimento ou uma mesma curva.[144]

A *elipse* é melhor entendida quando se percebe que Vaz compreende que "a curva de pensamento das teologias agostinianas (como a de são Boaventura)

---

140 Vaz, *Escritos de filosofia I*: problemas de fronteira, *cit.*, p. 35.
141 Comparato, *Ética, cit.*, p. 139.
142 Vaz, *Escritos de filosofia I*: problemas de fronteira, *cit.*, p. 31.
143 Vaz, *Escritos de filosofia I*: problemas de fronteira, *cit.*, p. 31.
144 *Idem, ibidem*, p. 32.

ou do aristotelismo averroísta, é uma imagem *circular*".¹⁴⁵ Circular porque se obtém evidência e a demonstração a partir de um *foco gerador* – Deus, no primeiro caso; a natureza, no segundo. Fé, enquanto única força de conhecimento, de um lado; e razão, de outro. VAZ conclui:

> A originalidade de santo Tomás consistiu em descobrir que o *ponto de vista de Deus* e o *ponto de vista do homem* podem realmente conjugar-se para dar origem a uma visão de mundo coerente e harmoniosa. Sua experiência interior – a um tempo espiritual e intelectual – articulou-se, sem dúvida, em torno do sentimento de que somente uma tal conjugação poderia fornecer um alimento fecundo para a sua contemplação de teólogo.¹⁴⁶

No seio dessa *experiência*, TOMÁS *assimila* Aristóteles e *recria*, sintetizando, elementos aristotélicos e a visão medieval bíblica e neoplatônica. Ocasião em que, afirma VAZ, manifesta-se a originalidade mais profunda de TOMÁS:

> Sua contemplação teológica se demorará no mistério do Deus criador: e é dessa contemplação que emerge, com extraordinário vigor, a metafísica do *ato de existir*, que se apresenta a santo Tomás como o polo conjugado da sua própria contemplação teológica, o polo de uma filosofia, a um tempo, autônoma e estruturalmente ligada à revelação. O polo de uma nova forma de "filosofia cristã".¹⁴⁷

Uma filosofia genuinamente cristã... uma teologia, até certo ponto, aristotélica... Daquilo que o tomismo está definitivamente impregnado de ARISTÓTELES, BOEHNER e GILSON fornecem seus aspectos marcantes:

> A própria estrutura do ser humano está a exigir que o seu conhecimento principie pelos sentidos, para, a partir deles, elevar--se ao supra-sensível, e até a própria Divindade. Esta concepção

---

145 *Idem, ibidem.*
146 *Idem, ibidem.*
147 *Idem, ibidem*, p. 33.

do processo gnoseológico determina a posição tomista perante o problema de Deus. S. Tomás terá de repudiar toda argumentação apriorística, como também a que se baseia em dados anímicos, para reter apenas a que parte da realidade externa. Neste assunto é-lhe vedado seguir a S. Agostinho ou a S. Anselmo; sua orientação é essencialmente aristotélica. Desta forma, S. Tomás pretende fazer justiça ao caráter específico do homem; como ser sensitivo-corporal, este depende da experiência sensível para a aquisição de todo e qualquer saber. Inclusive o caminho que leva ao conhecimento de Deus deve passar pelas coisas sensíveis.[148]

O problema de Deus é o da prova de sua existência, demonstrada, em *Summa theologia*, por *quinque viae*, ou argumentos: o do *primeiro motor*, o da *primeira causa eficiente*, o do *existente necessário*, o dos *graus do ser* e o do *governador supremo das coisas*. Deus dá existência ao mundo por meio de um ato livre. "Por conseguinte", conforme esclarecimento de BOEHNER e GILSON acerca da teoria da criação de TOMÁS, "há em Deus um intelecto, e neste, uma forma, a cujo modelo Deus criou o mundo: *é a esta forma original no intelecto divino que damos o nome de Ideia*".[149] VAZ percebe a importância da questão:

> A teoria da Ideia, na sua estrutura metafísica, oferece desta sorte a Tomás de Aquino o elo conceptual privilegiado que lhe permite unir numa síntese de admirável profundidade e coerência as duas grandes correntes da filosofia medieval do espírito: o agostinismo, e seu substrato neoplatônico, e o aristotelismo.[150]

---

148 BOEHNER, GILSON, *História da filosofia cristã*, cit., p. 453.
149 *Idem, ibidem*, p. 460. A propósito, ouça-se VAZ, em *Escritos de filosofia VII*: raízes da modernidade, *cit.*, p. 228: "Tomás de Aquino não teve acesso direto aos textos platônicos fundadores da teoria das Ideias. Ele a recebeu através de duas vias à primeira vista divergentes: o ensinamento agostiniano e a tradição neoplatônica, de um lado, e a crítica aristotélica das Ideias platônicas, de outro. Ora, o Aquinatense irá fazê-las convergir, justamente ao penetrar com profunda intuição no núcleo ou estrutura metafísica elementar da Ideia como primeira e absoluta posição do *existir* (*esse*) na identidade do *esse* e do *intelligere* [...] e como identidade na diferença do *noético* e do *eidético* – o *eidos* ou a ideia como emancipação (*secundum emanationem intelligibilem*) que procede do *nous* inteligência".
150 VAZ, *Escritos de filosofia VII*: raízes da modernidade, *cit.*, p. 236.

O mundo é criado para servir de reflexo à perfeição de Deus. O mundo é um todo perfeito, considerando-se o conjunto das criaturas; suas partes apresentam-se desiguais, tanto pela diversidade, quanto por seus graus de perfeição. Sobre a imperfeição e, consequentemente, o mal, BOEHNER e GILSON oferecem a seguinte análise:

> Na escala da perfeição é mister distinguir principalmente dois graus: em certos seres a perfeição é perecível, enquanto que outros a possuem de maneira inamissível: há coisas corruptíveis e incorruptíveis. *A essência do mal consiste na deficiência de um determinado grau de perfeição, e por conseguinte, na privação de um determinado bem.* De sorte que a mesma existência de seres transitórios implica a existência do mal. Não só isso: em certo sentido, o próprio ser-criatura deve ser chamado um mal; pois o ser-criado-por-Deus não significa apenas um proceder de Deus, como também, do ponto de vista puramente metafísico, um descair de Deus [...]. Toda criatura é necessariamente imperfeita, quando comparada à perfeição divina; mas esta imperfeição é apenas o reverso de sua perfeição.[151]

O mundo, criado por Deus, tende para um mesmo ponto: o homem. Ele guarda em si todas as coisas – metáfora assim interpretada por BOEHNER e GILSON: "A razão lhe permite penetrar no mundo dos espíritos, as energias sensitivas lhe são comuns com os animais, as forças vitais com as plantas, e o corpo fá-lo aproximar-se dos seres inanimados".[152] A alma é um princípio racional que necessita de um corpo para exercer suas operações próprias, "por isso", BOEHNER e GILSON esclarecem, "a alma, quando comparado ao anjo, representa um grau inferior de espiritualidade";[153] e acrescentam:

> A alma racional consegue transcender a matéria, e neste sentido não está presa à matéria; por outro lado, ela não é capaz de fazê-lo

---

151 BOEHNER, GILSON, *História da filosofia cristã, cit.*, p. 466.
152 *Idem, ibidem*, p. 467.
153 *Idem, ibidem*, p. 469.

sem a ajuda da matéria, patenteando assim a sua dependência do ser corporal. Sem o corpo ela é incompleta [...].[154]

Alma e corpo jungidos, o homem tanto serve a determinado fim, como é capaz de conhecê-lo. BOEHNER e GILSON situam-no, à luz da doutrina de TOMÁS: "Como ser dotado de conhecimento espiritual e de tendência racional, o ser humano se insere no reino da moralidade".[155] Súdito do reino da moralidade, o homem orienta seu *agir* com base na *synderesis*, a faculdade da razão humana de, naturalmente, inclinar-se para o bem. COMPARATO mostra a arquitetura da ética de TOMÁS:

> São Tomás acolhe essa ideia e sustenta que a sindérese é uma verdadeira lei ao nosso intelecto (*lex intellectus nostri*), que funciona com um hábito de guardar os mandamentos da lei natural.
> O juízo ético é, portanto, puramente intelectual, sem a menor mescla de sentimentos ou emoções.[156]

A razão precede, pois, na forma como BOEHNER e GILSON repetem a lição de TOMÁS, "é ao intelecto que cabe traçar o caminho a ser seguindo pelo amor, e por conseguinte pela vontade".[157] *A vontade é livre* e, como tal, está no centro dos quatro graus da estrutura do ato humano, conforme BOEHNER e GILSON:

> *A intenção*. Intenção significa a direção da vontade para uma finalidade [...]
> *O conselho*. Após fixar a vista no fim a atingir, a vontade passa à escolha dos meios, ponderando-os mediante um ato de deliberação. [...]
> *O consentimento*. Por via de regra, o "conselho" ou deliberação conduz à formulação de vários juízos, cada um dos quais nos

---

154   *Idem, ibidem*, p. 470.
155   *Idem, ibidem*, p. 476.
156   COMPARATO, *Ética, cit.*, p. 143.
157   BOEHNER, GILSON, *História da filosofia cristã, cit.*, p. 477.

> apresenta a ação como desejável sob certo aspecto, fazendo reconhecer nela uma certa bondade. [...]
> *A eleição*. Pelo consentimento as ações ou coisas propostas pelo conselho adquirem um valor subjetivo. O ato volitivo, porém, ainda não está completo. A última decisão se efetua pela eleição, a menos que se nos depare apenas *uma* possibilidade: neste caso a decisão coincide com o consentimento. A eleição é um ato comum do intelecto e da vontade; mas essa cooperação se realiza de tal forma que o intelecto propõe, principalmente, o elemento material; à vontade compete uma função diretiva e especificativa: é ela que fornece o elemento formal. Por isso, a eleição deve ser denominada, substancialmente, um ato da vontade.[158]

No ato humano distinguem-se o ato voluntário interior, cujo objeto é o fim, e o ato voluntário exterior, cujo objeto é a coisa para a qual se tende. Confirmam Boehner e Gilson:

> De modo que, segundo S. Tomás, a bondade de um ato depende do objeto do ato voluntário interior, e, por conseguinte, do fim proposto à vontade pela razão [...] Se o fim deste ato for bom, bom é também o respectivo ato da vontade; se for mau, também este será mau. Em suma, a bondade do ato voluntário depende da reta ordenação do ato para o fim, ou da "intenção".[159]

O ato humano aperfeiçoa-se pela *virtude*, a disposição ou inclinação para agir conforme a razão. Explicam Boehner e Gilson: "Enquanto as virtudes regulam nossa vida interna, as leis visam nortear nossa vida externa".[160] Ramos, em dissertação sobre vínculos entre cultura jurídica ocidental e cristianismo, detalha a *teoria da lei*, concebida por Tomás de Aquino:

> Na estrutura objetiva e normativa do agir virtuoso temos, pois, a lei, à qual Tomás de Aquino dedica uma extensa parte da *Suma*

---

158 *Idem, ibidem*, p. 478.
159 *Idem, ibidem*, p. 479.
160 *Idem, ibidem*, p. 480.

teológica, na qual procura estabelecer os seus caracteres essenciais. Desse modo afirma que uma lei é: i) uma medida da razão; ii) que tem como fim o bem comum; iii) o qual, só pode ser determinado pela própria comunidade à qual se destina, ou que aquele que a representa; iv) devendo, para que possa ser imposta e exigida, ser levada ao conhecimento de seus destinatários.[161]

A lei justa é determinada pela razão, na medida de sua participação na Razão divina. O *racionalismo* de Tomás permite-lhe classificar os tipos de lei, conforme exposição de Ramos:

> Desse modo, temos a célebre distinção tomásica ente LEI HUMANA *(lex humana)*, LEI NATURAL *(lex naturalis)*, LEI ETERNA *(lex aeterna)* e LEI DIVINA *(lex divina)*.
> A LEI ETERNA consiste na vontade suprema do próprio Deus, em sua Razão absoluta e perpétua. Ela é, conforme esclarecem Boehner e Gilson, "a norma derradeira e o fim último de todas as coisas". Todavia, visto que os homens não podem conhecê-la imediatamente, participam dela por meio da LEI NATURAL, que é aquela revelada pela razão humana, na medida de sua participação na Razão divina. É ela que fornece as normas universais e últimas do agir de qualquer comunidade, como os princípios da moralidade, tais quais o dever de fazer o bem, o de autoconservação da humanidade etc.
> A LEI HUMANA refere-se, pois, àquelas disposições particulares concernentes às sociedades concretas, que devem ser deduzidas da lei natural pelo legislador.
> Todavia a lei natural e a lei humana (derivada da primeira) não são suficientes para conformar a ação do homem ao seu próprio fim, que é a "beatitude eterna". Isto porque, segundo Tomás, essa beatitude excede à capacidade natural humana, uma vez que o homem não é só razão, o que torna o seu juízo incerto e contraditório. Além disso, o homem só é capaz de julgar os atos externos,

---

161 Ramos, Marcelo Maciel. *Ética grega e cristianismo na cultura jurídica ocidental*. Belo Horizonte, Faculdade de Direito da UFMG, 2007 (Dissertação de mestrado em Filosofia do Direito), p. 263.

não podendo extirpar, portanto, com suas leis todo o mal. Deste modo, é preciso que haja uma LEI DIVINA que reconduza o homem ao seu fim.[162]

A *lei divina* é a revelada pela Escritura; sua guardiã, a Igreja. O papel que TOMÁS outorga à Igreja lhe dá forças para enfrentar o declínio da Idade Média e, perante as mudanças trazidas pela Modernidade, conservar tradições e dogmas. Quanto ao tomismo, propriamente dito, VAZ prevê as linhas de seu futuro:

> Na história do denominado *tomismo neoescolástico* tornaram-se logo visíveis três tendências ou três modelos propondo-se definir um lugar para a filosofia de Tomás de Aquino no espaço filosófico da modernidade. São três, assim, os perfis filosóficos de Santo Tomás que o século XX irá conhecer.
> A primeira tendência parte da convicção de que o predicado da *verdade* inerente ao pensamento tomásico, restituído ao seu teor original e organizado segundo a ordem sistemática postulada pela razão moderna, assegura-lhe a única forma de presença compatível com a sua dignidade filosófica: a presença trans-histórica de uma *verdade* elevada acima das vicissitudes dos tempos.[163]

A segunda tendência, identificada por VAZ, possui senso de história mais agudo e caracteriza-se pela consciência da necessidade de a *verdade* encontrada em TOMÁS comprovar sua validez perante a filosofia moderna. VAZ acrescenta:

> De acordo com essa segunda tendência, Tomás de Aquino aparece como uma personagem rediviva na liça filosófica do nosso tempo e, como tal, participante ativo da nossa vida intelectual e da discussão dos nossos problemas filosóficos mais atuais.[164]

---

162 RAMOS, *Ética grega e cristianismo na cultura jurídica ocidental*, cit., p. 264.

163 VAZ, *Escritos de filosofia VII*: raízes da modernidade, cit., p. 247. VAZ, à página 248, nomeia representantes dessa tendência: R. GARRIGOU-LAGRANGE e JOSEPH DE TONQUEDÉC.

164 *Idem, ibidem*, p. 248. No mesmo lugar, VAZ distingue: "Foi, aliás, sob o influxo dessa segunda tendência que se estabeleceu a distinção, hoje corrente, entre o 'pensamento tomásico' (*thomasisches Denken*), que se pode historicamente atribuir a Tomás de Aquino,

A terceira tendência traça o perfil filosófico de Tomás no interior das coordenadas do pensamento teórico e mostra como as opções tomásicas no campo da filosofia indicam ou antecipam problemas levantados com a promoção cartesiana de um novo ciclo histórico no âmbito da Filosofia. Vaz reconhece a sensibilidade da tendência:

> Com efeito, os tomistas que empreenderam essa como que migração para as novas terras filosóficas tiveram como meta fundamental repensar a herança doutrinal tomásica, inserindo-a, de alguma maneira, na lógica das grandes intuições geratrizes do universo filosófico da modernidade. Tal foi o sentido da releitura das teses filosóficas mais representativas do pensamento de Tomás de Aquino, de acordo com o código hermenêutico estabelecido por aqueles que se podem considerar os artífices maiores da filosofia moderna: Descartes, Kant e Hegel.[165]

Concílios e Encíclicas

Com Tomás de Aquino estão definitivamente lançadas as bases filosóficas do cristianismo, que, somadas aos dogmas afirmados pela Igreja Católica, através de *concílios ecumênicos* e *encíclicas papais*, informam a tradição religiosa da qual o Ocidente é herdeiro. Na intenção de precisar explicações, Collins e Price definem o conceito de *concílio* e exibem a lista daqueles que consideram notáveis:

> Assembleia formal de bispos e outros representantes eclesiásticos, podendo ser local ou ecumênicos. Os concílios ecumênicos reúnem bispos convocados de todas as partes do mundo para regular a doutrina da Igreja e identificar qualquer necessidade de disciplina. Os sete concílios ecumênicos considerados os mais importantes são (datas entre parênteses): Niceia (325), Constantinopla

---

e o 'pensamento tomista' (*thomistisches Denken*), representado pelas diversas variantes da escola tomista ao longo do tempo".

165 *Idem, ibidem*, p. 249.

I (381), Éfeso (431), Calcedônia (451), Constantinopla II (553), Constantinopla III (680-81) e Niceia II (787). Depois das divisões dentro da Igreja, nenhum concílio teve representantes de todas as partes do mundo cristão, embora a Igreja católica ainda considere seus concílios como ecumênicos e impositivos. Três concílios católicos foram realizados depois da Reforma: Trento (1545-63), Vaticano I (1869–10) e Vaticano II (1962-65).[166]

Niceia encabeça a lista e apresenta a impressionante figura de Constantino, conforme relato de Johnson:

> Com base nas descrições feitas por Eusébio, de Constantino presidindo o Concílio de Niceia, em 325, bem como em outras grandes reuniões eclesiásticas, vemos o imperador em seu elemento, organizando cerimônias elaboradas, procissões e entradas dramáticas e serviços esplêndidos. [...] Pode-se atribuir a Constantino, com efeito, a criação do espetáculo e do ritual da prática conciliar cristã.[167]

A convocação do *Concílio* é iniciativa de Constantino, em reação à crise deflagrada por Ário. Conforme Collins e Price, o imperador: "Escreveu a 1.800 bispos de todo o Império romano e lhes ordenou que se reunissem em Niceia (atual Iznik, na Turquia) em 325. Acredita-se que entre 220 e 250 bispos realmente compareceram".[168] Grosso modo, a crise ariana advém de ele afirmar que *o Filho não é igual ao Pai*. Atentos ao significado de Niceia, Collins e Price marcam sua importância:

> Os bispos condenaram Ário e propuseram o que lhes pareceu uma solução para o problema. Redigiram uma profissão de fé, conhecida como Credo de Niceia, para explicar a relação entre Deus e Jesus, que era "consubstancial ao Pai".[169]

---

166 Collins, Price, *História do cristianismo, cit.*, p. 230.
167 Johnson, *História do cristianismo, cit.*, p. 108.
168 Collins, Price, *História do cristianismo, cit.*, p. 60.
169 *Idem, ibidem*, p. 61.

O debate em torno das relações entre Deus, Jesus e Espírito Santo continua em 381, ocasião em que o imperador Teodósio convoca os bispos à sua residência imperial. O *Concílio de Constantinopla I* reafirma o Credo de Niceia – *Creio em um só Deus... e num só Senhor, Jesus Cristo, Filho de Deus, gerado do Pai, unigênito, isto é, consubstancialmente ao pai, Deus do Deus... gerado, não criado* –, acrescentando a consubstanciação da terceira pessoa da santíssima trindade: *Creio no Espírito Santo, Senhor e Doador da vida, que procede do Pai, e com o pai e o Filho recebe a mesma adoração e a mesma glória.* COLLINS e PRICE comentam: "A fórmula reescrita, ainda usada na Igreja cristã, foi chamada Credo de Niceia-Constantinopla".[170]

O *Concílio de Éfeso*, em 431, mostra o modo de, no século V, a Igreja lidar com heresias. COLLINS e PRICE dão a conhecer os motivos que lhe inspiram:

> Um padre, Nestório, alegou que havia duas pessoas em Cristo – em vez da opinião ortodoxa de que havia uma só pessoa –, Deus e homem ao mesmo tempo. Nestório não negava a divindade de Cristo, mas recusava-se a atribuir a uma natureza divina os atos humanos e os sofrimentos de Jesus. Também alegava que Maria, mãe de Jesus, não podia ser chamada "Mãe de Deus" se era a mãe do homem, Jesus. O concílio condenou as doutrinas de Nestório.[171]

Outro padre, EUTÍQUIO, é a razão de, em 451, o imperador MARCIÃO convocar o *Concílio de Calcedônia*. EUTÍQUIO questiona as duas naturezas de Cristo, exagerando sua divindade. COLLINS e PRICE desdobram os acontecimentos:

> Leão [bispo de Roma] escreveu ao concílio argumentando em prol de duas naturezas iguais, humana e divina; do contrário, seria como se o divino Jesus simplesmente estivesse usando uma máscara humana – argumento que se tornou doutrina cristã ortodoxa. Um relato da época registra que depois que a carta foi lida

---

170 *Idem, ibidem*, p. 62.
171 *Idem, ibidem*.

em voz alta, os bispos ficaram de pé, dizendo: "Pedro falou pela boca de Leão".[172]

O *Concílio de Constantinopla II*, em 553, debate questões em torno do Inferno, considerado elemento vital para manutenção da moralidade cristã. Apesar da controvérsia em torno de sua existência ou da dúvida suscitada pela ideia de punição física, a Igreja estimula os crentes a temerem suas chamas. Remando em corrente contrária, ORÍGENES acredita na possibilidade de todos serem salvos. JOHNSON resume o destino da disputa de opiniões:

> A Igreja mais tarde determinou que o ceticismo de Orígenes, em si, fora equivocado, com o Concílio de Constantinopla (543) insistindo: "quem quer que diga ou pense que a punição dos demônios e dos perversos não será eterna, que ela terá fim [...] que seja anátema".[173]

A *Éfeso*, *Calcedônia*, *Constantinopla II* acrescente-se o de *Constantinopla III*, e ter-se-á o conjunto de *concílios* que, fixando a natureza dupla de Jesus, ao mesmo tempo divina e humana, determinam a qualidade de sua vontade: estritamente divina. Além disso, nos quatro *concílios* tomam-se decisões em campos bem diversos: na esfera dogmática, resolve-se a designação de Maria, *mãe de Deus*; no âmbito pragmático, organiza-se o clero e regulamentam-se os deveres de seus membros.

O *Concílio de Niceia II*, em 787, ocorrendo em clima de dissidência entre adoradores de imagens e iconoclastas, distingue *veneração* de *culto*. Admite, a Igreja do século VII, que se respeitem imagens, mas restringe o culto a Deus.

RAMOS comenta os concílios católicos realizados depois da Reforma:

> Todavia, foram os três últimos concílios da Igreja, o de TRENTO V, o do VATICANO I e o do VATICANO II, os que, ao lado daqueles primeiros concílios da história cristã, mais profundamente discutiram os dogmas e os ritos do Cristianismo, promovendo

---

172   *Idem, ibidem.*
173   JOHNSON, *História do cristianismo, cit.*, p. 412.

uma extensa reforma, que tentava adequá-los às exigências dos novos tempos.[174]

Na apreciação de COLLINS e PRICE, o *Concílio de Trento* assume as seguintes cores, ligadas à *reforma católica* (ou Contra-Reforma):

> A primeira sessão do concílio, adiada para 1549 [O papa Paulo II convocara o *concílio* em 1542, que foi aberto, com atraso, em 1545], tratou dos temas da justificação e da obrigação dos bispos de residir em suas próprias dioceses. Também reafirmou o Credo niceno como a base da fé e definiu a teologia dos sete sacramentos. Embora o concílio logo voltasse a se reunir em 1551, ele se dissolveu após um ano apenas – tendo repudiado as doutrinas luterana, calvinista e zuingliana –, e dez anos se passaram antes que a sessão final se reunisse para publicar novos decretos sobre reformas disciplinares e definir melhor a doutrina católica.
> Na última sessão, iniciada em 1562, o concílio reafirmou muito da doutrina e da prática medievais, como o celibato do clero e a existência do purgatório. Também defendeu a crença no livre-arbítrio contra a doutrina de Lutero do cativeiro da vontade, e rejeitou sua doutrina da fé exclusiva, insistindo que o amor e a esperança também são necessários à salvação e publicando decretos que extinguiam o pluralismo e a compra e venda de cargos eclesiásticos.
> Quando o Concílio de Trento finalmente se encerrou em 1563, os bispos presentes pediram ao papa que proclamasse os decretos e cânones, um gesto que enfatiza a importância de Roma como o centro da Igreja católica e o foco para os católicos. Em consequência desses decretos, seminários foram fundados para instruir o clero, imprimiu-se um catecismo (originalmente para uso dos párocos), devoções populares foram revividas e os bispos empreenderam a reforma de suas dioceses. O curso da Igreja católica estava traçado para os próximos 400 anos: somente na década de 1960, no Concílio Vaticano II, ocorreria outra grande reavaliação.[175]

---

174 RAMOS, *Ética grega e cristianismo na cultura jurídica ocidental*, cit., p. 272.
175 COLLINS, PRICE, *História do cristianismo*, cit., p. 148-9.

Vaticano II encerra a lista de concílios notáveis e apresenta a figura de
ANGELO RONCALLI, o papa JOÃO XXIII, conforme relato de JOHNSON:

> João, embora fosse conservador quanto à liturgia e às devoções, era um liberal político [...] Passara a maior parte de sua carreira como diplomata papal de prontidão, nunca se envolvendo com a política vaticana, mas jamais abandonando seus laços frouxos com as forças progressivas dentro da Igreja. [...] Era um hedonista extrovertido, volúvel e bem adaptado, que adorava o contato humano e apreciava imensamente o trabalho pastoral. Era um historiador, não teólogo, e, portanto, não temia a mudança – ao contrário, saudava-a como um sinal de crescimento e maior esclarecimento. Suas palavras prediletas eram *aggiornamento* (*atualização*) e *convivienza* (*convívio*).[176]

A partir de 1958, JOÃO XXIII modifica a política papal: inaugura um novo movimento ecumênico, centrado em Roma; abre a linha de comunicação com o mundo comunista; e, deflagra um processo de democratização, convocando um concílio geral. Seu discurso de abertura parece posicionar-se contra a posição do cardeal PIZZARDO, que, na segunda metade de 1960, profere palestra na Universidade de Latrão reiterando a mensagem do "isolamento santo" com relação ao mundo comunista e a teoria agostiniana da Igreja e do mundo, pois a humanidade tem diante de si dois mundos: o *moderno*, a Cidade de Satanás, e a Cidade de Deus, simbolizada e representada pelo Vaticano. Na abertura do *Concílio do Vaticano II*, o papa implora aos presentes que repudiem essa análise. Eis as palavras de JOÃO XXIII, segundo JOHNSON:

> Ficamos chocados ao descobrir o que dizem certas pessoas que, muito embora possam ser motivadas por zelo religioso, não demonstram justiça, ou bom julgamento, ou consideração em seu modo de encarar os problemas. No atual estado da sociedade, não veem nada além de ruína e calamidade. Têm por hábito dizer que nosso tempo atual é muito pior que os séculos passados. Comportam-se como se a história, que nos ensina a

---

176 JOHNSON, *História do cristianismo, cit.*, p. 616.

respeito da vida, nada tivesse a lhes ensinar. [...] Pelo contrário, deveríamos reconhecer que, no momento histórico presente, a Providência Divina está nos guiando para uma nova ordem nos relacionamentos humanos – os quais, por meio da agência do homem e o que mais supera suas próprias expectativas, inclinam-se para a realização de desígnios mais elevados e, por ora, misteriosos e imprevistos.[177]

Sobre resultados e consequências das medidas implementadas por João XXIII, atente-se para a análise de HORTA:

> Passados cinquenta anos do Concílio Vaticano II, verifica-se seu retumbante fracasso na destruição do legado católico, eminentemente ritualizado em liturgias tradicionais. A Igreja, que já não fala a língua dos anjos (o latim) já não inspira temor e respeito e estimula o crescimento do protestantismo em escala mundial.[178]

---

177 Idem, ibidem, p. 618.
178 HORTA, José Luiz Borges. História do Direito: notas de aula. Belo Horizonte: Programa de Pós-Graduação da Faculdade de Direito da UFMG, 2005.

2. CRISTIANISMO SINCRÉTICO DE MATRIZ RELIGIOSA LATINO-AMERICANA[1]

Matriz religiosa latino-americana

ERA UMA VEZ NOSSAS PRIMEIRAS VOZES, na América pré-colombiana. Nossas, da América Latina, do Brasil, das Minas Gerais, do Quadrilátero Ferrífero, das cristas e vales da Serra do Espinhaço, e – nossas – das gentes do Sul do planeta. A *nossa* América é, desde o princípio dos mundos, terra de mitos de fundação. GALEANO (1940-) conta como o povo *Ye'cuana*, conhecido como *makiritare*, das margens do Rio Cononama, do sul da Venezuela e no norte de Roraima, celebra a criação:

> A mulher e o homem sonhavam que Deus os estava sonhando. Deus os sonhava enquanto cantava e agitava suas maracas, envolvido em fumaça de tabaco, e se sentia feliz e também estremecido pela dúvida e o mistério.

---

1 *Synkretismós*, "reunião de vários Estados da ilha de Creta contra o adversário comum". Tendência à unificação de ideias ou de doutrinas diversificadas e, por vezes, até mesmo inconciliáveis. Amálgama de doutrinas ou concepções heterogêneas. Fusão de elementos culturais diferentes, ou até antagônicos, em um só elemento, continuando perceptíveis alguns sinais originários.

> Os índios makiritare sabem que se Deus sonha com comida, frutifica e dá de comer. Se Deus sonha com a vida, nasce e dá de nascer.
> A mulher e o homem sonhavam que no sonho de Deus aparecia um grande ovo brilhante. Dentro do ovo, eles cantavam e dançavam e faziam um grande alvoroço, porque estavam loucos de vontade de nascer. Sonhavam que no sonho de Deus a alegria era mais forte que a dúvida e o mistério; e Deus, sonhando, os criava, e cantando dizia:
> – Quebro este ovo e nasce a mulher e nasce o homem. E juntos viverão e morrerão. Mas nascerão novamente. Nascerão e tornarão a morrer e outra vez nascerão. E nunca deixarão de nascer, porque a morte é mentira.[2]

No sonho dessa mulher e desse homem *makiritares* identifica-se o elemento constitutivo fundamental da intuição religiosa: a *experiência religiosa*, sobre a qual manifesta-se BITTENCOURT FILHO:

> No tocante à natureza dessa experiência corroboramos a seguinte afirmação: "A experiência religiosa em si é impenetrável, por ser única, pessoal, um modo de o indivíduo se transcender alcançando o deus, o divino. Este sentir é inenarrável. Todavia a relação estabelecida pode ser captada na dimensão externa, ou seja, aquela do social, do código, da cultura. É neste nível que a situa o conhecimento, tornando-a passível de interpretação e classificação, emprestando-lhe sentidos e significados, ou ainda, apreendendo os sentidos e significados que lhe atribui a própria religião, enquanto cultura. É ainda nesta dimensão que se nomeia o deus e se situa o divino".[3]

---

2 GALEANO, Eduardo. *Memória do fogo, 1*: nascimentos. Trad. Eric Nepomuceno. Rio de Janeiro: Paz e Terra, 1983, p. 23.

3 BITTENCOURT FILHO, José. *Matriz religiosa brasileira*: religiosidade e mudança social. Petrópolis: Vozes, 2003, p. 37. BITTENCOURT FILHO apresenta a referência da obra por ele citada: COSTA, Neusa Meirelles. "O misticismo na experiência religiosa do candomblé". In: VV. AA. *Religiosidade popular e misticismo no Brasil*. São Paulo: Paulinas, 1984, p. 95.

Esses dois, mulher e homem... ou, quem sabe, esses três seres eternos – mulher e homem e deus –, sonham povos e culturas de gente que se mistura com árvore. É o caso da lenda do namoro do povo Nivaklé, do Paraguai, poetisada por GALEANO:

> Andava em busca de água uma moça do povo dos nivakle, quando encontrou-se com uma árvore fornida, Nasuk, o guayacán, e sentiu-se chamada. Abraçou seu tronco firme, apertando-o com todo o corpo, e cravou suas unhas na casca. A árvore sangrou. Ao despedir-se, ela falou:
> Como eu gostaria, Nasuk, que fosses homem!
> E o guayacán se fez homem e foi buscá-la. Quando a encontrou, mostrou-lhe as costas arranhadas, e estendeu-se ao seu lado.[4]

Esses três... ou, talvez, esses muitos, esses todos, seguem aquilo que é verdadeira bíblia para os *cashinahua* do Brasil e do Peru. GALEANO reza seus primeiros versículos:

> Na selva amazônica, a primeira mulher e o primeiro homem se olharam com curiosidade. Era estranho o que tinham entre as pernas.
> Te cortaram? – perguntou o homem.
> Não – disse ela – Sempre fui assim.
> Ele examinou-a de perto. Coçou a cabeça. Ali havia uma chaga aberta. Disse:
> Não comas mandioca, nem bananas e nenhuma fruta que se abra ao amadurecer. Eu te curarei. Deita na rede, e descansa.
> Ela obedeceu. Com paciência bebeu os mingaus de ervas e se deixou aplicar as pomadas e os unguentos. Tinha de apertar os dentes para não rir, quando ele dizia:
> Não te preocupes.
> Ela gostava da brincadeira, embora começasse a se cansar de viver em jejum, estendida em uma rede. A memória das frutas enchia sua boca de água.

---

4   GALEANO, *Memória do fogo, 1, cit.*, p. 34.

> Uma tarde, o homem chegou correndo através da floresta. Dava saltos de euforia e gritava:
> Encontrei! Encontrei!
> Acabava de ver o macaco curando a macaca na copa de uma árvore.
> É assim – disse o homem, aproximando-se da mulher.
> Quando acabou o longo abraço, um aroma espesso, de flores e frutas, invadiu o ar. Dos corpos, que jaziam juntos, se desprendiam vapores e fulgores jamais vistos, e era tanta a formosura que os sóis e os deuses morriam de vergonha.[5]

A intensidade da metáfora – *e os deuses morriam de vergonha* – ajuda a enfrentar as dificuldades metodológicas atinentes ao estudo do fato psicológico ou sociológico religioso. Admitindo que *experiência religiosa* e *religiosidade* devem estar contidas por abordagens que estudam a religião, POULAT, porém, adverte:

> Em si, o religioso não é uma realidade empírica, observável. Nós não apreendemos senão as suas expressões e os seus portadores: gesto, palavra, objeto, texto, edifício, instituição, cerimônia, crença, lugar, tempo, pessoa, grupo, e até, se quisermos, atitude ou temperamento, tudo pode assinalar, indicar algo de religioso, com diferentes conotações sem que no entanto se possa fixá-lo ou retê-lo. [...] Renunciemos à ideia de um fenômeno estatístico e isolável: imaginemos antes o epicentro de uma zona sísmica, esse foco que apenas os movimentos do solo e os fluxos de ondas permitem determinar, mas que não se deixa ver nem tocar como o interior de qualquer corpo sólido.[6]

Num dia, revela-se o mistério que estremece o deus *makiritare*: dá-se o encontro com o homem branco e ritual cristão.

A noção indígena de deus e o tipo de cristianismo católico que navega nas caravelas são interpretações da *religiosidade* muito diferentes entre si. A

---

5   Idem, ibidem, p. 35.
6   POULAT, Emile. "Sociologia religiosa". In: *Dicionário de Sociologia*. Lisboa: Verbo, 1982, p. 507s. In: BITTENCOURT FILHO, *Matriz religiosa brasileira, cit.*, p. 38.

reunião das duas significa condenação de culturas, nações, árvores, mulheres, homens e deuses... A pena aparece no canto de certo vate mexicano, sua profecia desvela o destino de tantos e tantos e tantos povos pré-colombianos. Galeano anota:

> Deitado na esteira, de boca para cima, o sacerdote-jaguar de Yucatán escutou a mensagem dos deuses. Eles falaram através do telhado, montados sobre sua casa, em um idioma que ninguém entendia.
> Chilam Balam, que era boca dos deuses, recordou o que ainda não tinha acontecido:
> *Dispersados serão pelo mundo as mulheres que cantam e os homens que cantam e todos os que cantam... Ninguém se livrará, ninguém se salvará... Muita miséria haverá nos anos do império da cobiça. Os homens, escravos haverão de fazer-se. Triste estará o rosto do sol... Se despovoará o mundo, se fará pequeno e humilhado...*[7]

A forma de representar *religiosidade – recordar o que ainda não tinha acontecido –* merece observação detalhada, pois suscita o *a priori* da experiência religiosa, mas não permite que ela seja determinada. Dificuldade que Bittencourt, acompanhando Mendonça, expõe com clareza:

> Antonio Mendonça, num trabalho recente, primeiramente adverte quanto às dificuldades metodológicas da distinção entre religiosidade e religião, assim como uma definição segura das mesmas e, alerta para o fato de que não necessariamente a religiosidade supõe vínculos com uma religião organizada/instituída. Mesmo assim, arrisca duas definições de religiosidade: "a sensação generalizada de que o mundo está sujeito a poderes ameaçadores da ordem – poderes caóticos –, sejam de amplitude universal ou simplesmente localizados no espaço e no tempo, estes quando se referem a grupos humanos isolados social e geograficamente". E: "a existência na consciência daqueles traços culturais de crença em poderes benéficos e maléficos que, de alguma forma, regem a vida nos mínimos

---

7   Galeano, *Memória do fogo, 1, cit.*, p. 66.

detalhes e que podem estar subjacentes na aceitação de qualquer religião organizada, introduzindo nelas modificações".[8]

O que ainda não tinha acontecido, captado pelo transe do sacerdote em delírio, acontece em Roma. Corre o ano da graça do Senhor de 1493; diz Galeano:

> Na penumbra do Vaticano, cheirando a perfumes do Oriente, o papa dita uma nova bula.
> Faz pouco tempo que Rodrigo Borgia, valenciano da aldeia de Xátiva, se chama Alexandre VI. Não passou ainda um ano desde que comprou, à vista, os sete votos que faltavam no Sagrado Colégio e pôde mudar a púrpura de cardeal pelo manto de arminho de Sumo Pontífice.
> Mais horas dedica Alexandre VI a calcular o preço das indulgências que a meditar o mistério da Santíssima Trindade. Ninguém ignora que prefere as missas breves, salvo as que em sua alcova privada celebra, mascarado, o bufão Gabriellino, e todo mundo sabe que o novo papa é capaz de desviar a procissão de Corpus para que passe debaixo da varanda de uma mulher bonita.
> Também é capaz de cortar o mundo como se fosse um frango: ergue a mão e traça uma fronteira, de cabo a rabo no planeta, através do mar incógnito. O procurador de Deus concede à perpetuidade tudo o que tenha sido descoberto ou se descubra, a oeste dessa linha, a Isabel de Castilha e a Fernando de Aragão e a seus herdeiros no trono espanhol. Encomenda-lhes que às ilhas e terras firmes encontradas ou por encontrar enviem homens bons, temerosos de Deus, doutos, sábios e experientes, para que instruam os naturais na fé católica e lhes ensinem bons modos. À coroa portuguesa pertencerá o que se descubra a leste.
> Angústia e euforia das velas abertas: Colombo já está preparando, na Andaluzia, sua segunda viagem para os rincões onde o ouro

---

[8] Bittencourt Filho, *Matriz religiosa brasileira*, cit., p. 39. Referência bibliográfica, segundo Bittencourt Filho: Mendonça, Antonio Gouvêa. "Religiosidade no Brasil: imaginário, pós-modernidade e formas de expressão". *Revista Semestral de Estudos e Pesquisa em Religião*: "Estratégias religiosas na sociedade brasileira". São Bernardo do Campo: Umesp, Ano XII, n. 15, dez 1998, p. 42s.

cresce em cachos nas parreiras e as pedras preciosas aguardam no crânio dos dragões.⁹

O desejo de Alexandre IV é o instruir naturais na fé católica. No entanto, a intenção de *instruir em fé*, quaisquer que sejam instrutor e instruído, esbarra em certos impedimentos, apontados por BITTENCOURT FILHO, tomando por base o trabalho de MENDONÇA:

> E [Mendonça] acrescenta: "[...] As religiões invasoras de uma cultura estabelecida não têm possibilidade de sucesso quando opõem diques irremovíveis à religiosidade subjacente nos receptores do novo discurso religioso".¹⁰

Meio século depois, em 1569, em Havana, a incumbência papal encontra as dificuldades previstas por BITTENCOURT FILHO e MENDONÇA. Como quem testemunha uma peleja cubana contra demônios, GALEANO fala do advento de um padroado:

> As formigas acossam a cidade e arrasam plantios. Andam devorando pelo umbigo mais de um cristão de sono pesado.
> Em sessão extraordinária, as autoridades de La Havana resolvem pedir proteção a um santo padroeiro contra as *bibijaguas* e outras formigas bravas.
> Frente ao reverendo Alonso Álvarez, celebra-se o sorteio entre os doze apóstolos. Sai favorecido São Simão, a quem tomam por advogado *para que seja intercessor ante Deus Nosso Senhor, para que tire todas as formigas de sobre este povo, casa e fazendas desta vila e seus limites.*

---

9   GALEANO, *Memória do fogo, 1, cit.*, p. 72.
10 BITTENCOURT FILHO, *Matriz religiosa brasileira, cit.*, p. 39. BITTENCOURT recorre a: MENDONÇA, Antonio Gouvêa. "Religiosidade no Brasil: imaginário, pós-modernidade e formas de expressão". *Revista Semestral de Estudos e Pesquisa em Religião*: "Estratégias religiosas na sociedade brasileira". São Bernardo do Campo: Umesp, Ano XII, n. 15, dez 1998, p. 42s.

Em retribuição, a cidade celebrará festa anual para honra e reverência do bem-aventurado São Simão, com canto de véspera, missa, procissão de assistência obrigatória e tourada.[11]

Realmente, tanto o Deus cristão, quanto seu séquito celeste, estão irremediavelmente envolvidos em negócios e assuntos do mundo colonial. Em 9 de junho de 1591, o novo governador, D. Francisco de Sousa, chega à Bahia e, com ele, a primeira *Visitação do Santo Ofício*. CALMON adivinha-lhe os motivos: judeus.

> A perseguição aos cristãos-novos ou *marranos* [ou "danados", espanholismo] em Espanha tinha de comunicar-se a Portugal, com a unificação dos reinos.
> [...]
> Mas a Inquisição não se fixou na América Portuguesa.
> Passou de leve, indulgente ou apressada, a receber *denunciações* e ouvir *confissões* em que se misturavam os desregramentos particulares e os casos de heresia, apurados, na realidade, com transparente brandura.
> Tinha o visitador ordem para mandar os réus, que devessem sofrer a pena última, para Portugal: não podia condená-los na colônia. O que a ordem não diz, mas insinua, é que o grande número de judeus instalados no Brasil impedia que aprofundasse o Santo Ofício as investigações e a intolerância. Em 1610 (entre aquela, e a Visitação de 1618, por sinal a derradeira), viu Pyrard de Laval na Bahia, livre de qualquer sombra de Inquisição, muitos cristãos-novos, prósperos e pacíficos.
> [...]
> O Conselho da Santa Inquisição não tinha o desejo de assustar os moradores do Brasil![12]

---

11 GALEANO, *Memória do fogo, 1, cit.*, p. 179.
12 CALMON, Pedro. *História do Brasil*: século XVI, as origens (conclusão), século XVII, formação brasileira. 2ª ed. Rio de Janeiro: José Olympio, 1963, v. II, p. 411.

GALEANO sabe como estão as coisas em São Salvador, Bahia, em 1640:
Cintila a boca enquanto lança palavras armadas como exércitos.
O orador mais perigoso do Brasil é um sacerdote português criado na Bahia, baiano de alma.
Os holandeses invadiram estas terras e o jesuíta Antônio Vieira *pergunta aos senhores coloniais si não somos tão pretos em respeito delles como os índios em respeito de nós*. Do púlpito, o dono da palavra desafia os donos da terra e das pessoas:
"Não pode haver maior inconsideração do entendimento nem maior erro de juízo entre homens, que cuidar em que hei de ser vosso senhor porque nasci mais longe do sol, e que nos haveis de ser meu escravo porque nascestes mais perto".
Na igrejinha da Ajuda, a mais antiga do Brasil, Antônio Vieira acusa também Deus, culpado de ajudar os invasores holandeses:
Ainda que nós somos os pecadores, Deus meu, vós haveis de ser, hoje, o arrependido![13]

Há, aqui, o jesuíta e o sermão.
Primeiro, a Companhia de Jesus sobre cuja instalação em Lisboa, a mando de D. João III, CALMON presta depoimento:

> Em abril de 1540, chegou [vindo de Roma] a Portugal Simão Rodrigues. Francisco Xavier partiu para o Oriente em 1541.
> Instalou-os o rei no convento de Santo Antão, primeira casa própria que tiveram em todo o mundo. Permitiu que fizessem colégio em Coimbra, em Évora, em Lisboa. Em 1548 os jesuítas ainda não tinham empolgado a Universidade, mas eram respeitados na corte, famosos na Índia, conhecidos da Europa. Faltava a América. O Brasil proporcionava-lhes a oportunidade. Sem precedente na história. Missionários, podiam ser criadores de um tipo social inspirado pela filosofia cristã, até pelo otimismo *utópico* dos que idealizaram a livre e equilibrada vida na cidade feliz. Em vez de brâmanes e rumes, chins e malaios da Ásia de Francisco Xavier, índios curiosos e mansos, cuja fisionomia ingênua andava nas lisonjeiras

---

13 GALEANO, *Memória do fogo, 1, cit.*, p. 264.

descrições do "*mundus novus*". Seis prontificaram a acompanhar Tomé de Souza, como pelotão de vanguarda da conquista religiosa da América.[14]

Quanto à pregação de Vieira, lembre-se que é proferida do púlpito da igrejinha da Ajuda, *a primeira Sé*, nas aulas de história do Brasil do mestre CALMON:

> O vigário, Licenciado Manuel Lourenço, teve a sua tarefa auxiliada pelos jesuítas, que – parece – fizeram para ele a Igreja da Ajuda, depois também chamada "do Salvador", por servir provisoriamente de Sé à cidade deste nome. Em carta para el-rei, de 3 de agosto de 1550, *Manuel licenciatus* [...] por ser "o primeiro que vim oferecido aos primeiros trabalhos", requeria o lugar de deão. [...] O fato é que, ao chegar o bispo, não abonava o requerimento do licenciado: "O vigário que cá achei quisera-o prover do chantrado, mas por estar embaraçado com dois benefícios curados e não ter dispensação para mais o não confirmei... é pouco suficiente e corrente nos ofícios da Igreja, ainda que é pouco latino, acho por informação que é muito ambicioso e mais querençoso de ajuntar fazenda que inclinado às cousas da Igreja e é cousa notória e sabida de todos ter muito parentesco de ambas as partes com a gente nova e tanto por esta via como por ser muito cobiçoso nem é nada de minha arte e contudo dissimulhei-lhe suas vacas e bois e granjearia que tem."
>
> O padre Manuel Lourenço – a quem, catolicamente, não censuram os jesuítas no seu epistolário – sofreu a mesma influência deletéria da ganância, dos costumes, do "ar local", que arrasavam a reputação de outros clérigos. Além disso, tinha sangue judeu.[15]

Antes de Vieira, o bispo, na leitura que CALMON faz de sua nomeação, pela bula *Super Specula Militantis Ecclesia*, de 25 de fevereiro de 1551:

---

14 CALMON, Pedro. *História do Brasil*: século XVI, as origens. 2ª ed. Rio de Janeiro: José Olympio, 1963, v. I, p. 218.

15 *Idem, ibidem*, p. 234.

A fundação do bispado da Bahia, logo após a do Estado com a expedição de Tomé de Sousa, isento assim de jurisdição do bispo de Funchal, foi medida que afirmou a resolução régia de povoar o Brasil.

É crer que [...] mandasse el-rei – em carta ao Papa Júlio III, de 31 de julho de 1550 – solicitar a criação da diocese, aproveitando nela o Doutor Pêro Fernandes Sardinha, padre de Évora [...]

Foi em Paris discípulo de Diogo de Gouveia e, no mesmo Colégio, mestre de Inácio de Loyola. [...] Leu teologia em Salamanca e Coimbra. [...] Francisco Leitão Ferreira, porém, autor do *Alfabeto dos Lentes da Insigne Universidade de Coimbra Desde 1537 em Diante*, distingue, entre os de Teologia: "Pedro Fernandes Sardinha, lente de Teologia na Universidade de Paris, e de Salamanca: e depois o primeiro bispo do Brasil."[16]

Quanto à propriamente dita pregação de Vieira, ela é componente da religiosidade brasileira. Vieira fala de preto, de branco, de índio, de senhor, de escravo, de sol, de Deus...; isto é, ajusta elementos da especificidade religiosa de um, permita-se o neologismo, brasil-europeu-latino-americano. Do púlpito, a alma baiana é manifestação daquilo que Bittencourt denomina *matriz religiosa brasileira*, em sua intenção de examinar:

> os fatores que tornam a religiosidade da maioria dos brasileiros singular e original, a despeito do fato de que a formação social brasileira esteve e está subordinada a determinantes econômicos, políticos e culturais comuns a tantos outros povos e nações: "Por outro lado, discutir as peculiaridades de nossa sociedade é estudar essas zonas de encontro e mediação, essas praças e adros dados pelos carnavais, pelas procissões e pelas malandragens, zonas onde o tempo fica suspenso e uma nova rotina deve ser repetida ou inovada, onde os problemas são esquecidos ou enfrentados; pois aqui – suspensos entre a rotina automática e a festa que reconstrói o mundo – tocamos o reino da liberdade e do essencialmente humano. É nessas regiões que renasce o poder do

---

16 *Idem, ibidem*, p. 238.

> sistema, mas é também aqui que se pode forjar a esperança de ver o mundo de cabeça para baixo". (DAMATTA: 1997, 18)
> Tudo isso porque formas, condutas religiosas, estilos de espiritualidade, e condutas religiosas uniformes, evidenciam a presença influente de um substrato religioso-cultural que denominamos *Matriz Religiosa Brasileira*.[17]

É muito antigo, o manancial de onde se cria o universo religioso brasileiro. Em algum momento, ele encontra-se misturado à *matriz religiosa latino-americana*. Se, em 1640, Vieira exorciza Deus contra Ele mesmo, pouco depois, em 1674, em Potosí, a Igreja já se vê obrigada a enfrentar aquilo que para sua doutrina é feitiçaria pura. GALEANO conta a história:

> Com a mão movia as nuvens e desatava ou afastava tormentas. Em um piscar de olhos trazia gente de terras longínquas e também da morte. A um corregedor das minas de Porco mostrou Madrid, sua pátria, em um espelho: e a dom Pedro de Ayamonte, que era de Utreta, serviu na mesa tortas recém-feitas em um forno de lá. Fazia brotar jardins nos desertos e convertia em virgens as amantes mais sabidas. Salvava os perseguidos que buscavam refúgio em sua casa, transformando-os em cães ou gatos. Ao mau tempo, boa cara, dizia, e contra a fome, violeiros: tangia a viola e agitava a pandeireta e assim ressuscitava os tristes e os mortos. Podia dar a palavra aos mudos e tomá-la dos charlatães. Fazia o amor à intempérie, com um demônio muito negro, em pleno campo. A partir da meia-noite, voava.
> Tinha nascido em Tucumán e morreu, esta manhã, em Potosí. Em agonia chamou um padre jesuíta e lhe disse que tirasse de uma gavetinha certas figuras de cera e tirasse os alfinetes que tinha pregado, pois assim se curariam cinco padres que ela tinha adoecido. O sacerdote ofereceu-lhe confissão e misericórdia divina, mas ela deu risada e rindo morreu.[18]

---

17 BITTENCOURT FILHO, *Matriz religiosa brasileira*, cit., p. 40. BITTENCOURT refere-se a: DAMATTA, Roberto. *Carnavais, malandros e heróis*: para uma sociologia do dilema brasileiro. Rio de Janeiro: Rocco, 6ª ed., 1997, p. 18.

18 GALEANO, *Memória do fogo, 1*, cit., p. 294.

A partir de 1683, com base em denúncia de Galeano, os missionários já sabem a cor da pele das pessoas em quem, pelo menos em certas lugares de Cuba, o Diabo, preferencialmente, encarna:

> Treme, se entorta, ruge, baba. Faz vibrar as pedras da igreja. Em volta, fumega a vermelha terra de Cuba.
> – Satanás, cão! Cão bêbado! Fala ou mijo em você! – ameaça o inquisidor José González de la Cruz, pároco desta vila de Remédios, enquanto se espuma no chão e dá chutes a negra Leonarda frente ao altar-mor. Bartolomé del Castillo, tabelião público, aguarda sem respirar: aperta um grosso maço de papéis com uma das mãos, e com a outra tem suspensa uma pluma de ave.
> O Diabo brinca, feliz, no corpo gracioso da negra Leonarda.
> O inquisidor vira a escrava com um golpe e ela cai de bruços e morde o pó e rebota, erguendo-se, e gira e balança, sangrando, bela, sobre o xadrez das lajes.
> – Satanás! Lúcifer! Mandinga! Fala de uma vez, merda pestilenta! (*sic*) Da boca de Leonarda saem fogos e espumas. Também vocifera estrépitos que ninguém entende, salvo o padre José, que traduz a dita ao escrivão:
> – Diz que é Lúcifer! Diz que há oitocentos mil demônios em Remédios!
> Outros ruídos troveja a negra.
> – Que mais? Que mais, cão? – exige o padre, e levanta Leonarda pela carapinha.
> – Fala, merda! (*sic*)
> Não xinga a mãe, porque Diabo não tem mãe.
> Antes que a escrava desmaie, o padre grita e o tabelião escreve:
> – Diz que Remédios afundará! Está confessando tudo! O tenho agarrado pelo pescoço! Diz que a terra nos tragará!
> E uiva:
> – Uma boca do Inferno! Diz que Remédios é uma boca do inferno! Todos gritam. Todos os moradores de Remédios chutam e gemem e gritam. Mais de um desmaia.
> O padre, banhado em suor, com a pele transparente e os lábios trêmulos, afrouxa os dedos que oprimem o pescoço de Leonarda.

A negra desmorona.
Ninguém acode.[19]

RIBEIRO informa a quantas anda a situação do negro brasileiro:

> Os negros do Brasil, trazidos principalmente da costa ocidental da África, foram capturados meio ao acaso nas centenas de povos tribais que falavam dialetos e línguas não inteligíveis uns aos outros. A África era, então, como ainda hoje o é, em larga medida, uma imensa Babel de línguas. Embora mais homogêneos no plano da cultura, os africanos variavam também largamente nessa esfera. Tudo isso fazia com que a uniformidade racial não correspondesse a uma unidade linguístico-cultural, que ensejasse uma unificação, quando os negros se encontraram submetidos todos à escravidão. A própria religião, que hoje, após ser trabalhada por gerações e gerações, constituiu-se uma expressão da consciência negra, em lugar de unificá-los, então, os desunia. Foi até utilizada como fator de discórdia.[20]

Durante os séculos XVIII e XIX, amplia-se a complexidade do choque de culturas que, a partir de 1492, se dá em terras americanas. Manifestações genuínas de indígenas e africanos são ou eficientemente reprimidas, ou surpreendentemente incorporadas. Forja-se o sincretismo que caracteriza a religiosidade dos povos ao sul da linha do equador. GALEANO, exitosamente, mostra como, desde 1711, os tambores africanos tocam em Palenque de São Basílio:

> Faz mais de um século que o negro Domingo Bioho fugiu das galeras de Cartagena das Índias e foi rei-guerreiro no pântano. Batalhões de cães e homens armados de arcabuzes o perseguiram e caçaram, e várias vezes Domingo foi enforcado. Em vários dias de grande festa, Domingo foi arrastado pelas ruas de Cartagena, amarrado no rabo de uma mula, e várias vezes cortaram seu pênis

---

19   *Idem, ibidem*, p. 303.
20   RIBEIRO, Darcy. *O povo brasileiro*: a formação e o sentido do Brasil. São Paulo: Companhia das Letras, 1995, p. 114.

e o pregaram num poste alto. Seus caçadores foram premiados com sucessivas mercês de terras e várias vezes ganharam títulos de marqueses; mas nos terrenos cercados de estacas dos cimarrões do canal do Dique ou do baixo Cauca, Domingo Bioho reina e ri com sua inconfundível cara pintada.

Os negros livres vivem em estado de alerta, treinados pela lutar desde que nascem e protegidos por despenhadeiros e fossos fundos de farpas envenenadas. O mais importante dos cercados dessa região, que existe e resiste há um século, tomará nome de santo. Vai se chamar São Basílio, porque logo sua imagem chegará pelo rio Magdalena. São Basílio será o primeiro branco autorizado a entrar. Virá com mitra e bastão de comando e trará uma igrejinha de madeiras cheia de milagres. Não se assustará com o escândalo da nudez nem falará jamais com voz de amo. Os cimarrões lhe oferecerão casa e mulher. Conseguirão para ele uma santa fêmea, Catarina, para que no outro mundo Deus não lhe dê como esposa uma burra e para que juntos se desfrutem nesta terra, enquanto nela estiverem.[21]

Na Bahia, pelos idos 1763, negros e religiosos conseguem instalar canais de comunicação entre eles, de modo que, de alguma forma, eles passam a se entender mutuamente; GALEANO registra:

> Dizem os que mandam na Bahia que *negro não vai no Céu, nem que seja rezador porque tem o cabelo duro, espeta o Nosso Senhor*. Dizem que não dorme: ronca. Que não come: engole. Que não conversa: resmunga. Que não morre: acaba. Dizem que o Deus fez o branco e pintou o mulato. O negro, dizem, o Diabo o cagou. (*sic*)
> Toda festa de negros é tida como homenagem a Satanás, negro cruel, rabo, cascos, tridente, mas os que mandam sabem que, se os escravos se divertem de vez em quando, trabalham mais, vivem mais anos e têm mais filhos. Assim como a capoeira, ritual e mortal maneira de lutar corpo a corpo, faz de conta que é uma brincadeira vistosa, também o candomblé finge que é só

---

21 GALEANO, Eduardo. *As caras e as máscaras*. Trad. Eric Nepomuceno. Rio de Janeiro: Nova Fronteira, 1985, p. 32.

dança e barulho. Nunca faltam, além disso, virgens ou santos para disfarçar: não há quem proíba Ogum quando ele vira São Jorge, cavaleiro louro, e os astutos deuses negros encontram esconderijo até nas chagas de Cristo.
Na Semana Santa dos escravos, é um justiceiro negro quem faz explodir o traidor, o Judas branco, boneco pintado de cal; e quando os escravos mostram a Virgem na procissão, é o negro São Benedito quem está no centro de todas as homenagens. A Igreja não conhece esse santo. Segundo os escravos, São Benedito foi escravo como eles, cozinheiro de um convento, e os anjos mexiam as panelas enquanto ele rezava suas preces.
Santo Antônio é o preferido dos amos. Santo Antônio ostenta galões militares, recebe soldo e é especialista em vigiar negros. Quando um escravo escapa, o amo joga o santo no canto das escórias. Santo Antônio fica em penitência, de boca para baixo, até que os cães agarrem o fugitivo.[22]

Matriz religiosa brasileira... conceito que BITTENCOURT FILHO procura definir como "algo que busca traduzir uma complexa interação de ideias e símbolos religiosos que se amalgamaram num decurso multissecular".[23] BITTENCOURT FILHO completa a exposição:

> Esse processo multissecular teve, como desdobramento principal, a gestação de uma mentalidade religiosa média dos brasileiros, uma representação coletiva que ultrapassa mesmo a situação de classe em que se encontrem. [...] essa mentalidade expandiu sua base social por meio de injunções incontroláveis, como soe acontecer com os conteúdos culturais, para, num determinado momento histórico, ser incorporada definitivamente ao inconsciente coletivo nacional, uma vez que já se incorporara, através de séculos, à prática religiosa.[24]

---

22 *Idem, ibidem*, p. 57.
23 BITTENCOURT FILHO, *Matriz religiosa brasileira, cit.*, p. 40.
24 *Idem, ibidem*, p. 41.

Ao final do século XVIII, Ataíde, na Mariana de 1796, sintetiza o grande jogo de símbolos a que se entregam as forças religiosas, sociais e políticas das terras do velho novo mundo. GALEANO anuncia o artista:

> Manuel da Costa Ataíde aplica ouro e cores nas figuras que o Aleijadinho talha na madeira. E é, além disso, pintor de fama própria. Nas igrejas, Ataíde cria céus desta terra: usando tintas de flores e plantas, pinta a Virgem com a cara de Maria do Carmo, mulher nascida aqui, madona morena e da qual brotam o sol e as estrelas, e pinta anjinhos músicos e cantores com pálpebras e lábios bem carnudos, cabelo encarapinhado e olhos de assombro ou malícia: os anjos mulatos são seus filhos e a Virgem, a mãe de seus filhos.
> Na igreja de São Francisco, em Mariana, tem traços africanos o santo do povoado de Assis que transformava lobos em cordeiros. Vivem junto a ele as santas brancas, com cabelo de verdade e caras de loucas.[25]

Matriz religiosa brasileira

O componente mais antigo da *matriz religiosa brasileira* é a indígena. A ele somam-se outros elementos, segundo BITTENCOURT FILHO, vinculando-os à formação histórica da nacionalidade:

> com os colonizadores chegam o catolicismo ibérico [...] e a magia europeia. Aqui se encontram com as religiões indígenas, cuja presença irá impor-se por meio de mestiçagem. Posteriormente, a escravidão trouxe consigo as religiões africanas que, sob determinadas circunstâncias, foram articuladas num vasto sincretismo. No século XIX, dois novos elementos foram acrescentados: o espiritismo europeu e alguns poucos fragmentos do Catolicismo romanizado.[26]

---

25   GALEANO, *As caras e as máscaras, cit.*, p. 122.
26   BITTENCOURT FILHO, *Matriz religiosa brasileira, cit.*, p. 41.

O catolicismo popular português quinhentista possui raiz medieval e caracteriza-se, segundo Bittencourt Filho, apoiado em Gilberto Freyre, por ser

> uma liturgia antes social que religiosa, um doce cristianismo lírico, com muitas reminiscências fálicas e animistas das religiões pagãs: os santos e os anjos só faltando tornar-se carne e descer dos altares nos dias de festa para se divertirem com o povo; os bois entrando pelas igrejas para ser benzidos pelos padres; as mães ninando os filhinhos com as mesmas cantigas de louvar o Menino-Deus; as mulheres estéreis indo esfregar-se de saia levantada, nas pernas de São Gonçalo do Amarante; os maridos cismados de infidelidade conjugal indo interrogar os "rochedos dos cornudos" e as moças casadouras os "rochedos do casamento"; Nossa Senhora do Ó adorada na imagem de uma mulher prenhe.[27]

Aos olhos portugueses, a Terra de Santa Cruz é, ao mesmo tempo, paraíso de riquezas e purgatório de dificuldades naturais. O ameríndio é um novo e desconhecido sujeito. O ocidental cristão, vivendo o dilema de reconhecer-lhe a alteridade, lança-o ao duplo plano da animalização e da demonização, conforme relato de Bittencourt Filho, tomando por auxílio lições de Bosi:

> uma vez cientes do cerne da religiosidade tupi que consistia no culto e na comunicação com os ancestrais, a estratégia dos catequistas quanto aos ritos indígenas foi simplesmente o da "demonização": "Aí estava, portanto, o alvo real a ser destruído pela pregação jesuítica. O método mais eficaz não tardou a ser descoberto: generalizar o medo, o horror, já tão vivo no índio, aos espíritos malignos, e estendê-lo a todas as entidades que se manifestassem nos transes. Enfim, diabolizar toda cerimônia que abrisse caminho para a volta dos mortos".[28]

---

27 Idem, ibidem, p. 50. Bittencourt reporta-se a: Freyre, Gilberto. *Casa-grande e senzala*: formação da família brasileira sob o regime da economia patriarcal. Rio de Janeiro: Record, 12ª ed., 1997, p. 22.

28 Bittencourt Filho, *Matriz religiosa brasileira, cit.*, p. 52. A citação de Bittencourt refere-se a: Bosi, Alfredo. *Dialética da colonização*. São Paulo: Companhia das Letras, 1992, p. 69.

Classificado como animal infernal, ao índio cabe uma última peja: a de idólatra. BITTENCOURT FILHO determina-lhe os termos:

> Na perspectiva dos colonizadores, especialmente dos clérigos, os demônios e a idolatria estariam presentes em tudo, desde a antropofagia até a sacralização de fenômenos naturais. Contudo, os portugueses, diferentemente dos espanhóis, não implementaram campanhas persecutórias a fim de suprimir essa presumida idolatria. Os catequistas lusitanos mais atuantes consideravam que os indígenas estariam mais próximos da "descrença" do que da fé. Para eles, em matéria de religião, os nativos seriam uma espécie de *tabula rasa* sobre a qual se poderia e se deveria aplicar a catequese.[29]

O índio torna-se objeto de cristianização e, num giro a mais, de escravidão. O índio resiste; RIBEIRO (1922-1977) é seu arauto:

> Frente à invasão europeia, os índios defenderam até o limite possível seu modo de ser e de viver. Sobretudo depois de perderem as ilusões dos primeiros contatos pacíficos, quando perceberam que a submissão ao invasor representava sua desumanização como bestas de carga. Nesse conflito de vida ou morte, os índios de um lado e os colonizadores do outro punham todas as suas energias, armas e astúcias. Entretanto, cada tribo, lutando por si, desajudada pelas demais – exceto em umas poucas ocasiões em que se confederaram, ajudadas pelos europeus que viviam entre elas – pôde ser vencida por um inimigo pouco numeroso mas superiormente organizado, tecnologicamente mais avançado e, em consequência, mais bem armado.
> A vitórias europeias se deveram principalmente à condição evolutiva mais alta das incipientes comunidades neobrasileiras, que lhes permitia aglutinar-se em uma única entidade política servida por uma cultura letrada e ativada por uma religião missionária, que influenciou poderosamente as comunidades indígenas. Paradoxalmente, porém, é o próprio atraso dos índios que os

---

29   BITTENCOURT FILHO, *Matriz religiosa brasileira, cit.*, p. 56.

> fazia mais resistentes à subjugação, condicionando uma guerra secular de extermínio. [...]
> As crônicas coloniais registram copiosamente essa guerra sem quartel de europeus armados de canhões e arcabuzes contra indígenas que contavam unicamente com tacapes, zarabatanas, arcos e flechas.[30]

Mesmo assim, no Brasil colonial, o catolicismo ibérico torna-se passível de ser assimilado pelo índio e, posteriormente, pelo negro, pois para ambos as forças da natureza são governadas por espíritos superiores, exclusivamente ou em parceria com personagens míticos. O ser humano está mergulhado num mundo de mistério. BITTENCOURT FILHO assinala o processo:

> Ademais, na sociedade colonial, tipicamente agrária, as festas religiosas continham elementos ancestrais dos cultos ligados às forças da natureza. [...] Junto às imagens dos santos padroeiros, brancos, índios, negros e mestiços uniam-se por meio das danças rituais e festivas, num misto de gratidão e prece para vencer os muitos obstáculos da existência num ambiente hostil.[31]

"No entanto", observa BITTENCOURT FILHO,

> vale registrar que essa religiosidade harmônica com os movimentos da natureza foi sendo reprimida pela concepção que separa radicalmente mundo natural e mundo espiritual e que desvaloriza o corpo e suas expressões, ou seja, acaba por prevalecer uma perspectiva da modernidade letrada e daquela interpretação cristã que advoga um certo tipo de domínio sobre a natureza a par de uma espiritualidade abstrata.[32]

A apurada percepção de BITTENCOURT FILHO expõe a estrutura do processo:

---

30 RIBEIRO, *O povo brasileiro*, cit., p. 49.
31 BITTENCOURT FILHO, *Matriz religiosa brasileira*, cit., p. 51.
32 *Idem, ibidem*, p. 52.

Pode-se dizer, em grandes linhas, que no Brasil colonial colidiram duas grandes concepções religiosas: uma que sacralizava o ambiente natural e as forças espirituais a ele subjacentes; outra que ressaltava símbolos religiosos abstratos e transcendentais. Tais concepções não se mantiveram estanques, porquanto, na prática religiosa popular, foram desde logo combinadas.[33]

À concepção culturalista pertencem os povos indígenas, as etnias africanas e os brancos portadores de crenças similares atreladas a religiões e magia europeias ancestrais. Ao modo de ver transcendentalista, os brancos adeptos à ideia de Cristianismo romano-católico. No entanto, a concepção mágica do mundo liga, de extremo a extremo, as camadas sociais, excetuando-se a minoria letrada. BITTENCOURT FILHO, ajudado por BOSI, identifica a natureza dessa articulação:

> Isto fez com que a cristandade imposta acabasse por adquirir contornos excêntricos em relação à ortodoxia da Igreja romana [...]; por sinal, "merece uma palavra à parte a devoção aos antepassados, que é comum ao africano, ao indígena e ao católico popular sob a forma de culto aos santos" [...]. Assim sendo, na prática religiosa colonial mesclavam-se elementos católicos, negros, indígenas (e até judaicos), tecendo uma religiosidade deveras original. Não tendo outra alternativa a Igreja tolerava e mesmo incentivava os processos sincréticos, muito embora tentasse impor-lhes limites.[34]

Analisado, o processo sincrético apresenta nuances admiráveis. Conforme BITTENCOURT FILHO: "enquanto os indígenas (e africanos) aparentemente aceitavam as práticas sacramentais, mantinham no cotidiano, de maneira velada, condutas transgressoras no que tange às determinações eclesiásticas";[35] "os catequistas foram obrigados a efetuar adaptações nas prá-

---

33   *Idem, ibidem*, p. 49.

34   *Idem, ibidem*. Quanto à citação do próprio BITTENCOURT FILHO: BOSI, Alfredo. *Dialética da colonização*. São Paulo: Companhia das Letras, 1992, p. 19.

35   *Idem, ibidem*, p. 57.

ticas religiosas católicas, no intuito de confrontar as pretensões e teses dos movimentos indígenas";[36] e, quanto a africanos,

> buscaram contornar as diferenças entre as religiões ancestrais por eles mesmos trazidas; certamente acolheram conteúdos das religiões indígenas quando análogos aos seus e; de modo a evitar confrontos diretos com os senhores que não lhes permitiam a prática de outra religião que não fosse o catolicismo, camuflaram suas crenças por meio da justaposição dos orixás com os santos católicos.[37]

Admirável, também, a experiência que se dá no interior de suas associações guerreiras de negros. RIBEIRO propaga a fama do quilombo:

> O mais célebre deles, Palmares, sobreviveu, combatendo sempre, por quase um século, reconstituindo-se depois de cada *razzia*. Ao final, concentrava cerca de 30 mil negros em diversas comunidades e dominava uma enorme área encravada na região mais rica da colônia, entre Pernambuco e a Bahia. Sua destruição exigiu armar um exército de 7 mil soldados, chefiado pelos mais experimentados homens de guerra de toda a colônia, principalmente paulistas.[38]

BITTENCOURT FILHO desvenda aspectos de sua vida religiosa:

> cronistas nos informam que na maioria dos quilombos eram praticados ritos que mesclavam usos indígenas e africanos com o Catolicismo. É oportuno sublinhar que tal síntese sincrética não constituiu apenas e tão-somente numa manobra de subsistência cultural, pois, ao incorporar devoções católicas e crenças de procedências distintas, os africanos acabaram por ensejar a possibilidade de uma nova experiência religiosa e uma religiosidade inerente:

---

[36] *Idem, ibidem*, p. 58.
[37] *Idem, ibidem*, p. 59.
[38] RIBEIRO, *O povo brasileiro, cit.*, p. 295.

"Por que os quilombolas proibiram o culto africano e aderiram ao culto católico? Parece que podemos aduzir as seguintes razões: em primeiro lugar, o catolicismo representava a tradição religiosa recebida nos engenhos. Os santos católicos já eram mais costumeiros aos fugitivos que os orixás africanos: no mocambo do 'macaco', em Palmares, foi descoberta, após a derrota de Zumbi, uma capela com as três imagens do Menino Jesus, Nossa Senhora da Conceição e São Brás, conservadas em bom estado, que tinham sido manifestamente objeto de veneração por parte dos negros. Em segundo lugar, o catolicismo fazia união entre os negros das diversas procedências africanas. Nos Quilombos se encontraram misturados os fugitivos das mais diversas nações africanas. Uma religião destas nações não teria sido capaz de constituir elo de união entre eles; só o sincretismo católico era capaz disso. Por isso não era permitida a existência de feiticeiros nos quilombos e os sacerdotes católicos foram 'raptados' para celebrar-lhes, havendo mesmo sacerdotes negros para batismos, casamentos e orações diversas." [39]

Batismos, casamentos... A vida religiosa exige a observância de regras e cerimônias. Na realização de ritos, os rituais representam, ao vivo, a lógica de compreensão do mundo que orienta o devoto e o mobiliza para organizar a sociedade. Por meio de encenações, cortejos, coreografias, músicas, instrumentos, vestimentas, o sagrado se dá a ver, abrindo os espaços do profano, da vida material, das tensões sociais. Comuns ao fenômeno religioso, rito e ritual situam-se na essencialidade dos componentes da *matriz religiosa brasileira*, tanto no caso de religiões europeias, quanto no de, por exemplo, atos dramáticos do Congado, em torno do culto a Nossa Senhora do Rosário e honraria aos santos Benedito e Efigênia, e das folias-de-Reis, ao estilo de mistérios medievais, adaptado a cenários rurais e urbanos. Coroação de reis perpétuos e reis festeiros, eleição de juízes e juízas, iniciação de capitães, cumprimento de promessas, oferecimento de refeições coletivas, configurados em

---

[39] BITTENCOURT FILHO, *Matriz religiosa brasileira*, cit., p. 61. A longa citação, segundo BITTENCOURT FILHO é de: HOORNAERT, Eduardo *et al. História da Igreja no Brasil.* Tomo II. Petrópolis: Vozes, 1977, p. 398.

cenas coloridas e de intensa movimentação. Mastros, bandeiras, bastões, instalações[40] ao ar livre em adros, quintais, capelas, praças e ruas. E, no meio da mistura de coisas, cantos e *orações*...

Ao lado das *festas religiosas e populares*, o interior da *matriz religiosa brasileira*, vivem cultos de direta origem africana: Candomblé, Macumba, Xangô. SEGATO identifica seus lugares de permanência no Brasil:

> O xangô da cidade de Recife é um culto de possessão formado com elementos culturais trazidos ao Brasil por escravos africanos. Também chamado candomblé, assemelha-se a cultos religiosos existentes em outras cidades brasileiras, tais como Salvador, Rio de Janeiro, Porto Alegre, São Luís e Belém, entre outras.[41]

No Xangô, cada membro tem um orixá, um *santo*, um deus do panteão como guia, patrono, dono da cabeça, e um deus secundário, *ajuntó*, auxiliar do primeiro. Membros que têm o mesmo santo possuem traços de personalidade comuns. SEGATO ensina:

> A iniciação ritualiza a atribuição formal de um par particular de patronos ao indivíduo, que se torna "filho" desses santos. Assim sendo, todos os membros são considerados filhos-de-santo, isto é, filhos dos diferentes santos que podem ser escolhidos para desempenhar o papel de patrono.[42]

No Xangô, cada divindade representa um tipo ideal antropomórfico, possui repertório de canções e um ou mais toques de tambores específicos, manifesta-se de maneira reconhecível, "pois sua dança segue um padrão

---

40 *Instalação* é, no campo das artes plásticas, obra tridimensional, concebida para ocupar, temporariamente, uma área num determinado recinto. Uma vez desmontada, a obra subsiste apenas através de registros fotográficos.

41 SEGATO, Rita Laura. "*Okarilé*: uma toada icônica de Iemanjá". *Revista do Patrimônio Histórico e Artístico Nacional*, Ministério da Cultura – IPHAN, n. 28 – Arte e cultura popular, 1999, p. 237.

42 SEGATO, "*Okarilé*", *cit.*, p. 237.

idiossincrático de movimentos".[43] Assim sendo, todos conhecem Omolu, Ogum, Oxum, Oxumaré... Iansã, Iemanjá, Xangô, Oxossi... Omolu, que é Obaluaiyê; Ogum, que é irmão de Oxossi e Exú; Oxum, que é mãe da fecundidade; Oxumaré, que seis meses é monstro e seis meses é linda mulher, que é filho de Nanã... Iansã, rainha dos raios; Iemanjá, rainha das águas; Xangô, filho de Obatalá; Oxossi, o senhor das florestas... Orixás que, sincreticamente, assumem identidades reveladas por FRANCISCO:

> Sob a violenta repressão *real e simbólica*, foi possível ao afro-brasileiro, durante muito tempo, fazer festa para o Senhor do Bonfim e homenagear Oxalá, fazer festa para o São Jorge (foi cassado pelo Vaticano) e homenagear Ogum, depositar flores para Santa Bárbara e louvar Iansã (coisa que hoje, nem católicos nem membros das casas mais tradicionais do candomblé aceitam mais).[44]

Enquanto processo de solução de conflitos, o sincretismo mescla, funde, promove interpenetrações de elementos culturais. Um exemplo nítido de sincretismo é o conflito entre cristianismo luso-brasileiro e o bloco de religiões negro-africanas. Nele, segundo BITTENCOURT FILHO:

> Os indivíduos e os grupos assimilam atitudes, sentimentos e tradições de outros indivíduos e de outros grupos e, de alguma maneira, partilhando suas respectivas experiências e histórias, terminam como que incorporados numa mesma vivência cultural.[45]

Assimilação, uso comum, inclusão, perceptível também na vivência linguística. São de origem banta, segundo LOPES, palavras que se iniciam com as sílabas *ba, ca, cu, fu, ma, mo, mu, qui*: babalaô, caçula, curinga, fubá, macumba, mocotó, muamba, quitanda, quitute, quilombo. Vocábulos que apresentam, em seu interior, os grupos consonantais *mb, nd, ng*: samba, banda, ginga, tanga,

---

43 *Idem, ibidem*.

44 FRANCISCO, Dalmir. "Negro, etnia, cultura e democracia". *Revista do Patrimônio Histórico e Artístico Nacional*, Ministério da Cultura – IPHAN, n. 25 – Negro brasileiro negro, 1997 p. 193.

45 BITTENCOURT FILHO, *Matriz religiosa brasileira, cit*., p. 63.

sunga. Terminados em *aca, ila, ita, ixe, ute, uca*: macaca, quizila, catita, maxixe, ximbute, cafute, muvuca. LOPES divulga os resultados de sua pesquisa:

> Para alguns, os vocábulos de origem negro-africana em nossa língua não chegariam a meia centena. Para outros, a contribuição africana na formação da língua nacional iria pouco além de trezentos vocábulos. Anos atrás, entretanto, Adelino Brandão escrevia: "Sobe à casa dos milhares o número de palavras de origem africana que foram introduzidas no português do Brasil."[46]

Muitos dos termos de raiz negro-africana não estão em dicionários da língua portuguesa. Fazem parte de conjuntos regionais, mas vão sendo registrados por estudiosos da linguagem, na seara de LOPES:

> No final dos anos 20, Aires da Mata Machado Filho tomava contato, em São João da Chapada, Município de Diamantina, MG, com a "língua de Benguela" e elaborava um vocabulário de cerca de 150 palavras. No mesmo caminho, João Dornas Filho, cerca de dez anos depois, fazia o mesmo com a "undaca de quimbundo", no povoado de Catumba, Município de Itaúna, MG, arrolando em torno de 200 palavras e expressões. E, no final dos anos 70, eram listados em Patrocínio, MG, um vocabulário do "calunga" e, nas profundidades da Cidade de São Paulo, um outro da "língua do Cafundó", ambos, como os anteriores, denunciando forte presença de étimos do grande grupo linguístico banto.[47]

Por vezes, sincretismo parece milagrosa simbiose, que, sim, brota da parte mais íntima das relações de dominação política, cultural e religiosa, vigentes no Brasil, desde seu nascimento. BITTENCOURT FILHO dá forma exemplar ao paradoxo de sentido que *sincretismo* adquire na experiência religiosa do brasileiro:

---

46   LOPES, Nei. "As línguas dos povos bantos e o português no Brasil". *Revista do Patrimônio Histórico e Artístico Nacional*, Ministério da Cultura – IPHAN, n. 25 – Negro brasileiro negro, 1997, p. 270.

47   *Idem, ibidem.*

o que chama atenção na religiosidade brasileira média [...] é a coexistência numa só pessoa de concepções religiosas, filosóficas e doutrinárias por vezes opostas e mesmo racionalmente inconciliáveis. Por sinal, em nossa avaliação, *a acomodação desses elementos simbólicos variegados e até contraditórios seria uma das atribuições fundamentais da Matriz Religiosa Brasileira, o que ultrapassa o processo sincrético e plasma uma autêntica religiosidade, aquela que chamamos de Religiosidade Matricial.*[48]

Iluminando as observações que se seguem, BITTENCOURT FILHO observa a figura atual da religiosidade média nacional. Milhões de brasileiros entregando-se diariamente a êxtases místicos e a outras tantas formas de arrebatamento religioso e de possessão pelas divindades, espíritos e forças sobrenaturais, ao mesmo em que outros milhões, embora não participem da possessão, acreditam piamente na possibilidade, na necessidade e na 'naturalidade' delas; independentemente do credo religioso que dizem professar. Qual o substrato que dá origem a essa prática religiosa e a esse sistema de crenças que ultrapassam fronteiras confessionais, filiações religiosas e referenciais transcendentais? BITTENCOURT FILHO propõe a existência de uma *Matriz Religiosa Brasileira* e de uma religiosidade que lhe é inerente, a que denomina *Religiosidade Matricial*. A *Matriz Religiosa Brasileira* enseja e a *Religiosidade Matricial* ratifica o êxtase religioso, como uma espécie da experiência direta com o sagrado, ou seja, despida em grande parte dos conteúdos oriundos dos discursos religioso e teológico elaborados por especialistas. Trata-se, pois, de experiência religiosa que, orientada pelo senso comum, isto é, autônoma em relação aos discursos articulados e aceitos oficialmente pelas instituições religiosas, possibilita o êxtase ou o transe com toda a sua carga emocional e sentimental. Experiência espiritual com base em senso comum rechaça mediações, exceto a das emoções intensas. Prova-o, a forte procura por experiências religiosas sem necessidade de pertença formal a qualquer religião ou confissão religiosa. Dizer que a *matriz religiosa brasileira* enseja o êxtase e que a *religiosidade matricial*, enquanto "instrumento de resistência contra as inúmeras formas de opressão impostas sobre as maiorias despossuídas,

---

48   BITTENCOURT FILHO, *Matriz religiosa brasileira*, cit., p. 68 (grifo nosso).

através de todo o período de formação da nacionalidade", significa indicar o fundamento de um fenômeno abrangente, atrelado, por exemplo, ao crescimento dos chamados Novos Movimentos religiosos. Fenômeno que atinge transparência quando se percebe a empatia que fiéis sentem por símbolos e práticas, cujo poder espiritual é conhecido e reverenciado, que promanam da *matriz religiosa brasileira*, sendo que qualquer discurso religioso que se lhes seja agregado é secundário – a menos que seja instrumento de *marketing* religioso. No âmbito da *religiosidade matricial*, sua nova face requer discursos adequados ao mundo atual – urbano, pós-industrial e massificado –, mas, com muito mais veemência, exige *testemunhos*, que comove o indivíduo e retifica suas convicções, e a catarse coletiva de *cânticos*, acompanhados de coreografias e gestos simbólicos.[49]

BITTENCOURT FILHO conclui:

> A par disso, o próprio estatuto da religião tende a mudar, de verdade e de certeza sobre o mundo, passa a ser uma resposta localizada a problemas localizados. Cresce a preferência pela magia, ou, a religião de clientela que recorre a forças sobrenaturais, esperando destas apenas interferências pontuais.[50]

---

49   *Idem, ibidem*, p. 70 s.
50   *Idem, ibidem*, p. 81.

3. O QUE NÃO PODE MORRER É O QUE VIVERÁ PARA SEMPRE

SÃO DE SEMPRE AS NOTÍCIAS acerca da religiosidade do povo brasileiro. Nesse sentido, são significativos os depoimentos oriundos das chamadas "expedições científicas". Assim é que, durante boa parte do século XIX, "viajantes" europeus e norte-americanos vasculham o território nacional. É o caso de CHARLES FREDERICK HARTT (1840-1878), conforme relato de MENDES:

> Em cinco viagens, de 1865 a 1878, Hartt percorreu o Brasil, colheu toneladas de amostras de terra, milhares de espécimes da flora e da fauna; anotou e desenhou espécies da fauna e mapas. Parte da amostragem foi parar no Harvard Museum of Comparative Zoology e no Department of Geology da Cornell University. [...] O grosso do material da pesquisa está nos museus brasileiros ainda aguardando novos estudos e teses.[1]

---

[1] MENDES, Lucas. "Prefácio". In: FREITAS, Marcus Vinicius de. *Hartt*: expedições pelo Brasil Imperial 1865-1878. São Paulo: Metavídeo, 2001, p. 18. FREITAS, *ibidem*, p. 29, descreve o período em que HARTT realiza suas expedições: "Entre o início da Guerra do Paraguai, em 1865, e a ascensão do gabinete liberal do marquês de Sinimbu, em 1878, o Brasil passou por profundas transformações, que levariam à abolição da escravatura, à queda do império, à maciça imigração de trabalhadores europeus para o país, à transformação do espaço urbano, à emergência de novos grupos na cena sócio-político-cultural".

O cunho de tais expedições atende, em geral, a interesses atrelados à pesquisa em ciências naturais. Isso, porém, não as impede de realizar estudos etnográficos, conforme Freitas:

> Hartt conta que, certa noite, subindo a remo em rio perto de Santarém, notou que seu piloto, Maciel Parente, começou a falar com os canoeiros, a fim de evitar que eles dormissem. Qual não foi sua surpresa ao perceber que o piloto narrava uma história do Curupira. Copiou-a como pôde em seu caderno de notas. No dia seguinte, insistiu em vão com Maciel para que lhe contasse outras histórias na língua geral. Sua conclusão sobre o episódio redunda numa lição sobre a ocorrência e a função social do mito: "Vi logo que o mito indígena era sempre contado sem esforço mental, sendo o seu fim simplesmente agradar, como uma balada, e não comunicar informação; e que quando o índio, não estando perto da fogueira, cercado de ouvintes noturnos, nem de posse de todas as circunstâncias que tornam a narração conveniente e agradável, é friamente convidado a relatar uma estória mitológica, mostra-se incapaz do esforço mental para lembrar-se dela e, por isso, pronta e obstinadamente alega ignorância".[2]

A experiência de Hartt demonstra que as narrativas da mitologia dos índios brasileiros que com ele travaram contato não podem ser resumidas a enredo, pois possuem função ritual. A partir dessa percepção, Hartt cria situações propícias às narrativas. Seu êxito resulta numa coletânea de histórias, dentre as quais chama a atenção aquelas em que a personagem central é o jabuti. Na análise de Freitas,

> Hartt procura comparar todos os mitos que vai anotando com histórias advindas de outras tradições mitológicas mundo afora, criando assim um processo de mitologia comparada, que busca encontrar linhas de força e significação comuns entre diferentes tradições. [...] No raciocínio de Hartt, histórias gregas,

---

2   Freitas, *Hartt, cit.*, p. 159.

indianas, africanas e polinésias vêm ao encontro dos mitos brasileiros da tartaruga.³

HARTT vai além da etnografia: ao anotar a história, atenta-se para o sentido social que cada mito assume na sociedade tupi. Sua atividade margeia a etnologia, conforme FREITAS:

> Hartt avança no sentido da interpretação, levando sempre em consideração as influências do ambiente cultural na construção do mito. A apreensão da cultura, aos olhos do etnógrafo, era inseparável da apreensão da natureza em que essa dada cultura se inseria.⁴

As histórias do Jabuti, do Curupira e do Tupã são manifestações do Espírito – no campo da religiosidade –, compõem o universo ritualístico do indígena, fazem parte da identidade religiosa do brasileiro, pertencem a seu patrimônio cultural religioso.⁵ Mesmo que tartarugas desapareçam de todo e

---

3   *Idem, ibidem*, p. 161. Segundo FREITAS, *Hartt, cit.*, p. 160-1: "O livro que daí resultou, intitulado *Mitos Amazônicos da tartaruga*, foi publicado, em 1875, em inglês, no Rio de janeiro, um ano antes de *O Selvagem*, de autoria do general Couto de Magalhães, cujo livro trazia um grupo de narrativas sobre o jabuti. Hartt foi, portanto, o primeiro a coletar esse ciclo de histórias. [...] Ao lado do volume sobre histórias do jabuti, Hartt publicou, em 1873 e 1874, uma versão do mito do Curupira e uma do mito de Tupã, com consequentes análises sistemáticas, no jornal *Aurora Brasileira*, órgão dos estudantes brasileiros em Cornell".

4   FREITAS, *Hartt, cit.*, p. 161. Sobre o reconhecimento de HARTT, FREITAS, *Hartt, cit.*, p. 162, informa que: "Um dos exemplos da importância e das derivações desse trabalho de Hartt sobre os mitos está nas referências a ele feitas por Mário de Andrade. Quando da publicação de *Macunaíma*, Mário entra numa polêmica com o folclorista Raimundo Moraes, que acusava o autor de ter copiado lendas coletadas na Amazônia pelo estudioso alemão Koch-Grünberg. Mário de Andrade transforma o argumento de Moraes ao assumir que copiara, sim, não apenas do alemão, mas de uma centena de 'cantadores do Brasil'. Entre esses cantadores, Mário cita reiteradamente Charles Hartt [...]. Ao incluir o naturalista na série dos cantadores do Brasil, Mário de Andrade inscreve Hartt canonicamente no campo dos estudos brasileiros, e revela a permanência histórica do seu trabalho para além do campo estrito da geologia".

5   *Curupira* é ente fantástico que, na crendice popular, habita matas; é um índio, com pés ao contrário: o calcanhar para diante e os dedos para trás.

qualquer ecossistema, mesmo que matas deixem de existir, mesmo que cientistas naturais expliquem trovões por meio de outras crendices, as histórias do Jabuti, do Curupira e do Tupã não podem deixar de ser contadas, de geração em geração, pois o povo brasileiro precisa delas vivas para se reconhecer, isto é, para apresentar a si mesmo, às suas próximas gerações e aos outros povos sua própria identidade.

Da mesma forma, há que se compreender a necessidade de valorização da história dos índios do Brasil, pois ela é parte da história do brasileiro contemporâneo. É muito o que a pesquisa acadêmica já sabe, mas é muito pouco o que o brasileiro comum conhece. Por ignorar, quando este se vê diante de tatuagens, máscaras, cantos, relatos sobre cerimônia de benzedura de alimentos, notícias sobre defesa de territórios onde estão situados cemitérios, repertório de narrativas que dão conta da razão de ser de algumas realidades fundamentais (origem do fogo e da noite, surgimento do homem e das tribos, aparecimento de certas comidas: milho, mandioca, amendoim, cará, mangarito) *etc.*, demonstra descaso, ridiculariza, julga a mentalidade do índio e a condena pelo que considera ser atraso cultural. Não sabe que somos índios. Estranha as cerimônias intertribais, os ritos, a cultura material; espanta-se com os sistemas ético-estético-religiosos. Sua formação escolar faz pouca ou nenhuma referência a elementos da face indígena da sociedade brasileira, tais como: mitologia, mundo mágico, festa dos mortos, tradição guerreira, pinturas corporais, padrões ornamentais do trançado, arte decorativa. Isso tudo compõe a cultura ameríndia, que, mesmo que seja como resíduo, está presente na estrutura da civilização ocidental a qual pertencemos. Mito, magia, festa, guerra... modos de criar, fazer e viver indígena, forma de expressão de sua religiosidade. Referindo-se ao modo de o índio lidar com o corpo, PENTEADO COELHO afirma:

> Em esfera bastante ampla, pode-se assinalar significado ao fato de uma pessoa ostentar ou não a pintura corporal.
> [...] o não uso de pintura corporal significa que ela está de luto por algum parente ou que está em períodos de reclusão de adolescência. O uso de pintura, por sua vez, significa que ela tem parte ativa em determinada festa, ou, se se trata de um dia comum, que

ela está com vontade de parecer bonita, de ter interação social, ou de tornar-se sexualmente aparente.[6]

As palavras de WRIGHT, tratando da presença do índio na Amazônia, referem-se a coisas divinas:

> Um levantamento das primeiras fontes históricas do rio Negro/Orinoco demonstra a ampla distribuição de um complexo ritual envolvendo o uso de flautas e trombetas sagradas, danças mascaradas e a prática de açoitamento ritual, associado com uma mitologia cujos temas centrais incluem a iniciação, os ancestrais, a guerra e os ciclos sazonais.[7]

Mesmo que a cultura indígena seja aniquilada, impõe-se a necessidade de contemplarmos as manifestações de sua religiosidade como parte integrante de nossa cultura. E, talvez, a apreciação de seu valor torne-se, justamente, o fator capaz de impedir seu extermínio.

Por outro lado, conservam-se certos marcos seculares da religiosidade do povo brasileiro. SAINT-HILAIRE (1779-1853), que permaneceu no Brasil de 1816 a 1822, faz, em sua viagem a Minas Gerais, importantes observações que, tanto na forma como no conteúdo, poderiam ser repetidas hoje. Em sua descrição acerca da primeira capital de Minas Gerais, registra os edifícios religiosos existentes na cidade, na primeira metade do século XIX. Ora, no alvorecer do século XXI, tais edifícios permanecem, conservados, mais vivos do que nunca:

> Imediatamente antes de se chegar a Mariana passa-se por perto de uma igreja construída isoladamente no alto de um morro que domina quase toda a cidade, e que, por sua vez, é dominada por outros morros mais elevados. [...]

---

6   COELHO, Vera Penteado. "Motivos geométricos na arte Uaurá". In: COELHO, Vera Penteado (Org.) *Karl von den Steinen*: um século de antropologia no Xingu. São Paulo: Edusp, 1993, p. 601.

7   WRIGHT, Robin M. "História indígena do noroeste da Amazônia: hipóteses, questões e perspectivas". In: CUNHA, Manuela Carneiro. *História dos índios no Brasil*. São Paulo: Companhia das Letras, 1992, p. 258.

> A cidade de Mariana constitui uma única paróquia; mas nela se contam nove igrejas, incluindo a catedral.
> O palácio episcopal está situado fora da cidade. [...]
> Próximo ao palácio episcopal à margem direita do Ribeirão do Carmo veem-se os edifícios do antigo seminário.[8]

O olhar que Saint-Hilaire lança à cidade completa-se com observações sobre o cotidiano da comunidade:

> Os morros dos arredores de Mariana são estéreis e incultos, e os gêneros que se consomem na cidade vêm de grande distância. Como as florestas que outrora cercavam a cidade foram destruídas, os negros vão buscar bastante longe a lenha de que os habitantes têm necessidade, e, trazidas nos ombros de homens, deve naturalmente vender-se cara.[9]

Mas é a religiosidade da gente das Gerais que prende a atenção de Saint-Hilaire:

> Povo nenhum tem tanta inclinação como o de Minas para se tornar religioso, e mesmo, para sê-lo sem fanatismo. Ao mesmo tempo espiritualistas e refletidos, inclinam-se naturalmente aos pensamentos sérios; sua vida, pouco ocupada, favorece ainda mais essa propensão, e seu gênio afetuoso predispõe a uma doce piedade. Em geral, os mineiros são muito venturosamente dotados pela Providência: deem-se-lhes instituições e poder-se-á esperar tudo dessa gente.[10]

---

8   Saint-Hilaire, Auguste de. *Viagem pelas províncias do Rio de Janeiro e Minas Gerais*. Trad. Vivaldi Moreira. Belo Horizonte: Itatiaia, 1975, p. 78-9. À página 80, *ibidem*, Saint-Hilaire acrescenta: "Hoje em dia não existem em torno de Mariana mais que quatro lavras em exploração; mas a gente pobre vai procurar no leito dos córregos as parcelas de ouro que as enxurradas levam em seu meio. O comércio dessa cidade limita-se ao consumo interno; existem poucas lojas, e apenas dois ou três comerciantes ricos".
9   *Idem, ibidem*, p. 80.
10 *Idem, ibidem*, p. 86.

Muitos são os modos de expressão da *religiosidade* dessa gente. A feitiçaria é um deles. MOTT relata o caso de suspeita de pacto diabólico, com utilização de restos mortais enquanto parafernália de rito mágico, que recai sobre uma

> mulher parda, Feliciana de Oliveira, moradora no bispado de Mariana, que em 1775 foi acusada de todas as sextas-feiras ter o costume de atar sua escrava crioula Maria com uma fita verde, desenhando uma cruz no chão da varanda, introduzindo dois ossos de defunto na boca da escrava, mandando-a pôr o pé sobre a cruz enquanto recitava as seguintes palavras malsoantes: "Joaquim, Joaquim, largue sua mulher e filhos por mim..." [...]
> Na mesma Mariana, 1774, outra parda, Albina Maria, dizia que sua senhora, Josefa Maria Soares, tinha guardado em casa duas caveiras: uma enterrada na porta de sua moradia para proteger a família e afastar os maus agouros, e outra conservada escondida dentro de casa, da qual retirava de quando em quando alguns ossinhos, que, triturados até tornarem-se pó, eram depois misturados às comidas daqueles a quem desejava enfeitiçar, seja para conseguir-lhes o amor, serviços sexuais ou causar-lhes malefícios.[11]

MOTT relata mais um caso de uso de partes cadavéricas, agora como reforço em poções mágicas:

> No mesmo bispado [de Mariana], na vila de São Miguel, no ano de 1782, é a vez de serem denunciados os mulatos Joaquim e Clemência, escravos, aos quais se atribuía a feitura de feitiços com saliva, cabelo, unhas e outras substâncias cabalísticas, "temperando-os com pós, unhas e carnes de defuntos que iam tirar nas sepulturas das igrejas, e metiam aqueles feitiços na casca de um caramujo, e, quando queriam que a pessoa padecesse, mudavam os

---

11   MOTT, Luiz. "Dedo de anjo e osso de defunto: os restos mortais na feitiçaria afro-luso-brasileira". *Revista USP/Coordenadoria de Comunicação Social, Universidade de São Paulo*, n. 1, mar./maio 1989, p. 116.

caramujos de um lugar para o outro", espetando-os com alfinetes e agulhas, para atingir com igual dor a seus inimigos.[12]

Aos fatos acima, Mott acrescenta:

> No Brasil colonial, repetindo a tradição europeia, diversos foram os oradores sacros que carregavam sempre, no púlpito, uma caveira humana, ficando célebre na Bahia um episódio ocorrido na Igreja do Mosteiro de São Bento, em que o pregador, irritado com a desatenção dos fiéis às suas práticas, jogou do púlpito a dita caveira, que milagrosamente foi cair direitinho no colo de duas raparigas conhecidas por seus maus costumes.[13]

A origem europeia do papel da morte em formas de expressão da *religiosidade* do povo brasileiro é enfatiza por Mott:

> Concluímos este relato macabro referindo outro costume encontrado no Brasil antigo, praticado por brancos, negros e mestiços, relacionado não à utilização de restos mortais, mas de objetos fúnebres, como ingredientes para sortilégios ou malefícios. Também estes certamente têm sua inspiração em feitiçarias medievais oriundas do Velho Mundo, tanto que no famoso *Grande e Verdadeiro Livro de São Cipriano* estão arroladas algumas mágicas e bruxarias desse teor. Por exemplo: "A feitiçaria que se faz com cinco pregos tirados de um caixão de defunto quando já tenha saído da sepultura"; ou "Feitiçaria que se pode fazer com malvas colhidas no cemitério ou no adro de uma igreja"; ou ainda "A mágica da agulha passada três vezes por um defunto".[14]

A conclusão de Mott é importante, pois revela traços da dança com a morte que permanecem vivos na *religiosidade* do Brasil contemporâneo:

---

12   *Idem, ibidem*, p. 118.
13   *Idem, ibidem*, p. 115.
14   *Idem, ibidem*, p. 119.

Relativamente ao "culto do macabro", não há como negar sua origem "branca", resquícios dos tempos medievais: de um lado a vertente abençoada representada pelo culto às relíquias dos santos, do outro a feitiçaria, tendo como matéria-prima restos mortais humanos manipulados com fins mágicos, malefícios ou benefícios, mas considerados heterodoxos pelos herdeiros do Santo Ofício.[15]

A magia é um dos componentes da religiosidade brasileira. *Culto a relíquias de santos* é, apenas, um exemplo; ao lado dele, apresentam-se: novena, corrente de oração, água benta, procissão, cinza de ramos, fumaça de incenso, crucifixo, transformação do pão em corpo e do vinho em sangue de Cristo. Mas não é só isso, pois acreditamos que certos objetos benzidos retiram "encosto" ou desfazem "mau-olhado", e os carregamos em fios pendurados no pescoço, em fitas enlaçadas no punho, guardados na carteira, ao lado de documentos, cartões e, quando é o caso, dinheiro. Acreditamos nos efeitos de rituais de "fechamento de corpo". Tudo isso para, entre outros objetivos, espantar o demônio, seja conforme a mentalidade do fiel da Igreja Católica, seja de acordo com o fanatismo do adepto à Universal do Reino de Deus.[16]

A magia é um dos fios da nossa religiosidade, esta, sim, rede tecida com muitas linhas, entre elas as de: *saberes*, isto é, os conhecimentos e modos de fazer enraizados no cotidiano de comunidades religiosas; *celebrações*, ou seja, festas, rituais, folguedos que marcam a vivência coletiva da religiosidade como prática da vida social; *formas de expressão*, quer dizer, as manifestações literárias, musicais, plásticas, cênicas e lúdicas que têm a religiosidade por motivo, fim, meio, resultado ou consequência, particularmente aquelas materializadas em artefatos e imagens sacras; e, *lugares*, os espaços como mercados, feiras, praças e santuários onde se concentram e reproduzem práticas culturais religiosas coletivas.

---

15 *Idem, ibidem.*

16 Sobre o modo como Edir Macedo insere aspectos mágicos na Igreja por ele criada, ver: Mariano, Ricardo. "Igreja Universal do Reino de Deus: a magia institucionalizada". *Revista USP / Coordenadoria de Comunicação Social, Universidade de São Paulo.* – n. 1 (mar./mai. 1989) – São Paulo: USP/CCS, 1989, p. 120-131.

Isso tudo ainda é pouco. A tudo isso há que acrescentar o argumento da Conferência Mundial sobre as Políticas Culturais, que, em 1985, produz a *Declaração do México*, que, segundo a Comissão e o Grupo de Trabalho Patrimônio Imaterial, do Ministério da Cultura, referindo-se a patrimônio imaterial:

> contém uma noção bem mais aberta de patrimônio cultural se comparada com as cartas precedentes, pois inclui, além dos bens já consagrados, "*as criações anônimas surgidas da alma popular e o conjunto de valores que dão sentido à vida [...] as obras materiais e não materiais que expressam a criatividade desse povo...*"[17]

Muitas dessas *criações anônimas surgidas da alma popular* são de cunho religioso, tendo, implícita ou explicitamente, a marca do cristianismo ocidental. No *conjunto de valores que dão sentido à vida* está presente a ideia grega de *uno* ideal. Transcendências, simbolizadas nas *obras materiais e não materiais que expressam a criatividade desse povo*.

Às noções acima, some-se o que se segue, nas palavras da Comissão e do Grupo de Trabalho Patrimônio Imaterial:

> A 25ª Reunião da Conferência Geral da Unesco, em 1989, aprovou a "Recomendação sobre a Salvaguarda da Cultura Tradicional e Popular", documento base sobre a questão que fundamenta as propostas da Unesco no sentido da preservação do também chamado "patrimônio imaterial".
> [...]
> A Recomendação aprovada em 1989 assim define "cultura tradicional e popular":
> "Conjunto de criações que emanam de uma comunidade cultural fundadas na tradição, expressas por um grupo ou por indivíduos e que reconhecidamente respondem às expectativas da comunidade enquanto expressão de sua identidade cultural e social; seus padrões são transmitidos oralmente, por imitação ou outros

---

17 *Patrimônio imaterial: o registro do patrimônio imaterial*: dossiê final das atividades da Comissão e do Grupo de Trabalho Patrimônio Imaterial. Brasília: Ministério da Cultura / Instituto do Patrimônio Histórico e Artístico Nacional, 2ª ed., 2003, p. 119.

meios. Suas formas compreendem, entre outras, a língua, a literatura, a música, a dança, os jogos, a mitologia, os ritos, os costumes, o artesanato, a arquitetura e outras artes." [18]

Com base nisso, afirma-se, em caráter irrevogável: aquilo que emanar da comunidade cultural brasileira, fundado na tradição religiosa ocidental, expresso por grupos ou indivíduos, conforme expectativas da comunidade enquanto expressão de sua identidade cultural e social, transmitido oralmente, por imitação ou por qualquer meio e estiver expresso na forma de língua, literatura, música, dança, jogos, mitologia, ritos, costumes, artesanato, arquitetura e outras artes deve ser identificado, conservado, salvaguardado, difundido e protegido, contando, para tanto, com a cooperação internacional, sob a alegação de que não pode morrer. E o que não pode morrer é o que viverá para sempre, pois sempre foi assim e sempre o será.

---

18   *Idem, ibidem*, p. 121.

PARTE II
Patrimônio cultural: tradição jurídica e direito à religiosidade

4. DIREITO EM ATENAS

A história do Ocidente é a história do embate entre a liberdade e o poder.[1]

LIBERDADE, PARA QUÊ? Primeiro, para tornar possível a *lei*, pois sem margem de livre escolha não há como imputar responsabilidade; depois, para tornar pensável a *ética*.

Governo, para quê? Para que, ético, o *governo* faça valer a *ideia de Lei*, elevada à mais alta dignidade na escala da civilização humana. PLATÃO dirá no *Fedro* que o legislador é um "autor" e que ele é semelhante ao poeta. PLATÃO aproxima Poesia e Legislação uma da outra.

Mas, para quê *governo*? *Para promulgar leis sábias*.

Lei sábia, para quê? para restituir ao homem o que é digno do ser humano, isto é, o amor à *sophia*, pois a vida sem reflexão não merece ser vivida. Para que a dignidade, o desejo de aperfeiçoamento, de excelência ética, de *areté*, reflita-se na *ideia de Lei* e, por fim, promova, no coração da Cidade, a mais profunda transformação nos acordos entre os homens, tornando-os *lógos* escrito, na forma de lei escrita.

---

[1] SALGADO, Joaquim Carlos. "O Estado Ético e o Estado Poiético". *Revista do Tribunal de Contas do Estado de Minas Gerais*, Belo Horizonte, v. 27, n. 2, abr./jun. 1998, p. 9.

Mas *lei sábia* é a lei boa e a melhor das leis não pode ser positiva, pois está inscrita em uma ordem superior: a ordem da natureza, ou das essências. Inserido numa ordem de princípios, a *lei* é realização do Espírito.

SALGADO, tratando da liberdade e do direito em KANT, observa, demarcando o caráter da *justiça* que deve estar implícito na *lei*:

> Justa é a lei que expressa a racionalidade, que cria as condições do livre agir humano. Tanto mais justa é uma lei, quanto mais ela se aproxime da racionalidade e realize com isso a liberdade. O critério de validade de toda legislação e que cria a sua força vinculante para o homem é, pois, a sua racionalidade, ou seja, a autodeterminação do ser racional. A liberdade é então a condição da lei, não o contrário. Em princípio, só obriga a lei que realiza a liberdade. Submeter-se também a uma lei externa (enquanto expressão da razão), na medida em que ela desencadeia um processo de inibição das circunstâncias sensíveis que perturbam a ação livre de quem a pratica e a liberdade de quem sofre as suas consequências, é ser da mesma forma livre.[2]

Para um olhar contemporâneo sobre o legado grego

O Ocidente é grego. HEIDEGGER assimila o fenômeno, referindo-se à Filosofia:

> A filosofia é grega em seu próprio ser – grego quer dizer, aqui, que a filosofia é, em seu ser original, de natureza tal que foi em primeiro lugar o mundo grego, e somente ele, que ela apreendeu, reclamando-o para se desdobrar.[3]

Substituindo, na máxima heideggeriana, a palavra *filosofia* pelo termo *Ocidente*, diz-se: o Ocidente é grego – é de natureza tal que foi em primeiro lugar o

---

2   SALGADO, *A ideia de justiça em Kant, cit.*, p. 256.

3   HEIDEGGER, Martin. *Pareceres II*: esclarecimentos sobre questões, *apud* BILLIER, Jean-Cassien. MARYIOLI, Aglaé. *História da filosofia do direito*. Trad. Maurício de Andrade. Barueri: Manole, 2005, p. 3.

mundo grego, e somente ele, que ele apreendeu, reclamando-o para se desdobrar. Da mesma forma, por sua própria astúcia e vontade, a Razão teria nascido grega.

A essas criações gregas BILLIER e MARYIOLI acrescentam o Direito, ressalvando. O acréscimo: "O direito, na forma de um debate sobre a fundação da *pólis* [...], seria também uma descoberta helênica".[4] A ressalva: "que forma particular do direito [...] inventaram esses prodigiosos ancestrais que foram os gregos?";[5] em que sentido é "grego" o espírito do Direito?, pois "há a Grécia de Heidegger, a de Hannah Arendt, a de Leo Strauss, a de Michel Foucault etc., depois a dos historiadores e, entre estes, a dos historiadores do direito".[6]

A partir de tais ponderações, a presente seção, tratando da *fundação do pensamento jurídico ocidental*, estuda a *concepção grega de direito*. No cumprimento da tarefa, transfere-se ao leitor o cuidado de manter viva a suspeita que considerar pertinente, pois já sabe que é possível, conforme BILLIER, "criar os gregos que se queira".[7]

Há o *grego* de NIETZSCHE:

> O esprit *não é grego*. – Em todo o seu modo de pensar, os gregos são indescritivelmente lógicos e singelos; nunca se enfastiaram de sê-lo, ao menos em seu longo período bom, diferentemente dos franceses, que bem gostam de dar um pequeno salto no oposto e realmente só toleram o espírito da lógica se este, com muitos desses pequenos saltos no oposto, trai sua *sociável* amabilidade, sua sociável negação de si. Para eles a lógica é necessária como o pão e a água, mas, assim também como estes, é uma espécie de alimento de prisioneiros, quando tem de ser provada pura e sozinha. Na boa sociedade não se deve jamais querer ter razão sozinho e inteiramente, como quer toda lógica pura: daí a pequena dose de desrazão que há em todo o *esprit* francês. – A sociabilidade dos gregos era muito menos desenvolvida do que é ou jamais foi a dos

---

4   BILLIER, MARYIOLI, *História da filosofia do direito, cit.*, p. 2.
5   *Idem, ibidem*, p. 4.
6   *Idem, ibidem*, p. 5.
7   *Idem, ibidem*, p. 4.

franceses: daí o pouco *esprit* dos seus homens mais espirituosos, daí a pouca graça até mesmo dos seus gracejadores.[8]

Mas esse *grego* nietzschiano não é apenas portador de uma *indescritível lógica*, que, obviamente, não é a aristotélica e, sim, a das crenças – na eternidade da alma, na dinâmica heraclítica e, ao mesmo tempo, na estática parmenidiana... –; além de *lógico*, o *grego* desconhece pecado, conforme a perspicácia de Nietzsche revela, reinventando Prometeu e mostrando o verdadeiro caráter do humor do grego e os motivos que ele [grego], mesmo irritado, teria para gargalhar:

> *Origem do pecado.* – O pecado, tal como é hoje sentido, em toda parte onde o cristianismo domina ou já dominou, é um sentimento judaico e uma invenção judaica; e, tendo em vista esse pano de fundo de toda a moralidade cristã, o cristianismo pretendeu, realmente, "judaizar" o mundo inteiro. Até que ponto ele conseguiu fazê-lo na Europa, percebe-se muito bem no grau de estranheza que a Antiguidade grega – um mundo sem sentimento de pecado – ainda tem para a nossa sensibilidade, apesar de toda a vontade de aproximação e assimilação que não faltou a gerações inteiras e a muitos excelentes indivíduos. "Apenas quando você se *arrepende* Deus lhe mostra sua graça" – isto seria, para um grego, motivo de risadas e irritação; ele diria: "Escravos talvez pensem dessa forma." [...] Já *os gregos* estavam mais próximos da noção de que também o delito pode ser digno – até o roubo, como no caso de Prometeu, até a matança de gado como expressão de uma louca inveja, como fez Ájax: em sua necessidade de atribuir e incorporar dignidade ao delito, os gregos inventaram a *tragédia* – uma arte e um prazer a que os judeus permaneceram profundamente alheios, apesar de todo o seu dom poético e pendor para o sublime.[9]

---

8   Nietzsche, *A gaia ciência*, § 82.
9   *Idem, ibidem*, § 135. Billier, Maryioli, *História da filosofia do direito, cit.*, p. 34, confirmam: "O homem grego não conhece o que será dentro de alguns séculos o pecado cristão: somente se peca contra alguém a quem se faz mal, e não contra alguma coisa. O homem injusto entre os gregos não poderia causar o menor desgaste à ideia de justiça: ele não nutre senão a si mesmo. Desviar-se da lei não é uma simples ilegalidade, no sentido moderno de uma marginalidade com relação a uma ordem do direito positivo, nem uma falta, no

O olhar que Nietzsche lança ao *grego – um lógico que crê sem pecado –* é farol deste exame sobre *concepção grega de direito*, pois o sentido da Atenas jurídica, para se apreender, depende de compreensão do homem grego, de sua "lógica", de seu "paganismo" e, mais, de sua "historicidade". Quanto ao balizamento do percurso histórico pretendido, Billier determina a magnitude do que se investiga:

> os gregos são para nós, globalmente, os inventores da *pólis*, assimilada à democracia, e da filosofia, assimilada aos grandes nomes de Sócrates, Platão e Aristóteles. Ora, a fase da história grega durante a qual a *pólis* é criada, instituída e depois transformada localmente e muito brevemente em *pólis* democrática, vai do século VIII ao século V a.C.[10]

Billier refere-se à grandeza política: *da criação da* pólis *à sua transformação em* pólis *democrática, do século VIII ao V antes da era cristã*. Platão, no século seguinte e diante do destino da *pólis no universo imperial*, põe em evidência sua importância jusfilosófica. A filosofia de Platão reflete seu tempo, mas, ora, toda filosofia exprime, necessariamente, seu tempo.

É o que ensina Hegel (1770-1831), vinculando Filosofia e História, conforme apontamentos de Bourgeois,[11] definindo o norte das impressões que se seguem. O liame entre filosofia e história permite pensar em uma sucessão histórica de sistemas filosóficos, isto é, numa história da filosofia composta por etapas, sendo que o conteúdo fundamental de cada uma delas é dado por sua "situação política". Mas, para se pensar o que ocorre no intervalo entre um sistema e outro, entre uma etapa e outra, é preciso compreender a totalidade concreta do Espírito. A filosofia é apenas um momento da vida do espírito, que se realiza na história – a vida do espírito é vivida na história. Na história, é possível estudar a *história da filosofia* e a *filosofia da história* e, nesta, a *filosofia da história da filosofia* – a filosofia

---

sentido de um atentado a um modelo transcendente de justiça que sofresse com isso, como sofrerá o Deus cristão: é afastar-se de si, afastando-se da cidade.".

10   Billier, Maryioli, *História da filosofia do direito*, cit., p. 5.
11   Bourgeois, Bernard. *O pensamento político de Hegel*. Trad. Paulo Neves da Silva. São Leopoldo: Unisinos, 1999.

que extrai do tempo a racionalidade objetiva, pois o tempo é o ser-aí do conceito. A vida do Espírito descreve sua curva sobre a linha do tempo, da história. Nesse desenrolar, a cada momento histórico, o homem elabora, em conexão com a história política, a filosofia de que é capaz. Mas, para que haja filosofia, é necessário que o espírito esteja livre e que um povo tenha atingido um "certo grau" de cultura do pensamento. E para atingir esse "certo grau" o que é preciso? Que o homem deixe de se identificar com objetos particulares e passe a se interessar por objetos universais. Que, onde ela [a filosofia] estiver prestes a aparecer, exista liberdade política. O universal é o livre que está em si-mesmo, não junto a um outro, um particular que instaura, por ser diferença, uma relação. Mas é livre em si, não é livre para si. Liberdade efetiva ocorre quando o em-si do Eu está em si-mesmo e em seu para-si. Daí que o eu em si se sabe como ser livre quando tem consciência de ter em si um valor infinito. Mas essa consciência de si como de um ser livre tem caráter dialético, porque o ser, em seu ser, é o universal se *diferenciando* (para poder retomar em si o conteúdo do ser) e *se* diferenciando, tornando-se particular, permanecendo em sua diferença, plenamente em seu em si-mesmo, perfeitamente livre. A atualização suprema da consciência de si é a filosofia. Agora é possível responder, de maneira concreta, à pergunta anterior: para que haja filosofia, é o preciso o quê? "Na história, a filosofia aparece, portanto, lá onde existem constituições livres."[12] A relação entre filosofia e história política não é de causalidade unilateral, pois nem a história política é causa de filosofia, nem a filosofia é causa da história política. E também não é de ação recíproca, pois reciprocidade exige pressupostos: *independência de termos diferentes em interação, sobreposição de identidade sobre a diferença* e *manutenção da diferença da identidade e da diferença*. Pelo contrário, história é razão, identidade da identidade e da diferença. De que é feita, então, a relação entre filosofia e história política? A resposta exige que se proceda à análise da dupla significação da filosofia. A curva do espírito universal é a história do espírito universal pairando sobre a vida dos povos, num processo de diferenciação no qual permanece uno. Nessa curva, HEGEL identifica etapas, momentos, sendo que em cada momento de sua história, "o espírito universal

---

12 *Idem, ibidem*, p. 102.

[...] se encarna num povo".[13] O espírito de um povo é a totalidade una da qual economia, política, vida ética, arte, religião, filosofia são momentos. Diante do espírito substancial de uma época (há aqui um saber), a filosofia, o pensamento do espírito substancial de uma época (há aqui um saber que não existia antes), é a negação da vida de uma época, que se desdobra em costumes, técnica, instituições. Na vida de um povo, há o momento de infortúnio. A filosofia nasce desse infortúnio e, feito fermento, faz esse infortúnio crescer. Nas palavras de BOURGEOIS:

> A realidade da filosofia é a negação da vida substancial e simples de uma época, da vitalidade imediata que se desdobra nos costumes éticos, nas instituições, na religião. A cor viva da juventude dá lugar à grisalha filosófica, *é à chegada do crepúsculo que a ave de Minerva levanta vee*. O aparecimento do *pensamento* filosófico é, portanto, o desaparecimento da *vida* política; ao nascer no mundo de ideias, o Estado desaparece no mundo real, e, *se não há filosofia possível senão onde há um Estado, lá onde a filosofia é real não há mais Estado*. O interesse pelo mundo de ideias exprime assim que o homem não encontra mais sua satisfação no real.[14]

É à chegada do crepúsculo que a ave de Minerva levanta voo... Há, pois, o momento do filósofo. No contexto ateniense, o século V sai de cena e a filosofia ocupa lugar no centro da ação. Primeiro, Péricles; depois, PLATÃO. Reflexão sobre a qual BOURGEOIS apresenta um passo avançado: "Assim, os gregos se retiraram do Estado quando começaram a pensar; e começaram a pensar quando no exterior, no mundo, tudo era apenas tempestade e miséria".[15]

Se, por descuido quanto ao que é inerente à relação entre filosofia e história, a filosofia política condena – negando-lhe a *intenção*, isso é, o conjunto dos motivos para filosofar, em oposição à filosofia realizada – o idealismo da filosofia política de PLATÃO, a filosofia da filosofia política de HEGEL justifica – como *necessidade* – o mesmo idealismo da filosofia política. Saber o que é, é querer o que

---

13 *Idem, ibidem*, p. 103.
14 *Idem, ibidem*, p. 105 (grifo nosso).
15 *Idem, ibidem*, p. 106.

ainda não é, o que será, o que *deve* ser. *Deve*, não como obrigação; como necessidade (no sentido de meio único para um fim). *Dever-ser* enquanto ideal, enquanto manifestação do novo, do determinado, em vias de nascer no *devir necessário do espírito universal*.[16] A filosofia é o lugar do nascimento interior do espírito que, mais tarde, aparece como efetividade – processo que BOURGEOIS vislumbra, através de exemplo: "o que foi a filosofia grega tornou-se efetivo no mundo cristão",[17] pois "na Grécia começa o mundo da liberdade".[18] BOURGEOIS resume:

> A filosofia [o ideal] é, portanto, a mediação entre duas figuras reais do espírito, da vida política; essa passagem pela filosofia é necessária, pois o devir humano é muito diferente do simples devir orgânico: nele, o universal está *a favor* do particular que ele arrasta, e não age somente às suas costas. Mas disso não se segue que a filosofia seja a expressão *adequada* dos mundos que ela mediatiza: ela não diz a *vitalidade* do mundo que nela se consuma, pois ela é o julgamento que faz sobre si esse mundo tornado já diferente dele mesmo; ela não diz tampouco a vitalidade da futura vitalidade, pois ela é apenas *um* elemento dessa vitalidade, a primeira manifestação, puramente ideada, do rico *ser-aí* cujo desdobramento ela anuncia.[19]

Noutras palavras, conforme conclusão de BOURGEOIS: "Então, a filosofia como construção de um mundo é o aparecimento do mundo que *se constrói* e que nela se oferece uma antecipação dele mesmo."[20] Conceber o que é (ideal) – ideal imanente ao espírito objetivo em desenvolvimento – é conceber o que vem a ser. É esse ideal que o espírito subjetivo do filósofo esforça-se por

---

16   *Devir necessário do espírito universal...* que não se caracteriza pela linha que une, separando-os eternamente, ideal e real. *Devir necessário do espírito universal...* entendido como espiral que parte do real, no presente, alcança, subindo, o ideal e volta-se, à frente, no futuro, ao real, como manifestação determinada, particularizada, em vias de nascer, do movimento do espírito.

17   BOURGEOIS, *O pensamento político de Hegel, cit.*, p. 107.

18   *Idem, ibidem*, p. 103.

19   *Idem, ibidem*, p. 107.

20   *Idem, ibidem*, p. 108.

refletir, mas supondo que o consiga, não exprimirá o que será a realização do ideal. O ideal *realizado* não é o *ideal* realizado. BOURGEOIS esclarece:

> O ideal que o real em devir se dá de seu próprio futuro na consciência filosofante exprime, com efeito, um *em-si* que já não é mais o *em-si* que aparece nele, exprime que ele não é ainda o *em-si* que desaparece nele.[21]

Há um real em devir. Esse real se eleva em ideal, em futuro. Primeiro, na linguagem do que ele ainda não é: o ideal diz o que ele é ainda, contradiz o presente-passado – eis a crítica (a crítica do espírito por ele mesmo, a autocrítica) que a filosofia opera do espírito de uma época; nesse sentido, é uma representação do futuro, pois o espírito só sabe seu ser quando não é mais. Segundo, na linguagem do que ele ainda é: o ideal diz o que ele ainda não é e, no futuro, será contraditado pelo desdobramento real do em-si. Por exemplo, o Estado platônico nada tem de ideal vazio. No entanto, no Estado real somente alguns seres são livres. Mas o homem racional é a medida de todas as coisas e isso dissolve a base escravagista da *pólis*. PLATÃO opõe à *liberdade subjetiva* a *razão substancial*, pois essa é a tendência do mundo grego e é o vir-a-ser do mundo ocidental.

Diante do Estado real que acaba, o filósofo o contradiz e anuncia o Estado ideal. Esse anunciar não é exprimir o Ser do Estado, o que o Estado é; é exprimir o Estado em seu devir, em sua relatividade histórica. Mesmo porque o Estado real que nasce contradiz o Estado ideal anunciado pelo filósofo. Daí que a filosofia da filosofia política de HEGEL constata a relatividade de toda filosofia política.

Povo grego: história e destino (das invasões do terceiro milênio à *pólis*)

Concepção grega de direito e história da Grécia Antiga parecem constituir uma e mesma coisa. Os elementos do contexto histórico de seu surgimento amalgamam-se para, em seguida, soar como a substância essencialmente jurídica da historicidade do grego. O primeiro ponto refere-se a origens do povo.

---

21 *Idem, ibidem.*

Sobre o que a memória guarda a respeito dos primeiros gregos, ouça-se Luís Fernando Coelho (1939-):

> A gênese dos gregos acha-se mesclada de lendas e tradições. Um nome de origem desconhecida parece catalisar as pesquisas históricas: pelasgos, nascidos da terra, teriam sido os primeiros habitantes da Grécia.[22]

Nos termos do relato, trata-se de um povo que se crê autóctone e que vive em *Pelasgia*, a terra dos pelasgos.

Diante da fala de Coelho, Hesíodo (VIII a.C.) pondera que o caráter maravilhoso próprio de lendas, somado ao gosto da imaginação popular pelo extraordinário, deforma fatos históricos. Diante de tais inconvenientes, o poeta prefere contar a ascendência grega através de mito. Segundo Hesíodo, tudo começa quando Zeus decide pôr fim à Idade de Bronze. Sobre os fatos, ouça-se Kerényi:

> De início havia quatro idades ou raças distintas. Hesíodo, contudo, descreveu cinco [...]. Consoante o seu relato os imortais que moravam no Olimpo, primeiro que tudo, criaram a raça de ouro da humanidade. Os homens dessa raça viviam sob o império de Crono, que, na ocasião, reinava no Céu. Viviam como os deuses, livres de cuidados, sem preocupações ou tristezas. A velhice lamentável não pendia sobre eles; com membros sem idade, divertiam-se nos banquetes, livres de todo o mal. Quando morriam, pareciam homens alcançados pelos sono. Todas as coisas boas estavam ao alcance de suas mãos: os campos dispensadores de vida produziam sozinhos e ofereciam frutos em abundância. Os homens viviam alegremente desses frutos, em paz consigo mesmos, numa comunidade inteiramente composta de homens bons, ricos em gado e amigos dos deuses abençoados. Quando essa raça mergulhou nas profundezas protetoras da terra, transmudou-se – de acordo com a vontade de Zeus – em espíritos benfazejos que caminham sobre a terra como observadores dos homens, protegem a justiça e combatem a injustiça, invisivelmente

---

22 Coelho, Luiz Fernando. *Introdução histórica à filosofia do direito*. Rio de Janeiro: Forense, 1977, p. 5.

presentes em toda parte. Conferem riqueza: pois isso também está de acordo com a sua natureza real.

A segunda raça criada pelos Olimpianos, a de prata, era muito inferior. Não se parecia com a de ouro nem no corpo nem na alma. Durante cem anos, os filhos permaneciam sob a tutela da mãe, brincando em casa como crianças. Quando, afinal, amadureciam e se achavam na flor da mocidade, só viviam mais um curto espaço de tempo, pois estavam sujeitos, em sua insensatez, a todos os tipos de padecimentos. Incapazes de refrear o anseio ilimitado de poder sobre os outros, recusavam-se a adorar os deuses ou a fazer sacrifícios, como é costumeiro fazerem os homens de acordo com seus vários modos e usos. Por conseguinte, em sua cólera, Zeus fê-los desaparecer, porque não se entregavam ao culto dos Olimpianos. Depois que essa raça também mergulhou nas profundezas protetoras da terra, os homens passaram a chamá-los de abençoados subterrâneos e eles ocupam apenas uma segunda posição, embora se lhes conceda certa veneração.

Pai Zeus criou então uma terceira raça de homens, a raça de bronze, que nem sequer se assemelhava à de prata. Criou os homens dos freixos. Raça terrível e poderosa, comprazia-se apenas com as obras calamitosas e os atos violentos de Ares. Esses homens não comiam alimento feito de farinha; de aço era a alma dos intratáveis. Tinham a força de gigantes e mãos poderosas nos braços poderosos. De bronze eram suas armas, de bronze suas habitações, e no bronze trabalhavam; pois o ferro negro ainda não existia. Perecendo por suas próprias mãos, em luta uns contra os outros, desciam ao bafiento palácio do medonho Hades, homens sem nomes: por mais destemidos que fossem, a Morte negra os levava e eles eram compelidos a deixar a luz brilhante do sol.

Quando essa raça também mergulhou nas profundezas protetoras da terra [...], Zeus criou a raça divina dos heróis, os que guerrearam nas famosas guerras de Tebas e Troia. Mais justos e melhores que os da raça de bronze, iam, depois da morte, para as Ilhas dos abençoados, rodeados por Oceano. As ilhas onde os prados dispensadores de vida dão frutos doces três vezes por ano, onde reina Crono, libertado por Zeus de suas correntes. Para a quinta raça, a do ferro, que se seguiu a esta última, Hesíodo só tinha injúrias: teria preferido antes ou depois dela. Sua descrição dessa raça descambava para profecias sinistras, começando com a profecia segundo a qual as crianças chegariam ao mundo grisalhas e terminando com a de que as deusas Edos e Nêmesis, envergando vestidos brancos, voltariam ao lar dos deuses e deixariam a humanidade perecer indefesa.[23]

Há, no entanto, interpretações que divergem quanto ao método empregado pelo senhor do Olimpo. Conforme Kerényi: "A narrativa de Hesíodo não faz menção de um grande Dilúvio. Outros contadores de histórias, no entanto, declararam que foi desse modo que Zeus pretendeu exterminar a raça de bronze".[24]

Segundo Kerényi, há duas versões da história, ambas envolvendo a descendência de Prometeu, a quem a mitologia reserva a tarefa dupla de separar a humanidade dos imortais e de aperfeiçoar os mortais. Isso porque, nesse tempo, os seres humanos, além de estarem intimamente ligados a certas divindades isoladas do Olimpo, são constituídos apenas de homens. Aspecto sobre o qual Kerényi comenta: "Uma raça humana consistente apenas em seres do sexo masculino era incompleta por sua própria natureza, ainda que tivesse por mãe a Mãe dos Deuses".[25] Essa espécie puramente masculina está ligada à raça titânica de Jápeto, mais particularmente, a dois de seus filhos, Epimeteu e Prometeu, a respeito de quem Nietzsche anota o seguinte:

> *Sofredores incompreendidos* – As naturezas magníficas sofrem de maneira diferente das que seus admiradores imaginam: elas sofrem mais duramente com as agitações ignóbeis e mesquinhas de alguns maus momentos, em suma, com a dúvida em sua própria magnificência – mas não com os sacrifícios e martírios que a sua tarefa lhes pede. Enquanto Prometeu tem compaixão pelos homens e sacrifica-se por eles, ele é feliz e grandioso; mas quando

---

23 Kerényi, Karl. *Os deuses gregos*. Trad. Octavio Mendes Cajado. São Paulo: Cultrix, 2000, p. 176-7.

24 Idem, ibidem, p. 177.

25 Idem, ibidem, p. 168.

sente inveja de Zeus e das homenagens que lhe prestam os mortais – então ele sofre![26]

Dose parecida de *sacrifícios e martírios* será exigida de um dos filhos de Prometeu, Deucalião, que recebe do pai o legado de saber ser *feliz e grandioso*, sentindo *compaixão pelos homens e sacrificando-se por eles*.

Nos limites de uma das versões, Prometeu tem um filho de nome Deucalião, rei de Ftia, na Tessália, esposo de Pirra, a *loira vermelha*, filha de Epimeteu e Pandora. Diante do desejo de Zeus de destruir a raça de bronze, Prometeu aconselha Deucalião a fazer uma caixa de madeira e nela embarcar, na companhia de Pirra. Construída a caixa, Zeus faz jorrar tempestades, inundando a maior parte da Grécia. Todos os homens perecem, salvo os poucos que conseguem alcançar as altitudes mais próximas. Fendem-se as montanhas da Tessália, uma parte separa-se da outra. O país, até o Istmo, e o Peloponeso transformam-se em lençol d'água. Em sua caixa, Deucalião e Pirra flutuam sobre esse mar durante nove dias e nove noites e, afinal, abicam[27] no Parnaso. Após a estiagem, desembarcam e Deucalião sacrifica a Zeus. KERÉNYI completa a lenda:

> Zeus mandou-lhe Hermes e autorizou-o a pedir o que quisesse. Ele quis seres humanos. Zeus mandou-o pegar pedras e atirá-las por cima do ombro. As pedras atiradas por Deucalião converteram-se em homens, e as que Pirra atirou converteram-se em mulheres. Daí a palavra *laoi* para pessoas e povos: [em grego], a palavra usada para indicar "pedra" é *laas*, ou *laos*.[28]

Na outra das versões, Deucalião e Pirra recebem instruções do oráculo de Têmis para atirar por cima dos ombros os ossos da *grande mãe*. A princípio, o casal entende que a *grande mãe* é Pandora que, em algumas histórias, aparece como mãe de Deucalião, mas o oráculo não lhes poderia pedir que cometessem a heresia de profanar antepassados. O enigma consiste, pois, em

---

26 NIETZSCHE, *A gaia ciência*, § 251.
27 *Abicar* é termo marinho, significa tocar, intencionalmente, com o bico da proa.
28 KERÉNYI, *Os deuses gregos*, cit., p. 177.

desvendar o sentido de "*grande mãe*". Por fim, entendem: *grande mãe* é a Terra, a mãe comum de todos, e as pedras são seus ossos. O casal, então, põe-se à obra de atirar por cima dos ombros os ossos da *grande mãe*. Os novos seres humanos que saltam das pedras também descendem da mais velha das mães, a mãe-terra de todos. Dentre os filhos de Deucalião e Pirra, destaca-se Helen, ou Heleno, ancestral de todos os gregos. COELHO nota-lhe a importância: "A denominação *Hélade* provém de *Helen*, filho de Deucalião e Pirra".[29]

O mito conta a origem da raça dos homens e das mulheres. Em última instância, narra o surgimento de gregos e gregas. Interpretando o modo como vêm ao mundo, diga-se, com NIETZSCHE, que são obras das "naturezas magníficas" de Deucalião e Pirra! Nascem de seus *martírios*. Surgem, quando Deucalião e Pirra estão do apogeu de suas glórias, *felizes e grandiosos*, sentindo *sacrificando-se pelos homens*.

O grego é obra de deuses. Nada a estranhar, portanto, quando *Thémis* e *Diké*, suas duas concepções divinas da justiça, intervindo diretamente na vida da humanidade, avaliam o *justo* de suas ações ou omissões. Daí – da convivência com, na imagem de COELHO, "a síntese da ordem universal que, após a separação do Caos, é imanente à natureza das coisas",[30] representada por *Thémis*, e da esperança que depositam em *Diké*, "a práxis, a especificidade, o direito concreto"[31] – origina-se uma das noções gregas de justo e de direito: o que é igual para as partes e que torna possível o equilíbrio entre dois pratos de uma balança sem fiel.

Sem deixar de se encantar com a poesia de HESÍODO, o historiador contemporâneo critica o conto mítico por ele ou trazer à cena seres e acontecimentos ilusórios, simbolizando forças da natureza, aspectos da vida humana, ou apresentar representações exageradas pela tradição, pelo devaneio coletivo, de fatos ou personagens verdadeiros. Mito seria, na sentença do historiador contemporâneo, falsidade sem correspondente real. Ao abordar a ascendência grega, o especialista em passado dos povos molda suas conclusões a partir

---

29 COELHO, *Introdução histórica à filosofia do direito, cit.*, p. 5.
30 *Idem, ibidem*, p. 32.
31 *Idem, ibidem*, p. 36.

de rigor metodológico, delimitação de objeto, critério no uso de fontes etc. Segundo Souza:

> Quando se discute a Grécia antiga, é comum dividir sua história em vários períodos: o *arcaico* – do oitavo ao sexto século a.c., quando se iniciam as Guerras Pérsicas; o *clássico* – quinto e quarto séculos a.C.; o *helenístico* – desde Alexandre Magno até a conquista romana do Mediterrâneo oriental; o *romano* – fixado a partir da derrota de Antônio e Cleópatra por Augusto. Para o estudo do direito grego é particularmente interessante o período que se inicia com o aparecimento da pólis, meados do século VIII a.c., e vai até seu desaparecimento e surgimento dos reinos helenísticos no século III a.C. Esse período de cinco séculos corresponde aos convencionalmente denominados época arcaica (776 a 480 a.c., datas dos primeiros Jogos Olímpicos e batalha de Salamina, respectivamente) e período clássico (quinto e quarto séculos a.C.).[32]

Moraes acrescenta um período *homérico*, do século XII ao VIII a.C., caracterizado por comunidades rurais; além disso, fala de um período pré-grego, de Creta e Micenas.[33] Sobre Creta, ouça-se Russell:

> Pouco mais tarde encontramos o florescimento das comunidades comerciais. Entre estas sobressai a dos habitantes de Creta, cuja civilização só recentemente voltou à luz. Os cretenses provavelmente vinham das terras litorâneas da Ásia Menor e rapidamente ganharam importância nas ilhas do mar Egeu.[34]

Ao contar que, em determinado momento da história do Mediterrâneo Oriental, há quem se disponha a deixar a Ásia Menor – a civilização de antanho, portanto – e cruzar o Mar em direção ao desconhecido, Russell está

---

32 Souza, Raquel de. "O direito grego antigo". In: Wolkmer, Antônio Carlos (Org.). *Fundamentos de história do direito*. 3ª ed. Belo Horizonte: Del Rey, 2005, p. 37.
33 Moraes, José Geraldo Vinci de. *História*: geral e Brasil. São Paulo: Atual, 2003, p. 46.
34 Russell, Bertrand. *História do pensamento ocidental*: a aventura dos pré-socráticos a Wittgenstein. Trad. Laura Alves e Aurélio Rebello. Rio de Janeiro: Ediouro, 2002, p. 14.

narrando o quê? Uma aventura de descobrimento, no molde da empreitada de Colombo? Um movimento de expansão colonial, no padrão ibérico de núcleos de povoamento? Uma etapa da construção de uma vida nova em terra estranha, à semelhança da luta dos Padres Peregrinos? O certo é que, conforme RUSSELL, "os cretenses rapidamente ganharam importância nas ilhas do mar Egeu". Continua o historiador do pensamento ocidental:

> Em meados do terceiro milênio a.c., uma nova onda de imigrantes conduziu a um extraordinário desenvolvimento da cultura cretense. Foram construídos grandes palácios em Cnossos e Festos e navios cretenses sulcaram o Mediterrâneo de uma extremidade a outra.[35]

A partir de 1700 a.C., os cretenses estabelecem movimentos migratórios em direção ou à Grécia continental, numa espécie de expansão avante, ou à Ásia Menor, numa forma de volta à casa, ao velho e bom lar, doce lar. Na Grécia continental os cretenses deixam profundas marcas em Micenas, berço de Agamenon. No entanto, a profundidade tais marcas vai além de Micenas, alcança o coração do mundo helênico. Sobre isso, ouça-se com atenção redobrada KERÉNYI, demonstrando a origem de tudo em Creta:

> Zeus quer dizer "fulgurante", "relampejante", e só mais tarde veio a significar "aquele que ilumina". Nos lugares da Grécia continental em que se contava a história do seu nascimento – como no Monte Liceu, na Arcádia – o evento não era relacionado com uma caverna ou com qualquer outro espaço pertencente a Ilitia, a deusa dos nascimentos humanos. Zeus nasceu sob céu aberto, numa touceira, diz o poeta Calímaco, acrescentando que esse lugar foi interditado a parturientes e animais. Se um vivente, fosse homem ou animal, aí pusesse os pés, cessaria de projetar sombra. Se alguém ia ter aí por engano, não caía logo morto [...] mas só poderiam viver mais um ano. Seria petrificado, ou "passaria por um corço" (o que provavelmente queria dizer que a criatura teria o destino de uma caça). Era esse um lugar de luz absoluta,

---

35   Idem, ibidem, p. 14.

que certamente não correspondia ao precinto escavado no monte Liceu.Sacrifícios eram aí oferecidos. Digno de Zeus era um outro sítio, um lugar de existência sobrenatural que só podia ser apercebido em visões. Não é mais possível duvidar de que os gregos as tiveram, assim como não cabe dúvida de que outros povos mediterrâneos tiveram a experiência correlata de um ser intemporal e de sua beatitude.

"Zeus" era a *interpretatio graeca*, a versão helênica da Criança Divina cujo nascimento se relatava em Creta.[36]

Isso, no mar... Em terra, RUSSELL conta que:

Enquanto isso, a Grécia continental absorvera duas ondas sucessivas de invasores. Os primeiros foram os jônios, vindos do norte por volta de 2000 a.C., e que aos poucos se fundiram com a população nativa.[37]

Eis que surge uma das personagens principais da história do Ocidente: os jônios, de supremas realizações culturais. A título de primeira impressão do espírito desse povo, tome-se COELHO, descrevendo o momento seguinte àquele quando a Liga de Delos submete-se à hegemonia ateniense: "Logo porém, a essa Atenas fulgurante, jônica, democrática e culta, irá opor-se o orgulho de Esparta, com sua aspiração de liderança, a tradicional Esparta dórica, oligárquica, inculta e conservadora".[38] COELHO refere-se à Guerra do Peloponeso, que explode na segunda metade do século V a.C., muito tempo depois, portanto, das *ondas sucessivas de invasores* do século XX antes da era cristã. Retome-se, pois, o curso da história.

---

36 KERÉNYI, Carl. *Dioniso*: imagem arquetípica da vida indestrutível. Trad. Ordep Trindade Serra. São Paulo: Odysseus, 2002, p. 29.
37 RUSSELL, *História do pensamento ocidental, cit.*, p. 14.
38 COELHO, *Introdução histórica à filosofia do direito, cit.*, p. 10.

A primeira *onda* é jônica. Trezentos anos depois, conforme Russell, "seguiu-se a invasão dos aqueus, que desta vez constituíram uma classe dominante".[39] No início do século XII a.C., os aqueus envolvem-se na guerra contra Troia.

Por volta de 1100 a.C., a violência do ataque das invasões dóricas submete os aqueus e, segundo Russell, provoca as seguintes consequências:

> O poder marítimo cai nas mãos dos fenícios e a Grécia entra num período de obscuridade. Foi mais ou menos nessa época que os gregos adotaram o alfabeto semítico dos comerciantes fenícios e o complementaram acrescentando as vogais.[40]

O *período de obscuridade* corresponde ao *homérico*, do século XII ao VIII a. C., caracterizado por comunidades rurais. Se fosse cabível falar-se em idade média grega, seu renascimento poderia ser identificado com os dois poemas de Homero, *Ilíada* e *Odisseia*, que, segundo Russell, "parecem ter sido concluídos por volta de 800 a.C.".[41]

O período seguinte é o *arcaico* – do oitavo ao sexto século a.C., assim apresentado por Russell:

> A partir da metade do século VIII até meados do século VI a.C., os litorais da Sicília, do sul da Itália e do mar Negro ficaram pontilhados de cidades gregas. Com o nascimento de colônias, o comércio se desenvolveu e os gregos renovaram o contato com o Oriente.[42]

O período *arcaico* termina com a eclosão das Guerras Pérsicas, com vitória final de Atenas sobre Dario I e seu filho Xerxes, no início do século V antes da era cristã.[43]

---

39 Russell, *História do pensamento ocidental*, cit., p. 14.
40 *Idem, ibidem*, p. 15.
41 *Idem, ibidem*, p. 16.
42 *Idem, ibidem*, p. 15.
43 Em 480 a.C. Xerxes, filho de Dario I, invade a Grécia com propósitos expansionistas que se desfazem perante a heroica resistência dos gregos em jornadas como as Termópilas, Salamina e Plateias.

O quadro a seguir resume o que foi dito.

Meados do III milênio a.C.	Novos imigrantes em Creta
2000 a.C.	Jônios
1700 a.C.	Aqueus/Cretenses em direção a Grécia continental
1100 a.C.	Dórios
VII – VIII a.C. (homérico)	Obscuridade/ Comunidades rurais
VIII – VI a.C. (arcaico)	Colônias/ Formação das *póleis*
V – IV a. C. (clássico)	Apogeu da cultura grega
III – II a.C. (helenístico)	Decadência das *póleis* / Domínio da Macedônia
Romano	Domínio de Roma

Pólis e religião

Crenças, famílias, fratrias, tribos...

Durante o período *arcaico* forma-se a *pólis*, sucesso de profundo interesse ao estudioso de fundamentos do direito *ocidental*, uma vez que, conforme BILLIER: "A afirmação grega da *pólis* é a gênese do direito".[44] Há que se reviver, pois, o encadeamento de ideias e instituições que marca a vida da sociedade grega para além dos tempos históricos,[45] época em que, conforme FUSTEL DE COULANGES, "a família aparece como única forma de sociedade existente".[46] Cada família possui seus deuses...

Aqui – é necessário – abre-se parêntese.

O princípio fundador da família é a religião, que se explica a partir de crenças a respeito da morte e da alma e vinculadas ao culto do fogo.

---

44 BILLIER, MARYIOLI, *História da filosofia do direito*, cit., p. 9.
45 O "tempo histórico" é marcado pelo surgimento da escrita.
46 FUSTEL DE COULANGES, Numa Denis. *A cidade antiga*: estudos sobre o culto, o direito, as instituições da Grécia e de Roma. Trad. Jonas Camargo Leite e Eduardo Fonseca. 6ª ed. Rio de Janeiro: Ediouro, 1996, p. 81.

Diante da morte, o grego crê numa segunda existência na qual a alma continua viva, unida ao corpo, que, segundo a crença, não sofre decomposição. Mas não basta enterrar corpo e alma. Conforme Nogueira: "Era preciso ainda obedecer a alguns ritos tradicionais e pronunciar determinadas fórmulas, porque do contrário as almas tornar-se-iam errantes, não repousariam nos túmulos".[47] É o testemunho de Fustel de Coulanges:

> Nas cidades antigas a lei punia os grandes culpados com um castigo considerado terrível: a privação de sepultura. Punia-se-lhe assim a sua própria alma, infligindo-lhe um suplício quase eterno.[48]

Uma vez no túmulo, o morto precisa alimentar-se. Para tanto, em determinados dias do ano, realizam-se banquetes fúnebres. O alimento destina-se exclusivamente ao morto. Relata Nogueira: "Assim, cavavam buracos nos túmulos para que o alimento chegasse até o morto e derramavam água e vinho para saciar sua sede".[49] A necessidade de alimentação do morto gera para os vivos a obrigação de satisfazer-lhe. Desta relação entre exigibilidade e dever surge a religião. Nas palavras de Fustel de Coulanges: "Essa religião dos mortos parece ter sido a mais antiga que existiu entre estes povos".[50] Nogueira esclarece o processo:

> Os mortos eram considerados criaturas sagradas; assim, cada morto era um deus e seu túmulo um templo. Esta espécie de apoteose não era atributo dos grandes homens; entre os mortos, para os antigos, não havia distinção de pessoas; todos, ao morrerem, tornavam-se deuses de suas famílias.
> [...]

---

47 Nogueira, Jenny Magnani de O. "A instituição da família em *A cidade antiga*". In: Wolkmer, *Fundamentos de história do direito, cit.*, p. 70.
48 Fustel de Coulanges, *A cidade antiga, cit.*, p. 13.
49 Nogueira, *in* Wolkmer, *Fundamentos de história do direito, cit.*, p. 70.
50 Fustel de Coulanges, *A cidade antiga, cit.*, p. 18.

Assim, [...] as almas dos mortos consideradas divindades, eram verdadeiros deuses, às quais dirigiam orações e súplicas, mas eram-no tão-somente enquanto os vivos os venerassem com o seu culto.[51]

A religião primeva torna-se inteligível a partir do lugar que a alma ocupa na morte e, conforme dito, de crenças vinculadas ao culto do fogo. Ouça-se SCHLEGEL, a respeito das possibilidades psicológicas do homem primitivo diante do fogo:

> A simples invenção do fogo, pedra angular de todo o edifício da cultura, como exprime tão bem a fábula de Prometeu, na suposição de um estado bruto, apresenta dificuldades insuperáveis. Nada mais trivial para nós que o fogo; mas o homem poderia ter vagado milhares de anos nos desertos, sem tê-lo visto uma única vez sequer sobre o solo terrestre. Concedamos-lhe um vulcão em erupção, uma floresta incendiada pelo raio. Endurecido em sua nudez contra a intempérie das estações, terá ele acorrido imediatamente para ali se aquecer? Não terá, ao contrário, empreendido a fuga? O aspecto do fogo apavora a maior parte dos animais, exceto os que a ele se habituaram pela vida doméstica... Mesmo após ter experimentado os efeitos benéficos de um fogo que lhe oferecia a natureza, de que modo o teria conservado?...[52]

O *aspecto do fogo apavora...* a alma do homem primitivo. O grego atribui-lhe significado, a respeito do que NOGUEIRA observa: "Toda casa de grego [...] possuía um altar com um fogo aceso, que só deixava de brilhar quando a família inteira houvesse morrido. Fogo extinto significava família extinta".[53]

---

51 NOGUEIRA, *in* WOLKMER, *Fundamentos de história do direito*, cit., p. 70-1. Sem oferendas, as almas deixam a morada e tornam-se almas errantes, atormentando os vivos. A respeito: FUSTEL DE COULANGES, *A cidade antiga*, livro primeiro, *Antigas crenças,* capítulo II, *O culto dos mortos*.

52 SCHLEGEL, Auguste-Guillaume de. *Oeuvres écrites en français*. Leipzig, 1846. In: BACHELARD, Gaston de. *A psicanálise do fogo*. Trad. Paulo Neves. São Paulo: Martins Fontes, 1999, p. 35-6.

53 NOGUEIRA, *in* WOLKMER, *Fundamentos de história do direito*, cit., p. 71.

Esse fogo possui algo de divino e, como tal, é adorado e cultuado. Os cultos dos mortos e do fogo relacionam-se, conforme Nogueira:

> Os deuses cultuados pela família eram simplesmente as almas dos mortos, a que o homem atribuía um poder sobre-humano e divino. [...] E a lembrança de algum desses mortos sagrados achava-se sempre ligada ao fogo. Assim, o culto ao fogo e o culto aos mortos estavam associados no respeito dos homens e em suas orações. Os descendentes, quando falavam do fogo, recordavam imediatamente o nome dos seus antepassados, adorados como deuses.[54]

Deuses que só aceitam a adoração de seus descendentes; que só podem ser adorados por sua família. A estrutura dessa religião doméstica permite compreender a constituição da família grega. Vale lembrar, com Fustel de Coulanges:

> A antiga língua grega tinha uma palavra bastante significativa para designar a família; dizia-se *epístion*, o que literalmente significa: *aquilo que está junto do fogo sagrado*. A família era, dessa forma, um grupo de pessoas a quem a religião permitia invocar [as mesmas almas] e oferecer o banquete fúnebre aos mesmos antepassados.[55]

E, mais: a religião determina as normas jurídicas de conduta. É, por isso, que se pode falar em direito grego pré-*pólis*, regulando casamento, adoção, emancipação, parentesco, propriedade, sucessão etc.[56] Na Grécia homérica, a religião constitui a família e institui as primeiras leis. Fustel de Coulanges apresenta

> A família não recebeu suas leis da cidade. Se a cidade tivesse estabelecido o direito privado, é provável que estatuísse normas

---

54 *Idem, ibidem.*
55 Fustel de Coulanges, *A cidade antiga, cit.*, p. 30.
56 A respeito: Fustel de Coulanges, *A cidade antiga, cit.*, livro segundo: *A família*, especialmente, capítulos: I – *A religião foi a norma constitutiva da família antiga*; II – *O casamento*; III – *Da continuidade da família. Proibição do celibato. Divórcio em caso de esterilidade. Desigualdade entre filho e filha*. IV – *Adoção e emancipação*; V – *O parentesco*; VI – *Direito de propriedade* e, VII – *Direito de sucessão*.

inteiramente diferentes daquelas por nós aqui estudadas. Teria regulamentado, segundo outros princípios, o direito de propriedade e da sucessão; com efeito, para a cidade não havia interesse na inalienabilidade da terra nem na indivisibilidade do patrimônio. A lei que permite ao pai vender a até mesmo matar o seu filho [...] não foi imaginada pela cidade. A cidade teria antes dito ao pai: "A vida de tua mulher e a de teu filho não te pertencem, assim como não te diz respeito a sua liberdade; eu os protegerei, mesmo contra ti; não serás tu quem os julgarás, que os matarás, se faltarem aos seus deveres; só eu serei o juiz". Se a cidade não fala desse modo, é evidente porque não o pode fazer. O direito privado existiu antes da cidade. Quando a cidade principiou a escrever as suas leis, encontrou esse direito já estabelecido, vivo, enraizado nos costumes, fortalecido pela unânime adesão dos povos. Aceitou-o, não podendo proceder de outro modo e não ousando modificá-lo, senão com o transcorrer do tempo. O antigo direito não é obra de um legislador; o direito, pelo contrário impôs-se ao legislador. Na família teve a sua origem. Nasceu ali espontaneamente e inteiramente elaborado nos antigos princípios que a constituíram. Derivou das crenças religiosas universalmente admitidas na idade primitiva desses povos e exercendo domínio sobre as inteligências e as vontades.[57]

ARNAOUTOGLOU fornece amplo diagnóstico acerca do mundo normativo das *póleis*, na forma como introduz sua obra, *Leis da Grécia Antiga*, dividida em três capítulos, cada um deles tratando de estatutos "que normatizam relações produzidas em diferentes domínios de uma *pólis* grega":

> O primeiro capítulo encerra leis concernentes a relações criadas e estatuídas no contexto doméstico do *oîkos*, tais como herança, divórcio, casamento, adoção, delitos sexuais, *status* individual. A segunda parte compreende leis que concernem às relações entre indivíduos na praça (ágora), quadros normativos e restrições impostas à sua atividade (negócios, cunhagem, vendas). O terceiro capítulo tem a ver com as relações entre os cidadãos enquanto membros da comunidade, da *pólis*. [...] Incluem-se aí assuntos diversos, como a

---

57 FUSTEL DE COULANGES, *A cidade antiga, cit.*, p. 61.

concessão de honras aos mortos na guerra, salvaguardas da constituição (*politeia*), processos legislativos, limpeza dos espaços públicos, processos judiciais, ações contra condutas capazes de ameaçar a estabilidade social (prostituição masculina, roubo, *hýbris*), e ainda colonização, regime de propriedade e regulamentação de dívidas.[58]

Fecha-se parêntese.

Cada família possui seus deuses, homens divinizados após a morte. Em função de seus heróis, cada família institui seu culto, ordena seu sacerdote, impõe sua justiça e estabelece seu governo. Cada homem adora única e tão-só divindades domésticas.

Pouco a pouco, de geração em geração, esta concepção de divino modifica-se, essa ideia de deus extremamente próximo a coisas terrenas é subsumida. De maneira imbricada, a forma de sociedade altera-se – na direção apresentada por Fustel de Coulanges:

> A religião doméstica proibia a duas famílias unirem-se e confundirem-se. Mas era possível que várias famílias, sem nada sacrificar de sua religião particular, se unissem, pelo menos para a celebração de outro culto que lhes fosse comum. E foi o que aconteceu. Certo número de famílias formou um grupo, ao qual a língua grega deu o nome de fratria.[59]

A união de famílias corresponde à idealização de uma divindade superior a seus deuses domésticos. A esse deus comum a todas as famílias, a esse protetor a fratria dedica altar, fogo sagrado e culto. Sobre o ato religioso celebrado pela confraria, eis o que mostra Fustel de Coulanges:

> Em Atenas, nos dias de festa como, por exemplo, as Apatúrias e as Tergélias, cada fratria se reunia ao redor do seu altar e imolava uma vítima, cuja carne, depois de assada no fogo sagrado, se repartia por

---

58 Arnaoutoglou, Ilias. *Leis da Grécia Antiga*. Trad. Ordep Trindade Serra, Rosiléa Pizarro Carnelós. São Paulo: Odysseus, 2003, p. XXVIII.

59 Fustel de Coulanges, *A cidade antiga*, cit., p. 81. A língua romana dá à reunião de famílias o nome de *cúria*.

todos os membros da fratria, guardando-se grande cuidado para que nenhum estranho tomasse, para si, qualquer porção.[60]

Enquanto forma de organização social, a fratria modela-se pela família. Possui chefe – o fratriarca,[61] que, enquanto sacerdote, preside aos sacrifícios, e que, enquanto chefe político, cumpre funções administrativas e jurisdicionais –; possui assembleias; delibera e promulga decretos. Do mesmo modo que antes, pouco a pouco, de geração em geração, modificam-se, ao mesmo tempo, concepção de divino e forma de sociedade – do modo relatado por Fustel de Coulanges:

> A sociedade continuou naturalmente a crescer, e segundo o mesmo sistema. Muitas [...] fratrias se agruparam, formando-se assim a tribo.
> Essa nova assembleia teve também a sua religião; em cada tribo havia um altar e uma divindade protetora.[62]

Semelhantemente às instituições inferiores, a tribo, chefiada pelo *phylobasiléus*,[63] promulga decretos aos quais se submetem os integrantes de suas fratrias e das famílias que lhes compõem. A tribo, conforme Fustel de Coulanges, "tinha tribunal e direito de jurisdição sobre seus membros", porque constituída "como se não existisse acima dela nenhum poder social".[64]

Outra crença, outra religião

Na Grécia *homérica*, o homem atribui a qualidade de divino àquilo que, em si mesmo, sente que é sagrado. Confiante, transforma alma em deus. É a essência da religião doméstica.

---

60 Idem, ibidem, p. 82.
61 Quanto à *cúria*, seu chefe é o *curião*.
62 Idem, ibidem, p. 82.
63 A tribo romana é chefiada pelo *tribunus*.
64 Fustel de Coulanges, *A cidade antiga*, cit., p. 82.

Fustel de Coulanges observa: "Mas essa raça teve também, em todos os ramos, uma outra religião, cujas principais figuras foram Zeus, Hera, Atena, Juno, a do Olimpo helênico".[65] Religião da natureza física; fruto de adoração a solo, água, sol, que ele, grego, apreende como pessoas à sua imagem e semelhança; e lhes atribui pensamento, vontade, discernimento e poder, pois tais são os atributos do homem como tal; e, submetido à sua força implacável, confessando-lhes sua dependência, dirige-lhes, na fé de Fustel de Coulanges, "preces e orações transformando-as em deuses".[66]

O culto da religião dos deuses da natureza atrela-se a um novo momento da vida grega. Fustel de Coulanges expõe seus fundamentos:

> Nenhuma lei rigorosa se opunha a que cada um desses cultos se propagasse; não era da natureza íntima desses deuses serem adorados apenas por uma família, rejeitando os estranhos. Enfim, os homens, insensivelmente, deviam chegar à compreensão de que o Júpiter de uma família era, no fundo, o mesmo ser ou a mesma concepção do Júpiter de outra família, no que não podiam entrar em acordo em relação a [...] dois antepassados, ou duas famílias.[67]

Além disso, a conduta dos deuses da natureza é diferente da dos deuses domésticos. Assumem forma humana, aparecem aos mortais, assistem às suas lutas, tomam partido em seus combates. Com isso, ampliam-se os horizontes da segunda religião do grego. Conforme Fustel de Coulanges:

> Na origem, [esta religião] estava como que abrigada nas famílias, sob a proteção do fogo doméstico. Aí o novo deus conseguira um pequeno lugar, [...] à vista e ao lado do altar venerado, a fim de que o deus recebesse um pouco do respeito dos homens tributado ao seu fogo sagrado. Pouco a pouco, o deus foi conquistando maior autoridade sobre a alma e renunciou a esta espécie de tutela; deixou então o lar doméstico, e teve habitação para si e

---

65 Idem, ibidem, p. 84. Acrescente-se: [...] e a do Capitólio romano.
66 Idem, ibidem, p. 84.
67 Idem, ibidem, p. 86.

sacrifícios que lhe eram próprios. [...] O fogo sagrado permaneceu à entrada da casa do deus, mas diminuído em importância. [...] Deixou de ser o deus, descendo à categoria de altar do deus, de instrumento para o sacrifício. Ficou destinado a queimar a carne da vítima e assim conduzir a oferenda, juntamente com a oração do homem, à divindade majestosa cuja estátua residia no interior do templo.[68]

O mesmo sol é adorado por homens de diferentes tribos, fratrias e famílias. Os deuses da natureza física ampliam os horizontes intelectuais e sociais do homem grego. Fustel de Coulanges assevera:

> Aconteceu que, com o tempo, tendo a divindade de certa família adquirido grande prestígio com a superstição dos homens e aparecendo todo-poderosa na proporção da prosperidade dessa família, toda a cidade imediatamente queria adotá-la e prestar-lhe culto público para conseguir os mesmo favores.[69]

Que "cidade" é essa? É o que se apresenta em seguida.

A Cidade e seu princípio de fundação

Fustel de Coulanges estabelece o princípio de fundação da cidade:

> Assim como muitas fratrias se haviam unido em uma tribo, muitas tribos puderam associar-se entre si, com a condição de que o culto de cada uma delas fosse respeitado. No dia em que se fez essa aliança nasceu a cidade.[70]

Assim como no caso da família, da fratria e da tribo, o culto constitui o anelo da nova associação. Eis o modo como Fustel de Coulanges descreve esse

---

68 *Idem, ibidem*, p. 87.
69 *Idem, ibidem*, p. 86.
70 *Idem, ibidem*, p. 88.

grande vínculo em torno da noção de sagrado que o grego comunga com seus semelhantes: "As tribos que se agruparam para formar a cidade jamais deixaram de acender o fogo sagrado e de instituir uma religião comum".[71] A visão panorâmica de Fustel de Coulanges sintetiza o processo de formação da cidade:

> Várias famílias formaram a fratria, várias fratrias a tribo, e muitas tribos a cidade. Família, fratria, tribo, cidade são, portanto, sociedades semelhantes entre si, nascidas umas das outras através de uma série de federações.[72]

Diante do poder da cidade, nem tribo, nem fratria, nem família perdem individualidade. O culto, o sacerdócio, o direito de propriedade, a justiça interna, quer seja da família, quer seja da fratria ou da tribo permanecem os mesmos de quando o grupo vivia isolado. Cada um, separado, é um corpo independente no interior da cidade, sem que a confederação tenha direito de intervir nos negócios particulares. A situação é analisada por Fustel de Coulanges:

> Em religião, subsistiu grande quantidade de pequenos cultos, acima dos quais se estabeleceu o culto comum; em política, continuou a funcionar uma infinidade de pequenos governos, acima dos quais se levantou o governo comum.[73]

Governo comum que é obrigado a respeitar a autonomia religiosa e civil de tribos, fratrias e famílias. A cidade não é juiz do que ocorre no interior da família, pois é do pai o direito e o dever de julgar mulher, filhos e clientes. Fustel de Coulanges resume a situação: "Por essa razão o direito privado, prefixado na época de isolamento das famílias, pôde subsistir por muito tempo nas cidades sem se modificar".[74]

---

71 *Idem, ibidem*, p. 88.
72 *Idem, ibidem*, p. 88.
73 *Idem, ibidem*, p. 88.
74 *Idem, ibidem*, p. 88.

A lei

A lei é uma parte da religião. Os códigos das cidades podem ser entendidos como compilações de ritos, prescrições litúrgicas, orações, disposições legislativas, normas de direito, regras relativas a sacrifícios, sepultura e culto a mortos. Em Atenas, o primeiro arconte zela pela perpetuidade dos cultos domésticos e julga questões de direito de família; já o rei dirige a religião da cidade e decide delitos religiosos.

A lei nem é inventada por um homem, nem votada por um povo. É, nas palavras de Fustel de Coulanges, "algo muito antigo, imutável e venerável".[75] "Algo" tão velho quanto a cidade, que o fundador *estabelece* no exato momento em que institui a religião. Imutável, irrevogável, porque divina. Ainda assim, é possível imaginar um legislador? A resposta de Fustel de Coulanges é primorosa:

> Se fizermos um confronto entre essas leis e a equidade natural, descobriremos muitas contradições, e torna-se evidente que os antigos não as foram procurar na noção do direito absoluto e no sentimento de justiça. Mas coloquem-se essas mesmas leis em face do culto dos mortos e do lar, comparemo-las com as diversas prescrições da religião primitiva, e reconheceremos que estão em perfeito acordo com tudo isso. [...]
> A religião dizia: o filho continua o culto, não a filha; e a lei repetiu com a religião: o filho herda, a filha não; o sobrinho por linha masculina herda, mas o sobrinho por linha feminina já não é herdeiro. A lei surgiu desse modo, apresentando-se por si própria e sem o homem necessitar ir ao seu encontro. Brotou como consequência direta e necessária da crença; era a própria religião, aplicada às relações dos homens entre si.[76]

---

75   *Idem, ibidem*, p. 131.
76   *Idem, ibidem*, p. 131.

No parecer dos antigos, as leis vêm dos deuses, é coisa sagrada, é santa. FUSTEL DE COULANGES conclui: "o autêntico legislador, entre os antigos, nunca foi o homem, mas a crença religiosa de que o homem era portador";[77] acrescentando:

> A lei nunca teve considerandos. Por que haveria ela de os ter? Não necessitava de explicar suas razões; existia porque os deuses a fizeram. A lei não se discute, impõe-se; não é obra da autoridade; e os homens obedecem-lhe porque creem nela.
>
> Durante longas gerações as leis eram apenas orais; transmitiam-se de pai a filho com a crença e as fórmulas de oração. Constituíam tradição sagrada, que se perpetuada ao lado do lar da família ou do lar da cidade.
>
> No dia em que começaram a ser escritas, foi nos livros sagrados que as consignaram, nos rituais, isto é, junto às orações e as cerimônias.
>
> [...] Mais tarde, a lei saiu dos rituais: passou a ser escrita à parte; porém manteve-se o costume de guardá-la em um templo e os sacerdotes continuaram sendo seus depositários.
>
> [...]
>
> Aristóteles afirma que, enquanto as leis não foram escritas, o povo as cantava.
>
> [...]
>
> Restam vestígios dessa prática na língua: [os gregos] chamavam as leis de [...] *nómoi*, cantos.[78]

Pólis e direito: reflexões à luz das Guerras Médicas

Tudo o que, a seguir, se vai dizer sobre *persas* é passível de relativização a partir de FRANÇOIS-MARIE AROUET, conhecido pelo pseudônimo de VOLTAIRE (1694-1778).

---

77 Idem, ibidem, p. 131.
78 Idem, ibidem, p. 132. Os romanos, de *carmina*.

Em 1756, VOLTAIRE escreve *Essai sur les moeurs* [Ensaio sobre os costumes]. Em 1765, escreve *Philosophie de l'histoire*.[79] Em 1767, LARCHER escreve *Suplemento à filosofia da história*, criticando violentamente a obra de VOLTAIRE que, no mesmo ano, publica *A defesa do meu tio*, cuja estrutura é explicada por TÔRRES:

> Em resposta ao odioso *Suplemento*, de Larcher, Voltaire escreveu *A defesa do meu tio*. Na edição de Kehl, lê-se: "Supõe-se que aqui é o sobrinho do abade Bazin (a quem Voltaire atribui a autoria do *Essai sur les moeurs*) que responde a essa crítica e vinga a memória de seu falecido tio".[80]

Ouça-se, então, o que VOLTAIRE, no papel de sobrinho de seu tio Bazin, diz no capítulo II, *A apologia das damas da Babilônia*, de *A defesa do meu tio*:

> Você julga que, na época de Heródoto, todas as damas da imensa cidade da Babilônia iam regularmente prostituir-se diante do templo ao primeiro que aparecesse, e até por dinheiro. E você acredita nisso porque Heródoto disse![81]

A frase *E você acredita nisso porque Heródoto disse!* é instigante e pode ser entendida como uma grande lição de filosofia da história. Diz VOLTAIRE: "O contador de histórias Heródoto pode ter divertido os gregos com essa extravagância, mas nenhum homem sensato deve ter acreditado nele".[82] HERÓDOTO tem, como se vê a seguir, excelentes razões para tentar convencer o grego de certas particularidades a respeito dele mesmo, grego: a construção de sua identidade em face do Império persa. Na qualidade de historiador, HERÓDOTO é vulnerável, como todo "cientista", a ditames da própria subjetividade e a exigências de interesses particulares. Pode – por que não? – ter inserido uma ou outra distorção em sua história das guerras púnicas. Diante desse poder e

---

79 A partir de 1769, a *Filosofia da história* torna-se a Introdução do *Ensaio*.
80 TÔRRES, Acrísio. "Esclarecimento necessários". In: VOLTAIRE. *A filosofia da história*. Trad. Eduardo Brandão. São Paulo: Martins Fontes, 2007, p. XIII.
81 VOLTAIRE, *A filosofia da história*, cit., p. 238.
82 *Idem, ibidem*, p. 239.

dessa possibilidade, VOLTAIRE alerta o senso crítico do leitor contemporâneo para o fato de que, em qualquer caso (no de HERÓDOTO inclusive) determinadas distorções ferem o bom senso. A concernente às *damas da imensa cidade da Babilônia* é, pelo que VOLTAIRE deixa entender, fábula.

BASLEZ, citada por BILLIER, apresenta o que lhe parece ser o modo como o *grego* descobre seu vínculo com a liberdade:

> [...] parece que, ao contato com o Império Persa representando a primeira forma organizada e metódica de dominação que conheceram, os gregos compreenderam plenamente, por contraste, que a liberdade era um dos traços distintivos de sua civilização.[83]

HERÓDOTO de Halicarnasso (485 ?-420 a.C.) confirma a hipótese, apresentando as Guerras Médicas como combate de cidadãos gregos livres, defensores de suas pátrias, contra exércitos de escravos bárbaros, tributários do Grande Rei. HERÓDOTO parte do princípio de que *homem* é um ser que produz regras para, daí, definir *persa* e *grego*, em função de diferenças de seus ânimos perante a lei.

Persa é um homem que, voluntariamente, adota costumes e convenções do *outro*. Assim como qualquer *estrangeiro*, é, essencialmente, um não-grego, antes de ser, por acidente, de uma nacionalidade. Ao adotar convenções da *pólis*, torna-se apto a viver nela como *bárbaro*, mas não como *grego*.[84]

Grego é aquele que se atém às *próprias* regras, que, circunscrevendo-se nelas, se limita unicamente por meio delas. Inserido na esfera da própria lei, considera que fora de *seu* círculo legal, não há grego – há não-grego. Nesse aspecto, é um ser *completo*, não lhe falta nada do que possa ou deva ter; *completitude* que se manifesta por dois traços de identidade. Traço número um: *autonomia*, o *grego* produz as próprias leis, escolhe as leis que regem

---

83   BASLEZ, Marie-Françoise. *Le péril barbare*: une invention des Grecs? *in* MOSSÉ, Claude (Org). *La Grèce ancienne*, 1986, *in* BILLIER, MARYIOLI, *História da filosofia do direito, cit.*, p. 13.

84   Ver: CASSIN, Barbara. O *efeito sofístico*. Trad. Ana Lúcia de Oliveira, Maria Cristina Franco Ferraz e Paulo Pinheiro. Editora 34, 2005, p. 177.

sua conduta. Traço número dois: *racionalidade*, o *grego* respeita às leis, sejam quais forem, porque, na verdade, curva-se à *ideia de lei*.

Os sinais de identidade do *grego* – *autonomia* e *racionalidade* – realizam-se com a institucionalização da *pólis* e, a partir dela, com o nascimento do *direito* e do *ser humano*. Com a institucionalização da *pólis* porque ser *grego*, afirma BILLIER, é "estar em sociedade grega".[85] É a identidade da comunidade que garante a de seus membros; identidade comunitária autônoma, manifesta em vários momentos: primeiro, na família, depois, na fratria e na tribo. Ao dizer a *pólis*, o *grego*, por fim, diz o direito. Vale relembrar, com BILLIER: "A afirmação grega da *pólis* é a gênese do direito".[86] E é, também, a gênese do *ser humano* – aquele que exige um lugar para nascer, sendo que o espaço próprio a este fim é a *pólis*, o mundo comum do qual o *ser humano* é membro. Qualquer ser desprovido de Cidade ou é infra-humano, o animal, ou sobre-humano, o deus. Não há o *indivíduo* isolado; há o homem em sua essência política, há o *ser humano*.

A *pólis* é o mundo formado por leis. Participar desse mundo é integrar-se a uma comunidade, sabendo que os valores atribuídos por ela a si mesma possuem caráter convencional (*nomos*) e optando por obedecer à convenção em si, a convenção como tal. Essa é a especificidade da invenção grega do direito:[87] esse movimento abstrato da *participação espontânea em uma comunidade de valores* ao *reconhecimento reflexivo da ideia de convenção*: da simples *ideia de comunidade* à *ideia de lei*. Ao reconhecer que é convenção aquilo que a *pólis* diz que é direito, o *grego* percebe-se como agente do processo histórico – *historicidade*. BILLIER capta o espírito do novo tempo: "a Cidade não se originou dos deuses, nem da própria Natureza, ela é fruto de uma criação racional de convenções".[88] A *pólis* é filha da filha predileta do homem, a razão normativa.

---

85 BILLIER, MARYIOLI, *História da filosofia do direito*, cit., p. 7.
86 *Idem, ibidem*, p. 9.
87 Lembrando que uma das perguntas deste capítulo é: 'que forma particular do direito inventaram esses prodigiosos ancestrais que foram os gregos?', ver 8.1., acima, PARA UM OLHAR CONTEMPORÂNEO SOBRE O LEGADO GREGO.
88 BILLIER, MARYIOLI, *História da filosofia do direito*, cit., p. 9.

Avança-se, assim, um passo no processo de compreender a *concepção grega de direito*. Na história, percorrem-se séculos. Se, antes, era a vez do *mythologos*, narrando o Verdadeiro, agora é a voz do *lógos*, da *palavra*, indicando o Significado. A arguição de BILLIER é impecável: "Apresentar leis não é simplesmente apresentar palavras? Não é dispô-las pelo que elas são, convenções?"[89] A questão coloca o *grego* diante de três perigos. Perigo número um: se viver na *pólis* é viver junto, há que se investigar o quanto *vida em comum* ameaça a estabilidade política. Perigo que o *grego* combate com *a ideia de lei*, conforme BILLIER, usando metáfora médica:

> O único *phármakon* será a ideia de dominar o dado pelo construído, o natural pelo reflexivo, o caos para o qual desliza insensivelmente o indivíduo e a comunidade, pela ordem que se impõe ou que se encontra. Esta é a ideia de lei: diante dos riscos de estar reunido e das desordens da competição social espontânea, o Péricles de Tucídides se opõe com uma frase: "A lei, que faz a todos, em seus diversos particulares, a parte igual [...]".[90]

TUCÍDIDES (c. 460-c. 400) levanta os dados. PLATÃO equaciona o problema, que, para o *grego*, significa o perigo número dois: se lei e palavra correspondem-se, há que se conhecer a natureza desta. Se ela for *convenção*, como quer Hermógenes, a questão do direito é, unicamente, uma questão de enunciação – basta dizer o direito e pronto. Se ela for *veículo* de significações "naturais",[91] como querem Crátilo e Sócrates, a questão do jurídico é fazer com que as palavras que o homem coloca como regra sejam, verdadeiramente,

---

89   *Idem, ibidem*, p. 10. À mesma página, BILLIER refere-se ao comentário de TUCÍDIDES, *História da guerra do Peloponeso*, sobre a passagem do mito à Ciência, considerando que, expulso o *maravilhoso* do modo de apreensão do mundo, a *razão* poderia tornar o que deve ser entendido menos agradável de se compreender.

90   *Idem, ibidem*, p. 11. Ao citar TUCÍDIDES, BILLIER refere-se à *História da guerra do Peloponeso*.

91   *Idem, ibidem*, p. 10.

regras de direito. Se ela for *convenção* e *veículo*, como quer Platão,[92] *as regras de direito devem ter por fundamento a ideia de lei, objeto de cuidado do sábio*. Aliás, parte da exigência platônica já se anuncia acima, por meio de um dos traços de identidade do *grego*: aquele que se curva à *ideia de lei*; diante do que Platão acrescenta a necessidade de *sophia*.

Platão apela à *sophia*, porque a *ideia de lei* é insuficiente. O *grego* sabe que, conforme proclama Billier, "O homem é naturalmente perigoso para o homem".[93] Assim sendo, corre o risco de, em nome da credibilidade que confere a ideia de lei, obedecer a uma convenção resultado de expectativa meramente pragmática, consequência de manipulação egoísta etc. Além disso, a própria Lei carrega em si um risco – perigo número três: o de, mesmo existindo, lançar o cidadão no precipício da ausência de leis – a *anomia*, o aumento anárquico do número de decretos, em atendimento a circunstâncias variadas, pois, conforme Tácito e Rousseau sabem muito bem, a multiplicação das leis mata a lei. Billier acrescenta o ponto de vista de Demóstenes:

> Nossa cidade, julgas, é governada por leis e decretos. Se alguém vem destruir por uma lei nova a decisão de um tribunal, onde iremos parar? É justo chamar a isso de lei? Não será antes um desafio às leis (*anomia*)?[94]

O mundo grego é, pois, extremamente perigoso. Viver junto é um exercício de eterna vigilância, lidar com palavras é um permanente resolver enigmas. Contra esses males, a *ideia de lei* é remédio. Mas a lei, mesma, pode ficar doente, vigente mas ineficaz, ou, pior, eficaz, mas ilegítima e, portanto, nem obrigatória, nem exigível. Contra isso, há que se inventar um *phármakon* mais poderoso... Essa dialética entre ideal e real, entre *lógos* e *práxis*, traduz

---

92   Ao tratar da questão da linguagem, em *Crátilo,* Platão apresenta o convencionalista Hermógenes em diálogo com os naturalistas Crátilo e Sócrates.
93   Billier, Maryioli, *História da filosofia do direito, cit.,* p. 11.
94   Demóstenes, *Contra Timócrates,* apud Billier, Maryioli, *História da filosofia do direito, cit.,* p. 12.

o contexto histórico-político da *pólis* e, mais, reflete seu universo espiritual. *Para que a lei seja realmente **regra de direito**, é preciso que se passe da ideia de **lei** à ideia de **legalidade**.* A medicina que o *grego* inventa contra o mal da *anomia* é a *ideia de legalidade*, apresentada por Billier da seguinte forma:

> O sentido da legalidade consiste na consciência de que o poder não deve ser um fato do homem político, mas do próprio direito. O poder *a priori* ilimitado da *pólis* salvaguarda em vez de aniquilar, e a liberdade, assim como o princípio fundador, é respeitada: "o rei é a lei" (*nomos basileus*). O fato de que a comunidade é a única fonte da lei é uma garantia de liberdade.[95]

Eis, portanto, a pergunta que a *pólis* lança ao Poder: *é lei, mas é legal?* A resposta, além de investigar a *fonte da lei* – a comunidade, incontornavelmente –, avança mais um passo na apreensão de sentido acerca da *concepção grega de direito*, enquanto garantia de liberdade sob a forma da reflexividade. Nas palavras de Billier: "Para o grego, a lei deverá ser a forma da liberdade, nunca a da dominação".[96]

A *dominação* é, portanto, a questão subjacente à questão da lei. Faz com que, reiteradamente, o *grego* retorne ao mundo persa. É o que se faz aqui, dessa vez tomando o dramaturgo Ésquilo de Elêusis (525-456 a.C.), pai da tragédia, por cicerone. *Os persas*, escrita em 472, oito anos após a batalha de Salamina, narra a derrota de Xerxes e a recepção do evento pela corte imperial persa. O olhar de Ésquilo coincide com o de Heródoto: o traço distintivo do *grego* é a liberdade, em contraste com o bárbaro, que, politicamente, é tipificado como joguete na mão de seus príncipes. Na leitura de Gassner:

> *Os persas* trata de um fato prático contemporâneo, e foi obviamente cunhada para despertar o fervor patriótico. A derrota da hoste persa era um nobre tema para um drama épico, e prestou-se também para algumas reflexões sobre assuntos correlatos, como

---

[95] Billier, Maryioli, *História da filosofia do direito*, cit., p. 12. A expressão, citada por Billier, é de Moses I. Finley, *Les anciens grecs*.

[96] Billier, Maryioli, *História da filosofia do direito*, cit., p. 13.

o contraste entre Grécia e Ásia, entre a democracia e o despotismo. O dramaturgo patriota exulta com a independência do povo grego que "a nenhum homem chama de seu mestre" e não precisa ser empurrado para a batalha como escravos de má vontade.[97]

No entanto, a veemência literária de ÉSQUILO e a flama historicista de HERÓDOTO devem ser defrontadas com certa parcimônia. *Reflexões sobre democracia e despotismo* e *exultações com a independência do povo grego* são, claro, bem vindas ao horizonte político da *pólis*. Que o *grego*, que *a nenhum homem chama de seu mestre*, goze do direito à liberdade de pensamento e de expressão é, sim, alguma coisa que importa ao estabelecimento de sua identidade. O exercício do direito, no entanto, submete-se a certas particularidades, que, pelo tanto que informam sobre a relação entre Política e Direito, merecem atenção, pois, ninguém se engane, a democracia sabe impor limites às liberdades. Precisando fazer valer determinados interesses, Atenas não hesita, por exemplo, em aplicar censura à produção dramatúrgica do século de ouro. É o que conta a reportagem de GASSNER:

> Um contemporâneo de Ésquilo, Frínico, foi multado em mil dracmas porque uma peça que escrevera lembrava aos atenienses a perda de uma de suas colônias devido a fraqueza ou negligência por parte da cidade-mãe.[98]

Mil dracmas é a pena aplicada. GASSNER não faz menção a uma declaração de nulidade do ato de apresentação da tragédia de FRÍNICO no Festival,[99] mas nada impede de se ponderar sobre a possibilidade. Diante do

---

97 GASNNER, John. *Mestres do teatro*. V. 1. Trad. Alberto Guzik e J. Guinsburg. São Paulo: Perspectiva, 1974, p. 37.

98 GASNNER, *Mestres do teatro, cit.*, p. 37.

99 FRÍNICO (fim do século VI - começo do século V a.C.), poeta, é considerado um dos criadores da tragédia. Foi o maior trágico anterior a ÉSQUILO e o mais antigo do que se tem conhecimento. A ele se deve a introdução de personagens femininos na tragédia, a utilização de máscara e a distribuição do coro em grupos para lhe dar mobilidade. De sua obra, conhecem-se apenas alguns versos de, entre outras: *Os egípcios* e *A tomada de Mileto*, que mostra a queda da cidade diante dos Persas durante as Guerras Médicas, e provoca grande comoção em Atenas

quê, a avaliação anterior permanece: o mundo grego é, comprovadamente, perigoso, uma vez que, além dos riscos representados por vida em comum e correspondência entre lei e palavra, somadas à ameaça anômica, o próprio exercício da liberdade deve ser sopesado, em função dos graves prejuízos que pode provocar. Frínico que o diga.

Pólis e ser humano: reflexões à luz do Império Macedônio

Ora, a *pólis* é instituída e, depois, transformada em *pólis* democrática, para ser, em seguida, destruída.

Ora, dialeticamente, a *pólis* democrática já existe na família, na fratria, na tribo, na *pólis*. Família, fratria, tribo e *pólis* são figuras, manifestações da *pólis* democrática. Aquele que vive quando a pólis democrática não mais existe, o filósofo do século IV a.C., é quem sabe disso. O pensamento filosófico aparece quando desaparece a vida política, quando o Estado desaparece no mundo real. Onde a filosofia é real, não há mais Estado. Na interpretação de Bourgeois: "O interesse pelo mundo de ideias exprime assim que o homem não encontra mais sua satisfação no real".[100] Só o filósofo do século IV a.C. é quem pode saber que o caminho para a *pólis* já é, ele mesmo, *pólis*. Nas etapas de seu caminhar, o *grego* depara-se, sempre, com as mesmas questões: lei, anomia, legalidade, liberdade, dominação. Mas essa é uma das trilhas gregas: a do vínculo entre *pólis* e direito.

---

por ocasião de sua representação. Participa em competições, concorrendo com Quérilo, Prátina e Ésquilo. Quando ao Festival, as informações que se seguem originam-se de consulta a http://greek.hp.vilabol.uol.com.br/teatro.htm, acesso em 20 de maio de 2007. O Festival de Teatro, em Atenas, inicia-se a partir do momento em que Pisístrato, transferindo para a cidade o antigo e rústico festival dionisíaco dos frutos, cria as *Dionisias Urbanas*, que incluíam rituais religiosos (procissões, cultos *etc*.) e concurso de espetáculos. Dois dias eram reservados para as provas ditirâmbicas; um dia às comédias, com cincos dramaturgos na competição; e três dias à tragédia. Seis dias eram devotados ao grande festival; cinco após 431 a.C. – com cincos apresentações diárias durante os últimos três dias – três tragédias e um "drama satírico" fálico pela manhã, uma ou duas comédias à tarde. Três dramaturgos competiam pelo prêmio de tragédia, cada um com três tragédias e um drama satírico.

100 Bourgeois, *O pensamento político de Hegel, cit.*, p. 103.

Há outra, a do percurso dialético entre *pólis* e homem, pois ao mesmo tempo em que a *pólis* estabelece o direito, funda o ser humano.

O homem, sujeito de *autonomia*, institui a *pólis*, mas o faz conforme os imperativos da *racionalidade*, curvando-se à *ideia de Lei*. O *grego* sabe que *lei* é mera convenção, jogo de palavras; no entanto, quer obedecer à convenção como tal. O tempo ensina-lhe que a lei arruina-se por dentro. Contra a *anomia*, o remédio grego é a ideia de *legalidade*, fruto da consciência de que o poder deve ser um fato do próprio direito. Ora, o direito é a própria *pólis*. Reconhecendo o poder ilimitado da *pólis* e, opondo-se a qualquer um que queria dizer a lei, decreta: a lei é o rei, a comunidade é a única fonte da lei e a lei que a comunidade vota submete a todos. *Comunidade, lei* e *legalidade* conferem ao *grego* a ideia de *lei legal*, reconhecimento da liberdade, condição de exercício efetivo das potencialidades do homem, tendo o Direito como seu instrumento de garantia. Liberdade é o que, em si, o ser humano tem de si para si. Direito é estrutura e programa de, por necessidade e vontade, realização de seu ideal. Mas, liberdade para quê? Primeiro, para tornar possível um *nomos*, pois sem margem de livre escolha não há como imputar responsabilidade; depois, para tornar pensável a *ética*. No dizer de BILLIER: "É que a liberdade é a condição de possibilidade da ética, do político e do jurídico ou, como escreverá Kant, da prática".[101] A respeito da posição kantiana, SALGADO afirma:

> Em *Pela Paz Perpétua*, Kant não faz nenhuma distinção entre liberdade no sentido jurídico ou liberdade no sentido político. Liberdade é a faculdade de "obedecer somente a leis externas, a que eu tenha dado a minha aprovação", não simplesmente a permissão de se fazer tudo o que se deseja, desde que se não cause a outrem qualquer prejuízo.[102]

O binômio liberdade-responsabilidade demonstra que, para a vida em comum, há de haver mecanismos de *controle da liberdade*. O problema consiste na limitação do controle, pois há que se garantir que a potencialidade

---

101   BILLIER, MARYIOLI, *História da filosofia do direito*, cit., p. 19.
102   SALGADO, *A ideia de justiça em Kant*, cit., p. 257.

humana alcance o esplendor. São dois os limites, a organização política, ao lado das leis por ela emanadas, e a educação moral. BILLIER sintetiza a complexidade do tema: "A *pólis* [...], como totalidade ética é uma das duas faces do controle da liberdade, sendo a outra a via ética do organismo singular".[103] Mais que todo político, a *pólis* é totalidade e ética.

É diante do *persa* que o *grego* se descobre ético desde o princípio, desde o tempo das famílias. Veja-se o motivo, entendendo-se por ato moral o aspecto da conduta que gera consequências sobre terceiros e sobre o qual incide pelo menos uma norma moral. O *grego* percebe que é permanente em sua conduta o *considerar o outro* (o terceiro envolvido pelas consequências da ação ou da omissão), tanto nas necessidades de seu corpo, como nas exigências de sua alma. Levar o outro em consideração é atitude característica da relação que o *grego* estabelece com seus contemporâneos; característica que, diante dos mortos, permanece. O *grego* continua a cuidar do bem-estar daquele que, quando vivo, é objeto de sua ponderação ao avaliar consequências de seus próprios atos. O *outro*, agora, é morto? O *grego* leva alimentos a seu túmulo, cuida de seu conforto, transforma-o em deus, garante-lhe a eternidade. Em torno de sua *eticidade*, organiza a religião e estabelece o direito.

Ética é a invenção grega para moderar o ser humano no seio de sua subjetividade. Ali, o homem põe freio a instintos, tempera a alma, aprende a evitar o excesso que conduz à *hybris*, à ação ilegal. Assim, sua vida pública, ou seja, sua existência política, isto é, seu exercício jurídico, torna-se extensão da vida que, em seu íntimo, ele obriga a si mesmo. É a tese de PLATÃO, em *Cármides*, conforme HAZEBROUCQ: "A refutação de Sócrates insiste em afirmar que a distinção entre negócios privados e negócios públicos não tem nenhuma pertinácia".[104]

Mas, *ética* é mais que meio de controle de instintos. No âmbito da *pólis* da idade de ouro, *ética* deve ser a base da política, pois o mesmo princípio – a avaliação da parcela da conduta que gera consequências sobre terceiros – deve sustentar tanto o governo de si mesmo, quanto orientar aquele que governa os

---

103 BILLIER, MARYIOLI, *História da filosofia do direito, cit.*, p. 20.

104 HAZEBROUCQ, Marie-France. "La folie humaine et ses remèdes, Platon, Charmide ou De la modération". In: BILLIER, MARYIOLI, *História da filosofia do direito, cit.*, p. 21.

outros. Finalidades admissíveis na instância do mundo da *pólis*, lugar em que ser humano e cidade vivem, conforme Billier, "um com o outro e um para o outro".[105] Depois de Alexandre, a admissibilidade do princípio fraqueja... Diante do Império Macedônio, o homem do século III a.C., o da *pólis* decadente, pergunta-se, perplexo: o que dirige o governante? A angústia grega frente ao Imperador é registrada por Billier, a seguir, onde a expressão "boa lei" deve ser lida como "lei legal": "Para que serve uma boa lei, se ela está a serviço de um governante que não sabe governar a si mesmo?"[106] À resposta grega deve ser conferido o mais alto grau de atenção, como o demonstra a arte de Billier: "Só a ética pode dar uma consistência à forma jurídica".[107] É preciso, então, apreender os sentidos – o *sentido subjetivo*, no coração do *grego* lançado ao solo do Império, e o *sentido objetivo*, na veia de sua relação com a *pólis*, transformada em átomo do mundo helênico – do papel cumprido pela *ética* no contexto macedônio. Billier contribui com a tarefa, propondo análise histórica, em que observa mudanças no papel do filósofo, após a queda de Atenas:

> A ética somente se exerce na cidade e para a cidade. O caso da figura epicurista tem sem dúvida o significado de uma decadência gritante do período helenístico: assumindo a abstenção política do sábio, o epicurismo reduz o quadro "político" do exercício ético a um grupo de amigos. Essa evolução arranca a ética de seu solo político. É possível ver nisso uma amarga constatação da ambição política grega: Léon Robin, em seu estudo sobre *A moral antiga*, sugere que "a ética, como ciência *distinta*, se constitui em uma época relativamente tardia, e depois que os filósofos foram desencorajados de realizar *pela via política* uma reforma prática dos costumes". A ética não se torna uma disciplina autônoma a não ser pelo efeito da decadência da autonomia da própria *pólis* no mundo helenístico. Mas o ideal da idade de ouro da filosofia e

---

105 Billier, Maryioli, *História da filosofia do direito*, cit., p. 24.
106 *Idem, ibidem*, p. 25.
107 *Idem, ibidem*.

da política gregas era muito mais se assistirem *juntos* o indivíduo e a *pólis*, um com o outro e um para o outro.[108]

Diante do fracasso político, isso é, da perda da *autonomia* jurídica, o *grego* sabe conservar o outro princípio que o identifica perante o estrangeiro, a *racionalidade*. Ao conservá-la, o *grego* preserva o fundamento do jurídico e do político, a ética! Sobretudo agora, que ela deixa de ser prática social para se tornar a única deusa no interior da catedral de cada homem. *Ética* – o instrumento grego de integração ao Estado imperial, onde ele – mais um – é, ao lado de orientais, igualado a diferentes. NIETZSCHE traduz o motivo e a finalidade do processo:

> *Instinto de rebanho* – Onde quer que deparemos com uma moral, encontramos uma avaliação e hierarquização dos impulsos e atos humanos. Tais avaliações e hierarquizações sempre constituem expressões da necessidade de uma comunidade, de um rebanho: aquilo que beneficia *este* em primeiro lugar – e em segundo e em terceiro – é igualmente o critério máximo quanto ao valor de cada indivíduo. Com a moral o indivíduo é levado a ser função do rebanho e a se conferir valor apenas enquanto função. Dado que as condições para a preservação de uma comunidade eram muito diferentes daquelas de uma outra comunidade, houve morais bastante diferentes; e, tendo em vista futuras remodelações essenciais dos rebanhos e comunidades, pode-se profetizar que ainda aparecerão morais muito divergentes. Moralidade é o instinto de rebanho no indivíduo.[109]

Moralidade é o instinto de rebanho [de comunidade] no indivíduo, presente no *grego* desde a família, a fratria, a tribo e a *pólis* da idade de ouro. Instinto ao qual o *grego* se apega quando sua comunidade é inserida no rebanho do imperador. Isso pelo lado da subjetividade; pelo lado de sua interação com o Império é outra a função da Ética, conforme NIETZSCHE: *com a moral o indivíduo é levado a ser função do rebanho e a se conferir valor apenas enquanto*

---

108 Idem, ibidem, p. 23.
109 NIETZSCHE, *A gaia ciência, cit.*, § 116.

função. Noutras palavras, pertinentes ao contexto histórico-político do mundo helênico: com a moral, o *grego* pretende, politicamente, que o governante, o imperador da Macedônia, seja levado a ser função do rebanho e a se conferir valor apenas enquanto função. Amplie-se o conceito de governante para, nele, fazer caber o de administrador, de legislador e de juiz. A lei à qual esse esses homens devem curvar-se deve ser a *Ética*, entendida como a razão, o *lógos*, que vive em sua alma e da qual, na esperança do *grego* submetido, eles não deveriam divorciar-se jamais.

À pergunta anterior – liberdade, para quê? – junta-se esta: governo, para quê? Para que o *governo*, inspirado por normas *éticas*, faça valer a *ideia de Lei*, elevando-a, na metáfora de BILLIER, "à mais alta dignidade na escala da civilização humana";[110] que acrescenta: "Platão dirá no *Fedro* que o legislador é um 'autor' e que ele é semelhante ao poeta. A poesia e a legislação são próximas uma da outra".[111] A *concepção grega de direito* encontra, pois, uma raiz comum para a Lei e para a Poesia. A relação entre as duas é apresentada por HESÍODO:

> Ela [a musa Belavoz] é que acompanha os reis venerandos.
>   A quem honram as virgens do grande Zeus
>   e dentre reis sustentados por Zeus veem nascer,
>   elas lhe vertem sobre a língua o doce orvalho
>   e palavras de mel fluem de sua boca. Todas
>   as gentes o olham decidir as sentenças
>   com reta justiça e ele firme falando na ágora
>   logo à grande discórdia cônscio põe fim,
>   pois os reis têm prudência quando às gentes
>   violadas na ágora perfazem as reparações
>   facilmente, a persuadir com brandas palavras.
>   Indo à assembleia, como a um deus o propiciam
>   pelo doce honor e nas reuniões se distingue.
>   Tal das Musas o sagrado dom aos homens.
> Pela Musas e pelo golpeante Apolo
>   há cantores e citaristas sobre a terra,

---

110 BILLIER, MARYIOLI, *História da filosofia do direito*, cit., p. 26.
111 *Idem, ibidem*. A metáfora platônica encontra-se em: PLATÃO, *Fedro*, 257d; 278c.

> e por Zeus, reis. Feliz é quem as Musas
> amam, doce de sua boca flui a voz.
> Se com angústia no ânimo recém-ferido
> alguém aflito mirra o coração e se o cantor
> servo das Musas hineia a glória dos artigos
> e os venturosos deuses que têm o Olimpo,
> logo esquece os pesares e de nenhuma aflição
> se lembra, já os desviaram os dons das deusas.[112]

Poetas e reis encontram inspiração nas mesmas musas. BILLIER apresenta sua hermenêutica para a passagem acima: "O próprio Hesíodo, em sua *Teogonia*, põe em paralelo a *sophia* do poeta e a *sophia* dos reis".[113] Mas, para que *governo*? *Para elevar a ideia de Lei*: primeiro, à altura da Poesia e, depois, sim, à mais alta dignidade na escala da civilização humana, alcançando o nível da Filosofia. Governo, para quê? *Para promulgar leis sábias.*

Lei sábia, para quê? A resposta de BILLIER surpreende, mas, coerentemente, aponta para a mais significativa marca da Grécia, a filosofia:

> A lei não é um problema grego. O que preocupa a civilização grega é a restituição do homem ao que é digno de ser humano, pelos exercícios variados e complementares da dietética, da ginástica, da ética *e* das leis. *A lei é filosófica no pensamento grego porque ela faz parte (e não é mais que uma parte) do amor fundamental que deve desenvolver pela sophia.*[114]

Lei sábia para restituir ao homem o que é digno do ser humano, isto é, o amor à *sophia*, pois a vida sem reflexão não merece ser vivida. Para o *grego*, o digno do ser humano, o desejo de aperfeiçoamento, de excelência ética, de *areté*, reflete-se na *ideia de Lei* e, por fim, promove, no coração da

---

112 HESÍODO. *Teogonia*: a origem dos deuses. Trad. Jaa Torrano. São Paulo: Massao Ohno-Roswitha Kempf, 1981, § 80-130.

113 BILLIER, MARYIOLI, *História da filosofia do direito, cit.*, p. 26. Além disso, BILLIER demonstra certeza a respeito de vínculos entre poesia e sabedoria, conforme se depreende do que afirma à página 27: "O próprio Sólon qualificava como *sophé* a atividade poética.".

114 *Idem, ibidem*, p. 28 (grifo nosso).

pólis, a mais profunda transformação no *nomos*, tornando-o *lógos* escrito, na forma de lei escrita.

Mas *lei sábia* é a lei boa e, lembra Billier, "a melhor das leis não pode ser positiva, [... pois] está inscrita em uma ordem superior: a ordem da 'natureza', ou das essências".[115] Inserido numa ordem de princípios, o *nomos* é realização da *physis*.

Pólis e *sophia*: reflexões à luz de A República e Górgias

A *pólis* abandona o direito ancestral, consagrado pelos costumes, e, via *lei sábia*, alcança a ideia de um "direito natural".

O jusnaturalismo grego é, em primeiro lugar, *relativo*, ou seja, é concebido porque existe consciência da positividade da lei (o grego quer, inclusive, que a lei seja uma lei sábia) e de seu caráter convencional (o grego quer uma *lei legal*, longe, como se verá a seguir, do perigo sofista de potencializar o convencionalismo ao extremo). Em segundo lugar, o jusnaturalismo grego apresenta três características que o distinguem de seus sucessores. Uma: o direito natural é autônomo em relação à história: o grego não concebe um direito natural correspondente a um hipotético estado de natureza do homem: na verdade, o direito natural *transcende* o direito positivo, está *além* dele, imerso no conceito de natureza. Duas: o conceito de natureza está vinculado à necessidade para se realizar um *fim*: será justo para

---

[115] *Idem, ibidem*, p. 31. Bobbio, estudando as relações entre direito natural e direito positivo, registra que o século XVIII considera o primeiro superior ao segundo. Comparativamente, Bobbio julga que a Antiguidade trata a questão da seguinte forma: "na época clássica o direito natural não era considerado superior ao positivo: de fato o direito natural era concebido como 'direito comum' (*koinós nómos*) conforme o designa Aristóteles, e o positivo como direito especial ou particular de uma dada *civitas*; assim, baseando-se no princípio pelo qual o direito particular prevalece sobre o geral ('lex specialis derogat generali'), o direito positivo prevalecia sobre o natural sempre que entre ambos ocorresse um conflito (basta lembrar o caso da *Antígona*, em que o direito positivo – o decreto de Creonte – prevalece sobre o direito natural – o direito 'não escrito' posto pelos próprios deuses, a quem a protagonista da tragédia apela)". Bobbio, Norberto. *O positivismo jurídico*: lições de filosofia do direito. Trad. Márcio Pugliesi, Edson Bini, Carlos E. Rodrigues. São Paulo: Ícone, 1995, p. 25.

alguma coisa o que corresponda a seu *telos*, ao seu fim natural: a ordem da natureza é o critério objetivo e transcendente do direito. Três: a ideia de direito como, à luz de Aristóteles, ciência da divisão ou da repartição – justiça distributiva, dar a cada um o que lhe é devido, noção segundo a qual a aplicação da lei é trabalho de ajustamento, de analogias proporcionais, de aproximações, de ajuste e de justeza, em busca de uma solução equitativa.[116]

Some-se a percepção de Salgado a respeito do momento grego, com base em seu estudo sobre o comando do direito no processo histórico do *ethos* ocidental:

> A consciência filosófica grega desenvolveu o conceito moral de justiça; com efeito, a justiça é *akrotés* e torna possível o trânsito do indivíduo para o cidadão, que, por sua vez, torna possível realizar a *eudaimonia*, ou a perfeição segundo o ideal de formação do homem grego no período da *sophia* científica. O Estado como se percebe em Platão (principalmente em *As Leis* e *A República*) e em Aristóteles (*Ética a Nicômaco*) tem uma

---

[116] Billier, Maryioli, *História da filosofia do direito*, cit., p. 47, afirma, em comentário esclarecedor: "Essas três características da concepção geral do direito no universo grego permitem destacar uma jogada maior: *a oposição do jusnaturalismo antigo e do jusnaturalismo moderno*. O '*direito natural*' do modelo antigo é baseado na ordem da natureza: há nisso uma prioridade *ontológica* atribuída à *natureza* sobre as criações jurídicas de ordem positiva (o que não implica uma correlação [...] com a depreciação absoluta da ordem positiva, e ainda menos a ausência de uma consciência da positividade das leis, que é, ao contrário, exacerbada). Quando o modelo puramente 'físico' do mundo se apaga em benefício de um modelo metafísico, a problemática permanece inalterada: trata-se sempre de inscrever o paradigma da justiça no 'ser do mundo'. Paralelamente, essas concepções atribuem igualmente uma prioridade à comunidade sobre o indivíduo, este último não podendo em nenhum caso ser o depositário de direitos 'naturais' que seriam anteriores a toda inscrição em um espaço político. Desde então, compreende-se que o *direito natural moderno*, cuja origem se situa por volta do século XIV com o nominalismo de Ockham, é o contrário do modelo antigo: ele se baseia no *indivíduo* até a obsessão. O desabamento é total: os modernos deduzirão o direito natural da natureza, no sentido de essência, do *sujeito humano*, e não da natureza das coisas. Em suma, pode-se designar a primeira forma de direito natural como um direito 'objetivo' e a segunda como um direito 'subjetivo'".

finalidade ética *strictu sensu*: formar ou educar eticamente o cidadão para ser útil à comunidade.[117]

ARISTÓTELES, no máximo, aponta o *método justo* de aplicação da lei – sempre algo de geral – ao caso concreto: a equidade.[118]

PLATÃO, no mínimo, constrói uma *teoria da justiça*. Seu registro, em *A República*, a respeito do diálogo que Trasímaco mantém com Sócrates, orienta a reflexão Ocidental em torno da relação entre o ético, o jurídico e o político:

> Então, ouve, me falou; o que afirmo é que o justo não é mais nem menos do que a vantagem do mais forte. Mas, que é isso? Onde ficaram os aplausos? Demoras em elogiar-me?
>
> Preciso primeiro, respondi, compreender o sentido de tuas palavras. Por enquanto, ainda não sei o de que se trata. O justo, disseste, é o que é de vantagem para o mais forte. Mas, que entendes por isso, Trasímaco? Decerto não queres dizer o seguinte: se o pancratiasta Polidamante é mais forte do que nós, e carne de vaca é de vantagem para sua constituição, para nós outros, também, que somos mais fracos do que ele, essa qualidade de alimento terá de ser a um tempo justa e vantajosa.
>
> És abominável, Sócrates, explodiu. Tomas minhas palavras no sentido mais prejudicial para o argumento.
>
> De forma alguma, caro amigo, lhe objetei; sê mais claro em tua maneira de falar.
>
> Ignoras, porventura, continuou, que as cidades ora são governadas por tiranos, ora pelo povo e ora por aristocratas?

---

117 SALGADO, Joaquim Carlos. *A ideia de justiça no mundo contemporâneo*: fundamentação e aplicação do direito como *maximum* ético. Belo Horizonte: Del Rey, 2007, p. 4. À mesma página, SALGADO comenta: "Em Aristóteles a justiça não é tratada como um conceito jurídico tecnicamente, separado do conceito moral. A justiça é um bem subjetivo, enquanto é virtude (qualidade) e um bem objetivo enquanto medida (quantidade), mas em ambos os casos o direito não aparece separado da moral. (V. *Ética a Nicômaco*, 1135 a)".

118 Sobre *equidade*, ver o importante LOPES, Mônica Sette. *A Equidade e os Poderes do Juiz*. Belo Horizonte: Del Rey, 1993.

Como poderei ignorar isso?

E que em cada cidade quem tem o poder é o governo?

Perfeitamente.

Cada governo promulga leis com vistas à vantagem própria: a democracia, leis democráticas; a tirania, leis tirânicas, e assim com as demais formas de governo. Uma vez promulgadas as leis, declaram ser de justiça fazerem os governados o que é vantajoso para os outros e punem os que as violam, como transgressores da lei e praticantes de ato injusto. Eis a razão, meu caro, de eu afirmar que em todas as cidades o princípio da justiça é sempre o mesmo: o que é vantajoso para o governo constituído. Este, porém, detém o poder, de forma que, bem considerado, será certo concluir que o justo é sempre e em toda parte a mesma coisa: a vantagem do mais forte.

Agora, sim, repliquei; compreendi o que queres dizer. Porém, se está ou não certo, é o que vou tentar descobrir. Tu mesmo, Trasímaco, respondeste que o justo é vantajoso, conquanto me houvesses proibido empregar essa expressão em minha resposta. A única diferença é o acréscimo: Do mais forte.

Acréscimo insignificante, observou.

Se é ou não insignificante, ainda não ficou esclarecido; mas que precisamos investigar se disseste a verdade, sobre isso não há dúvida nenhuma. Eu também admito que o justo é vantajoso; tu amplias o conceito e declaras que o é para os mais fortes. Essa parte eu ainda ignoro; logo, precisamos investigar.

Então, investiga, respondeu.[119]

A investigação que, a seguir, se procede, dá-se com supervisão de BOBBIO (1909-2004), em *Teoria da norma jurídica*. BOBBIO apoia-se na voz de Trasímaco para expor princípios motores do juspositivismo, a teoria "que

---

[119] PLATÃO. *A república* ou: sobre a Justiça. Gênero político. Trad. Carlos Alberto Nunes. 3ª ed. Belém: Edufpa, 2000, 338 c-e; 339 a-c.

reduz a justiça à validade".[120] Conforme Bobbio, para o positivismo jurídico só é justo o que é comandado e pelo fato de ser comandado. Nesses termos, uma norma é justa somente se for válida; a validade é a confirmação da justiça. Bobbio fortalece a exposição de sua teoria com exemplos, como se segue:

> Entre os filósofos positivistas do direito, tomemos, por exemplo, [...] Levi: mesmo que, como positivista, seja relativista, e não reconheça valores absolutos de justiça, todavia admite que é preciso distinguir aquilo que vale como direito dos ideais sociais que instigam continuamente a modificação do direito constituído, e que, portanto, o direito pode ser válido sem ser justo. Entre os juristas, tomemos, por exemplo, Kelsen: quando Kelsen sustenta que aquilo que constitui o direito como direito é a validade, não quer em absoluto afirmar que o direito válido seja também justo, mesmo porque os ideais de justiça, para ele, são subjetivos e irracionais; o problema da justiça, para Kelsen, é um problema ético e é distinto do problema jurídico da validade.[121]

À luz de Bobbio, vê-se, a posição de Trasímaco é juspositivista. Trasímaco opõe-se ao jusnaturalismo, a doutrina que reduz "a validade à justiça",[122] segundo a qual apenas deveria ter valor de comando o que é justo. O ataque do sofista dirige-se, portanto, àqueles que consideram que uma norma não é válida se não for justa; a justiça é a confirmação da validade. Enquanto precursor do positivismo jurídico, reduzindo a justiça à força, Trasímaco cumpre o papel de justificar o poder absoluto. Bobbio analisa as consequências do fenômeno:

> Se não existe outro critério do justo e do injusto além do comando do soberano, é preciso resignar-se a aceitar como justo o que agrada ao mais forte, uma vez que o soberano, se não é o mais justo entre os homens, *certamente é o mais forte* (e permanece soberano, não enquanto for justo, mas enquanto for o mais forte).

---

120 Bobbio, Norberto. *Teoria da norma jurídica.* Trad. Fernando Pavan Baptista e Ariani Bueno Sudatti. 3ª ed. revista. Bauru: Edipro, 2005, p. 58.
121 *Idem, ibidem,* p. 59.
122 *Idem, ibidem,* p. 55.

A distinção entre validade e justiça serve justamente para diferenciar a justiça da força.[123]

Segundo Bobbio, ao reduzir justiça à validade, Trasímaco faz desaparecer tanto a distinção entre validade e justiça, quanto a distinção entre justiça e força. Aliás, são estas palavras do sofista logo no início do diálogo reproduzido acima: *o que afirmo é que o justo não é mais nem menos do que a vantagem do mais* forte. A tese de Trasímaco aproxima-se da de Cálicles, em *Górgias*, conforme a transmissão de Platão:

> Mas a própria natureza, em minha opinião, demonstra que é justo que o melhor esteja acima do pior e o mais forte acima do mais fraco. Em muitos domínios, não só entre os animais como entre as cidades e as raças dos homens, é evidente que é assim, que, na ordem da justiça, o mais poderoso deve dominar o mais fraco e gozar as vantagens de sua superioridade. Que outro direito tinha Xerxes para vir fazer guerra à Grécia, ou o seu aos Citas? E, como estes, podia citar um sem-número de exemplos. É que estas pessoas, a meu ver, agem segundo a natureza da justiça e, por Zeus, segundo a lei da natureza, que não é, certamente, igual àquela que nós criámos.[124]

---

123 Idem, ibidem, p. 61.
124 Platão. *Górgias*. 5ª ed. Lisboa: Edições 70, 200-, 483 d. Sobre Xerxes, talvez seja preciso encontrar uma metáfora para esta personagem que exerce, por contraste, papel de real importância no processo de construção de identidade do grego. Nietzsche, em *A gaia ciência, cit.*, § 342, refere-se ao modo como começa o declínio de Zaratustra. É possível imaginar que o declínio de Xerxes seja do mesmo modelo. Em sua solidão oriental, Xerxes é pleno, sem necessidade de expansão imperial. Mas, da mesma forma que Zaratustra, um dia *seu coração muda...* Eis Nietzsche: "*Incipit tragoedia* [A tragédia começa]. – Quando Zaratustra fez trinta anos de idade, abandonou sua terra e o lago de Urmi e foi para as montanhas. Lá ele desfrutou seu espírito e sua solidão e por dez anos não se cansou disso. Mas afinal seu coração mudou – e uma manhã levantou-se ele com a aurora, voltou-se em direção ao Sol e falou-lhe assim: 'Ó, astro-rei! Qual seria tua felicidade, se não tivesses aqueles a quem iluminas? Durante dez anos subiste até a minha gruta: estarias farto de tua luz e desse caminho, se faltassem eu, minha águia e minha serpente; mas nós te esperamos a cada manhã, recebemos da tua abundância e te bendizemos por ela. Olha! Estou enfastiado de minha sabedoria, como a abelha que juntou demasiado mel;

Cálicles prossegue, descrevendo o modo como, em seu tempo, ensina-se que *a igualdade é que é bom e que nela consiste o belo e o justo*. O texto a seguir está supracitado; retorna, aqui, justificadamente: trata-se de novo contexto, sendo que o atual estuda o papel da filosofia grega no debate a respeito de Direito, para o qual a análise do discurso integral de Cálicles é importante. O início da fala do sofista é apresentado na citação anterior, eis seu complemento:

> Os melhores e os mais fortes de nós tomamo-los em pequenos, como aos leões, para os domar, e escravizamo-los à custa de sortilégios e encantamentos, dizendo-lhes que a igualdade é que é bom e que nela consiste o belo e o justo. Mas se aparece um homem suficientemente dotado para sacudir e quebrar estas cadeias e se libertar da sua prisão, sei que, depois de pisar a pés os nossos escritos, as nossas magias e os nossos encantos e leis antinaturais, se há-de erguer, na sua revolta, de escravo a senhor nosso, e então brilhará em todo o seu esplendor o direito da natureza.[125]

São imensos os argumentos juspositivistas. Fundado na dialética entre força e fraqueza, o positivismo jurídico sabe expressar angústias profundas, que se afloram no espírito do homem, nas vezes em que ele se pergunta *quem é* e *qual o seu lugar no mundo*. Sobre o jogo que forte e fraco estabelecem entre si, vale a pena ouvir o que NIETZSCHE tem a dizer:

> *Benevolência* – É virtuoso que uma célula se transforme numa função de outra célula mais forte? Ela tem de fazê-lo. E é mau que a mais forte a assimile? Ela tem de fazê-lo também; é preciso de mãos que se estendam, quero oferecê-la e reparti-la, até que os sábios entre os homens novamente se alegrem de sua tolice e os pobres de sua pobreza. Para isso tenho que descer à profundeza: como fazes tu à noite, quando segues por trás do mar e levas a luz também ao mundo de baixo, ó estrela pródiga! – assim como tu, eu tenho que *declinar*, como dizemos homens até os quais quero descer. Então abençoa-me, ó olho tranquilo, que sem inveja pode olhar até uma felicidade em excesso! Abençoo o cálice que quer transbordar, para que dele flua a água dourada e carregue a toda parte o brilho do teu enlevo! Olha! Este cálice quer novamente ficar vazio, e Zaratustra quer novamente ser homem.' – Assim começou o declínio de Zaratustra".

---

[125] PLATÃO, *Górgias, cit.*, 484 a.

necessário que o faça, pois procura abundante substituição e quer regenerar-se. Portanto, deve-se distinguir, na benevolência, entre o impulso de apropriação e o impulso de submissão, conforme ela seja sentida pelo mais forte ou pelo mais fraco. Alegria e desejo coexistem no mais forte, que quer transformar algo em função sua; alegria e vontade de ser desejado, no mais fraco, que gostaria de tornar-se função. – Compaixão é essencialmente do primeiro tipo, um agradável movimento do impulso de apropriação, à vista do mais fraco; havendo ainda a considerar que "forte" e "fraco" são conceitos relativos.[126]

A benevolência, a complacência, a condescendência, a boa vontade para com alguém, que Sócrates demonstra ter para com Trasímaco, é do *primeiro tipo*, é compaixão. Sócrates age – *pois tem de fazê-lo* – feito a *célula forte* da metáfora nietzschiana. Por ser o mais forte, sente na alma a comichão provocada pelo impulso de apropriação e procede de acordo com seus ditames. Porque precisa obter a energia necessária a seu próprio funcionamento, parte para cima de seu adversário, que é mais fraco, a fim de assimilá-lo. Com essa disposição de ânimo, Sócrates ganha um ponto ao final do Livro I de *A República*. Os apontamentos de PLATÃO registram o momento do diálogo entre Trasímaco e Sócrates em que se dá a vitória socrática: é quando o sofista aceita que, com base na argumentação de Sócrates, se deve evitar a injustiça. Eis o texto:

> Agora, tenho certeza, compreendes melhor o que eu queria dizer, quando te perguntei se a atividade de uma coisa não é o que ela faz sozinha ou com mais perfeição do que as outra.
>
> Sim, compreendo, e creio ser essa, de fato, a atividade de cada coisa.
>
> Muito bem, lhe disse; e não te parece também que cada uma tenha uma virtude correspondente à sua função peculiar? Voltemos ao exemplo anterior: há uma função própria dos olhos?
>
> Há.
>
> Por conseguinte, também há uma virtude dos olhos?

---

[126] NIETZSCHE, *A gaia ciência, cit.*, § 118.

Também uma virtude.

E agora: Não há uma função dos ouvidos?

Sim.

E também uma virtude correspondente?

Uma virtude, também.

E com tudo o mais não se dá o mesmo?

Dá-se.

Para aí. Poderiam, porventura, os olhos exercer bem suas funções, se, em vez da virtude que lhes é própria, só tivessem ruindade?

Como fora possível? perguntou; decerto, referes-te à cegueira, em lugar da vista.

Pouco importa qual seja a virtude, observei; não perguntei isso, mas apenas se os órgãos desempenham bem suas funções com as virtudes peculiares, e mal com os vícios contrários.

Nesse ponto tens toda a razão, respondeu.

Sendo assim, os ouvidos, também, privados da virtude própria, exercerão mal suas funções.

Perfeitamente.

E não nos seria possível estudar tudo o mais às luzes desse mesmo princípio?

Penso que sim.

Muito bem. E agora considera o seguinte: há alguma atividade da alma que nada no mundo possa realizar em lugar dela, como dirigir, comandar, aconselhar e tudo o mais do mesmo gênero? Teremos o direito de atribuir todas essas funções a outra coisa que não seja à alma, e não devemos afirmar que lhe são peculiares?

A ela, exclusivamente.

E com relação à vida, não diremos que seja função da alma?

Seguramente, disse.

Como poderemos afirmar, outrossim, que há uma virtude privativa da alma.

É certo.

E porventura, Trasímaco, poderá a alma exercer bem suas funções, se vier a ficar privada da virtude própria, ou será isso impossível?

É impossível.

Uma alma ruim, por conseguinte, terá necessariamente de governar e dirigir mal, ao passo que a alma boa fará bem tudo isso.

Forçoso é que assim seja.

E já não admitimos que a virtude da alma é a justiça, e seu defeito, a injustiça?

Admitimos, realmente.

Assim sendo, a alma e o homem justo viverão bem, como viverá mal o injusto.

Parece que sim, de acordo com sua argumentação.

Logo, quem vive bem é feliz e abençoado; e quem não vive bem, o contrário disso.

Certamente.

O justo, portanto, será feliz, e o injusto, desgraçado.

Pode ser, foi a sua resposta.

Mas, não há nenhuma vantagem em ser desgraçado; só em ser feliz.

Como não?

Então, meu abençoado Trasímaco, nunca a injustiça poderá ser mais vantajosa do que a justiça.[127]

Em seguida, seria a vez de Trasímaco, acalmado pela realização de seu impulso de submissão, abençoado pela compaixão de Sócrates, rever sua posição original e replicar, dizendo: as cidades ora são governadas por tiranos, ora pelo povo, ora por aristocratas e, em cada uma delas, quem tem o poder é o governo, assim

---

127 PLATÃO, *A república, cit.*, 353 b-e; 354 a.

cada governo deve promulgar leis com vistas à realização da justiça: a democracia, leis justas; a tirania, leis justas; e as demais formas de governo, leis justas.

Quanto à noção de direito, de norma jurídica, Sócrates e Trasímaco estão em lados diametralmente opostos. O critério usado por Sócrates para avaliar as leis é um, a *justiça*; Trasímaco tem o mesmo objetivo, mas utiliza outra medida, a *validade*. *Justiça* e *validade* delimitam, cada uma delas, um campo de investigação para o filósofo do direito. É preciso que isso fique claro, caso contrário é possível que o ponto de partida dos dois debatedores seja, apenas, uma enorme confusão. Trasímaco parece estar consciente disso, pois diante da provocação de Sócrates – *Assim sendo, a alma e o homem justo viverão bem, como viverá mal o injusto* –, rebate: *Parece que sim, de acordo com sua argumentação*. A argumentação de Sócrates situa-se no âmbito da *teoria da justiça*; Trasímaco elabora uma *teoria do direito*, o que pode ser comprovado pelas lições de BOBBIO:

> O problema da justiça dá lugar a todas aquelas investigações que visam elucidar os valores supremos a que tende o direito, em outras palavras, os fins sociais, cujo instrumento mais adequado de realização são os ordenamentos jurídicos, com seus conjuntos de leis, de instituições e de órgãos. Nasce daí a filosofia do direito como *teoria da justiça*. O problema da validade constitui o núcleo das investigações que pretendem determinar em que consiste o direito enquanto regra obrigatória e coativa, quais são as características peculiares do ordenamento jurídico que o distinguem dos outros ordenamentos normativos (como o moral), e portanto, não os fins que devem ser realizados, mas os meios cogitados para realizar esses fins, ou o direito como instrumento de realização da justiça. Daí nasce a filosofia como *teoria geral do direito*.[128]

---

128 BOBBIO, *Teoria da norma jurídica*, cit., p. 51. Some-se o esclarecimento de SALGADO, *A ideia do justiça no mundo contemporâneo*: fundamentação e aplicação do direito como *maximum* ético, *cit.*, p. 50: "Um dos problemas enfrentados pela teoria da justiça procede do fato de não ter Aristóteles separado direito e moral, e ter tratado da justiça na ética, como virtude moral. Na verdade, a justiça era de tratada no direito, pois é valor jurídico. A justiça deve ser tratada pelo direito. O direito, mais propriamente a Filosofia do Direito, é que cuida do tema, ou melhor, da ideia de justiça. Ao ser posta a justiça na moral, toda a teoria da

No entanto, nem Sócrates, nem Trasímaco parecem esgotar a lista dos problemas fundamentais de que se ocupa a filosofia do direito. Se isso for verdade, faltaria ao debate por eles arquitetado abordar o tema da *eficácia*, assim exposto por Bobbio:

> O problema da eficácia nos leva ao terreno da aplicação das normas jurídicas, que é o terreno dos comportamentos efetivos dos homens que vivem em sociedade, dos seus interesses contrastantes, das ações e reações frente à autoridade, dando lugar às investigações em torno da vida do direito, na sua origem, no seu desenvolvimento, na sua modificação, investigações estas que normalmente são conexas a indagações de caráter histórico e sociológico. Daí nasce aquele aspecto da filosofia do direito que conflui para a *sociologia jurídica*.[129]

Mas pode ser que não seja nada disso; que, pelo contrário, *A República* tenha, sim, debatido a *eficácia* e o tenha feito com méritos – apenas que este intérprete não a soube compreender. Nada de excepcional, talvez isso esteja na intenção de Platão. Desejo, segundo Nietzsche, bastante comum entre aqueles que se propõem a escrever:

> *A questão da compreensibilidade* – Não queremos apenas ser compreendidos ao escrever, mas igualmente *não* ser compreendidos. De forma nenhuma constitui objeção a um livro o fato de uma pessoa achá-lo incompreensível: talvez isso estivesse justamente na intenção do autor – ele não *queria* ser compreendido por "uma pessoa". Todo espírito e gosto mais nobre, quando deseja comunicar-se, escolhe também os seus ouvintes; ao escolhê-los, traça de igual modo a sua barreira contra "os outros". Todas as mais sutis leis de um estilo têm aí sua procedência: elas afastam, criam distância, proíbem "a entrada", a compreensão, como disse – enquanto abrem os ouvidos àqueles que nos são aparentados pelo ouvido.[130]

---

justiça passou a ser posta pela Ética e não pelo próprio Direito, mediante seu valor próprio, intrínseco ao fenômeno jurídico".

129 Bobbio, *Teoria da norma jurídica, cit.*, p. 51.
130 Nietzsche, *A gaia ciência, cit.*, § 381.

5. ROMA NO DIREITO

HÁ INSTANTES E LUGARES NOS QUAIS Filosofia é quase Arte.[1] Nessas horas e nesses espaços, a Filosofia pensa-se a si mesma com base nos dois polos da Arte – aquele que, à risca, se une ao *real* e aquele que, *a latere*, o subverte, mediante *deformações voluntárias*.[2] É justo arguir a legitimidade dos dois polos. Tome-se, com esse propósito, no campo da Arte, o exemplo da personalidade literária de MANUEL BANDEIRA (1886-1968). A respeito, diz MELLO e SOUZA:

> A mão que traça o caminho dos pequenos carvoeiros na poeira da tarde, ou registra as mudanças do pobre Misael pelos bairros do Rio, é a mesma que descreve as piruetas do cavalo branco de Mozart entrando no céu, ou evapora a carne das mulheres em

---

[1] Quanto à "aproximação" entre Filosofia e Arte, tome-se o *Sistema de ciências*, proposto por HEGEL. A partir da tríade *Lógica, Natureza e Espírito*, o momento *Espírito*, divide-se em *espírito subjetivo, espírito objetivo* e *espírito absoluto*. Por fim, o desenvolvimento do *espírito absoluto* relaciona *Arte, Religião* e *Filosofia*, aproximando-as, pois.

[2] A expressão *deformação voluntária* é utilizada por Gilda e Antônio Cândido de MELLO E SOUZA (ver referência bibliográfica na nota a seguir), em Introdução à *Estrela da vida inteira* – obra que reúne as poesias de MANUEL BANDEIRA: "Há vários modos de ler os poemas deste livro, que representa mais de meio século duma atividade sem declínio. Um dos modos, seria pensá-los com referência aos dois polos da Arte, isto é, o que adere estritamente ao real e o que procura subverte-lo por meio de uma deformação voluntária" (p. XIII).

flores e estrelas de um ambiente mágico, embora saturado das paixões da terra. É que entre os dois modos poéticos, ou os dois polos da criação, corre como unificador um Eu que se revela incessantemente quando mostra a vida e o mundo, fundindo os opostos como manifestações da sua integridade fundamental.[3]

No polo de *união ao real*, o poeta traça o caminho de pequenos carvoeiros na poeira da tarde, ou registra mudanças do pobre Misael por bairros do Rio. No polo de *subversão do real* mediante *deformações voluntárias*, descreve piruetas do cavalo branco de Mozart entrando no céu, ou evapora a carne de mulheres em flores e estrelas de um ambiente mágico, embora saturado de paixões terrenas. A *deformação voluntária* é resultado da fusão consciente de processos psíquicos: a *apreensão do* real, deslocamento e *condensação*.[4]

---

3   MELLO E SOUZA, Gilda e Antônio Cândido. "Introdução". In: BANDEIRA, Manuel. *Estrela da vida inteira*. 6ª ed. Rio de Janeiro: José Olympio, 1976, p. XIII.

4   Sigmund FREUD, em *Interpretação dos sonhos* (1900), apresenta os modos de produção onírica de significantes: *deslocamento* e *condensação* (traduzidos por LACAN como, respectivamente, *metonímia* e *metáfora*). J. LAPLANCHE e J.-B. PONTALIS, *Vocabulário da psicanálise*. Trad. Pedro Tamen. 9 ed. São Paulo: Martins Fontes, 1986, definem os termos: *deslocamento*: "facto de a acentuação, o interesse, a intensidade de uma representação ser susceptível de se soltar dela para passar a outras representações originariamente pouco intensas, ligadas à primeira por uma cadeia associativa" (p. 12); *condensação*: "Um dos modos essenciais do funcionamento dos processos inconscientes: uma representação única representa por si só várias cadeias associativas, em cuja intersecção se encontra." (p. 129). *Deslocamento* é o processo psíquico através do qual é possível sonhar, por exemplo, que se está em dois lugares ou tempos, simultaneamente. *Condensação* é o processo pelo qual um objeto adquire vários significados. Quanto à aplicação dos conceitos à Arte, observem-se, por exemplo, as vanguardas do século XX. Um dos *deslocamentos* que pretendem realizar é o de fazer transitar sentido, estatuto e função da Arte, até então vinculados à elite de tradição erudita, clerical, nobre, abastada, ou burguesa. A iniciativa pode ser traduzida da seguinte forma: inserir a Arte na dinâmica social, mas seus resultados, de forma imprevista por seus idealizadores, foram rapidamente assimilados pela lógica de mercado, momento de *condensação*, pois. Quanto à Filosofia, a postura filosófica é, em si, dialética entre *deslocamento* e *condensação*. O *deslocamento filosófico* apreende-se das palavras de Miguel REALE, *Filosofia do direito*, 2002, a seguir: "A Filosofia, com efeito, procura respostas a perguntas sucessivas, objetivando atingir, por vias diversas, certas verdades gerais, que põem a necessidade de outras: daí o impulso inelutável e nunca plenamente satisfeito de penetrar, de camada em

É de mesma natureza o *Eu* do filósofo. Diante do real, do histórico, do concreto, do social, *desloca* períodos, *condensa* elementos. Isso, porque o homem, na excelência de sua razão, só apreende o sentido de múltiplo por meio da noção de uno, apenas compreende mudança se puder pensar o permanente. Porque a Lógica exige racionalidade do real. Porque o *lógos* impõe ao *caos* a sua noção de *cosmos*. Mas é justo arguir a legitimidade dos dois pólos, também na Filosofia. Para tanto, tome-se o exemplo da personalidade reflexiva de FRIEDRICH NIETZSCHE. A respeito, diz MARTON, citando o filósofo:

> "Não sou, por exemplo, nenhum bicho-papão, nenhum monstro de moral – sou até mesmo uma natureza oposta à espécie de homem que até agora se venerou como virtuosa. Entre nós, parece-me que precisamente Isso faz parte de meu orgulho. Sou um discípulo do filósofo Dioniso, *preferiria* antes ser um sátiro do que um santo" (*Ecce homo*, prólogo, § 2). É assim que Nietzsche se descreve em sua autobiografia. Idolatrado por alguns, menosprezado por outros, ele é, de fato, um irreverente – ou, talvez, melhor seria dizer, um extemporâneo.
> Extemporaneidade não significa anacronismos... nem dons proféticos, mas apenas uma certa maneira de se relacionar com o presente.[5]

Extemporaneidade, maneira de se relacionar com o presente, isto é, com o tempo e o espaço... As maneiras estão, acima, nomeadas: *deslocamento* e *condensação*, próprios tanto do fazer arte, quanto do filosofar. NIETZSCHE sabe que, diante do real, o filósofo, assim como o artista, promove *deformações voluntárias*:

---

camada, na órbita da realidade, numa *busca incessante de totalidade de sentido, na qual se situem o homem e o cosmos*". (p. 6) Ainda com base em REALE, a *condensação filosófica*: "Ora, quando atingimos uma verdade que nos dá a razão de ser de todo um sistema particular de conhecimento, e verificamos a impossibilidade de reduzir tal verdade a outras verdades mais simples e subordinantes, segundo certas perspectivas, dizemos que atingimos um *princípio*, ou um *pressuposto*". (p. 6)

5   MARTON, Scarlett. *Nietzsche*: uma filosofia a marteladas. São Paulo: Brasiliense, 1982, p. 7.

"É somente o depois de amanhã que me pertence. Alguns homens nascem póstumos".[6] MARTON comenta a deformação promovida por NIETZSCHE:

> Se nasceu póstumo, é porque endereça ao mundo em que vive uma crítica radical. Extemporaneidade implica radicalidade. [...] Radicalidade implica diferença. [...] De Nietzsche se pode dizer: é um homem no seu tempo, *portanto* contra ele.[7]

Os parágrafos acima, de caráter introdutório ao talhe de Roma no Direito ocidental, cumprem um papel: saudar o pretor republicano, reconhecendo-o como artista e filósofo. Mais do que é possível ao jurisprudente, o pretor revoluciona, inova, faz o direito antigo perambular pelo mundo e pela vida, completa e corrige as velhas regras, suprindo-as com aquilo que já lhes falta: 'piruetas do cavalo branco de Mozart entrando no céu' e 'carne das mulheres que se evapora em flores e estrelas de um ambiente mágico, embora saturado das paixões da terra'. O que faz o pretor republicano com o velho direito? *Deforma-o, voluntariamente...*

Do pretor republicano se pode dizer: é homem no seu tempo, *portanto* contra ele. Mas, advirta-se, que se mantenha firme no horizonte de reflexão o marco introduzido por HEGEL, assim interpretado por SALGADO:

> Se o direito positivo é a forma de manifestar-se a essência do direito, a razão (liberdade), tanto mais evoluído será, quanto mais torne possível manifestar-se a razão na sociedade. Assim, não é exterior ao pensamento de Hegel colocar o direito costumeiro em grau superior ao meramente pretoriano que decide ao seu arbítrio; o direito legislado, pensado e produzido a partir da razão, sobre o costumeiro, espontâneo e empírico; e o codificado, como sistema de normas coerentes, sobre um agrupamento de normas que não obedecem a racional organização do sistema.[8]

---

6 NIETZSCHE, *O anticristo*, apud MARTON, *Nietzsche, cit.*, p. 7.
7 MARTON, *Nietzsche, cit.*, p. 8.
8 SALGADO, Joaquim Carlos. *A ideia de justiça em Hegel*. São Paulo: Loyola, 1996, p. 326.

Si fueris Romae, Romano vivito more

O problema da justiça na jurística romana conduz Salgado ao estudo da racionalização do Direito em Roma:

> A experiência da consciência jurídica romana é o lugar de nascimento das categorias fundamentais do direito e da explicitação da justiça como ideia do direito. Não se quer com isso dizer que o romano as tenha formulado tal como as desenvolvemos, por exemplo, a bilateralidade em Del Vechio, mas que o direito romano construiu toda a sua essência ética, de modo a tornar possível a sua explicitação terminológica na ciência do direito que se desenvolveu na modernidade.[9]

Salgado completa a lição, referindo-se às *categorias fundamentais* ou de Essência do Direito:

> Nesse habitat do direito, que é a jurística romana, na sua atividade prática e nas suas soluções teóricas, estão as categorias fundamentais do direito, quer se trate das que atinem à justiça formal, na estrutura e na aplicação, quer a referente à justiça material por força da fenda no conteúdo da norma jurídica, aberta pela hermenêutica, quer à própria teoria do direito, como ciência dogmática.
> É dessa nova concepção de justiça que se extraem as categorias fundamentais da Ciência Jurídica, tais como: a *bilateralidade* pela qual se dá a exigibilidade, a irresistibilidade, a universalidade abstrata e validade formal e a objetividade empírica da norma jurídica, revelada esta objetividade no distanciamento entre aplicação e elaboração.[10]

---

9 Salgado, *A ideia do justiça no mundo contemporâneo*, cit., p. 41.
10 Idem, ibidem, p. 79.

O berço romano do Direito ocidental

Roma.
Mille viae ducunt hominem ad Romam. Omnes viae ad Romam ferunt. "Todos os caminhos levam a Roma." Ir a Roma pode ser o rumo de uma vida, a sorte de uma existência. Em assim sendo, é aconselhável ao incauto adequar condutas: *si fueris Romae, Romano vivito more*, isto é, "em Roma, sê romano", pois de uma coisa eles estão convictos: *ignarus rediit Romam deductus asellus*, "asno que a Roma vá, asno vem de lá". Em Roma, é necessário perspicácia, uma vez que *non fuit in solo Roma peracta die*, "Roma não se fez nem num dia, nem num governo". Ao longo de séculos, acumula mudanças, torna-se complexa e, por fim, propõe ao mundo o enigma de si mesma. Ovídio a interpreta: *"Simplicitas rudis ante fuit; nunc aurea Roma est et domiti magnas possidet orbis opes"*.[11]

Roma...

A clarividência de Diniz (1937-) ajuda a compreender o sentido do mundo romano e de *um mundo que, depois de ser grego, é romano:*[12]

> Embora o Império Romano do Ocidente tenha desaparecido oficialmente em 476 da era cristã, seu fantasma continua rondando todas as construções políticas ocidentais. Ortega Y Gasset já comentava: "a verdade, a pura verdade, é que o Império Romano nunca desapareceu do mundo ocidental. Durante certas épocas permanecia latente, subáqueo, como embebido sob as glebas das múltiplas nações europeias, porém, ao cabo de certo tempo rebrotava sempre o intento do Império. É tema de primeira ordem".[13]

---

11 "Outrora havia a simplicidade rude; agora Roma é de ouro e possui as imensas riquezas do mundo que ela dominou." Ovídio. *Ars Amatoria*, 3.113.

12 *Um mundo que, depois de ser grego, é romano...* A essa altura, o leitor deve conceder ao autor a licença de, pacificamente, considerar a Grécia como o lugar de nascimento do Ocidente.

13 Diniz, Arthur José Almeida. *Reflexões sobre o direito e a vida*. (Org. Rogério Faria Tavares). Belo Horizonte: Movimento Editorial da Faculdade de Direito da UFG, 2005, p. 33. Diniz anota a fonte: Ortega y Gasset. *Una interpretación de la história universal*. Madrid: Revista de Occidente, 1979, p. 96 e nota 1.

Panóptico, Diniz expõe o desdobramento de Roma, como se a ideia de Império fosse o artista plástico, o dramaturgo, o cineasta, o escritor, o arquiteto da história da civilização ocidental:

> Todas as construções imperiais, desde a sagração de Carlos Magno (742-814) no Natal do ano 800, "Imperador do Ocidente" pelo Papa Leão III, buscam reviver o arquétipo romano. Mesmo os papas não resistiram ao sortilégio: o título papal é "Sumo Pontífice" (Pontifex maximus), que foi a denominação do Imperador romano, o sacerdote de primeira ordem. O sol não se punha sobre o império espanhol de Carlos Quinto (1500-1548), que disputou avidamente com Francisco I (1494-1547) o título de "Imperador do Santo Império Romano" tendo-o obtido graças ao auxílio dos poderosos banqueiros da família Fugger. O adjetivo derivado da designação familiar Júlio Cesar (100-44 a.C.) designa o título de muitos soberanos europeus: Kaiser, Czar, Tsar.[14]

Roma!

Roma é palco de uma impressionante *alienação*, apresentada por Hegel, em *Fenomenologia do espírito*.[15] O Império Romano é, conforme a explica-

---

14 Diniz, *Reflexões sobre o direito e a vida*, cit., p. 34. Vale notar que Diniz faz uso da palavra "sortilégio". *Sortilégio*, do latim *sortilegium*, "escolha de sortes" – "sortes", significando objetos destinados a predizer o futuro. Pode, também, ser entendido como sedução ou fascinação exercida por dotes naturais ou por artifícios. Ou, ainda, trama, combinação, maquinação. É possível que a vontade de Diniz tenha sido a de revelar que o modo de o Ocidente manter vivo o modelo imperial contemple todos esses significados da palavra. Aos quais, some-se a tradução de Caldas Aulete, em seu *Dicionário contemporâneo da língua portuguesa*: sortilégio, malefício ou artimanhas de que se servem os feiticeiros.

15 Alienação, para Hegel, é um estágio entre a *unidade simples* e a *unidade diferenciada*. Caracteriza-se pela *desunião*, que emerge do primeiro tipo de unidade e que é reconciliada na unidade de segunda ordem. Quanto à *Fenomenologia do espírito*, observe-se que o livro de Hegel trata, além da consciência como tal, das formas sociais e históricas interpessoais do espírito, revelando-se, dessa forma, como vista panorâmica da cultura e da história. Sobre o modo de a *Fenomenologia* contar a trajetória do homem no tempo, adverte Inwood (p. 143.): "Mas FE [*Fenomenologia do espírito*] não apresenta a história de um modo uniforme e contínuo. 'Consciência' (I-III) não está localizada numa época histórica

ção de Inwood "onde a vida ética não-alienada da Grécia antiga declina", em função do "atomismo dos indivíduos dotados de direitos do Império Romano".[16] Timmermans complementa: "O *si* romano (que sucede a cidade grega) tentará uma primeira unificação entre o direito universal e o indivíduo singular".[17] O grego dispõe-se à cidadania; é seu desiderato formar com a cidade uma *bela totalidade*. Em amplo gozo de *liberdade*, adere a uma comunidade racional e assume a *responsabilidade* pelo bem da *pólis*. Mas a potência que funda esse engajamento pertence ao *genos*, instituição heterogênea em relação ao *ethos* e, apesar de complementar, profundamente *oposta* à lei. Hegel identifica, na forma como a *oposição* atua em Antígona, a tensão entre o mundo da família e o da sociedade nascendo ao mesmo tempo em que o grego vive, muito antes do cristianismo, a dupla experiência da *culpa* e do *sacrifício*. Infringindo a lei, Antígona presta honras fúnebres a Polinices. Diante da cidade, ela reconhece que seu gesto a leva à morte. Seu sacrifício,

---

específica. 'Autoconsciência' (IV) vai desde a pré-história (a luta por reconhecimento) até a Grécia e Roma (estoicismo e ceticismo) e o cristianismo medieval (consciência infeliz). 'Razão' (V) considera a ciência moderna e a moralidade. 'Espírito' (VI) retorna à vida ética da Grécia antiga e avança até a Revolução Francesa e a moralidade pós-revolucionária. 'Religião' (VII) descreve a religião desde a antiga Israel e/ou Pérsia até o cristianismo. As épocas históricas são assim tratadas como paradigmas de fases de pensamento e cultura; com frequência, mas não invariavelmente, a ordem lógica ou sistemática dessas fases coincide com a ordem de seu surgimento na história".

16 Inwood, Michael. *Dicionário Hegel*. Trad. Álvaro Cabral. Rio de Janeiro: Zahar, 1997, p. 47.

17 Timmermans, Benoît. *Hegel*. Trad. Tessa Moura Lacerda. São Paulo: Estação Liberdade, 2005, p. 106. Sobre o *si*, Timmermans entende-o da seguinte forma (p. 106): *"Da razão ao espírito*. A consciência está prestes a se tornar substância. Ela está apta para se alargar ao espírito do mundo, ou seja, à totalidade que forma o povo, a cultura, a história. Essa consciência que não é mais limitada ao *eu* particular, e que leva em conta os interesses, as exigências, as aspirações de um povo ou de uma cultura, Hegel a chama de *si*. O si não é nem uma coisa, nem um impessoal *se*, nem um *eu*, mas em certo sentido é os três ao mesmo tempo; ele tem a determinação, a particularidade compacta da coisa, tem a universalidade do impessoal *se*, e, sobretudo, tem a singularidade do *eu*, pois se encarna sempre e mais de uma vez em um indivíduo. Como o espírito, vai se desenvolver em três grandes momentos – o primeiro ético, o segundo cultural e o terceiro moral –, cada um dos quais se acabará, se realizará através de um determinado tipo de *si*." Timmermans taxa os três tipos de *si* hegelianos: o *si romano*, o *si revolucionário* (que sucede o Antigo Regime) e o *si certo de si mesmo* (que sucede a moral kantiana).

no entanto, eleva-a à universalidade dos ancestrais. Assistindo à tragédia, a Grécia vê a dimensão do dilema de seus filhos, expresso de forma espetacular por Timmermans:

> A solução para o indivíduo será então o sacrifício total: morrer pela pátria e assim voltar à família, ou morrer por seu irmão, sua irmã, seus parentes, e assim dar razão à cidade. A guerra, dessa perspectiva, nada mais seria que um sacrifício coletivo: estender e unificar a cidade pela ação exterior, mas apelando para forças profundas, interiores e de cada família.[18]

Mesmo fascinado pela "bela totalidade ética", Hegel convence-se do peso que a *responsabilidade*, em sentido grego, representa. Ela leva o indivíduo ou à *culpa* por abandonar seu destino ou ao *sacrifício* de sua singularidade por renunciar ao mundo. Em ambos os casos, ele não segue a lei – ou a da família, ou a do Estado – e vive em função de se reconciliar com uma delas; morrendo de medo *de si* ou *do outro*. Timmermans traduz a percepção hegeliana acerca do momento histórico subsequente:

> Nesse momento parece que o excesso de responsabilidade endossado pelo cidadão grego leva ou à via sem saída da autodestruição, ou a aliviar o indivíduo de suas responsabilidades. Esse alívio põe fim à "bela totalidade grega" e marca o início do império romano.[19]

Timmermans prossegue, traduzindo a seu modo a descrição que Hegel faz da *alienação* que o Império Romano acarreta, em última análise, à história do espírito ocidental:

> Em Roma, o imperador soberano concentra em sua pessoa todas as responsabilidades, o que equivale a dizer que ele não assume efetivamente nenhuma. De fato é a jurisprudência que regula todos os conflitos particulares: os indivíduos não tomam nenhuma

---

18 Timmermans, *Hegel, cit.*, p. 108.
19 *Idem, ibidem*, p. 110.

iniciativa, a não ser reivindicar uma multidão de direitos mais ou menos abstratos. Nesse sistema em que reina o direito impessoal, procedural, o homem perdeu a consciência de suas responsabilidades para com a coletividade.[20]

Grécia une indivíduo e coletividade. Roma explode-os, fragmenta o si e a substância. Este cenário romano, repleto de estilhaços e lascas, fendas e rachaduras, posto diante do mundo antigo é interpretado por TIMMERMANS:

> Inconscientes das realidades históricas e sociais, as pessoas são enredadas em seu solipsismo, suas pequenas exigências, suas ilusões particulares. A substância, a realidade social com a qual elas perderam o contato se encontra também modificada no sentido de uma maior divisão entre fatos e valores: os indivíduos perderam a noção de valor, ninguém mais tem consciência da sua ligação com os outros, com o universal ou a substância. Todos parecem extraviados, perdidos em um mundo que, no entanto, os governa de maneira cada vez mais forte, tanto do ponto de vista material como do social ou econômico. O espírito, como consciência da coletividade, se tornou estrangeiro a ou, mais do que isso, alienado de si (*Entfremdung*).[21]

Roma, fonte do conceito abstrato de direito.

Prossegue o diálogo com HEGEL, agora através de seu texto mais controvertido: *Fundamentos da filosofia do direito ou direito natural e ciência política em compêndio*,[22] obra de 1821. Segundo HEGEL, a filosofia do direito é erigida como *ciência*, inserida no *sistema*, conforme duas determinações da *Enciclopédia das ciências filosóficas*. Uma: o termo *direito*, para além dos planos

---

20   *Idem, ibidem.*

21   *Idem, ibidem*, p. 111.

22   Em Portugal, a obra na qual HEGEL apresenta as linhas fundamentais da *filosofia do direito* recebe um título mais apropriado: *Direito natural e ciência do estado em compêndio*. A respeito, ver *Prefácios*, obra na qual Manuel J. CARMO FERREIRA reúne os *prefácios* com que HEGEL introduz as seguintes obras: *Sistema da ciência*; *Ciência da lógica*; *Enciclopédia das ciências filosóficas em compêndio* e a referido *Direito natural e ciência do estado em compêndio*.

jurídico ou político, deve designar as instituições que organizam a vida humana, o *espírito objetivo*.[23] Duas, a *filosofia do direito* deve ser entendida como capítulo da *filosofia do espírito*, inscrita, pois, na questão da *história universal*. As consequências da arquitetura científico-filosófica proposta por HEGEL, são avaliadas por CARMO FERREIRA:

> Esta inserção no sistema, nunca abandonada, significa a introdução de uma dupla forma de relativização da doutrina do direito no seu todo: em primeiro lugar, de ordem sistemática – a esfera ética e o seu sujeito, o Estado, não são um ponto de chegada definitivo, uma derradeira síntese; após si vem a esfera do espírito absoluto e as três instâncias que o concretizam, insubordináveis ao Estado, a arte, a religião e a ciência; em segundo lugar, de ordem histórica – o verdadeiro significado e o real sentido do Estado unicamente à luz da sua inclusão na história universal, como seu lugar próprio, isto é, da sua radical transitoriedade, se esclarecem.[24]

No Prefácio de *Filosofia do direito*, HEGEL, tratando da racionalidade do real efetivo, afirma, na tradução de CARMO FERREIRA: "O que é racional é real efectivo; e o que é real efectivo é racional", proposição mais tarde reformulada a fim de que adquirisse a seguinte forma explosiva e revolucionária: "tudo o que é racional tem de ser".[25] SALGADO explica:

---

23 Em nota em sua Apresentação ao Prefácio da *Filosofia do direito*, CARMO FERREIRA afirma, *cit.*, p. 182: "A elaboração do direito como 'espírito objectivo' ocupa 50 curtos parágrafos da 1ª edição da *Enciclopédia*. Mas as implicações sistemáticas e metodológicas manter-se-ão nas edições posteriores. Em 1827 H. justifica o carácter mais sumário da sua exposição sobre o 'espírito objectivo', 'porque desenvolvi esta parte da filosofia nas minhas linhas fundamentais do direito' (Berlim, 1821)".

24 CARMO FERREIRA, Manuel J. "Apresentação" [ao *Prefácio* de *Direito natural e ciência do estado em compêndio*]. In: Hegel: *Prefácios* – tradução, introdução e notas de Manuel J. Carmo Ferreira. Imprensa Nacional – Casa da Moeda, 1990 (*Estudos Gerais* Série Universitária. Clássicos de Filosofia), p. 176.

25 CARMO FERREIRA, "Apresentação", *cit.*, p. 197. Quanto à proposição reformulada – *tudo o que é racional tem de ser* –, ver CARMO FERREIRA, p. 203.

Ora, o racional que é real é a ideia do direito, objeto da Filosofia do Direito. A ideia do direito é a estrutura pensável do real objetivo, que é o direito, e não o projeto do que deve ser o direito. O direito tal como é no seu tempo e tal como se forma na conjunção dos seus momentos, pensado, é a ideia do direito, o conceito da realidade denominada direito.[26]

A fórmula hegeliana é traduzida por Inwood, ao tratar da *Filosofia do direito*, do seguinte modo: "o que é racional é real [ou efetivo] e o que é real [ou efetivo] é racional".[27] Ao comentar *efetividade*, Inwood apresenta o seguinte comentário:

> No Prefácio para FD [*Filosofia do direito*], disse Hegel: "O que é racional é efetivo e o que é efetivo é racional." Usualmente, contrastamos o que é real ou efetivo com ideias ou pensamentos. Podemos então jogar realidade e ideias umas contra as outras, afirmando que uma coisa é meramente uma ideia e não real ou realizável, ou, alternativamente, que a realidade está confusa, uma vez que colide com as nossas ideias ou ideais. Hegel quer demolir essa oposição. Para tanto, argumenta que os pensamentos e, em especial, "a ideia", não são primordialmente entidades subjetivas mas estão imanentes na realidade.[28]

Diferentes intérpretes de Hegel sublinham aspectos diversos da doutrina. Ora reforça-se um sentido ontológico: as coisas não poderiam ser se não fossem estruturadas de acordo com os pensamentos da Lógica (causalmente ordenadas, reais etc.); ora um sentido epistemológico: as coisas são totalmente inteligíveis e cognoscíveis; ora um sentido avaliatório: as coisas são razoáveis e em conformidade com padrões racionais. É possível que Hegel tenha todos eles em mente. Demonstrando a altura com que se relaciona com a obra de Hegel, Salgado marca a posição de sua interpretação:

---

26 Salgado, *A ideia de justiça em Hegel*, cit., p. 334.
27 Inwood, *Dicionário Hegel*, cit., p. 146.
28 Idem, ibidem, p. 108.

A Filosofia do Direito não se inclina por qualquer unilateralidade, quer do empirismo histórico, quer da abstração racionalista. Isso significa que o direito, na concepção hegeliana, se é tratado filosoficamente, acompanha a tradição de idealidade, afastado do empirismo estéril, sem cair no racionalismo abstrato. Não é racional na acepção de conformidade com a faculdade da razão, separada da realidade e na qual as coisas são impressas ou da qual se deduzem princípios ou normas gerais para todo ser racional.[29]

Em 1820, Hegel declara o propósito de sua *Filosofia do direito*:

> Este tratado, por conseguinte, na medida em que contém a ciência do Estado, não deve ser outra coisa senão a tentativa *para conceber e apresentar o Estado como um racional em si*. Como escrito filosófico, tem de estar maximamente afastado de construir um *Estado como ele deve ser*; o ensinamento que nele possa residir não pode levar a ensinar ao Estado como ele deve ser, mas antes como ele, o universo ético, deve ser conhecido.[30]

Imbuído de ânimo de cientista do Estado e filosoficamente disposto a ensinar como o Estado deve ser conhecido, Hegel esclarece que a ideia de direito é o *conceito de direito* em conjunto com a *realidade do direito* ou sua efetividade e que seu interesse se foca na estrutura racional dos sistemas socio políticos. "A ideia ou o conceito do direito na sua efetividade"[31] é o objeto da *Filosofia do Direito*, afirma Salgado, referindo-se ao modo pelo qual o direito é tratado como ideia:

> Pensar, segundo Hegel, tem a natureza da universalidade. Somente no pensar o objeto torna-se universal. "Essa superação e elevação ao plano do universal é o que se chama a atividade do pensamento" [...]. O pensamento eleva ao plano do universal o objeto, não de forma abstrata, mas dialeticamente, sem separar a coisa

---

29   Salgado, *A ideia de justiça em Hegel*, cit., p. 332.
30   Carmo Ferreira, "Apresentação", *cit.*, p. 198.
31   Salgado, *A ideia de justiça em Hegel*, cit., p. 328.

> pensada e dela descartar-se, pois o objeto captado pelo pensamento e elevado à universalidade é *superado*, isto é, é negado e ao mesmo tempo conservado pelo processo da mediação da essência, *Aufheben* e *Erheben*: o pensamento eleva o objeto ao universal (*Erheben*), conservando a particularidade, negada dialeticamente, (*Aufheben*), e não formal ou abstratamente pelo entendimento.[32]

Salgado acrescenta:

> O direito, conteúdo da ideia do direito expressa pela Filosofia do Direito, é o direito real, tal como é e não como deve ser. A ideia do direito é, então, a verdade do direito, entendida como a correspondência do conceito com a realidade (*Realität*). Essa realidade, conteúdo da ideia do direito, é a realidade efetiva, mas determinada num dos seus momentos, o direito ou Espírito Objetivo, pois a verdade absoluta ou a ideia absoluta só se dá no momento do Espírito Absoluto.[33]

O direito é o existir da vontade livre e, por isso, liberdade autoconsciente. O existir da vontade como vontade autoconsciente, cujo conteúdo é a liberdade, é o direito. Por isso *o direito é a vontade livre que sabe ser livre*. Eis a ideia do direito: *vontade existente livre e consciente de si*, nos seguintes termos: vontade (razão prática que age) existente (no indivíduo – pessoa que age) livre (que tem como conteúdo a liberdade) e consciente de si. A *Filosofia do Direito* capta essa ideia do direito no seu tempo, portanto o direito como ele é e não como deve ser no futuro.[34]

Salgado prossegue:

> A ideia do direito, seu conceito e realidade, é um processo como toda realidade, concebida como ideia. O direito que a *Filosofia do Direito* capta no seu tempo como ideia não é um fato que ocorre puntualmente, mas um desenvolvimento até o momento do

---

32 Idem, ibidem, p. 327.
33 Idem, ibidem, p. 328.
34 Idem, ibidem, p. 329.

resultado. Também não é a representação desse resultado, mas a elevação de todo o processo, desde o início, ao plano do pensar, de modo que o resultado é a "eliminação" e a conservação dos momentos anteriores (*aufheben*). A filosofia inicia sua tarefa no repouso do Espírito, após a faina do conceito na história.[35]

A ideia do direito só pode, então, ser a totalidade da realidade, enquanto processo, com determinações articuladas, por necessidade lógica, num sistema de momentos. SALGADO define:

> o conceito do direito é a vontade [...] que se dá num conteúdo existente, a liberdade, não apenas no seu em si, mas liberdade para si, autoconsciente (*Selbstbewusstsein*). Vontade e intelecto reaparecem desse modo na formação da *ideia* de direito tal como na *Lógica*.[36]

A tríade *lógica, natureza* e *espírito* compõem o *Sistema das ciências*. SALGADO mapeia:

> A Lógica teve como objeto a ideia na sua dialética, como um processo. O direito que dá o conteúdo da realidade espiritual à ideia é agora estudado sob a forma do conceito. Direito (conteúdo espiritual) e conceito do direito formam a realidade ideal, ou a ideia do direito, o objeto da Ciência Filosófica do Direito. Essa unidade da ideia no momento do Espírito Objetivo faz com que o conhecimento do direito seja uma ciência, um sistema.[37]

Na *lógica, natureza* e *espírito*, interessa o *espírito*, integrado por *espírito subjetivo, espírito objetivo* e *espírito absoluto*. A tríade *espírito subjetivo* apresenta a seguinte estrutura: *Antropologia, Fenomenologia*[38] e *Psicologia*. São

---

35   Idem, ibidem, p. 330.
36   Idem, ibidem.
37   Idem, ibidem, p. 328.
38   A *Fenomenologia* apresenta a conhecida composição: consciência como tal; consciência de si; e razão.

os momentos da *Psicologia*: – *espírito teórico* (inteligência); – *espírito prático* (vontade);[39] e – *espírito livre*. Sendo a *vontade* e a *liberdade* os mais altos estágios da *Psicologia* e, portanto, do *espírito subjetivo*, tornam-se, a seguir e por consequência da lógica hegeliana (ser, essência, conceito), fundamento do *espírito objetivo*, cuja tríade representa-se a seguir: – *direito abstrato*; – *moralidade*; e – *eticidade*, no sentido de vida ética na comunidade humana. A primeira fase do direito, a do *direito abstrato*, coincide, historicamente, com o Império Romano – daí o recorte: *Roma, fonte do conceito abstrato de direito*, no qual a *vontade* consubstancia-se num objeto externo. Na especificidade do direito romano, a *liberdade* liga-se intimamente a propriedade, contrato e fraude, *momento* no qual HEGEL inclui o exame de punição.

Roma, momento histórico-espiritual da *personalidade*.

Em sua *Introdução à filosofia da história*, HEGEL, possivelmente tentando investigar uma *história da consciência histórica*, afirma que *a razão governa o mundo* e que *a história do mundo é um processo racional*. Nos termos de HEGEL, ao anunciar a Razão como base da história:

> O único pensamento que a filosofia traz para o tratamento da história é o conceito simples de Razão, que é a lei o mundo e, portanto, na história do mundo as coisas aconteceram racionalmente. Essa convicção e percepção é uma pressuposição da história como tal; na própria filosofia a pressuposição não existe.[40]

A história do mundo é, na leitura de HEGEL, "o rico produto da Razão criativa";[41] noutras palavras: "A história do mundo em geral é o desenvolvimento do Espírito no *Tempo*, assim como a natureza é o desenvolvimento

---

39 A vontade também apresenta três fases: o sentimento prático; as tendências e o arbítrio; e a felicidade.

40 HEGEL, Georg Wilhelm Friedrich. *A razão na história*: uma introdução geral à filosofia da história (Trad. Beatriz Sidou) 2ª ed. São Paulo: Centauro, 2001, p. 53. A título de esclarecimento, vale acrescentar que "*A razão na história*" é o título que frequentemente se dá à Introdução de *Lições sobre filosofia da história*.

41 HEGEL, *A razão na história*, cit., p. 59.

da Ideia no *Espaço*".⁴² O curso dessa história é obra do *espírito universal* que *reflete* sobre seu estado presente e *avança* para além dele, usando interesses e paixões humanas na realização de seu plano. Em seu avanço no tempo, o espírito universal retém e *suprassume* as fases precedentes, fazendo com que a humanidade progrida para aspectos mais amplos de *autoconsciência* e de *liberdade*. Eis o modo como HEGEL expõe os fundamentos anteriores:

> A história do mundo representa o desenvolvimento da consciência de liberdade que tem o Espírito e a consequente realização dessa liberdade. Este desenvolvimento implica um progresso gradual, uma série de diferenciações cada vez mais reais, resultantes da ideia de liberdade.⁴³

Na *Lógica*, HEGEL trata tanto da natureza lógico-dialética do Espírito, quanto da necessidade de seu desenvolvimento abstrato. Em *A razão na história*, HEGEL mostra que o Espírito

> é autodeterminado, que assume formas sucessivas a que vai sucessivamente transcendendo e, através desse mesmo processo de anulação e transcendência, obtém uma forma afirmativa, cada vez mais enriquecida, mais concreta e mais determinada. Aqui [na *Introdução de Lições sobre filosofia da história*] devemos adotar apenas um de seus resultados – cada fase, sendo diferente da outra, tem o seu princípio característico e preciso. Na história, o princípio é a diferenciação do Espírito. É um espírito nacional particular.⁴⁴

Além de focar sua atenção ao espírito nacional, HEGEL adota base geográfica para apreender o sentido da ação do Espírito no *tempo*. Em seu raciocínio, elege a Europa como centro contemporâneo da história do mundo e, ao descrever as fases dessa história, refere-se ao *mundo grego*, reconhece que do

---

42   Idem, ibidem, p. 123.
43   Idem, ibidem, p. 115.
44   HEGEL, *A razão na história*, cit., p. 115.

mundo helênico o centro da história desloca-se em direção ao Ocidente. No entanto, Hegel não dispensa atenção ao *mundo romano*, conforme Inwood:

> Hegel subestima a contribuição romana para a história do mundo, em contraste com a grega. Sua principal realização é a formação da personalidade jurídica. Sua exclusão do governo tornou-os receptivos ao cristianismo.[45]

Roma, justa.

O tratamento conferido por Hegel ao mundo romano é menor do que o poderoso destino de seu objeto. Quem nos ensina a lição é Salgado:

> Um grande passo para a concepção de justiça como critério formal de tratamento igual de todos, perante a lei, foi dado pelas novas condições de vida do Império Romano, cuja expressão filosófica mais própria apareceu no estoicismo.[46]

A raiz estoica do Direito ocidental

Hegel não enxerga Roma porque a vê quando ela ainda não é Roma? Braudel, em *Memórias do Mediterrâneo*, avisa que o enorme Império não começa de si próprio, mas a partir do Mediterrâneo, "um mecanismo que tende, certamente, a associar os países situados à beira de sua imensidão". Segundo Braudel, é possível, sim, que a visão de Roma suspenda a agilidade mental daquele que a observa, pois Roma é, mesmo, entorpecente – é Roma, e somente ela, que fabrica a rede onde, vivo, o *Mare nostrum* fica preso:

> Conseguida esta vitória, a sabedoria terá talvez consistido, para Roma, em agarrar-se unicamente ao Mediterrâneo, aos seus espaços líquidos, à finíssima casca dos países que o rodeiam? Portanto em ficar ao sol, perto das oliveiras, da vinha? Ora Roma, pelo contrário, compromete-se numa via diferente: César conquista a

---

45 Inwood, *Dicionário Hegel*, cit., p. 186.
46 Salgado, *A ideia de justiça em Kant*, cit., p. 51.

Gália; Germânico desafia a floresta imensa que é a Germânia e, com ele, a Europa do futuro geme ao ver a retirada de suas legiões; agrícola consuma a conquista da Grã-Bretanha (77-84) e Tácito, o seu genro, apressa-se a contar as suas façanhas; Trajano apanhou "o ouro dos Dácios" e, no Eufrates, descobriu por sua vez a impotência de Roma face à misteriosa Ásia dos Partos.[47]

Nasce um lugar formado por circulação de bens culturais e mistura de ideias e crenças, assim identificado por Braudel:

> O Império Romano é este espaço formado pelas trocas; esta imensa caixa de ressonância onde cada ruído se amplifica até às dimensões de um universo; uma "acumulação" que um dia se tornará herança.[48]

Talvez seja por isso que Hegel considere o Império Romano uma espécie de ficção jurídica; talvez isso ocorra porque Hegel ao lidar com Roma, está lidando com *imperialismo*, palavra cunhada unicamente para expressar a vontade lúcida de conquistar da Roma Antiga. Segundo Braudel:

> É impossível falar do mesmo modo de imperialismo quer ateniense, quer macedônico. Ambos de muito curto fôlego: Atenas desmorona-se em 404; o império de Alexandre, promovido numa noite de história, fragmenta-se após a morte do conquistador. Por outro lado podemos falar de imperialismo persa. [...]
> Se aceitarmos estas definições, talvez não haja imperialismo romano, no verdadeiro sentido da palavra, antes da Primeira ou mesmo da Segunda Guerra Púnica (218-204).[49]

A partir do século III a.C., uma nova forma de governo, baseada em política de expansão e de domínio territorial e econômico, assanha, pois, as

---

47   Braudel, Fernand. *Memórias do Mediterrâneo*: pré-história e antiguidade (Trad. Teresa Antunes Cardoso *et al*). Rio de Janeiro: Multinova, 2001, p. 299.
48   *Idem, ibidem.*
49   *Idem, ibidem*, p. 300.

mentes dos antigos. COMPARATO registra o advento de uma outra novidade, contemporânea ao surgimento da noção de imperialismo: "A partir do século III a.C., uma nova visão de mundo toma conta dos espíritos":[50]

> Ao mesmo tempo que se davam [...] grandes avanços no campo das ciências exatas, a busca de uma segura orientação de vida suscitou, em toda a Grécia, àquela época, um renovado interesse pelas coisas da religião. Ele se manifestou em duas direções aparentemente contraditórias: de um lado, a difusão do culto da deusa *Tykhê* (acaso, destino); de outro, o lançamento pelos estoicos das primeiras bases racionais de um saber teológico. Sem os estoicos, não se teria produzido a grande reflexão teológica dos Padres da Igreja; sem os conceitos filosóficos por eles elaborados, de existência (*oussía*), pessoa (*prósopon*) e substância (*hypóstasis*), o Concílio de Niceia não teria podido formular, em 325, o dogma da Santíssima Trindade, nem explicar o mistério da dupla personalidade de Jesus Cristo.[51]

Estoicismo é filosofia de *purificação da alma*. Nisso, dá braços ao epicurismo, por um lado, e ao cinismo, por outro.

Sobre EPICURO e sua doutrina, talvez seja desejável ouvir NIETZSCHE, em sua referência ao modo como o pai do epicurismo relaciona-se com o grande prazer dos sentidos:

> *Epicuro* – Sim, orgulho-me de sentir o caráter de Epicuro diferentemente de qualquer outro, talvez, e de fruir a felicidade vesperal

---

50 COMPARATO, *Ética*, cit., p. 108. Através da expressão *grandes avanços no campo das ciências exatas*, COMPARATO refere-se determinadas conquistas do período, a saber: a fundação da Geometria, por EUCLIDES (330-270); os avanços na Física, por ARQUIMEDES (287-212); as ideias originais de HIPARCO (século II a.C.), precursor de PTOLOMEU (século II d.C.); a intuição do formato esférico da Terra e o cálculo, bastante aproximado, do comprimento da circunferência do planeta, por ERATÓSTENES (275-194); e a percepção de que a Terra é satélite do Sol e de que ela, além de completar uma volta em torno dele ao longo de um ano, faz uma rotação diária sobre o seu próprio eixo, por ARISTARCO (século III a. C.) – descoberta reafirmada por COPÉRNICO (1473-1543), no *De revolutionibus orbium coelestium*, publicado no ano de sua morte.

51 *Idem, ibidem.*

da Antiguidade em tudo o que dele ouço e leio: – vejo o seu olhar que se estende por um ar imenso e esbranquiçado, para além das falésias sobre as quais repousa o sol, enquanto pequenos e grandes animais brincam à sua luz, seguros e tranquilos como essa luz e aquele mesmo olhar. Apenas um ser continuamente sofredor pôde inventar uma tal felicidade, a felicidade de um olhar ante o qual o mar da existência sossegou, e que agora não se farta de lhe contemplar a superfície, essa delicada, matizada, fremente pele do mar: nunca houve uma tal modéstia na volúpia.[52]

Diz-se, acima, que estóicos, enquanto filósofos da purificação da alma, andam de braço dado com epicúrios. Há, porém, neste vínculo, nuanças que, se observadas, ajudar a definir o ambiente cultural do século III a.C., terreno no qual nasce o direito-pai da família romano-germânica. É, de novo, NIETZSCHE quem chama atenção para relação entre estoicismo e epicurismo:

> *Estoicos e epicúrios* – O epicúrio escolhe a situação, as pessoas e mesmo os eventos adequados à sua constituição intelectual altamente suscetível, renunciando ao resto – ou seja, à maior parte –, porque seria um alimento forte e pesado demais para ele. Já o estoico se exercita em engolir pedras e vermes, estilhaços de vidro e escorpiões, e não sentir nojo; seu estômago deve se tornar indiferente a tudo o que o acaso da existência nele despeja: – ele lembra a seita árabe dos assaua, encontrada na Argélia; como os insensíveis desta seita, ele gosta de ter um público para exibição de sua insensibilidade, público este que o epicúrio dispensa: – afinal, ele tem seu "jardim"! Para aqueles com os quais o destino improvisa, aqueles que vivem em épocas violentas e na dependência de homens repentinos e mutáveis, o estoicismo pode ser aconselhável. Mas quem *prevê*, em alguma medida, que o destino lhe permitirá *tecer um longo fio*, faz bem em organizar-se de forma epicúria; todos os que se dedicaram ao trabalho intelectual assim fizeram até agora! Pois para eles

---

52 NIETZSCHE, *A gaia ciência, cit.*, § 45.

seria a maior das perdas ficar sem a fina suscetibilidade e receber em troca a dura pele de porco-espinho dos estoicos.[53]

Quanto à escola cínica, MONDOLFO, em *El pensamiento antiguo*; historia de la filosofia greco-romana, identifica aspectos da teoria proposta por ANTÍSTENES de Atenas (436-366?) e praticada, sobretudo por DIÓGENES (413-323?). Seguem os tópicos, com base em MONDOLFO: a) *A virtude como fim*. A concepção cínica de virtude é ativista e "consiste en obras y no tiene necesidade de muchos discursos ni de muchas ciencias".[54] b) *O exercício e a conquista da virtude*. Em DIÓGENES, absolutamente nada pode ser bem feito sem duplo exercício, o do corpo e o da alma.[55] c) *A ação e a unidade da virtude*. MONDOLFO esclarece o sentido do tema: "dice Antístenes que el sabio, si cumple una acción, obra de acuerdo a toda la virtud íntegra".[56] d) *Natureza espiritual do bem*. O assunto é tratado por MONDOLFO da seguinte forma: "creo que los hombres tienen su riqueza y su pobreza no en la casa, sino en la alma".[57] e) *O bem e a liberdade: contra a submissão aos prazeres e os desejos*. Avessos ao domínio do prazer, os cínicos amam o reino imortal da liberdade. A respeito, DIÓGENES diz que ANTÍSTENES preferiria ser presa da loucura, do que do prazer. f) *A liberação das necessidades: o bastar-se a si mesmo (autarquia) ideal do sábio e estado divino*. A necessidade é sempre um mal... Não sentir necessidade é sinal de superioridade... Os homens bons são semelhantes a deuses... Antístenes diz que a filosofia lhe traz uma utilidade, a de poder estar em companhia de si mesmo. g) *Conversão de valores*. O cínico contrapõe à fortuna o valor, à lei a natureza, à paixão a razão; e busca os prazeres do trabalho, desprezando os que ocuparem

---

53 Idem, ibidem, § 306. Na expressão "afinal, ele tem seu 'jardim'", NIETZSCHE refere-se ao fato de que os discípulos de EPICURO são recebidos no *jardim* de sua casa, diferentemente de outros pensadores gregos que ensinam em *praças*.

54 MONDOLFO, Rodolfo. *El pensamiento antiguo*: historia de la filosofia greco-romana. 2ª ed. Buenos Aires: Loada, 1945, p. 183.

55 Segundo Diógenes, Antístenes demonstra, com o exemplo de Hércules, que a fadiga é um bem. Aliás, Diógenes afirma viver o mesmo tipo de vida de Hércules.

56 MONDOLFO, *El pensamiento antiguo, cit.*, p. 183.

57 Idem, ibidem.

o lugar da fadiga. h) *Revolta contra a civilização (artifícios e convenções sociais) e apelo à natureza*. Zeus castiga Prometeu pelo fato de que, ao dar o fogo ao homem, lhe deu, também, o princípio e a causa da languidez dos órgãos, da falta de caráter, do amor ao luxo e da atração pela corrupção. i) *O repúdio às leis positivas e seus vínculos: negação da família, do estado, da diferença entre livres e escravos e entre nações: cosmopolitismo*. Antístenes propugna que o sábio governa, não segundo leis constituídas, e, sim, de acordo com a virtude. DIÓGENES adverte que o objetivo dos homens, ao decidirem viver reunidos em cidades, é o de protegerem de perigos exteriores, mas atacam-se uns aos outros, cometendo entre si as piores perversidades, como se houvessem reunidos precisamente para isto. j) *Aplicação da fraternidade humana: mudança nos valores humanos: não desdenhar e, sim, estar contato com os excluídos*. Sob a alegação de que médicos convivem com doentes sem se contagiar, o cínico não evita a companhia de criminosos. MONDOLFO comenta:

> La importancia historica de esta afirmación resulta de la cfr. com las casi idénticas afirmaciones de Cristo: "No son los sanos quienes necesitan el medico, sino los enfermos; yo no he venido a llamar a los justos, sino a los pecadores" (*Evang*. de MARCOS II, 17, MATEO, IX, 12, LUCA, V, 31). Los cínicos, al determinar la misión del filósofo y el objeto de ella, se anticipan a la transmutación de los valores que llevará a cabo después el cristianismo, al fijar la misión de la redención y su objeto. Pero ya también el cinismo pretendía ser una especie de redención espiritual: con la diferencia, sin embargo, que él ponía sus miradas únicamente en la vida presente, y el cristianismo en la futura.[58]

Diz-se, acima: estoicismo é filosofia de purificação da alma, assim como epicurismo e cinismo. Também acima, estudam-se semelhanças e diferenças entre estoicos e epicúrios. A mais, são elencados, nos parágrafos anteriores, os tópicos mondolfianos de caracterização do cinismo. Tudo isso no cumprimento da finalidade de se encontrar as especificidades do estoicismo – a raiz filosófica do Direito romano –, através da apresentação das particularidades de seus vizinhos,

---

58   *Idem, ibidem*, p. 187.

epicurismo e cinismo. No entanto, há, entre esses três ramos de filosofia, um terceiro vínculo, o que ocorre entre cínicos e epicúrios. O estudo de contrapontos dessa relação contribui para aprimorar a definição da atitude estoica presente na atmosfera espiritual do século III antes da era cristã. Nietzsche anota as peculiaridades do elo entre as referidas correntes filosóficas:

> *Cínicos e epicúrios* – O cínico percebe o nexo entre as dores mais numerosas e mais fortes do homem superiormente cultivado e a profusão de suas necessidades; ele compreende, portanto, que a pletora de opiniões sobre o belo, o conveniente, decoroso, prazeroso, deveria fazer brotarem ricas fontes de gozo, mas também de desprazer. Em conformidade com tal percepção ele regride no desenvolvimento, ao renunciar a muito dessas opiniões e furtar-se a determinadas exigências da cultura; com isso ganha um sentimento de liberdade e de fortalecimento; e aos poucos quando o hábito lhe torna insuportável o modo de vida, passa realmente a ter sensações de desprazer mais raras e mais fracas que os homens cultivados, e se aproxima da condição do animal doméstico; além do mais, sente tudo com o fascínio do contraste – e pode igualmente xingar a seu bel-prazer: de modo a novamente se erguer muito acima do mundo de sensação do animal. – O epicúrio tem o mesmo ponto de vista do cínico; entre os dois existe, em geral, apenas uma diferença de comportamento. O epicúrio utiliza sua cultura superior para se tornar independente das opiniões dominantes; eleva-se acima destas, enquanto o cínico fica apenas na negação. Aquele anda, digamos assim, por caminhos sem vento, bem protegidos, penumbrosos, enquanto acima dele as copas das árvores bramem ao vento, denunciando-lhe a veemência com que o mundo lá fora se move. O cínico, por outro lado, vagueia nu na ventania, por assim dizer, e se endurece até perder a sensibilidade.[59]

A respeito dessa *diferença de comportamento*, Comparato assinala as *ideias gerais* que acompanham a escola estoica ao longo de seus, aproximadamente,

---

59 Nietzsche, Friedrich Wilhelm. *Humano, demasiadamente humano*: um livro para os espíritos livres. Trad. Paulo César de Souza. São Paulo: Companhia das Letras, 2000, § 275.

seis séculos de vida: "A primeira e mais importante dessas ideias gerais do estoicismo é a exaltação da natureza, considerada a grande ordem universal, animada pela divindade".[60] É marcante a rejeição do estoicismo às teses principais do platonismo, a separação entre o natural e o sobrenatural, a dicotomia entre razão espiritual e realidade sensível, a divisão do ser humano em alma e corpo. COMPARATO dá prosseguimento à sua apresentação do estoicismo:

> Para os estoicos, a natureza (*physis*) se confunde com a razão (*logos*). A natureza é o princípio racional que, ao mesmo tempo, ordena dialeticamente as ideias, estabelece a estrutura do mundo sensível e dirige as ações humanas; ou seja, estabelece as leis do pensamento, do mundo físico e da vida ética. De acordo com esse princípio, Zenão de Cítio, o fundador dessa corrente de pensamento, dividiu a filosofia em três partes – a lógica, a física e a ética –, divisão que Kant, mais de vinte séculos depois, ainda considerou plenamente adequada.[61]

No parecer estoico, virtude consiste em viver em harmonia com a natureza; viver a experiência dos acontecimentos que se sucedem segundo a natureza. COMPARATO diz o que essa *natureza* significa: "a conexão de um princípio universal com uma regra de vida própria de cada um de nós; pois cada homem insere-se na ordem do cosmos, como a parte no todo".[62] Há um governo universal, cujo chefe é Zeus e que pode ser identificado com a *reta razão*, que promove a unificação do mundo – o mundo é uno. "O homem não abre exceção à lei universal da natureza, nem se separa da divindade. Em si mesmo, ele é também um ser uno, não dividido em corpo e alma".[63] Viver em harmonia com a natureza consiste em viver em harmonia consigo mesmo, o

---

60 COMPARATO, *Ética, cit.*, p. 109.
61 *Idem, ibidem.* COMPARATO refere-se a *Fundamento para uma metafísica dos costumes*, em cujo Prefácio Kant expõe sua proposta de divisão da Filosofia.
62 *Idem, ibidem*, p. 110.
63 *Idem, ibidem.*

que só ocorre longe de paixões,[64] em estado de apatia (*apathéia*). Diante daquilo que é exterior à sua natureza pessoal – morte, saúde, doença, prazer, dor, beleza, feiúra, força, fraqueza, riqueza, pobreza etc. –, ou seja, diante daquilo sobre o que não tem poder, o sábio deve ser indiferente (*adiáphoros*), em estado de tranquilidade de alma, *ataraxia*, a noção de liberdade humana – pois poderosos, bajuladores, ambiciosos não são livres; – pois, o crime só é um mal para aquele que o comete; – pois o mundo é uma festa, da qual se deve saber como e quando se retirar. COMPARATO, chamando atenção para o fato de a visão de mundo estoica coincidir com a do ascetismo cristão, adverte:

> Mas a sabedoria, para os estoicos, não consiste apenas na identificação do indivíduo com a sua própria natureza. Na vida social, a inserção do homem na natureza universal implica também a necessária admissão da unidade do gênero humano, princípio ético que os estoicos foram os primeiros na História a afirmar.[65]

A ética estoica chega ao mundo romano por meio de PANÉCIO, a partir de 146 antes da era cristã. Mas, efetivamente, é através de CÍCERO (106-43 a. C.) que Roma aprende que pautar a vida segundo prescrições da natureza significa servir ao interesse geral da comunidade, antes que a seu próprio; conformar o próprio interesse com o interesse geral. WOLKMER apresenta a figura de CÍCERO:

> Numa perspectiva estoica e não menos jusnaturalista, Cícero defende uma reta razão (*recta ratio*) que preside tudo e, segundo a qual, todas as condutas humanas devem seguir. Trata-se, portanto, de uma regra preexistente, absoluta, imutável, perfeita.[66]

---

[64] Segundo os estóicos, as quatro paixões fundamentais são: dor (piedade, inveja, ciúme, despeito, desgosto, aflição, tormento), medo, desejo sensual (cobiça, ódio, rivalidade, cólera, amor não realizado, ressentimento, arrebatamento) e prazer (sedução, alegria com infelicidade alheia, volúpia, devassidão). A respeito: CARDOSO, Sérgio, *et al*. *Os sentidos da paixão*. São Paulo: Companhia das Letras, 1987.

[65] COMPARATO, *Ética, cit.*, p. 111.

[66] WOLKMER, Antonio Carlos. *Síntese de uma história das ideias jurídicas*; da antiguidade à modernidade. Florianópolis: Fundação Boiteux, 2006, p. 33.

Por seu turno, COMPARATO introduz o pensamento de CÍCERO:

> Se a natureza determina que devemos respeitar um homem apenas pelo fato de sua condição humana, é inegável que, sempre segundo a natureza, há algo que é de interesse comum a todos; se assim é, somos todos sujeitos a uma só e mesma lei natural, que proíbe atentar contra os direitos alheios.[67]

Da máxima ciceroniana advêm meia dúzia de conclusões. A primeira delas refere-se à dialética entre o todo e a parte: por um lado, nem o *interesse comum a todos* cassa o individual, nem o bem coletivo engole a propriedade privada; por outro, nem o indivíduo ou grupo sobrepõem-se àquilo que convém ao social. A segunda, teoriza o jusnaturalismo: a lei natural está acima de costumes e leis positivas, pois os direitos não se fundam em vontade dos povos, decisões dos príncipes e sentenças de juízes. A terceira, traduz o sentido geral e abstrato que CÍCERO atribui ao termo *lex*, conforme a interpretação de COMPARATO:

> A lei verdadeira é, portanto, a expressão da razão e da justiça. Segue-se daí que um mandamento injusto, ainda que revestido de aparência legal, não é lei, senão corrupção dela. [...] Um mandamento pernicioso, votado pelo povo, é tão pouco uma lei quanto aquele promulgado por uma assembleia de bandidos.[68]

A quarta, justifica o Direito: há um único direito, formado por uma só lei, que se constitui em critério justo que ordena e proíbe e que se funda na consciência ética que a natureza dá ao homem, a sua inclinação natural a amar o próximo. A quinta, identifica o destinatário do direito natural, fundado no amor ao próximo: o gênero humano, pois, em ultima instância, cada um pertence à sociedade universal do gênero humano – CÍCERO manifesta da seguinte maneira: "Dizer que se deve respeitar os concidadãos, mas não os estrangeiros, é destruir

---

67 CÍCERO. *De officiis*, livro III, VI, *apud* COMPARATO, *Ética*, *cit.*, p. 112.
68 COMPARATO, *Ética*, *cit.*, p. 113. A análise de COMPARATO está suportada em CÍCERO, *De legibus*, II, 13.

a sociedade comum do gênero humano".[69] O motor da ética ciceroniana reflete o motivo fundamental de Zenão, pois, conforme COMPARATO:

> nós não somos cidadãos de uma tribo ou de uma *pólis*, separados uns dos outros por um direito particular e leis exclusivas, mas devemos considerar todos os homens como concidadãos, como se pertencêssemos à mesma tribo e à mesma *pólis*.[70]

A sexta e, da lista anunciada, última, associa o estoicismo de CÍCERO e o cristianismo – associação que COMPARATO apresenta na forma de interrogação:

> O amor como fundamento do direito autêntico; a existência de uma sociedade de todos os homens, unida pelo princípio da fraternidade universal: quem não percebe que essa visão ética, embora formulada antes do nascimento de Jesus Cristo, já exprime a própria essência da mensagem evangélica?[71]

Encontrar similitudes entre a abordagem estoica e a cristã significa estabelecer mais um *laço de sentido* em torno da tarefa-eixo da presente exposição: a civilização ocidental enquanto uma grande, enorme, imensa continuidade. Demonstrar o vínculo estoicismo-cristianismo é, por outro lado, aguçar a curiosidade. Que resultados e consequências o estoicismo produz na Roma pré-cristã? Os fundamentos da doutrina de Zenão são utilizados para cimentar uma das vigas mais importantes da ciência do direito criada no mundo romano. O significado da aplicação da filosofia grega no mundo jurídico romano é apresentado por COMPARATO, na forma como se segue:

> Posteriormente, sob a influência do estoicismo, os juristas romanos passaram a considerar o direito pretoriano como inspirado

---

69 CÍCERO, *De officiis*, III, 28, *Apud* COMPARATO, *Ética, cit.*, p. 113.
70 COMPARATO, *Ética, cit.*, p. 113. Nota 12.
71 *Idem, ibidem*, p.114.

em um direito ideal, comum a todos os povos do orbe terrestre: o *ius gentium* (literalmente, direito dos povos).[72]

Posteriormente a quê? À *iurisprudentia* e ao *ius praetorium*.

Ao avanço que Roma imprime ao Direito ocidental com a *iurisprudentia*, entendida – não à luz dos princípios republicanos e, sim, conforme a hegemonia que, a partir de Augusto, o Principado e a Monarquia Absoluta do Baixo Império passam a exercer – como condição de possibilidade do universalismo que caracteriza o direito romano. *Iurisprudência* que, em Salgado, assume foros de expressão erudita da *justitia*:

> A forma erudita do direito em Roma é a jurisprudência (*responsa prudentium, ius consensum receptum, receptae sententiae*). O método usado era em primeiro lugar saber de cor a Lei da XII Tábuas ou os Editos dos Pretores; na sua formação, depois de aprender o direito positivo, "os jovens eram iniciados" nos princípios da filosofia, dominada pela estoica. Alguns "seguiam os princípios de um direito rígido, outros os da equidade"; uns seguiam a palavra ou letra da lei, outros buscavam a sua razão. Esse processo desenvolve-se até a formulação das *Instituições* de Gaio e, posteriormente, nas *Institutas* de Justiniano, já com o propósito de elaboração doutrinária, posta metodologicamente destacada no *Corpus* com a finalidade de ensino científico do direito, dando-se com isso o início à Ciência Dogmática do Direito.[73]

Iurisprudentia, para Comparato é *ciência do direito*, como se vê:

> A explicação do universalismo do direito romano foi a criação da *iurisprudentia* ou ciência do direito; ou seja a análise racional do fenômeno jurídico mediante a elaboração de conceitos e princípios, tal como ocorreu como saber filosófico dos gregos.[74]

---

72   Idem, ibidem, p.115.
73   Salgado, *A ideia do justiça no mundo contemporâneo, cit.*, p. 95.
74   Comparato, *Ética, cit.*, p.114.

Iurisprudentia... *Iurisprudentia* estudada por MATA-MACHADO, em *Elementos da teoria geral do direito*, obra na qual o parágrafo de abertura da seção *Jurisprudência – significado romano* merece a máxima atenção:

> É a mais antiga das ciências do direito. Na famosa definição de Ulpiano, confunde-se com a própria filosofia. Lê-se de fato: *Jurisprudentia est divinarum atque humanarum rerum noticia, iusti atque iniusti scientia* conhecimento das coisas divinas e humanas, ciência do justo e do injusto.[75]

MATA-MACHADO refere-se à *jurisprudência* como *a mais antiga das ciências do direito*, mas sabe que Roma atribui ao saber jurídico o nome *juris-prudentia* (prudência do direito); que evita o *juris-scientia* (ciência do direito). Sabe, também, que a expressão *Ciência do Direito* é invenção da Escola Histórica alemã, empenhada, no século XIX, em dar caráter "científico" à investigação do fenômeno jurídico. Postura muito distante das intenções romanas, como ensina FERRAZ JR.:

> Entre os romanos, porém, esta preocupação, nestes termos, não existia. As teorizações romanas sobre o Direito estavam muito mais ligadas à práxis jurídica. Assim, os qualitativos que a atividade do jurista dita *jurisprudência* recebia – *ars, disciplina, scientia* ou *notitia* – não devem ser tomados muito rigorosamente do ponto de vista de uma teoria da ciência. Os romanos nunca levaram muito a sério a questão de saber se sua atividade era uma ciência ou uma arte.[76]

A experiência promovida pelo pensamento jurisprudencial romano desenvolve no trato com soluções de conflitos. No entanto, há nessa prática um modo de teorizar o direito, uma forma de "ciência", enquanto *saber, ciência prática* (que, além de agir e prescrever, contempla e descreve), saber prático

---

[75] MATA-MACHADO, Edgar de Godoi. *Elementos de teoria geral do direito*: para os cursos de introdução ao estudo do direito. Belo Horizonte: Líder, 2005, p. 58.

[76] FERRAZ JR., Tércio Sampaio. *A ciência do direito*. 2ª ed. São Paulo: Atlas, 1986, p. 18.

dotado de senso de rigor, presente na construção de uma *terminologia jurídica*. Construir *terminologia* é mais do que ter cuidado com a *coisa*, é dar-lhe *nome* e, assim, conhecê-la, através de *palavras*. Recepcione-se a Ferraz Jr., em sua palestra sobre a *terminologia* edificada pela *jurisprudência*:

> Nisto foram mestres os romanos, produzindo definições duradouras e critérios distintivos para as diferentes situações em que se manifestavam os conflitos jurídicos da sua práxis. Sua técnica dicotômica de construir conceitos, quase sempre na forma de pares – "actio in rem" e "actio in personam", "res corporales" e "res incorporales", "jus publicum" e "jus privatum" – e denominada "divisio", não foi, porém, um produto da práxis pura e simplesmente, mas teve influência de modelos de "ciência" já constituídos entre os gregos, como a filosofia, a gramática, a retórica.[77]

Por isso, é preciso discernir a verdadeira natureza da atividade-mestre da *jurisprudência*, isto é, a construção de uma *terminologia jurídica*: conceber, em última jornada, uma metafísica – ou seja, permitir à Roma o permitir-se vislumbrar uma *visão de mundo* em torno do Direito. São três as jornadas da *jurisprudência*. Em primeiro lugar, se o jurista não é literário, é *linguageiro*, nos termos de Foucault:

> A linguagem é o murmúrio de tudo que é pronunciado e, ao mesmo tempo, o sistema transparente que faz com que, quando falamos, sejamos compreendidos; em suma a linguagem é tanto o fato das palavras acumuladas na história quanto o próprio sistema da língua.[78]

Enquanto agente da linguagem, o jurisprudente inaugura a *língua do Direito* e, historicamente, começa a acumular palavras jurídicas. Mas ser mascate

---

77 Ferraz Jr., *A ciência do direito*, cit., p. 19.
78 Foucault, Michel. "Linguagem e literatura". Trad. Jean-Robert Weisshaupt e Roberto Machado. In: Machado, Roberto. *Foucault*: a filosofia e a literatura. 2ª ed. Rio de Janeiro: Zahar, 2001, p. 140.

de palavras é, apenas, a primeira jornada. A segunda, transforma o jurista em *obreiro*, submete a linguagem a uma *obra*, na concepção de FOUCAULT:

> há essa coisa estranha, no interior da linguagem, essa configuração da linguagem que se detém em si própria, se imobiliza e constrói um espaço que lhe é próprio, retendo nesse espaço o fluxo do murmúrio que dá espessura à transparência dos signos e das palavras. Erige-se, desse modo, o volume opaco, provavelmente enigmático, que constitui a obra.[79]

O volume da *obra* jurisprudencial só aparece com JUSTINIANO, por ocasião do lançamento do *Digesto*, enquanto forma de decifrar o enigma proposto pelos juristas. E a forma escolhida é a de tentar *digerere*, "pôr em ordem", em latim. As funções de *linguageiro* e de *obreiro* são jornadas preparatórias ao vértice alcançado pela *jurisprudência*, o que se dá quando ela concebe uma *metafísica do direito*, uma visão-de-mundo do mundo jurídico. Trata-se de uma visão-de-direito, na qual o jurista romano imagina que o Direito é dicotômico, dividido em pares – *actio in rem* e *actio in personam*, *res corporales* e *res incorporales*, *jus publicum* e *jus privatum*. E, até hoje, o Direito ocidental procede conforme o devaneio fundamental de sua *jurisprudência* matriz. Entretanto, dividir em pares etc., é ainda tão-somente ciência. A *jurisprudência* é metafísica quando, ao lado da classificação, mas *além* dela, alcança, por exemplo, com ULPIANO, definições, fruto de uma visão-geral-de-mundo-jurídico, que norteiam as apreciações do Ocidente sobre *justiça* – "A justiça é a vontade constante e perpétua de dar a cada um o que é seu",[80] sobre *mandamentos jurídicos* – "Os preceitos do direito são: viver honestamente, não lesar ninguém, dar a cada um o que seu",[81] e, principalmente, sobre *Direito*:

> Se se quiser entender a matéria jurídica, é preciso, antes de mais nada saber donde vem a palavra direito (*ius*). Ora, essa palavra provém de justiça (*iustitia*): com efeito, como definiu

---

79 Idem, ibidem.
80 COMPARATO, *Ética, cit.*, p. 119.
81 Idem, ibidem.

limpidamente (*eleganter*) Celso, o direito é a arte do bom e do equitativo. E nós (juristas) podemos, com razão, ser chamados os sacerdotes do direito, pois de fato praticamos a justiça, procuramos dar a conhecer o que é bom e equitativo, com a separação entre o justo e o injusto, a distinção entre o lícito e o ilícito; pretendemos que os homens de bem se conduzam não apenas por temor do castigo, mas também pelo desejo de recompensa, e esforçamo-nos, sinceramente, por alcançar, salvo engano, uma *filosofia verdadeira*.[82]

Ou seja, uma *metafísica*, como teoria primordial do ser do direito ou como fundação originária do *uno* jurídico. *Uno* a que, no entanto, Roma admite divisões: *ius civile*, direito próprio de cada Estado e que não se aplica ao cidadão romano; *ius gentium*, direito comum a todos os homens e que, no Estado romano, se aplica a cidadãos e estrangeiros; e, *ius naturale*, o direito ideal. BILLIER analisa as relações entre as três conotações de *ius*:

> Del Vecchio refere-se a Cícero relembrando sua tese principal: o direito não é um efeito da vontade livre, mas é ditado pela natureza. O direito não se baseia em uma pura positividade: nesse caso, as leis dos tiranos seriam o direito. Ele se refere a uma justiça natural imutável e necessária. A ordem parece ser então a seguinte: do *jus naturale* decorre, em estreita relação com ele, um *jus gentium* que, cumprido por todos os povos, serve de base para seus relacionamentos recíprocos porque é fundado sobre necessidades comuns, mesmo que admita variações constitucionais. Enfim, há o *jus civile*: o direito em vigor em cada povo em particular.[83]

CÍCERO é filósofo. A mesma ideia em mãos de um jurista, por exemplo, de ULPIANO, recebe a seguinte versão, fundada na certeza de que o fundamento do direito está na própria natureza das coisas, conforme BILLIER: "O *jus*

---

82 *Idem, ibidem* (grifo nosso).
83 BILLIER, MARYIOLI, *História da filosofia do direito, cit.*, p. 105.

naturale se liga à *aequitas*: um tratamento igual das coisas e das relações iguais. Tal seria o fundamento do direito: a 'naturalidade' da regra da *aequitas*".[84]
 Filosofia do direito? Sim, quando se ouve CÍCERO... Teoria do Direito? Claro, no momento em que se dialoga com ULPIANO... *Ars*? *Disciplina*? *Scientia*? *Notitia*? Não importa. A *jurisprudência* romana é base de profundas conclusões acerca dos fundamentos da tradição jurídica do Ocidente. Em primeiríssimo lugar, atente-se para esta Roma convicta de que a "ciência do direito" é a quintessência dos ramos de saber – *divinarum atque humanarum rerum noticia, conhecimento das coisas divinas e humanas*. Num ponto cardeal dessa pretensão está a figura do jurista romano, *vates romanorum, sapientes gentium*, que deriva da *Metaphysica juris* o *legitimae scientiae principium*.[85]
 Ora, a última expressão – *legitimae scientiae principium*, princípio da ciência legítima – insiste em atribuir foro científico à jurisprudência romana. Já que é assim, é preciso lembrar que FERRAZ JR., diante da obsessão cientifizante, considera que "o melhor a fazer é referir-se à tradição aristotélica e ao critério de racionalidade".[86] Acrescenta FERRAZ JR.:

> Aristóteles propõe um conceito bastante estrito de *ciência*, tida como o conhecimento da coisa como ela é (An. Post. I,2,71b): vale dizer, o conhecimento da causa, da relação e da necessidade da coisa. Nestes termos, conhecimento científico é conhecimento universal ou conhecimento da essência. O instrumento deste conhecimento é o silogismo dedutivo e indutivo, que nos permite, a partir de premissas seguras, a obtenção de conclusões válidas e certas. De outro lado, fala-nos ele da *prudência*, como conhecimento moral, capaz de sopesar, diante da mutabilidade das coisas, o valor e a utilidade delas, bem como a correção e justeza do comportamento humano. A prudência é dotada de uma racionalidade própria, cujo

---

84 *Idem, ibidem*, p. 106.

85 As expressões latinas estão em MATA-MACHADO, *Elementos de teoria geral do direito, cit.*, p. 58, citando VICO *apud* GUELFI, *Lezzioni e saggi di filosofia del diritto*. Seus significados: *vates romanorum*, vates do Lácio; *sapientes gentium*, sábios das nações; *Metaphysica juris, jurisprudentia; legitimae scientiae principium*, princípio da ciência legítima.

86 FERRAZ JR., *A ciência do direito, cit.*, p. 20.

instrumento básico é a dialética, enquanto arte das contradições, do exercício escolar da palavra, do confronto das opiniões. Aqui se enquadra a jurisprudência romana, cuja racionalidade dialética a torna tipicamente um saber prudencial (fronesis).[87]

Juris-prudentia... a prudência do direito... o conhecimento moral do direito...; o modo de dotar o direito de uma racionalidade própria, instrumentalizada pela dialética, pelo contraditório...

A respeito, ouça-se Mata-Machado:

> A prudência, a *phrônesis* da Ética Nicomaqueia, não se confunde com a habilidade, a sagacidade, a esperteza, a solércia de quem sabe "sair pela tangente" ou "não pôr a mão no fogo", de quem nunca se arrisca, de quem se ri dos heróis e dos santos. Virtude intelectual, era orientada para a prática, para a ação honesta, leal e justa. Situava-se entre o *logos*, ou o conhecimento racional e o *ethos*, ou o conhecimento moral, entre a *theoria* e a *praxis*. Iluminava os fins da atividade humana, verdadeiramente, autenticamente humana. Aquino definiu-a como o *habitus* ou a disposição estável de toda pessoa – inteligência e vontade – que delibera, julga e ordena *retamente*, tendo em vista o fim bom de toda a vida humana: *quae ad bonum finem totius vitae humanae recte consiliatur, iudicat et praecipit*.[88]

A lição de Mata-Machado parece inesgotável:

> É a prudência que nos ensina a escolher os meios bons para um fim bom, a aplicar aos casos concretos os princípios gerais.

---

[87] *Idem, ibidem*. Aqui, o método dialético pode ser explicado através de suas etapas lógicas. Em primeiro lugar, o dialético classifica os dados da realidade empírica pelo duplo processo da *distinção* (*diairesis, differentia*) e do *relacionamento* (*synthesis*) e estabelece gêneros e espécies (*distinctio, divisio*), ou seja, formula *conceitos* (instrumento, nas ciências práticas, de análise e raciocínio e de composição de regras de decisão ou intervenção na vida social). Em segundo lugar, o dialético descobre os princípios ou explicações racionais da realidade, por meio de *definição* (*kanon, regula, definitio*), de breve narração das coisas (*brevis rerum narratio*). A respeito, ver Comparato, *Ética, cit.*, p. 116.

[88] Mata-Machado, *Elementos de teoria geral do direito, cit.*, p. 59.

Virtude heroica, sem dúvida, que exige independência, destemor, pertinácia. Virtude que deve informar a atividade do juiz, do jurista, na melhor acepção da palavra. Pode levar-nos de fato ao conhecimento, à "ciência" do que é justo e do que é injusto, do *direito* e do *torto*, do jurídico e do *antijurídico*.[89]

Volte-se a ULPIANO: *iusti atque iniusti scientia*, ciência do justo e do injusto... Refletindo acerca do dito de ULPIANO, MATA-MACHADO vê-se diante da especificidade da *ciência do direito*:

> O *justo* e o *injusto*, eis o tema sobre o qual se deve deter o jurista. No ato humano, contemplará ele o que se conforma ou não com a ideia ou valor de justiça. Não eram assim os romanos tão voltados, como se supõe, para a *ratio scripta*, a lei. Os princípios constituíram o melhor de sua preocupação. A regra, a lei deveriam realizar o justo. Direito, para eles, era igual ao *que é justo*.[90]

SALGADO comenta, tendo por meta a reflexão sobre o justo em KANT:

> Um direito injusto ou totalmente a-ético é [...] inadmissível, porque o legislador do direito "está vinculado à ideia de contrato originário e ao princípio da liberdade." As normas produzidas por ele têm sua validade garantida somente no "pressuposto da possível aprovação dos cidadãos", sendo que os deveres por elas criados nos seus súditos podem ser "reconhecidos pela razão simplesmente e não se justificam só pela sanção. Esta aparece no momento de possibilidade da aplicação do direito (o homem não é bom por natureza) e não da sua justificação. Demais, o Estado tem uma função educadora, pois uma 'boa constituição faz bons os cidadãos; e o que lhe dá

---

89 *Idem, ibidem*.

90 *Idem, ibidem*, p. 58. Sobre a *ciência do justo e do injusto*, MATA-MACHADO acrescenta à definição de ULPIANO o comentário do Papa PIO XII, expresso em *Relactions humaines et societé contemporaine*, de 1949, à definição de Ulpiano. Na oportunidade, o referido Papa afirma que o direito, com suas normas reguladoras, preside a tessitura das relações sociais.

o caráter ético é o direito e, em última instância, o direito da pessoa humana por excelência [...], a liberdade'".[91]

Além de ULPIANO, Roma lega ao Ocidente *métodos de criação do direito* ainda vigorosos e eficazes tanto nos sistemas jurídicos da família anglo-saxônico (*Common Law*), quanto nos da família romano-germânica.

No caso do *Common Law*, é larga a evidência de princípios herdados do direito romano: – construção do direito caso a caso, por meio de decisões judiciais; – excepcionalidade do direito legislado; – formalismo e tipicidade de atos jurídicos e ações judiciais; – saber jurídico, *jurisprudence*, a partir de generalização de situações concretas. FERRAZ JR. aprofunda a questão:

> Os textos de Juliano discutem o usucapião. A introdução refere-se à aquisição por usucapião de filho de uma escrava roubada. Seguem-se uma série de soluções a um conjunto de problemas, em que se buscam pontos de apoio para a argumentação (boa fé, interrupção), retirada de outros textos já comprovadamente aceitos e reconhecidos. O jurista coloca um problema e trata de encontrar argumentos. Vê-se levado a não ordenar o caso ou os casos dentro de um sistema prévio, exercendo o seu juízo por considerações medidas e vinculadas. Pressupõe, é verdade, um nexo entre os casos, mas não visa à sua demonstração. Dá, assim, um tratamento ao tema que nos lembra o "reasoning from case to case" anglo-saxão, mas que com ele não se confunde, pois seu empenho não é tomar casos já decididos, em toda a sua extensão, utilizando-os como exemplo, mas abstrair o caso e ampliá-lo de tal maneira que se possa obter uma regra geral.[92]

Parece notável o equívoco de certos historiadores do direito em proclamarem a casuística como a mais significativa contribuição romana. Na verdade, na busca permanente do *justo* abstrato, racional e universal é que Roma traz seu grande quinhão, de resto central à experiência dos povos romanísticos.

---

91 SALGADO, *A ideia de justiça em Kant*, cit., p. 272.
92 FERRAZ JR., *A ciência do direito*, cit., p. 19.

No caso dos sistemas da família romano-germânica, acompanhe-se a observação de COMPARATO:

> Embora nos direitos da família romano-germânica haja prevalecido um outro método de criação do direito, a sua origem histórica também pode ser localizada na experiência romana do período pós-republicano.
> De fato, com o principado e o império, a criação do direito passou a ser monopólio da burocracia central, constituída por pessoas da confiança pessoal do príncipe ou imperador. Produziram-se com isso os seguintes efeitos, reavivados na Europa continental a partir do Renascimento:
> - A predominância do direito positivo (*ius positum*), isto é, do direito posto ou imposto pela autoridade política, em relação ao direito costumeiro;
> - O controle da aplicação do direito positivo diretamente pela autoridade central, com a subordinação dos juízes ao poder do monarca;
> - Enfim, a concentração de todo poder de criação do direito na pessoa do príncipe ou do imperador, que se proclamava "senhor das leis e reitor da justiça e da equidade" (*legum dominus, iustitiae aequitatisque rector*).[93]

Com base no depoimento de COMPARATO, os juristas-criadores-de-direito do período republicano desaparecem para dar lugar, no Império, ao jurista-comentarista-do-direito-positivo-e-da-obra-dos-clássicos. Forçoso, pois, concluir com COMPARATO: "Essa tradição imperial do direito romano exerceu profunda influência no desenvolvimento ulterior dos direitos da família romano-germânica".[94] Impossível, no entanto, não questionar: perde o Direito ocidental, diminuindo o prestígio daquele jurista que, diante do real, tem a prudência de o subverter com *deformações voluntárias*? Se perde, perde *o quê* e *quanto*?

---

93   COMPARATO, *Ética, cit.*, p. 116.
94   *Idem, ibidem.*

Histórias do Direito romano

O "direito romano" vigora por mais de mil anos. A história dessa instituição – uma espécie de patrimônio imaterial da humanidade – pode ser dividida, conforme VÉRAS NETO:

> Os períodos em que a historiografia jurídica divide a história jurídico-política do Império Romano correspondem a etapas cronológicas plenamente delimitadas: 1) Período da Realeza (das origens de Roma à queda da realeza em 510 a.C.); 2) Período da República (510 a.C. até 27 a.C., quando o Senado investe Otaviano – futuro Augusto – no poder supremo, com a denominação de *princeps*); 3) Período do Principado (de 27 a.C. até 285 d.C., com o início do *dominato* pró-Diocleciano); 4) Período do Baixo Império (de 285 d.C. até 585 d.C., data em que morre Justiniano).[95]

MARKY admite os mesmos marcos temporais: "O direito romano é o complexo de normas vigentes em Roma, desde a sua fundação (lendária, no século VIII a.C.) até a codificação de Justiniano (século VI d.C.)".[96] No ato terminal do direito romano, Justiniano recolhe os resultados das experiências anteriores. O trabalho justinianéio é entendido de acordo com a intenção de seu autor, definitiva e imutável, conforme MARKY observa: "Realmente, a evolução posterior dos direitos europeus baseou-se nessa obra de codificação, tanto assim que os códigos modernos, quase todos, trazem a marca da obra de Justiniano".[97] No entanto, MARKY introduz pequenas modificações na divisão de VÉRAS NETO. O quadro a seguir reúne a *história externa* e a *história interna* do Direito Romano:

---

[95] VÉRAS NETO, Francisco Quintanilha. "Direito romano clássico: seus institutos jurídicos e seu legado". In: WOLKMER, Antonio Carlos (Org.). *Fundamentos de história do direito*. 3ª ed. Belo Horizonte: Del Rey, 2005, p. 91.

[96] MARKY, Thomas. *Curso elementar de direito romano*. 8 ed. São Paulo: Saraiva, 1995, p. 5.

[97] *Idem, ibidem.*

Divisão com base em mudanças na organização política do Estado Romano		Divisão com base na evolução interna do direito romano	
Da fundação a 510 a. C.	Realeza	Época régia	De VIII a II a. C.	período Arcaico
De 510 a. C. a 27 a. C.	República	Época republicana		
De 27 a. C. a 285 d. C.	Principado	Principado até Diocleciano	Até III d. C.	período Clássico
De 285 d. C. a 585 d. C.	Baixo Império	Monarquia absoluta		
			Até VI d. C.	período Pós-clássico

O *direito romano arcaico* caracteriza-se por formalismo, rigidez, solenidade e primitividade. Em sua forma primeva, vige o direito das famílias, fratrias, tribos e cidades, conforme a lição de FUSTEL DE COULANGES. A primeira mudança dá-se com a criação de regras que visam a conferir autonomia ao cidadão, como indivíduo; o símbolo dessa fase é a codificação, em 451 e 450 a. C. e que até o tempo de Augusto (século I) é considerada a fonte de todo o direito (*fons omnis publici privatique iuris*), do direito costumeiro vigente nas XII Tábuas, contendo normas aplicáveis exclusivamente a cidadãos romanos. A entrada do direito romano em novo período é justificada por MARKY:

A conquista do poder, pelos romanos, em todo o Mediterrâneo, exigia uma evolução equivalente no campo do direito também. Foi aqui que o gênio romano atuou de uma maneira peculiar para a nossa mentalidade.[98]

O *direito romano clássico* é fruto de *jurisprudentia* e de *magistrados*, os quais, conforme MARKY, "em princípio, não podiam modificar as regras antigas, as que, de fato, introduziram as mais revolucionárias modificações para atender às exigências práticas de seu tempo".[99]

Uma das faces da revolução apresenta-se no século IV a.C., em plena República. Até então, a interpretação de normas jurídicas é privilégio sacerdotal. A partir desse momento, abole-se monopólio e admite-se o exercício por peritos leigos. A atividade jurisprudencial é analisada por MARKY: "Essa interpretação não consistia somente na adaptação das regras jurídicas às novas exigências, mas importava também a criação de novas normas".[100] Refratária a abstrações dogmáticas e a especulações teóricas, o método jurisprudencial consiste em examinar, explicar e solucionar casos concretos, sem preocupação com exposição sistemática. Ao jurista cabe *respondere*, emitir parecer jurídico sobre questão prática a ele apresentada, *agere*, instruir as partes sobre como agirem em juízo, e *cavere*, orientar leigos na realização de negócios jurídicos. Essa é a primeira fase da *jurisprudência*, que vive um segundo momento, o da glória da institucionalização da atividade. MARKY registra o evento:

> Foi Augusto que, procurando utilizar, na nova forma de governo por ele instalada, os préstimos desses juristas, instituiu um privilégio consistente no direito de dar pareceres em nome dele, príncipe: *ius respondendi ex auctoritate principis*. Esse direito era concedido a certos juristas chamados *jurisconsultos* (Inst. 1.2.8). Seus pareceres tinham força obrigatória em juízo. Havendo pareceres contrastantes, o juiz estava livre para decidir.[101]

---

98   *Idem, ibidem*, p. 6.
99   *Idem, ibidem*, p. 7.
100 *Idem, ibidem*, p. 8.
101 *Idem, ibidem* (grifo nosso).

SALGADO sintetiza:

> [A] dignidade que traz ao indivíduo a noção de sujeito de direito, construída a partir do direito romano, só foi possível, no seu pleno desenvolvimento, com o advento do Império, cuja natureza universal fez com que se consolidasse no indivíduo, embora não partícipe do exercício do poder, a sua personalidade jurídica mediante a dimensão ética do Estado, vista claramente na preocupação com administrar a justiça, cujos compreensão e conhecimento para formar o conteúdo das leis e decisões se puseram a cargo dos jurisconsultos.
> É na imensidão do Império que se fez necessária a universalização da justiça e da consolidação do sujeito de direito, independentemente da sua cidadania política, agora exercida por representação, sem o que a justiça permanece ineficaz como mera espontaneidade da consciência moral.[102]

É possível que essa classe de jurisconsultos constitua um importante aspecto da singularidade da experiência jurídica romana. Ela coloca a serviço do Direito profissionais de alto gabarito, tais como: QUINTO MÚCIO CÉVOLA, SÉRVIO SULPÍCIO, LABEÃO, SABINO, CELSO, JULIANO, ULPIANO, PAULO, PAPINIANO. Todos eles, juristas e teóricos do direito, doutrinadores, comentadores jurídicos de excelência. O trabalho desses homens é comentado por BILLIER:

> Paradoxalmente, uma das constantes dessa produção teórica é sua aversão pela teoria: o jurisconsulto romano, diz Michel Villey, tem sempre seu olhar fixado sobre o caso concreto, sobre o qual ele tem o hábito de ser consultado. Se ele produz regras gerais, é somente de forma estritamente jurisprudencial, por analogia entre casos similares. "Toda definição é perigosa em direito civil; ela se presta a ser refutada" afirma um fragmento do *Digestum* (D, 50.16.203), que propõe aliás uma máxima

---

102 SALGADO, *A ideia do justiça no mundo contemporâneo*, cit., p. 148.

metodológica: "não é preciso querer tirar o direito da regra, mas a regra se tira do direito" (D, 50.17.1).[103]

Mas os jurisconsultos não praticam apenas a consultoria jurídica. São, também, pedagogos. A respeito, pronuncia-se BILLIER:

> O *ensino do direito* representa papel essencial na constituição de um corpo de teoria do direito. Esse ensino responde a várias necessidades: inicialmente, àquela de formar discípulos que vão perpetuar a profissão; em seguida, àquela de defender eventualmente uma "escola" doutrinária particular contra outra concorrente (houve assim uma rivalidade entre a escola dos Sabinianos e a dos Proculianos); enfim, àquela de servir de guia para os praticantes do direito, exilados nos confins do Império, em proveitos dos quais os mais ilustres jurisconsultos redigem verdadeiros tratados práticos de direito.[104]

A outra face da revolução é representada pela filosofia e arte do *magistrado republicano* imbuído da administração da Justiça: o *pretor*. Ele cuida da primeira fase do processo entre particulares, verificando alegações e fixando os limites da contenda, e remete o caso a um juiz particular. Ao juiz cabe, mediante apreciação de provas, verificar a justeza das alegações e decidir. Lides entre cidadãos são preparadas por *pretor urbano*. A partir de 242 a.C., peças em que estrangeiro é parte são recebidas por *pretor peregrino*, instrumento de unificação política que, ao lado do poder militar, mostra sua utilidade no momento em que Roma, em face de suas recentes conquistas territoriais, necessita de, na exposição de COMPARATO, "um direito reduzido ao mínimo formalismo necessário e despido de todo particularismo local".[105] Roma abre espaço para o surgimento de um direito novo, flexível, criado pelo pretor, o *ius honorarium*, em nome da dignidade de seu cargo público. SALGADO registra seu mérito:

---

103 BILLIER, MARYIOLI, *História da filosofia do direito, cit.*, p. 102.
104 *Idem, ibidem.*
105 COMPARATO, *Ética, cit.*, p. 115.

> A racionalização do direito romano é uma das suas características e das suas mais importantes contribuições. Essa racionalização permite o desenvolvimento teórico, e vice-versa. Dá-se pela sistematização do direito material e pelo direito processual, em virtude principalmente das conexões lógicas exigidas na sucessão dos atos processuais e no fluxo da *actio*, em todo o seu percurso. Isso se deve fundamentalmente ao *ius honorarium*, no que se refere ao direito processual e mais acentuadamente aos *responsa prudentium*, no que tange ao direito material.[106]

Sobre o *ius praetorium*, conforme visto, o estoicismo exerce influência uma vez que os juristas romanos passam a admitir uma inspiração para o direito pretoriano na imagem de um direito comum a todos as gentes: o *ius gentium*, o direito dos povos. As causas que permitem ao pretor ser o agente de uma das mais importantes modificações do direito no Ocidente, bem como suas características, apresenta-as MARKY:

> O pretor, como magistrado, tinha um amplo poder de mando, denominado *imperium*. Utilizou-se dele, especialmente, a partir da lei *Aebutia*, no século II a.C., que, modificando o processo, lhe deu ainda maiores poderes discricionários. Por essas modificações processuais, o pretor, ao fixar os limites da contenda, podia dar instruções ao juiz particular sobre como ele deveria apreciar as questões de direito. Fazia isto por escrito, pela *formula*, na qual podia incluir novidades, até então desconhecidas no direito antigo. [...] Essas reformas completavam, supriam e corrigiam a regras antigas.[107]

Ao entrar no exercício de duas funções, o pretor faz publicar o *Edito*, as diretrizes que iria observar em seu mandato. Ao final de um ano é substituído, assim *editos* sucediam-se em escala valiosa. Por volta de 130 d.C., o resultado da experiência pretoriana é codificado por ordem de Adriano. O responsável pelo trabalho é Sálvio Juliano. Sobre o *ius praetorium*, MARKY observa:

---

[106] SALGADO, *A ideia do justiça no mundo contemporâneo*, cit., p. 42.
[107] MARKY, *Curso elementar de direito romano*, cit., p. 7.

Note-se bem, entretanto, que esse direito pretoriano nunca foi equiparado ao direito antigo (*ius civile*). A regra antiga, pela qual o pretor não podia criar direito (*praetor ius facere non potest*), continuou em vigor. Assim, esse direito pretoriano, constante do Edito e chamado *ius honorarium*, foi sempre considerado como diferente do direito antigo (*ius civile*) mesmo quando, na prática, o substituiu.[108]

Sobre a importância do *ius gentium* DAL RI JÚNIOR apresenta interessante estudo sobre seu surgimento, enquanto reflexo da economia do mundo romano:

> Nas suas origens, o comércio e o *jus gentium* romano eram condicionados por uma realidade eminentemente agrícola, que não comportava movimentos em torno da circulação de mercadorias ou de fatores produtivos. Gradualmente, com a incorporação de elementos do direito grego no então incipiente sistema romano, é possível constatar uma notável liberdade de iniciativa que não penalizava as atividades comerciais com os *gentis*. Em particular, esta incorporação gerou os pressupostos jurídicos que asseguraram uma escrupulosa aplicação dos contratos e do direito de propriedade, além de um solícito e equitativo procedimento de solução de controvérsias.[109]

DAL RI JÚNIOR mostra que, a partir de 265 a. C., Roma expande relações marítimas comerciais, expande o direito romano através das vitórias de suas legiões, institui a *pax romana*, consolidada pela imposição de um único ordenamento. Daí a necessidade de instrumentos jurídicos mais flexíveis do que os do *ius civile*, inadequados aos atos de comércio com os outros povos do Mediterrâneo. Segundo DAL RI JÚNIOR, do *ius civile* nasce o *ius gentium*:

> Por isso é interessante salientar [...] o fato de o *jus gentium* ter sido originalmente elaborado no sistema romano como

---
108 *Idem, ibidem.*
109 DAL RI JÚNIOR, Arno. *História do direito internacional*: comércio e moeda; cidadania e nacionaliade. Florianópolis: Fundação Boiteus, 2004, p. 24.

> instrumento para o desenvolvimento do comércio internacional, relegando à obscuridade as demais áreas que compõem o direito internacional clássico, tais como o direito da guerra e da paz. O que importava era substituir a estrutura pesada e inflexível do *jus civile* por um sistema mais flexível e veloz, que regulamentasse a circulação de mercadorias e de fatores produtivos, assim como a resolução de litígios destas provenientes.
>
> Revestem-se de significativa importância, neste âmbito, as palavras do jurista alemão Rudolf von Jhering, ao afirmar que "A concepção do *commercium* era para os romanos nada mais do que o modo normal para abrir as portas às relações internacionais. No final do século V encontramos um tribunal especial competente para os litígios jurídicos entre estrangeiros e romanos: o *Praetor peregrinus*. Desenvolveu-se, então, baseado nos tratados anteriores e com a cooperação da teoria e da prática, um direito comercial universal internacional: o *ius gentium*".[110]

O período seguinte é o do *direito romano pós-clássico*, iluminado pela estrela de JUSTINIANO (483-565), cujo mérito reside em ter preservado o direito romano para o Ocidente, através do processo de codificação por ele concebido.

Em 529, Justiniano organiza o *Codex*, coleção completa das leis emanadas dos imperadores. Em 534, Justiniano publica o *Codex repetitae praelections*, espécie de nova edição do *Codex*, em harmonia com a vasta obra legislativa por ele mesmo empreendida no curso dos trabalhos. Segundo MARKY: "Somente temos o texto desta segunda edição do Código Justinianeu",[111] que, especialmente, contém proíbe invocar qualquer regra não prevista por ele.

Paralelamente, Justiniano edita o *Digesto* (do latim, *digerere*) ou, na pronúncia grega, *Pandectas*, seleção de obras dos jurisconsultos clássicos, que, porém, adquire conotação "científica" *sui generis* já que os codificadores alteram os textos escolhidos com o propósito de adaptá-los aos novos princípios vigentes. As adaptações, os *emblemata Triboniani* – o nome advém de Triboniano, o jurista encarregado por Justiniano para empreender a tarefa –,

---

110 DAL RI JÚNIOR, *História do direito internacional, cit.*, p. 27.
111 MARKY, *Curso elementar de direito romano, cit.*, p. 9.

constituem as hoje chamadas *interpolações* sobre as quais informa MARKY: "A descoberta de tais interpolações e a restituição do texto original clássico é uma das preocupações da ciência romanística dos últimos tempos".[112]

Codex é obra legislativa. *Digesto* é doutrina. Além delas, Justiniano produz *Institutiones*, manual de direito para estudantes, publicado em 533 e, segundo MARKY, "modelado na obra clássica de Gaio, do século II a.C.".[113]

A codificação justinianeia possui, ainda, um quarto tomo, as *Novellae*, conforme explica MARKY: "Nos anos subsequentes a 535, até sua morte em 565 d.C., Justiniano publicou efetivamente um grande número de novas leis, chamadas *novellae constitutiones*".[114]

Em 1538, DIONÍSIO GODOFREDO, romanista francês, batiza o conjunto formado por Código, Digesto, Institutas e Novelas: *Corpus Iuris Civilis*, o Corpo de Direito Civil.

Tronco estoico do direito romano

A dialética é introduzida em Roma por estoicos, notadamente, por PANÉCIO. A partir do final da Segunda Guerra Púnica, os juriscunsultos aplicam o método dialético grego na análise da realidade jurídica. A dialética é aplicada em Roma de duas maneiras diferentes. Durante a República, conforme COMPARATO, "para a criação de novas soluções em casos concretos".[115] A partir do advento do Principado, ainda conforme COMPARATO, "para a interpretação e sistematização do direito em vigor".[116] Ora, *intérpretes* e *sistematizadores*, são, também, criadores do direito. O que acrescenta à leitura anterior da *jurisprudência* – revolucionária, linguageira, obreira, metafísica, científica –, mais uma característica, *realizadora*, graças à dialética.

---

112 *Idem, ibidem.*
113 *Idem, ibidem*, p. 10.
114 *Idem, ibidem.*
115 COMPARATO, *Ética, cit.*, p. 118.
116 *Idem, ibidem.*

No entanto, a contribuição estoica vai além da dialética. Expressa-se, com maior vitalidade, ao introduzir Roma em uma nova visão ética do mundo, expressa em um sistema de princípios. Feito amplificar de alta potência, Roma saberá levar os confins do Ocidente o som do discurso estoico. Comparato é quem traz a notícia:

> Segundo Panécio, por exemplo, há uma correspondência essencial entre as virtudes cardeais e as tendências fundamentais da natureza humana. A justiça corresponde à tendência do indivíduo a viver em harmonia com a humanidade. A prudência, à tendência natural à descoberta da verdade e ao cumprimento dos deveres morais. Por sua vez, a virtude da moderação, ou razoabilidade, que ele denomina *sophrossyne*, está ligada à tendência natural de respeito à dignidade própria e à dos outros homens (*aidôs*), a qual conduz à beleza moral (*kálon*, que os romanos traduziram por *decorum* ou *honestum*), em oposição à seca utilidade. Nada verdade, nada pode existir na vida que não seja, ao mesmo tempo, justo e honesto.[117]

Comparato traz mais uma palavra acerca de Panécio:

> Convém ressaltar que Panécio, na linha da reflexão estoica tradicional, foi dos primeiros pensadores a elaborar o conceito de pessoa. Ao fazer uso simbólico do vocábulo *prósopon* – a máscara teatral identificadora de cada personagem (*persona*, na tradução latina) – distinguiu ele a pessoa, como natureza universal do ser humano, da personalidade própria de cada indivíduo. "Uma vez respeitada a natureza humana universal, cada um de nós pode seguir a sua própria natureza." Cícero, seu discípulo, dirá que "depende de nossa vontade decidir que papel social (*personam*) desejamos exercer".[118]

(A dignidade da natureza humana é fundamento inafastável e, enquanto ponto de partida, objeto de respeito de todos, sem discriminação. É o marco

---

117 *Idem, ibidem*, p. 117.
118 *Idem, ibidem*.

inicial da Declaração Universal dos Direitos Humanos que, em 1948, dá tratamento contemporâneo à orientação determinada, há séculos, pelo *conceito de pessoa*: *todos os homens nascem livres e iguais, em dignidade e direitos.*)

Conclua-se com SALGADO:

> O que a cultura romana parece deixar claro é não estar o direito cindido da moral, pois a assume, embora com ela não se confunda. É o direito, contudo, o direito posto, que realiza a justiça, vale dizer, a justiça é um valor ético que encontra sua efetividade ou atualidade no direito. Isso significa: a justiça se realiza na satisfação do direito do indivíduo reconhecido como pessoa de direito; porquanto é no momento da aplicação do direito que a justiça se consuma. E nessa aplicação intervém a interpretação com o fim de se alcançar o efeito justo da lei. Diverso, contudo, é interpretar a lei para cumpri-la e interpretá-la para aplicá-la ou fazê-la cumprir. No segundo caso há um terceiro neutro com função reprodutiva [...]. O aplicador [...] reproduz a lei ao aplicá-la, isto é, realiza como máxima o princípio universal, a lei jurídica. Não há uma nova norma, mas a efetivação da norma na forma de máxima subjetiva, pela qual a universalidade abstrata da norma se encarna na particularidade (em si mesma abstrata) do fato empírico, para efetivar-se como universal concreto, isto é, superação do universal e do particular, na forma de síntese da lei e do fato, na máxima do aplicador, a sentença, na unidade de ser e dever ser. É no momento da aplicação aparelhada ou espontânea (o cumprimento espontâneo) que se dá a efetividade do direito, portanto da justiça. Esse processo integra os momentos da vigência e da eficácia, de ser e de dever ser, de modo que a norma, dever ser, é apenas um momento do direito, o qual se completa na efetividade desse dever ser, que é ser, mas diferente do ser como fato antes de ser elevado à norma. O direito é todo o processo que vai do fato à norma, pela valoração, e da norma à efetividade do direito, formando esse círculo progressivo o direito no seu conceito.[119]

---

119 SALGADO, *A ideia do justiça no mundo contemporâneo*, cit., p. 186.

Idade Média: o nascimento da família de direitos românicos

O imenso problema da gênese e da vida da família romano-germânica é de alto nível de *complexidade*. *Complexidade* devida a, pelo menos, duas questões. A primeira, reporta à exigência de se compreender "família romano-germânica" enquanto algo feito de elementos romanos que, depois da desagregação do Império, se mantêm no lugar preservado por Justiniano, de elementos bárbaros romanizados e romanos barbarizados que terminam por considerar o Direito romano *patrimônio cultural* tanto de uns, quanto de outros, de forças restauradoras desse Direito, a serviço da Universidade medieval, e, de energias recepcionadoras desse mesmo Direito, aplicadas por Estados modernos, principalmente no momento das codificações. Sua forma ("família romano-germânica") é resultado do amálgama desses ingredientes. A segunda, refere-se à civilização ocidental, lugar e tempo de manifestação dos Direitos da família romano-germânica. A civilização ocidental é o conjunto dinâmico composto por substâncias religioso--filosófico-jurídicas, herdeiras da Antiguidade greco-romana, submetidas à prova medieval e que se demonstram vivas na aurora da Modernidade, e por um sistema de relacionamento entre essas substâncias e o Estado, em seus vários graus de laicidade. Sua forma é o Ocidente, isto é, o resultado do modo como essas substâncias interagem entre si e transformam-se, a cada fase da História, em Religião e Direito.

Eis um esboço de uma pesquisa sobre gênese – identificada na fundação de Roma, no século VIII a.C., e na retomada acadêmica da Idade Média, no século XIII – e vida da família romano-germânica, desde então até a hora dos códigos, em finais do século XVIII e início do século XIX, quando, enfim, o Direito romano, através de seus sucessores, firma hegemonia no Ocidente contemporâneo.

Descaminhos jurídicos:
longe da noção de Justo *(c. 501-c. 1100)*

Justo é valor. O Ocidente quer sua razão, sua equidade, sua imparcialidade, sua retidão, sua integridade - sempre. Tal é a natureza de sua pretensão: legítima. Hespanha identifica a expressão desse desejo no imaginário ocidental:

> Uma concepção ingênua do direito tende a vê-lo apenas como um sistema de normas destinadas a regular as relações sociais, assegurando aqueles padrões mínimos de comportamento para que a convivência social seja possível. Neste sentido, o direito limitar-se-ia a receber valores sociais, criados por outras esferas da actividade cultural e a conferir-lhe uma força vinculativa garantida pela coerção.
> Na verdade, a eficácia criadora (*poiética*) do direito é muito maior. Ele não cria apenas a paz e a segurança. Cria, também, em boa medida os próprios valores sobre os quais essa paz e segurança se estabelecem. Neste sentido, o direito constitui uma actividade cultural e socialmente tão criativa como a arte, a ideologia ou a organização da produção econômica.[120]

Anote-se a advertência de Hauser: "A unidade da Idade Média como período histórico é inteiramente artificial".[121] O Medievo divide-se em períodos culturais, conforme predomínio, por exemplo, ou da economia natural, ou da cavalaria galante, ou da cultura burguesa urbana. Tais divisões são, conforme Hauser, "muito mais profundas do que as que marcam o começo e o fim da Idade Média como um todo".[122] Além disso, os acontecimentos que separam esses períodos – surgimento da cavalaria aristocrática, mudança da economia natural para a economia monetária urbana, despertar da sensibilidade lírica e ascensão do

---

120 Hespanha, António Manuel. *Cultura jurídica europeia*: síntese de um milênio. Florianópolis: Fundação Boiteux, 2005, p. 99.

121 Hauser, Arnold. *História social da arte e da literatura*. Trad. Álvaro Cabral. São Paulo: Martins Fontes, 1998, p. 123.

122 *Idem, ibidem.*

naturalismo gótico, emancipação da burguesia e começo do capitalismo moderno – são, acrescenta Hauser, "mais importantes para explicar a moderna concepção de vida do que todas as realizações espirituais da Renascença"; e arremata: "O único elemento de importância que domina a Idade Média antes e depois dessas mudanças cruciais é a cosmovisão assente em bases metafísicas".[123]

Acompanhando Hauser, em sua insatisfação com a periodização tradicional, Caenegen divide a Idade Média em duas épocas jurídicas: Alta Idade Média, c. 500-c. 1100; e, Idade Média do direito romano-germânico, c. 1100-c.1750, uma vez que, segundo sua análise, os anos 1500 não quebram a continuidade do período. Isso posto, acompanhe-se Caenegen, apresentando o caráter da Alta Idade Média (século VI e XII):

> O Império Romano fora a forma política da antiga civilização meridional e ocidental da Europa, da África do Norte e da Ásia Menor. Quando caiu, três novas civilizações surgiram: o império bizantino greco-cristão (no qual algo do antigo Império Romano sobrevivera); o mundo árabe-islâmico; e o ocidente latino-cristão, composto pela antiga população romana e pelos povos germânicos que acabavam de se estabelecer ali.[124]

A *queda* do mundo romano arrasta-se desde o século II. Durante os séculos seguintes, o cristianismo difunde-se até que, pelo edito de Constantino, em 313 (séc. IV), torna-se religião oficial do Império Romano. Em 475 da era cristã (séc. V), Roma cai. Braudel analisa os desdobramentos entre o século II e o século V:

> Antes da tormenta das invasões do século V e das catástrofes acarretadas pelas vitórias do Islã do século VII ao XI, o cristianismo teve, de certa forma, tempo para se adaptar ao mundo romano, para constituir ali sua hierarquia, para aprender a distinguir com clareza o temporal – "o que é de César" – do espiritual, para triunfar das vivas lutas dogmáticas decorrentes, antes de tudo, das

---

123 Idem, ibidem.
124 Caenegem. R. C. van. *Uma introdução histórica ao direito privado.* Trad. Carlos Eduardo Lima Machado. 2ª ed. São Paulo: Martins Fontes, 2000, p. 23.

argúcias, da agilidade da língua e do espírito gregos, mas também da necessidade de precisar os fundamentos teológicos do cristianismo, de fixar os seus aspectos, de tirar as suas consequências.[125]

No trabalho de definir *fundamentos teológicos*, o cristianismo convoca Concílios[126] e arregimenta os Padres da Igreja – os *apologistas*, que, antes de Constantino, lutam contra o paganismo, e os *dogmáticos*, que definem a doutrina cristã em face de seitas dissidentes. Braudel homenageia a luz máxima do movimento:

> Santo Agostinho não é o último dessa linhagem (que alguns exegetas acreditam prolongar-se até o século VIII ou mesmo até o século XII), mas é de longe o mais importante para o Ocidente. […] O brilho excepcional de sua obra (*A cidade de Deus*, as *Confissões*), suas próprias contradições, seu desejo de associar a fé e a inteligência, isto é, em linhas gerais, a civilização antiga e a civilização cristã, o vinho velho e o novo, essas tentativas conscientes fazem dele, sob certo ângulo, um racionalista. Nele, a fé domina tudo. No entanto, ele diz: *credo ut intelligam*, creio para compreender. E diz ainda: *Si fallor, sum* – se eu me engano, existo; *Si dubitat, vivit* – se duvida, vive. […]
> Sem dúvida, o futuro deu mais atenção ao santo Agostinho teólogo e a suas afirmações sobre a predestinação. Isso não impede que o agostinismo tenha dado sua cor, suas possibilidades de movimento e de discussão ao cristianismo ocidental, quando mais não fosse ao insistir na forte necessidade de só nos engajarmos na fé com conhecimento de causa, depois de profunda reflexão pessoal, com a consequente vontade de agir.[127]

No Ocidente, a autoridade imperial declina no século V. Nesse momento, infiltram-se os bárbaros, protagonizando as devastadoras guerras dos séculos VI a VIII. Nesse momento, a Igreja, segundo Braudel, "afirma-se como o

---

125 Braudel, *Gramática das civilizações*, cit., p. 310.

126 Os Concílios do período são: Niceia, 325; Constantinopla, 381; Éfeso, 431 e Calcedônia, 451).

127 Braudel, *Gramática das civilizações*, cit., p. 310.

próprio Império, como a própria civilização do mundo antigo, que ela assumiu e salvará, de certo modo, salvando a si mesma".[128] HAUSER estrutura a face socio-política-cultural desse processo de interpenetração de culturas:

> Depois das invasões bárbaras, uma nova sociedade surgiu no Ocidente, com uma nova aristocracia e uma nova elite cultural. Mas, enquanto esta se desenvolvia, a cultura desceu a um nível até então desconhecido na Antiguidade clássica e permaneceu estéril por séculos. A antiga cultura não teve, porém, um fim súbito: a economia, a sociedade e a arte decaem e desaparecem gradualmente, e a transição para a Idade Média acontece pouco a pouco, de forma quase imperceptível. A continuidade do desenvolvimento tem sua melhor expressão na sobrevivência da estrutura econômica da fase final do Império Romano: a agricultura com propriedade em escala de latifúndio e os *coloni* ainda como base da produção. Os velhos povoados permanecem habitados, e as cidades em ruínas são até parcialmente reconstruídas. O uso da língua latina, a validade do direito romano e, sobretudo, a autoridade da Igreja Católica, que se converte num modelo para a administração pública – tudo isso se conserva intato. Por outro lado, o exército romano e a antiga administração tiveram de desaparecer. É feita uma tentativa para preservar no novo Estado as instituições existentes, a administração financeira, o sistema policial e legal, mas os antigos cargos – pelo menos os de maior importância – tinham de ser preenchidos por novos funcionários, e a nova aristocracia provém, em grande parte, desse novo funcionalismo civil.[129]

A descrição de HAUSER, a seguir, proporciona uma visão panorâmica acerca da posição da cultura, rebaixada *a um nível até então desconhecido na Antiguidade clássica*, e o comportamento da aristocracia do início da Idade Média:

---

128 BRAUDEL, *Memórias do Mediterrâneo, cit.*, p. 311.
129 HAUSER, *História social da arte e da literatura, cit.*, p. 148.

No século V, ainda existia por toda a parte um aristocracia culta, versada em assuntos literários e artísticos, mas no século VI havia desaparecido quase por completo; a nova nobreza franca não tinha o menor interesse por questões de educação e cultura. Não só a aristocracia, mas também a Igreja passa por um período de abandono e decadência. Eram numerosos os casos em que até mesmo os mais altos dignitários da Igreja mal sabiam ler e Gregório de Tours, que descreveu essa situação, escrevia ele próprio num latim bastante rudimentar – um sinal de que a linguagem da Igreja estava já morta no século VII.[130]

No século VII, os bárbaros estão instalados, isto é, o antigo Estado romano, na visão de CAENEGEM, "fora dividido em vários reinos tribais germânicos"[131] – sobre os "cidadãos" desses Estados, HAUSER declara: "Os germanos eram, em sua grande maioria, camponeses livres que cultivavam seus próprios campos; em parte, porém, já eram latifúndios com servos trabalhando as terras para eles".[132] Essa paisagem campestre caracteriza os referidos reinos tribais germânicos, isto é, reinos *francos*, *ostrogodos*, *visigodos* e *lombardos*, que, na verdade, fazem interagir povos de origens germânica e romana, conforme HAUSER:

> As conquistas germânicas geraram a transição dentro do próprio povo germânico do antigo estado tribal para a monarquia absoluta. Os Estados recém-estabelecidos acarretaram mudanças que habilitaram os reis vitoriosos a tornar-se independente da assembleia popular de homens livres e, seguindo o exemplo dos imperadores romanos, colocar-se acima tanto do povo quanto da nobreza. Consideravam os territórios conquistados como propriedade privada e seus seguidores como súditos comuns, exercendo sobre eles o mais absoluto controle pessoal.[133]

---

130 *Idem, ibidem*, p. 152.
131 CAENEGEM, *Uma introdução histórica ao direito privado*, cit., p. 23.
132 HAUSER, *História social da arte e da literatura*, cit., p. 145
133 *Idem, ibidem*, p. 149.

Desaparecem os principais componentes da antiga cultura jurídica – a tradição das antigas escolas de direito, o saber dos juristas, a legislação imperial e a jurisprudência –, afastando o direito romano de seu modelo clássico. O sistema jurídico construído pelo Império deixa de existir. No entanto, a avaliação de CAENEGEM, diferenciando mundo antigo e sociedade germânico-romana, é mais precisa:

> O desaparecimento do Estado romano e a influência crescente dos povos germânicos foram decisivos para a evolução do direito romano. A velha ordem jurídica romana não desaparecera inteiramente, mas, com o declínio das instituições da Antiguidade, perdera sua posição de supremacia. As principais mudanças foram as seguintes: sob o império, toda a população estava sujeita ao direito romano, mas só agora os *romani*, descendentes das velhas populações nativas, estavam sujeitos a ele. As tribos germânicas conservaram seu próprio direito consuetudinário.[134]

O direito produzido durante o período da migração de povos e das devastadoras guerras dos séculos VI a VIII é um direito obsoleto, defasado no tempo, quando comparado com o da Antiguidade cristã. É rústico, o direito das tribos camponesas que inundam o Ocidente. No entanto, aos olhos do bárbaro, o decrépito mundo romano é sinônimo de desordem, diante de que tende a preservar a originalidade de seu modo de ser. Tendência que, na esfera jurídica, faz com que o bárbaro reafirme a validade de seu *princípio da personalidade das leis* – pelo qual, segundo esclarecimento de CAENEGEM: "seja qual for o seu lugar de residência e seja qual for o soberano deste lugar, um indivíduo permanente sujeito ao direito de seu povo de origem".[135] LE GOFF (1924-) explica o Direito da Alta Idade Média:

> Num reino bárbaro, não está cada um sujeito a uma mesma lei, válida para todos os habitantes do território; antes é julgado conforme os costumes jurídicos do grupo étnico a que pertence; o

---

134 CAENEGEM, *Uma introdução histórica ao direito privado, cit.*, p. 24.
135 *Idem, ibidem*, p. 27.

Franco segundo a tradição franca, ou antes, segundo a tradição do seu grupo franco, por exemplo *sálico, o Burgúndio segundo o costume burgundo e o romano segundo a lei romana. Daí espantosas discrepâncias: a violação de uma virgem é punida com a morte no caso do Romano e com uma multa no caso de um Burgúndio; ao contrário, a mulher unida a um escravo era considerada pela lei romana como simples concubina e não perdia a sua condição ingênita, mas a lei sálica reduzia-a à escravidão.*[136]

O estudante de cultura jurídica ocidental reconhece a *fragmentação político-jurídica* e identifica-a: fase imberbe de civilização. Também as *arcaicas* Grécia e Roma viveram períodos de famílias, de fratrias e de tribos. Retome-se a já conhecida lição de FUSTEL DE COULANGES:

> à medida que esses diferentes grupos se vinculam, nenhum perde sua individualidade nem a sua independência. Ainda que se reúnam muitas famílias em uma só fratria, cada uma se conserva constituída como na época em que viviam isoladas; coisa alguma lhes faz alterar o culto, o sacerdócio, o direito de propriedade, nem a justiça interna. [...]
> A cidade era uma confederação. Por isso se viu obrigada, pelo menos durante muitos séculos, a respeitar a independência religiosa e civil das tribos, das cúrias e das famílias e ainda por isso não teve, a princípio, o direito de intervir nos negócios particulares de cada um desses pequenos corpos. A cidade nada tinha a ver com o que se passasse no seio de cada família; não era juiz do que por lá acontecia e deixava ao pai o direito e o dever de julgar sua mulher, seu filho ou seu cliente. Por essa razão o direito privado, prefixado na época de isolamento das famílias, pôde subsistir por muito tempo nas cidades sem se modificar.[137]

---

[136] LE GOFF, Jacques. *A civilização do ocidente medieval*. V. 1. Trad. Manuel Ruas. Lisboa: Editorial Estampa, 1983, p. 56.

[137] FUSTEL DE COULANGES, *A cidade antiga, cit.*, p. 88.

Antes de a divergência entre diferenças étnicas acirrar-se, impossibilitando a vida em seu interior, os Estados pós-Império empenham-se em promulgar textos legais. Le Goff comenta o significado do *Edictum Theodorici*:

> O edicto de Teodorico apresenta a singularidade de não assentar, precisamente, na "personalidade" das leis e de pretender impor a todas as "nações", tanto à romana como às bárbaras, que viviam sob o seu domínio, uma mesma jurisdição. O ostrogodo Teodorico o Grande é bem o último verdadeiro herdeiro da tradição romana no Ocidente.[138]

Introduzir *o ostrogodo Teodorico* na *tradição romana* significa reconhecer que a ideia de Direito, tal como o Ocidente a viu nascer, continua, portanto, viva. Caenegem desenha parcela de sua sorte:

> O direito romano estava reduzido a um direito consuetudinário provinciano, o "direito romano vulgar", que prevalecia na Itália e no Sul da França. O direito vulgar era usado nas compilações rudimentares feitas, sob as ordens dos reis germânicos, em benefício dos seus súditos romanos.[139]

Reduzido, sim, quanto à esfera de validade (vigência, eficácia e legitimidade). No campo da influência, não; aqui, o *corpus juris romani* mostra-se sedutor. Fundamenta o *corpus juris canonici*. Relaciona-se com o *corpus juris germanici*, do qual conhecem-se importantes diplomas. Seu mais intelectualizado ramo é o do *direito visigótico*, de origem consuetudinária com forte influência de Direito Romano, cuja primeira obra de compilação é o Código de Eurico,[140] que, promulgado em cerca de 476, dirime controvérsias entre

---

138 Le Goff, *A civilização do ocidente medieval, cit.*, p. 56.
139 Caenegem, *Uma introdução histórica ao direito privado, cit.*, p 25.
140 O código trata, pela primeira vez, de *bucelários*, sobre o qual, http://www.colegiosaofrancisco.com.br/alfa/alexandre-herculano/eurico-o-presbitero-8.php, acesso em 10 de julho de 2007, informa: "No império godo os bucelários vinham a ser o mesmo que os clientes dos romanos, homens livres aditos às famílias poderosas, por quem eram patrocinados e, talvez, sustentados, se, como pretende Masdeu e o seu, nesta parte, quase tradutor Romey,

visigodos e hispanos e galo-romanos. Cite-se, também, o *Fuero Juzgo* que, ao lado de costumes municipais, mantém-se por muitos séculos como principal fonte de direito. Pode ser entendido como compilação de leis de direito romano e de práticas, usos e costumes de povos hispano-romanos e visigóticos (*Lex Bajuvariorum*, lei dos Bajuvários; *Leges Longobardice* ou *Longobardorum*, leis Longobardas ou dos Longobardos; *Lex Frisonum*, lei dos Frísios; *Lex Saxonum*, lei dos Saxões; *Lex Angliorum*, lei dos Anglos; *Capitularia regum francorum*, capitulares dos reinos francos).[141]

Ainda acerca da influência do *corpus juris romani*, acrescente-se que ele contribui na elaboração de *leis bárbaras para bárbaros e romanos* (como é o caso do *Edictum Theodorici*, ao qual se soma o exemplo da *Lex Romana Burgundiorum* ou *Lex Gundobalda ou Lex Gundobada*, escrita em latim, definindo relações entre burgúndios e também entre burgúndios e romanos), *leis bárbaras para romanos* (que é o exemplo lembrado, acima, por CAENEGEM) e, sobretudo, *leis bárbaras para bárbaros*, das quais citem-se exemplos: *Lex Ripuaria* ou *Ripuriariorum*, a lei dos francos ripuários, aceita como tendo sido escrita por ordem de Teodorico II; *Lex Francorum Chamavorum*, a Lei dos Francos Camavos; o *Pactus* ou *Lex Alammanorum*, *a* Lei dos Alamanos; edito do rei Rotharis de 643, que vigora em territórios italianos conquistados por

---

o nome *buccellarius* lhes provinha de *buccella* (migalha de pão). O Código Visigótico (Liv. 5, tit. 3º) estabelece os deveres e relações destes homens com seus amos e patronos. A obrigação mais importante do bucelário parece ter consistido no serviço militar: *Si ei... arma dederit*. É por isso que se me afigura mais provável a etimologia que a semelhante denominação atribui com preferência o erudito Canciani (Barbar. Leg. Ant., v. 4, p. 117) derivando-a da palavra escandinava *buklar* (o escudo), transformada no idioma germânico em *bukel* e nas línguas modernas em *bukler*, *bouclier*, *broquel*. Neste caso, bucelário corresponderia ao armígero ou escudeiro dos séculos XII e XIII, que, significando na sua origem o que trazia as armas ou o escudo do seu senhor ou amo, veio a tomar-se por um homem de armas de certa distinção, a quem, todavia, faltava o grau de cavaleiro".

141 Sobre o termo *capitulare*, CAENEGEM, *Uma introdução histórica ao direito privado*, *cit.*, p. 30, anota: "Uma constituição real (*capitulare*, plural *capitularia*) era composta de vários capítulos (*capitula*), e essa legislação deve seu nome a esses 'capítulos' (o título diz pouco, já que os estatutos, ordenações e cartas eram constituídos frequentemente de artigos ou 'capítulos'). O termo *capitulare* aparece pela primeira vez no reinado de Carlos Magno (cap. de Herstal, em 799 d.C.). Antes os termos usados eram *decretum*, *edictum*, *praescriptio*, entre outros".

lombardos; *Lex Salica*, escrita em latim no reinado de Clóvis (507-511), que codifica os costumes dos francos sálicos. A respeito da *Lex Salica*, CAENEGEM pronuncia-se, tomando-a como o exemplo mais conhecido de um grupo de compilações assim caracterizadas:

> [Tais] compilações não passavam de tentativas desajeitadas de expressar em latim um direito primitivo que era desprovido de qualquer princípio geral e, consequentemente, de qualquer tradição analítica. Essas compilações continham principalmente normas de direito penal, que assumiam a forma de especificações detalhadas, fixando penas e compensações no caso de homicídio e vários delitos, assim como normas processuais e o (ainda primitivo e irracional) direito de prova. Eram normas que refletiam a sociedade agrária arcaica da qual derivavam.[142]

O caráter fragmentário do fenômeno jurídico repete a tendência à compartimentação – fragmentação do povoamento, da ocupação e exploração do solo e da economia –, característica da Alta Idade Média. LE GOFF analisa a coleção de leis particulares:

> A diversidade jurídica não foi tão grande como se pode pensar; em primeiro lugar, porque as leis bárbaras se assemelhavam bastante de povo para povo, e depois porque, em cada reino, um dos códigos tinha tendência para sobrepor-se aos outros; finalmente, porque a marca do direito romano, desde o início mais ou menos forte [...], tende, dada a sua superioridade, a impor-se às novas legislações.[143]

A argumentação em prol do *princípio da territorialidade* é reforçada com teses promovidas da Igreja. LE GOFF relembra: "No reinado do visigodo Recesvinto (649-672), por exemplo, o clero obrigou o soberano a publicar

---

142 Idem, ibidem, p. 26. Ainda sobre a *Lex Salica*, CAENEGEM acrescenta (p. 27): "Nela podemos encontrar as 'glosas malbérgicas', velhos termos jurídicos dos francos que aparecem no texto latino e são assim chamadas por causa das palavras rituais pronunciadas na 'malberg', isto é, na colina em que o tribunal (*mallus*) se reunia".

143 LE GOFF, *A civilização do ocidente medieval*, cit., p. 57.

um novo código que fosse aplicável tanto a Visigodos como a Romanos".[144] Tentativa de, principalmente, barrar a onda destruidora inaugurada por bárbaros. LE GOFF revela a dimensão do problema: "Destruição continuada, já que os monumentos antigos em ruínas serviram de pedreiras onde se ia buscar pedras, colunas, ornamentos. Incapaz de criar e de produzir, o mundo bárbaro 'reutiliza'".[145] *Destruição continuada* e, a partir de 543 (século VI), ampliada pela peste negra, de origem oriental e que, por mais de meio século, devasta Itália, Espanha e grande parte da Gália. A vida torna-se *horror*. LE GOFF esforça-se para esboçar o que significa viver em situação de calamidade: primeiro, lembra o depoimento de GREGÓRIO de Tours (538-594): "Nesse tempo foram cometidos muitos crimes... cada um via a justiça à sua vontade pessoal";[146] depois, cita PAOLO DIACORO, que, no século VIII, recorda o flagelo:

> Terras e cidades até então cheias da multidão dos homens ficavam num só dia, mergulhadas, pela fuga geral, no mais profundo silêncio. As crianças fugiam abandonando os cadáveres dos progenitores insepulcros e os progenitores abandonavam os filhos com as entranhas ainda fumegantes. Se por acaso alguém se detivesse para enterrar o próximo, condenava-se com isso a ficar, por sua vez, sem sepultura... O século era reconduzido ao silêncio que antecedera a humanidade: não se ouvia vozes nos campos, os pastores já não assobiavam... As searas aguardavam em vão quem as ceifasse e as uvas ficavam pendentes das videiras enquanto o Inverno se avizinhava. Os campos estavam transformados em cemitérios e as casas dos homens em refúgio de animais bravios...[147]

---

144 *Idem, ibidem*.
145 *Idem, ibidem*, p. 58.
146 *Idem, ibidem*, p. 59. O bispo GREGÓRIO de Tours (GEORGIUS FLORENTINUS GREGORIUS) é autor de *Decem Libri Historiarum* ("Dez Livros de História"), conhecidos como *Historia Francorum*, História dos Francos.
147 *Idem, ibidem*, p. 58. LE GOFF atribui a autoria a Paolo DIACORO, mas é possível que se trate de Paulo, o Diácono, Paulo Diácono. A descrição da peste negra está em "*Historia gentis Langobardorum*", fonte consultada por Giovanni BOCCACCIO (1313-1375) para a redação de *Decamerão*.

A peste conduz o Ocidente à porta da tragédia; atravessando-lhe a soleira, o Ocidente cai no abismo do século VII. Esse fundo de poço, essa verdadeira *idade das trevas*, é observado por DAVID:

> Para que serve conhecer e precisar as regras do direito, quando o sucesso de uma das partes depende de meios tais como o juízo de Deus, o juramento das partes ou a prova dos ordálios? Para que serve obter um juramento, se nenhuma autoridade, dispondo de força, está obrigada, ou preparada, para pôr esta força à disposição do vencedor?
> Nas trevas da Alta Idade Média a sociedade voltou a um estado mais primitivo. Pode existir ainda um direito: a existência de instituições criadas para afirmar o direito (as *rachimbourgs* francas, as *laghman* escandinavas, as *eôsagari* islandesas, as *brehons* irlandesas, as *withan* anglo-saxônicas), e até mesmo o simples fato da redação de leis bárbaras tende a convencer-nos disso. Mas o reinado do direito cessou.[148]

Fim do *reinado do direito*..., julga DAVID. É possível que ele se refira a ineficácia e ilegitimidade de uma das fontes do direito, a lei. DAVID, parece, atenta-se unicamente ao fato de que, nessa hora, a norma jurídica escrita, emanada de um poder central, nem gera dever, nem garante exigibilidade. No entanto, a Alta Idade Média cria e alimenta outras formas de regulação de conduta. A Igreja publica *penitenciais*, tabelas de castigos a serem aplicadas aos diversos tipos de pecados. Fiéis fervorosos mostram-se livres de inibição, quando se trata de aplicar suplícios a hereges, transformando-os em mártires. LE GOFF descreve o requinte de crueldade de que francos católicos são capazes:

> Cortam-se vulgarmente mãos, pés ou extremidades de narizes, arrancam-se os olhos, mutilam-se rostos com ferros em brasa, espetam-se paus aguçados sob as unhas de mãos e pés... quando as chagas, saído o pus, começam a fechar, são

---

[148] DAVID, René. *Os grandes sistemas do direito contemporâneo.* Trad. Hermínio A. Carvalho. 4ª ed. São Paulo: Martins Fontes, 2002, p. 38. (grifo nosso). Trata-se "o *juízo de Deus*" de prova judiciária pelo fogo, por ferro em brasa, água fervente, duelo etc., pela qual se decide da inocência ou culpabilidade de um acusado. *Ordálio* é prova judicial sem combate.

novamente abertas. Se necessário, chama-se um médico para que, depois de curado, o infeliz possa ser torturado em mais longo suplício.[149]

É o direito... funcionando. Um direito formal, mas direito; torto, pela metade, mas, ainda assim, direito. Tanto que o fragmento da lei sálica, transcrito a seguir, possui foros de *validade*, conforme Le Goff, que se impressiona com a linguagem sem emoções do código:

> Por ter arrancado a outrem uma mão, um pé, um olho, o nariz: 100 soldos; mas, se a mão tiver ficado pendente do pulso, apenas 63; por um polegar, 50 soldos; se ele tiver ficado pendente, apenas 30; pelo indicador (o dedo que serve para disparar o arco): 45 soldos; outros dedos, 30 soldos; dois dedos ao mesmo tempo, 35 soldos; três dedos ao mesmo tempo, 50 soldos.[150]

Nada de novo, quanto à arcaica Grécia e à velha Roma. Fustel de Coulanges fala de uma lei "que permite ao pai vender *ou mesmo* matar o seu filho [lei que encontramos vigente tanto na Grécia como em Roma]";[151] e de um direito "de reconhecer o filho ao nascer, ou de o rejeitar. Este direito é conferido ao pai tanto nas leis gregas como nas romanas".[152] Em diálogo com o filósofo Plutarco (45-120?), Fustel de Coulanges informa que, em Roma, "as mulheres não podiam comparecer perante a justiça, mesmo como testemunhas";[153] depois do que ouve as razões do jurisconsulto Gaio:

> É preciso saber que nada pode ceder-se em justiça às pessoas que estão sob o poder de outras, isto é, à mulher, ao filho e ao escravo. Na verdade, desde que essas pessoas não podiam possuir coisa

---

149 Le Goff, *A civilização do ocidente medieval*, cit., p. 59.
150 *Idem, ibidem.*
151 Fustel de Coulanges, *A cidade antiga*, cit., p. 61 (grifo nosso).
152 *Idem, ibidem*, p. 63.
153 *Idem, ibidem*, p. 64.

alguma, com razão se concluiu nada poderem, tambám, reivindicar em justiça. Se vosso filho, submetido ao vosso poder, cometeu algum delito, a ação em justiça será movida contra vós. O delito cometido por um filho na pessoa de seu pai não dá lugar a nenhuma ação em justiça.[154]

Na Atenas clássica, a democracia tenta modificar tais costumes... Na Igreja da Alta Idade Média, bispos e monges acrescentam à função religiosa papéis político, econômico e militar, tentando barrar a violência e educar o povo. HAUSER comenta:

> As escolas dirigidas por leigos declinaram e foram fechadas uma após outra. Em breve não haveria mais instituições educacionais, exceto as escolas das catedrais, que os bispos mantinham a fim de assegurar um contínuo suprimento de clérigos. Foi assim que a Igreja começou a adquirir o monopólio educacional a que deve sua extraordinária influência na sociedade da Europa ocidental. O Estado torna-se clericalizado, em primeiro lugar simplesmente porque a Igreja fornece e educa os funcionários estatais, e os leigos educados adquirem instintivamente as concepções eclesiásticas de vida, pois as escolas das catedrais e, mais tarde, as escolas monásticas são os únicos estabelecimentos educacionais aos quais se podem mandar os filhos.[155]

Exemplo da atividade político-educacional da Igreja, os *Manuais* de São Martinho, arcebispo da capital do reino suevo, fixam, em 579, conforme atesta LE GOFF: "um – *De correctione rusticorum*, um programa de correção dos costumes dos camponeses; o outro – *Formula vitae honestae*, dedicado ao rei

---

154 *Idem, ibidem.* O texto é de GAIO, citado por FUSTEL DE COULANGES, eis a referência: GAIO, II, 96, IV, 77, 78.
155 HAUSER, *História social da arte e da literatura, cit.*, p. 152. Lembrar que o termo *catedral* refere-se à principal igreja de um bispado ou arcebispado, independente de seu estilo arquitetônico ou do gabarito da edificação.

Mir, o ideal moral do príncipe cristão".[156] Louve-se a intenção, mas admita-se a dificuldade da missão, pois o próprio clero barbariza-se e, decaído, faz a espiritualidade e a prática religiosa regredir a culto de relíquias, reforço de tabus sexuais, proibições alimentares... Observando o processo, é possível dizer, com LE GOFF, que o Ocidente como que resvala "por um plano inclinado desde o Baixo Império Romano".[157] A Igreja parece interessada nesse declínio, conforme LE GOFF, percebendo que Gregório, o pontífice que tanta influência exerce sobre o espírito medieval, está, na verdade, anunciando a Idade Média:

> E também, talvez principalmente, a tendência da Igreja para instaurar um clericalismo que só domina a Cristandade para a desviar dos assuntos do século. O pontificado de Gregório Magno (590–604), que foi o mais glorioso deste período, é também o mais significativo. Antigo monge eleito papa durante um surto de peste negra em Roma, Gregório julgou que as calamidades anunciavam o fim do mundo; para ele, o dever de todos os cristãos era fazer penitência, separar-se deste mundo para se preparar para o outro mundo que se avizinhava. Só pensou em fazer alastrar a Cristandade e em converter – fossem os Anglo-saxões ou os Lombardos –, para melhor desempenhar as suas funções de pastor a quem o Cristo do Juízo Final iria pedir insistentemente contas do seu rebanho. Os modelos que oferece na sua obra de edificação espiritual são S. Bento, isto é, a renúncia monástica, e Job, ou seja, o despojamento integral e a resignação. "Para quê continuar a ceifar se o ceifeiro não pode sobreviver? Que cada um considere o curso da sua vida para então compreender quão pouco lhe bastou".[158]

---

156 LE GOFF, *A civilização do ocidente medieval*, cit., p. 60. Quanto aos título dos manuais: *De correctione rusticorum*, Da correção dos rústicos: e *Formula vitae honestae*, Fórmula de vida honesta. LE GOFF afirma, ainda, que o êxito das obras prolonga-se por toda a Idade Média.

157 Idem, ibidem, p. 63.

158 Idem, ibidem, p. 62. Há que se anotar a influência de GREGÓRIO MAGNO, ou GREGÓRIO I, na cultura ocidental. Primeiro, no campo da pintura. CONSTANTINO, em 311 d. C., constatando que a Igreja já é um poder no Estado e querendo designar local para o culto, considera a inadequabilidade dos antigos templos. CONSTANTINO pensa em locais em que caibam multidões convertidas e ordena que se celebre na basílica, o salão real, que até então funciona como mercado coberto e espaço de audiência pública, aos moldes de um tribunal de justiça. Séculos depois,

Para que continuar a ceifar se o ceifeiro não pode sobreviver? A norma contida na instrução gregoriana não é mais Grécia, deixou de ser Roma. A que distância o Ocidente parece estar de si mesmo... Nasce a vontade de retornar. Sobre essa percepção, LE GOFF pronuncia-se:

> tão longe do ponto de partida que os próprios homens da Idade Média sentiram, logo no século VIII, e isto foi assim até ao século XVI, a necessidade de voltar a Roma, pois sentiam bem que a

diante da querela em torno da presença ou não de estátuas no interior de templos, GREGÓRIO decide pela pintura, pois segundo ele, é uma arte que faz pelos analfabetos o que a escrita faz pelos iletrados. Agora, no campo da música, âmbito profundamente marcado pela personalidade de GREGÓRIO, afirma MÁRIO DE ANDRADE (1893-1945), [*Pequena história da música*. 7 ed. São Paulo: Martins, 1980, p. 44]: "Roma lembra principalmente Gregório Magno (Papa de 590 a 604). Fundando a *Schola Cantorum*, verdadeira profecia dos conservatórios, e mandando escrever o Antifonário em que se grafaram as Antífonas e Responsos do ofício anual, São Gregório deu à música românica uma organização tão convincente que se generalizou pela Cristandade e fixou a melodia católica. Esta recebeu por isso o nome de Gregoriano. Mais tarde foi também chamada de Cantochão (*Cantus Planus*) por causa dos sons serem sempre iguais como duração e como intensidade. E ainda porque servia de base nas polifonias". À p. 37, ANDRADE ensina: "O Gregoriano utiliza-se de ritmo declamatório, fundado em acentos de intenção intelectual ou expressiva. Identificável, pois, ao movimento das frases faladas. A melodia gregoriana é essencialmente monódica e de conceito modal. Toda *harmonização* é pois uma superfetação nela. Com isso, Gregório resolve um problema que, desde a manhã da música ocidental, mostra-se de difícil solução: a união da palavra e do som; e o faz retirando da música seu elemento socializador, o ritmo, que a Rítmica grega leva à perfeição". Em sua crítica ao canto gregoriano, ANDRADE afirma: "É que o gregoriano não foi feito para a gente escutar; mas para a gente se *deixar escutar*. Ele provoca insensivelmente o estado de religiosidade". Ao estudar o canto gregoriano, MÔNICA SETTE LOPES depara-se com o antagonismo entre popular e erudito: "O fato de a Igreja não admitir a liberdade de expressão na música, não tirava das ruas a efetividade da manifestação criadora. Este é, porém, um dado tão difícil de se recuperar [...] No plano dos registros, apesar da instabilidade e da perda de lastro original por força da tradução pelos intérpretes, o *cantochão* é, para o mundo ocidental, a fonte de referência mais seguramente recuperada e revela uma escrita linear monofônica destinada à voz humana que cantava, em uníssono, nas igrejas. Essa música parece pertencer, 'histórica como teologicamente, a um outro mundo; é a música dos céus e de um passado imensamente remoto'". Lopes, Mônica Sette. *Uma metáfora*: música & direito. São Paulo: LTr, 2006, p. 46. MÔNICA SETTE LOPES cita a fonte: CARPEAUX, Otto Maria. *O livro de ouro da história da música*: da Idade Média ao Século XX. 2ª ed. Rio de janeiro: Ediouro, 2001, p. 21.

tinham deixado. Em todos os *renascimentos medievais* os clérigos afirmam, ainda mais que a nostalgia do regresso à Antiguidade, o sentimento de já serem outros. [...] Trazer de novo Roma à terra é para eles, simplesmente, restaurá-la, transferi-la: *translatio imperii, translatio studii*.[159]

Translatio imperii, translatio studii, "transferência do império, transferência do estudo". Potência e conhecimento caminhando juntos; talvez essa seja uma das mais transparentes faces da longa continuidade que é o Ocidente. Para Le Goff, essa continuidade começa na Babilônia: "O poder e a ciência, que no início da Idade Média estavam em Roma, têm de ser transportados para novas sedes como outrora tinham sido levados de Babilônia a Atenas e, depois, a Roma".[160] Acima, diz-se: *renascimentos medievais*, do século VIII ao XVI. O primeiro dá-se em fins do século VIII, a partir da *reconstituição da unidade ocidental* por carolíngios. O segundo ocorre no século X, pouco antes do momento (séculos XI-XIII) em que a cristandade aparece formada aos olhos do Ocidente.

Império carolíngio, a partir do século VIII

Vale trazer Lucien Febvre para alinhar-se à questão:

> O Império carolíngio – não me acusem de demorar nele, de retê-lo por tempo demais, por um capricho de humor injustificável e injustificado, sobre os humildes destinos de uma formação frágil e efêmera – o Império carolíngio é o ponto de partida, é o germe, e o germe contém tudo; o Império carolíngio, como explicar sua gênese em definitivo? Não o sabemos?[161]

---

159 Le Goff, *A civilização do ocidente medieval*, cit., p. 63 (grifo nosso).
160 *Idem, ibidem*, p. 63.
161 Febvre, Lucien. *A Europa*: gênese de uma civilização. Trad.: Ilka Stern Cohen. Bauru: Edusc, 2004, p. 129

A dinastia carolíngia chega ao poder em 751 da era cristã. Diante dos territórios vizinhos, não se aventura sobre a Grã-Bretanha, não toca na Espanha muçulmana e respeita o poder temporal do Papa no novo Estado pontifical, que tinha ajudado a criar. Admitidos esses limites, a partir de 754, os francos avançam para sudeste, para a Itália, sudoeste, para a Espanha e para leste, para a Alemanha. A estratégia de expansão territorial de Pepino, o Breve, e de Carlos Magno conta com o auxílio de missionários, protegidos, conforme LE GOFF, por meio da seguinte tática: "Todo e qualquer ferimento feito nalgum deles e qualquer ofensa à religião cristã eram puníveis com a morte segundo umas capitulares publicadas para auxiliar a conquista".[162]

CARLOS MAGNO torna-se governante eficaz. Faz sentir sua autoridade em todo o reino, aperfeiçoando textos administrativos e legislativos e multiplicando o número de seus representantes. LE GOFF entra em detalhes:

> O instrumento escrito era constituído pelas capitulares, ou ordenações, ora particulares, para uma região, como as capitulares dos Saxões, ora gerais, como as de Herstal (ou Héristal) acerca da reorganização do Estado (799), a *De villis*, sobre a administração dos domínios reais, a *De litteris colendis*, sobre a reforma da instrução. O instrumento humano era constituído pelos *missi dominici*, grandes figuras laicas e eclesiásticas enviadas em missão, por um ano, a fiscalizar os delegados do soberano – os condes, e, nas fronteiras, os marqueses ou os duques – ou a reorganizar a administração.[163]

---

162 LE GOFF, *A civilização do ocidente medieval*, cit., p. 66.
163 *Idem, ibidem*, p. 70. Os títulos, em latim, traduzem-se da seguinte maneira: – *De villis*, "acerca das *villaae*"; – *De litteris colendis*, "acerca das letras colendas, respeitáveis"; e, – *missi dominici*, "enviados do senhor". CAENEGEM, *Uma introdução histórica ao direito privado*, cit., p. 31, informa sobre as ordens que o rei dirigia a esses 'enviados do senhor', através de *capitularia missorum*, "que são instruções verbais do soberano aos *missi dominici*, os mensageiros reais enviados a todo o país para supervisionar a aplicação da lei ou para introduzir novas normas. O aspecto essencial de suas missões era explicado oralmente, e aquilo que chegou até nós dessas capitulares não passa de *aide-mémoire*." Aliás, é antiga a ideia de que a palavra falada prevalece, no contrato e na prova, sobre a escrita. Se a palavra é do próprio rei, então possui força de lei.

A conjugação de tais fatores empresta nova dimensão a iniciativa de CARLOS MAGNO: em 800, o rei franco é coroado Imperador. Ouça-se LE GOFF:

> O restabelecimento do Império no Ocidente parece ter sido ideia do pontífice e não do carolíngio. Carlos Magno estava, acima de tudo, interessado em consagrar a divisão do antigo Império Romano num Ocidente cujo chefe seria ele e um Oriente que não ousava disputar ao basileus bizantino; mas não queira reconhecer a este o título imperial, que recordava uma unidade já desaparecida. Nos *Libri Karolini* de 792, apresenta-se como "rei das Gálias, da Germânia, da Itália e das províncias vizinhas" e o basileus é "o rei que reside em Constantinopla".[164]

Na década seguinte, a Igreja expõe desígnios, conforme LE GOFF:

> Mas em 799 o Papa Leão III viu uma tripla vantagem em dar a Carlos Magno a coroa imperial. Preso e perseguido pelos seus inimigos de Roma, necessitava de ver a sua autoridade restaurada, de facto e de direito, por alguém cuja autoridade a todos se impusesse sem contestação: por um imperador. Chefe de um Estado temporal, o Patrimônio de S. Pedro, queria que o reconhecimento dessa soberania temporal fosse confirmada por um rei superior a todos os outros – tanto no título como nos factos. Finalmente, tanto ele como uma parte do clero romano pensavam fazer de Carlos Magno imperador de todo o mundo cristão, incluindo Bizâncio, a fim de lutar contra a heresia iconoclasta e de estabelecer a supremacia do pontífice romano sobre toda a Igreja.[165]

CARLOS MAGNO coloca empecilhos ao propósito romano. Considera-se *rex a Deo coronatus*, "rei coroado por Deus". O presidente da cerimônia de coroamento, o Papa, é um homem que goza várias reputações, menos a de *vigário de Deus*. Tornar-se Imperador significa transformar-se em rei dos

---

164 Idem, ibidem, p. 69.
165 Idem, ibidem.

romanos, isto é, daqueles habitantes da Roma de 800, bem longe do prestígio que tivera a Roma antiga. Além disso, repugna-lhe a ideia de um Império carolíngio criado em Roma pelo papa romano, como lembrança e como cópia um pouco caricatural do Império romano. Apesar de tudo, o rei dos francos consente, é coroado; torna-se, segundo Febvre, "um imperador romano, um imperador romano de um império que não era romano, um imperador romano de um império cujo coração não era Roma".[166] E ataca Bizâncio. Diante das frotas gregas, o Ocidente é derrotado, mas demonstra superioridade em terra. O acordo é concluído em 814, através do qual o basileus reconhece o título imperial de Carlos Magno.

O império carolíngio, um império que se diz, ao mesmo tempo, império, romano e cristão, com centro de gravidade no interior das terras e não no Mediterrâneo, atinge apogeu no século IX. O quadro político do Império de Carlos Magno é esquadrinhado por Hauser:

> Com a coroação de Carlos Magno, a natureza da monarquia franca passou por uma fundamental mudança. O poder secular dos merovíngios é transformado numa teocracia, e o rei franco torna-se o protetor da cristandade. Os carolíngios restabeleceram o poder debilitado dos reis francos, mas são incapazes de quebrar o poder da aristocracia, a quem devem, em parte, sua própria posição. Os condes e magnatas tornam-se, é certo, vassalos dos reis a partir do século IX, mas seus interesses são, com frequência, tão opostos aos da Coroa, que, a longo prazo, é impossível manter os juramentos de fidelidade ao rei.[167]

Caenegem registra a vida jurídica do Império Romano do Ocidente restaurado: "Embora o clima fosse adverso, os reis francos fizeram importantes esforços legislativos [...] especialmente no século IX".[168] A ferramenta legislativa, conforme Le Goff detalhara, é a *capitulares*, lei superior às leis tribais e, portanto, fator de unificação jurídica, utilizada até fins do século IX, confor-

---

166 Febvre, *A Europa*, cit., p. 116.
167 Hauser, *História social da arte e da literatura*, cit., p. 153.
168 Caenegem, *Uma introdução histórica ao direito privado*, cit., p. 30.

me CAENEGEM: "No reino franco do Ocidente (que prefigurava a França), as últimas capitulares datam de 883 e 884 d.C.".[169] Ao lado das *capitularia mundana*, *capitularia legibus addenda* e *capitularia per se screbenda*,[170] há as *capitularia ecclesiastica*, versando sobre questões eclesiásticas, mas emanadas de reis francos. CAENEGEM encontra as razões da *capitularia ecclesiastica*:

> Depois da coroação de Carlos Magno, *o entrelaçamento de interesses da Igreja e do Estado* tornou-se um elemento característico e fundamental da organização da sociedade medieval. Na verdade, isso remontava aos primeiros imperadores cristãos, que já haviam interferido nos negócios da Igreja.[171]

Sobre *o entrelaçamento de interesses da Igreja e do Estado*, a acuidade de FEBVRE ajusta-lhe sentidos:

> Império carolíngio, Império romano no nome, império latino na língua, se não real, ao menos oficial, império cristão na religião, e cristão de credo romano, império feito da união, da adição e já, numa larga medida, da fusão de elementos mediterrâneos e de elementos nórdicos, de antigos súditos de Roma que permaneceram no lugar, dos territórios que Roma outrora submetera, e de antigos bárbaros infiltrados naquilo que tinha sido outrora o Império romano, seja pela infiltração individual, seja pela transferência coletiva.
>
> União, adição, fusão, pois os bárbaros se tinham, pouco a pouco, romanizado e cristianizado, enquanto que os antigos romanos se barbarizavam amplamente, e desse encontro de elementos muito diferentes, o resultado foi finalmente uma civilização comum,

---

169 *Idem, ibidem*, p. 32.
170 Sobre *capitularia legibus addenda* e *per se screbenda* CAENEGEM escreve (p. 31): "As *capitularia legibus addenda* formavam uma categoria separada: eram capitulares complementares às leis nacionais, que buscavam, em conjunção com estas, estabelecer uma unidade jurídica dentro do império. Devem ser contrapostas às *capitularia per se screbenda* ('capitulares autojustificadas'), dispositivos independentes que não eram ancilares das leis nacionais".
171 CAENEGEM, *Uma introdução histórica ao direito privado, cit.*, p. 31 (grifo nosso).

uma civilização que é preciso chamar de europeia, mas que, se se lhes perguntasse o nome, não responderia Europa, mas responderia *cristandade*.[172]

Com mão firme, empunhando a batuta, CARLOS MAGNO dá direção a essa *cristandade*... HAUSER faz paralelos com a tradição cultural ocidental e anota:

> Pela primeira vez desde Adriano e Marco Aurélio, um governante ocidental não só manifesta interesse pelo saber, pela arte e pela literatura, como, além disso, faz executar um programa cultural de sua própria iniciativa. Entretanto, ao instituir academias literárias, o imperador só indiretamente tinha o propósito de renovar a cultura intelectual; sua real intenção era o adestramento de pessoal para a máquina administrativa. [...]
> Todo o programa cultural de Carlos Magno fazia parte de um plano mais vasto para ressuscitar os ideais da Antiguidade clássica; a concepção básica desse plano, embora estivesse vinculada à ideia política de uma renovação do *imperium* romano, era a primeira reassimilação abrangente e criativa da cultura clássica.[173]

Dentre as metas do *programa cultural*, está, por exemplo, o estímulo do uso da escrita, embora, conforme LE GOFF, "os actos imperiais fossem principalmente orais".[174] A medida espelha a dimensão do projeto que CARLOS MAGNO tem em mente. Resultado: o império carolíngio marca o Ocidente, permitindo-lhe duas conquistas: encontrar-se mais uma vez consigo mesmo – o Espírito se vê a si – e acrescentar a seu patrimônio epistêmico novas reflexões, agora afastadas da cosmovisão que assenta as bases metafísicas que dominam a Idade Média. LE GOFF fala de um *renascimento*: "É-nos permitido pensar que, se houve um renascimento carolíngio, esse renascimento foi, em primeiro lugar, econômico".[175] São dois os seus elementos: um, a renovação comercial dos séculos VIII e IX,

---

172 FEBVRE, *A Europa*, cit., p. 125 (grifo nosso).
173 HAUSER, *História social da arte e da literatura*, cit., p. 155.
174 LE GOFF, *A civilização do ocidente medieval*, cit., p. 70
175 *Idem, ibidem*, p. 80.

na forma de exportação de panos frisões e reforma monetária; dois, a melhoria da produção agrícola, a partir de divisões de terrenos cultivados e advento de novo sistema de atrelamento de animais de tiro, e que se traduz em reforma do calendário, dando aos meses do ano nomes que recordam o avanço da arte do cultivo – a respeito do que LE GOFF registra, sem citar a fonte, uma importante mudança de mentalidade: "O homem e a natureza são agora duas coisas diferentes e o senhor é o homem".[176] Em segundo lugar, o renascimento carolíngio é sociocultural e resulta do esquema imaginado por Carlos Magno e preservado por seus sucessores com o objetivo de estabilizar o Estado. A estrutura do sistema é esplanada por LE GOFF:

> De facto, para fazer assentar o Estado franco, Carlos Magno doou muitas terras – os "benefícios"- às pessoas cuja fidelidade queria garantir, obrigando os beneficiários a prestar-lhe juramento como seus vassalos. Julgava assegurar a solidez do Estado com tais laços pessoais. Para que o conjunto da sociedade ou, pelo menos, das pessoas socialmente importantes ficasse ligado ao rei ou ao imperador por uma rede tão apertada quanto possível de subordinações pessoais, incitou os vassalos reais a criar, cada um em relação a si próprio, laços de vassalagem semelhantes a esses.[177]

CARLOS MAGNO é o modo pelo qual a Idade Média percebe a distância em que ela mesma se encontra da Antiguidade clássica, redescobre a tradição romana e lhe dá continuidade. HAUSER assinala a importância do momento:

> Pela primeira vez, a Antiguidade clássica torna-se uma experiência cultural à qual está ligada a consciência de se ter redescoberto, na verdade de se ter readquirido, algo que se perdera. Essa experiência indica o nascimento do homem ocidental, uma vez que a característica que o distingue não é a posse real, mas a luta pela posse da cultura clássica.[178]

---

176   Idem, ibidem, p. 82.
177   Idem, ibidem, p. 76.
178   HAUSER, História social da arte e da literatura, cit., p. 156.

CARLOS MAGNO morre em 814. Após seu reinado, a corte deixa de ser, segundo HAUSER, "o centro cultural e intelectual do Império. O saber, a arte e a literatura estão agora concentrados nos mosteiros; o mais importante trabalho intelectual é realizado em suas bibliotecas, gabinetes de copistas e oficinas".[179] Independentes, autossuficientes, tradicionalistas, interligados, adotados como lugares de reunião por peregrinos, mercadores e menestréis, os mosteiros abrigam população importante, conforme HAUSER: "É sabido que, no início da Idade Média, a maioria dos aristocratas estava nos mosteiros; de fato, certos mosteiros eram quase exclusivamente reservados para eles".[180] Talvez seja correto dizer que o Direito do Ocidente cristão deve sua vida à atividade dos mosteiros. É possível que o trabalho de copiar e ilustrar manuscritos tenha salvo originais de capitulares, de antigos documentos jurídicos etc. O ambiente monástico é propício, conforme descrição de HAUSER:

> Aí o tempo é cuidadosamente administrado, o dia é racionalmente dividido e o transcorrer das horas é medido e anunciado pelos toques de um sino. O princípio da divisão de trabalho torna-se a base de produção e é praticado não só dentro de cada mosteiro, mas também, em certa medida, entre os diferentes mosteiros.[181]

O despertar renascentista é limitado, fragilizado e quase destruído por normandos, húngaros e sarracenos, que no século IX e em princípios de século X, promovem tal grau de pilhagens e mortandade que atrasam, no ponto de vista de LE GOFF, "de cem ou duzentos anos o renascimento do Ocidente – tal como as invasões dos séculos IV e V tinham precipitado a decadência do mundo romano".[182] O processo reflete-se nas relações socioculturais, conforme LE GOFF:

> As invasões reforçaram esta evolução [o sistema de vassalagem], pois o perigo levava os mais fracos a colocar-se sob a proteção

---

179 Idem, ibidem, p. 170.

180 Idem, ibidem, p. 171.

181 Idem, ibidem, p. 172.

182 LE GOFF, A civilização do ocidente medieval, cit., p. 81.

dos mais poderosos, e também porque, em troca da colação dos benefícios, os reis exigiram a ajuda militar dos seus vassalos. [...] Ao mesmo tempo, uma evolução de grande importância se verificou: os benefícios passaram a ser hereditários.[183]

Se por um lado, o *vassus*, "vassalo", assiste ao termo ser, por vezes, substituído por *miles*, "soldado", "cavaleiro". A partir de meados do século IX, os vassalos constituem-se como classe social, por efeito da *hereditariedade* dos benefícios. Ao lado disso, no íntimo do *renascimento do século VIII*, declina o ideal de unidade ocidental; eis o sinal de seu ocaso: a desvalorização do poder central do imperador. O agente de fragmentação interna é o *senhor*. Seja por deter poder econômico-militar, seja por estar investido de poder político decorrente de função pública, o *senhor* (o conde, principalmente) torna-se, então e na metáfora de LE GOFF, "biombo", separando seus vassalos do soberano. A mudança é definitiva; estabelece-se um dos fundamentos da Alta Idade Média. LE GOFF descreve sua essência:

> Cada homem vai, doravante, depender cada vez mais do seu senhor; e este horizonte próximo, este jugo tanto mais pesado quanto mais estreito é o círculo em que actua, terá fundamento jurídico; a base do poder será, cada vez mais, a posse da terra e o fundamento da moralidade será a fidelidade, a fé: essas substituirão durante muito tempo as virtudes cívicas greco-romanas. O homem antigo tinha de ser justo ou recto; o homem medieval terá de ser fiel. Maus, doravante, serão, os infiéis.[184]

CAENEGEM descreve o *direito feudal*, o direito desse *homem medieval dependente de seu direito*, que, do século VIII em diante, desenvolve-se a partir do reino franco:

---

183   *Idem, ibidem*, p. 78.
184   *Idem, ibidem*.

Era um sistema original de direito, que não se ligava a qualquer nação em particular, e que fora criado na Idade Média em completa independência do direito romano ou dos direitos nacionais germânicos. Suas características são todavia mais germânicas do que romanas: importância das relações pessoais e da propriedade fundiária; ausência de qualquer concepção abstrata de Estado; falta de legislação escrita ou formal.[185]

Corpo completo de normas jurídicas, o *direito feudal* prova-se eficaz por longo período, sobretudo no campo da propriedade fundiária. Desenvolve-se ao longo de quatro séculos, sem intervenção de legislação significativa e sem necessidade de ensino ou saber jurídico. Segundo CAENEGEM:

> Seu desenvolvimento dependia dos costumes e, eventualmente, do envolvimento de um soberano que estivesse preocupado em regulamentar uma questão de detalhe ou inovar num aspecto particular. As *Leges feudorum*, primeiro resumo do direito feudal (na verdade, lembrado), só apareceram no século XII.[186]

RENASCIMENTO DO DÉCIMO SÉCULO

O Ocidente descaminha-se, mas não se perde. O século X ocidental é palco de novo renascimento. É bem verdade, trata-se de tentativa frágil em que a força da tradição está pálida. Mas ainda há, nessas experiências, um mínimo de cor grega e de tom romano... os sinais que mantém a esperança. Os anos novecentos trazem desenvolvimento comercial, advindo de trocas normandas e de negócios tanto com judeus, quanto com sarracenos. A formação do mundo muçulmano, mundo de metrópoles urbanas e consumidoras suscita, segundo LE GOFF:

> no Ocidente bárbaro, o aumento da produção de matérias-primas para exportar para Córdova, Kairuan, Fustat-Cairo, Damasco e Bagdade: madeiras, ferro (as espadas francas), estanho, mel e a

---

[185] CAENEGEM, *Uma introdução histórica ao direito privado*, cit., p. 28.
[186] *Idem, ibidem*.

mercadoria humana, os escravos, pois Verdun era, na época carolíngia, um grande mercado de escravos.[187]

O *renascimento* do século X, nesses seus matizes econômicos, traduz-se, por outro lado, por progressos técnicos verificados em solo ocidental. Primeiro, no campo militar: a introdução do estribo permite melhor domínio do cavalo e dá origem a uma nova classe de guerreiros, os cavaleiros. Depois no setor agrícola: ampliação de área cultivada e, em função da introdução da charrua de rodas e aiveca, do afolhamento trienal,[188] aumento do rendimento por unidade de área. E, mais: a maciça introdução de plantas ricas em proteínas e de elevado poder energético. Favas, lentilhas e ervilhas, afirma LE GOFF, "teriam dado à humanidade ocidental a força que a iria pôr a construir catedrais e a desbravar vastas extensões de terras.[189]

Progressos justificados, o século X instala uma relativa pacificação, nos termos de LE GOFF:

> Fim das invasões, desenvolvimento das instituições de "paz", que regulamentam a guerra limitando os períodos de actividade militar e colocando certas camadas da população não combatente (clérigos, mulheres, crianças, camponeses, mercadores e, por vezes, até os animais de trabalho) sob proteção de garantias juradas pelos guerreiros (foi o sínodo de Charroux, de 989, que estabeleceu a primeira organização destinada a fazer respeitar a "paz de Deus").[190]

---

[187] LE GOFF, *A civilização do ocidente medieval*, cit., p. 84. A hipótese de estímulo externo derrubaria a tese de Henri PIRENNE que, conforme LE GOFF (p. 84), "atribuía à conquista árabe o encerramento do Mediterrâneo e o esgotamento do comércio ocidental – quando, pelo contrário, essa conquista foi o motor do despertar econômico da Cristandade ocidental". Ver PIRENNE, Henri. *Mahomet et Charlemagne*. Paris: F. Alcan, 1937.

[188] *Afolhamento trienal*: técnica agrícola que consiste em dividir o terreno destinado a plantio em três partes, sendo que, a cada ano, duas delas são cultivadas e a terceira fica em repouso. Aumenta a superfície cultivada, pois um terço da área total repousa em vez da metade, como no sistema anterior.

[189] LE GOFF, *A civilização do ocidente medieval*, cit., p. 82.

[190] *Idem, ibidem*, p. 88.

Segurança... ao lado da liberdade, os grandes valores do Ocidente. *Segurança* e *liberdade...* sempre em conflito: o tanto de amor à liberdade, ensinado pela Grécia, é, exatamente, o quanto de paixão pela segurança que Modernidade e Contemporaneidade exigem de suas instituições. LE GOFF traduz o sentimento do final do século X: "Essa diminuição da insegurança também não era senão uma consequência do desejo de vastas camadas da sociedade cristã de proteger o progresso nascente".[191]

Hora de anunciar a Cristandade. Nela, o Ocidente... "um ideal, um sonho pelo qual matam-se homens aos milhares; o Ocidente é uma noção cultural; uma extensão de territórios extensível, incessantemente extensível, e que se estende de fato não somente para leste, mas ainda, para o oeste, a despeito dos limites oceânicos; mas ainda para o norte, onde incessantemente se instalam os postos avançados do Ocidente com mais vigilância e atividade, para o norte e para o sul, para essa massa africana sobre a qual avança o Ocidente cada vez mais, o Ocidente, isto é, essa formação histórica, ou seja, ao mesmo tempo política e cultural..."[192]

CRISTANDADE, A PARTIR DOS ANOS MIL (SÉC. XI)

Hora é de anunciar a Cristandade. Nela, o Ocidente engendra, numa espécie de florescimento avassalador, o ressurgimento do Direito, com base em sua concepção romana. Com a palavra FEBVRE, em seu proclame da cristandade, *uma realidade que sucede a essa outra realidade, o Império romano*, pois "há a realidade, que primeiro se chamou helenismo, e depois Império romano, e depois cristandade":[193]

---

191   *Idem, ibidem.*
192   O texto não é citação; utiliza uma ideia de Europa, expressa por FEBVRE, em *A Europa*, p. 24., e a transforma em ideia de Ocidente, sem mudar, do texto original, nem estrutura, nem estilo literário.
193   FEBVRE, *A Europa, cit.*, p. 121

A cristandade é uma formação unitária [...].
A cristandade possui uma fé comum, um ideal comum, uma linguagem comum. Mas a cristandade não é um Estado, embora tenda a se dotar de partes de Estado. A cristandade se estende por Estados que ela deve incessantemente vigiar, controlar, reunir. A cristandade desempenha, acima desses Estados, um papel de super-Estado, ou melhor, a cristandade justapõe às instituições próprias desses Estados suas próprias instituições, instituições cristãs que, pouco a pouco, de uma coleção díspar de reinos e principados espalhados fazem um mundo ordenado, coerente e que se sente como tal.[194]

A Cristandade é um *mundo ordenado e coerente*...
Mundo que constrói catedrais, num ímpeto que demonstra que nem *trevas*, nem *pilhagens* apagam da memória do Ocidente a imagem das basílicas de Roma.[195]
Mundo que desbrava extensões de terras e o faz de forma heroica, grandiosa; são as personagens da epopeia: os inimigos do mar e dos pântanos, os construtores de pôlderes e diques, os que saneiam, os que drenam, os que erguem fortalezas, os que plantam cidades novas. Europa empreendedora, onde Braudel foca sua atenção para o papel da Igreja e, nele encontra o seguinte encadeamento: "O desenvolvimento da vida monástica (beneditinos,

---

194 *Idem, ibidem*, p. 126.
195 As formas, no entanto, são diferentes, são *românicas*. Eis a aula de Boltshauser, João. *História da arquitetura – v IV.* Belo Horizonte: Escola da Arquitetura da UFMG, 1968, p. 1533: "O nome de 'arquitetura românica', como designativo do estilo que se formou no Ocidente europeu em decorrência da fusão dos elementos latinos (arquitetura cristã primitiva) e bizantinos, foi introduzido na terminologia técnica pelo arqueólogo francês De Caumont, em 1825. A arquitetura românica, na evolução de suas formas, aparecidas por volta do século XI, cedeu lugar à arquitetura gótica, na segunda metade do século XII. Ao gótico, por sua vez, substitui-se a renovação da arquitetura clássica, em que se baseou o Renascimento a partir do século XV." O testemunho de Boltshauser confirma a longa continuidade que é o Ocidente. Como que tecido, pano de tapeçaria, bordado, malharia, suas tramas enlaçam-se ao longo do tempo, sempre revendo as bases greco-latinas e sempre avançando à procura do aperfeiçoamento de seus fundamentos. O entrelaçamento desenhado por Boltshauser, vai de templo em templo: basílica romana, arquitetura românica, estilo gótico e, no *renascimento* do século XV, a volta aos clássicos.

cistercienses) resulta numa colonização material e espiritual dos campos (séculos XI-XII)".[196] A lucidez de FEBVRE filma o momento:

> A Europa do século 11 é um imenso *Far West* a arrotear, a colonizar, a povoar, a explorar. A Europa é um imenso e alegre canteiro de trabalhadores, um imenso e alegre canteiro de trabalhadores que, sentido sua força, a força de seu braço, preparam-se para reclamar seus direitos; um imenso e alegre canteiro de trabalhadores onde os príncipes, os barões, os senhores, senhores teóricos dos espaços vazios se aplicam a fazer desses espaços vazios espaços povoados, a se prover assim da grande alavanca, a grande riqueza, a grande fonte de poder, de crédito, de fortuna: o homem.[197]

Mundo que, depois de se saber construtor e colonizador interno, conforme FEBVRE:

> [Olha] o Mediterrâneo, esse Mediterrâneo que se abre a ele por duas portas escancaradas para o mistério e para a fortuna: uma, Veneza, que gravita na órbita de Bizâncio e do mundo helênico, a outra a Sicília, que da superposição de dominações, da mistura dos sangues, recebe tal impulso e com tal energia lança seus homens ao assalto do Islã...[198]

O assalto do Islã é interpretado por LE GOFF:

> Paralelamente a esta expansão interior, a Cristandade teve também uma expansão exterior. Parece até que começou por preferir esta, pois as soluções militares eram mais fáceis que as de valorização pacífica.

---

196 BRAUDEL, *Memórias do Mediterrâneo, cit.*, p. 111. A frase completa-se da seguinte forma: "e, depois, com os dominicanos e os franciscanos, numa evangelização veemente das cidades (século XIII)".

197 FEBVRE, *A Europa, cit.*, p. 138.

198 *Idem, ibidem*.

Assim surgiu um duplo movimento de conquista que teve como resultado a deslocação das fronteiras da Cristandade na Europa e as expedições longínquas às regiões dos muçulmanos: as cruzadas.[199]

A peregrinação à Palestina, à Terra Santa, não é obrigatória.[200] No entanto, conta WHEATCROFT:

> poderia ser imposta como pena para um crime grave como homicídio, e esses peregrinos às vezes traziam uma pesada corrente de ferro presa à cintura para indicar o motivo de sua viagem. Acreditava-se amplamente que, quando o pecador orasse em Jerusalém, o próprio Deus despedaçaria os elos de ferro para deixar clara sua absolvição.[201]

A psicologia e o comportamento do colono cristão em terras do Levante é objeto de crônica de FOUCHER de Chartres, citado por LE GOFF:

> Considerai e reflecti em vós próprios de que maneira, no nosso tempo, Deus transformou o Ocidente em Oriente; nós, que até aqui temos sido Ocidentais, somos agora Orientais; aquele que era Romano ou Franco é aqui Galileu ou habitante da Palestina; aquele que habitava em Reims ou em Chartres vê-se feito cidadão de Tiro ou de Antioquia. Já esquecemos os locais onde nascemos; eles já são desconhecidos de muitos de nós, ou, pelo menos, já não se ouve falar deles. Alguns de entre nós já possuem neste país casas e servidores que lhes pertence como por direito hereditário; alguns casaram com mulheres que não são suas compatriotas, Sírias, Armênias ou até Sarracenas que receberam a graça do baptismo; outros têm consigo o genro, a nora, o sogro ou o enteado; veem-se rodeados de sobrinhos e até de sobrinhos-netos; um

---

199 LE GOFF, *A civilização do ocidente medieval*, cit., p. 92.
200 Vale lembrar que é ordenado ao muçulmanos ir a Meca, pelo menos uma vez na vida.
201 WHEATCROFT, Andrew. *Infiéis*: o conflito entre a Cristandade e o Islã. Trad. Marcos José da Cunha. Rio de Janeiro: Imago, 2004, p. 190.

cultiva vinhas e outro cultiva campos; falam línguas diversas e já conseguem entender-se uns aos outros. Os mais diferentes idiomas são agora comuns a ambas as nações e a confiança aproxima as raças mais afastadas. De facto, está escrito que "o leão e o boi comem na mesma manjedoura".[202]

O *leão* é o homem ocidental, submetendo, em nome da fé, a Terra Santa. Jerusalém atrai tanto muçulmanos quanto cristãos e judeus. Era o terceiro lugar mais sagrado do Islã, depois de Meca e Medina. Segundo WHEATCROFT: "A peregrinação havia começado no reinado do imperador Constantino e continuou sob seus sucessores".[203] Em meados do século IX, a viagem torna-se muito perigosa. Alvo de interesse de persas, bizantinos, muçulmanos e judeus, a Palestina torna-se zona de guerra. Os cristãos do lugar passam a ser perseguidos por determinados setores islâmicos. Em 1103, o santuário do Santo Sepulcro, erigido por Constantino, é desmantelado. WHEATCROFT comenta a impressão que o fato alcança no Ocidente, onde "Nenhum praticante poderia ignorar que existia um lugar no Oriente onde Cristo havia nascido":[204] "Homens maus tinham violentado uma terra que pertencia a Cristo";[205] "a terra santa, que deveria pertencer à cristandade, estava sofrendo nas mãos dos 'sarracenos'".[206] O Papa URBANO II convence-se de que a Terra Santa está em perigo e, em 1095, apela à cristandade:

> Uma raça amaldiçoada, uma nação completamente alienada de Deus, uma geração que com certeza não voltou seu coração para

---

202 LE GOFF, *A civilização do ocidente medieval, cit.*, p. 98. O nome do cronista cristão no tempo da primeira 'cruzada' será grafado, adiante, FOLQUES de Chartres, seguindo a sugestão de WHEATCROFT, em *Os infiéis*. 2004. As diferenças implicam-se: Foucher, Fulquério... Folques.
203 WHEATCROFT, *Infiéis, cit.*, p. 190.
204 *Idem, ibidem*, p. 198.
205 *Idem, ibidem*, p. 195.
206 *Idem, ibidem*, p. 194.

Deus e não confiou a ele seu Espírito, invadiu as terras dos cristãos e as despovoou pela espada, pela pilhagem e pelo fogo.[207]

O discurso de Urbano recebe versão de Folques de Chartres, citado por Wheatcroft:

> Eu, ou melhor, o Senhor, vos suplico, como arautos de Cristo, que […] leveis ajuda prontamente àqueles cristãos e destruais aquela raça vil das terras de nossos amigos. […] Além disso, Cristo o ordena.
> Todos aqueles que morrerem durante a viagem, por terra ou por mar, ou em batalha contra os pagãos, terão a imediata remissão dos pecados. Isso eu concedo a eles por intermédio do poder de Deus, do qual estou investido.
> Oh, que desgraça se uma raça tão menosprezada e abjeta, que cultua demônios, conquistasse um povo que tem a fé do Deus onipotente.[208]

Para Urbano e seus contemporâneos trata-se de uma *viagem*, tornada única pela cruz que usam e auferindo desdobramentos jurídicos muito interessantes para o viajante, conforme esclarece Wheatcroft:

> Os novos soldados de Cristo eram "marcados com o sinal-da-cruz" (*cruce-signati*). Eles eram isentos dos procedimentos legais normais enquanto estavam viajando para o Oriente. Seus bens não podiam ser confiscados, e eles tampouco podiam ser processados.[209]

Livres do respeito a normas jurídicas, *cruce-signati* alargam os freios morais de sua conduta, conforme Foulques de Chartres:

---

[207] *Idem, ibidem*, p. 195. Wheatcroft relata a origem do texto (p. 406): "Isso foi extraído do relato do discurso de Urbano em Clermont por Roberto, o Monge, de uma obra chamada *Historia Hierosolymitana*".

[208] *Idem, ibidem*, p. 197.

[209] *Idem, ibidem*, p. 199.

> Eu me horrorizo ao dizer que muitos de nossos homens, terrivelmente atormentados pela loucura da fome, cortaram pedaços de carne das nádegas dos sarracenos que jaziam mortos. Eles cozinharam esses pedaços e os comeram, devorando selvagemente a carne, apesar de ela estar insuficiente cozida. Dessa forma [comendo carne meio cozida], os sitiantes foram mais prejudicados do que os sitiados.[210]

A violência orgiástica desses *cruce-signati* é registrada por cronistas muçulmanos, para quem os ocidentais mostram-se incivilizados, incapazes de cumprir acordos, demonstrando vigor animal. Propagando tal imagem, os peregrinos chegam a Niceia, em junho de 1097; a Antioquia, em outubro do mesmo ano. Em junho de 1099, chega aos muros de Jerusalém. A seguir, o exército ocidental toma posse da Palestina. Em 1100, a Cristandade funda o Reino Latino de Jerusalém, que dura até 1187. Quando, acima, LE GOFF emprega a palavra *cruzada*,[211] o faz inadvertidamente, pois, conforme WHEATCROFT:

> nem um único "cruzado" participou da Primeira Cruzada. Quando muito, eles eram cruzados *avant la lettre*, antes de a palavra existir. As guerras para resgatar Jerusalém antedataram em muito a palavra "cruzada", que foi cunhada primeiramente na Espanha do século XIII, uma geração após a perda de Jerusalém em 1187.[212]

Na mesma época, no próprio Ocidente, outras cidades desenvolvem-se a partir de sua função econômica. O nascente comércio urbano, além de fazer crescer a economia monetária, funciona como motor de expansão geográfica. LE GOFF enxerga outros aspectos da importância que a cidade medieval assume:

---

[210] FOULQUES de Chartres, *apud* WHEATCROFT, *Infiéis, cit.*, p. 205. A preocupação com *carne mal cozida* reflete, conforme visto, preocupações com uma Igreja interessada em ordenar práticas alimentares e sexuais.

[211] Relembrando, LE GOFF, *A civilização do ocidente medieval, cit.*, p. 92: "Assim surgiu um duplo movimento de conquista que teve como resultado a deslocação das fronteiras da Cristandade na Europa e as expedições longínquas às regiões dos muçulmanos: as cruzadas.".

[212] WHEATCROFT, *Infiéis, cit.*, p. 210.

Também no domínio intelectual e artístico não é menor a marca urbana. O ambiente monástico continua, evidentemente, no século XI e, em menor medida, no século XII, a ser o mais favorável ao desenvolvimento da cultura e da arte. [...] Mas a *translatio* cultural, que faz passar o primado dos mosteiros para as cidades, é bem sensível em duas áreas: o ensino e a arquitetura.[213]

O primado urbano na área do *ensino* é alvo de grande interesse. LE GOFF prossegue:

No decurso do século XII, as escolas urbanas tomam decisivamente a dianteira às escolas monásticas. Saídos das escolas episcopais, os novos centros escolares emancipam-se delas pelo recrutamento dos professores e dos alunos, pelos programas e pelos métodos. A escolástica é filha das cidades. Reina nas novas instituições, as universidades, que são corporações intelectuais.[214]

A Igreja deixa de ser guia da Cristandade – tal como o faz na Alta Idade Média –; adapta-se aos novos tempos e espaços. Repele para segundo plano as comunidades monásticas e solitárias, ligadas a uma sociedade rural e feudal. A nova força da Igreja constitui-se de ordens mendicantes, franciscanos e dominicanos. LE GOFF apresenta-os:

A sua originalidade e a sua virtude estiveram neste facto: dirigiram-se deliberadamente aos meios urbanos. Foi a essa nova sociedade que, por meio da pregação, da confissão e do

---

213 LE GOFF, *A civilização do ocidente medieval*, cit., p. 113.
214 *Idem, ibidem.* LE GOFF (p. 113) completa o retrato sobre a arte românica, iniciado, em notas anteriores, por ANDRADE e BOLTSHAUSER: "A arte românica, produto e expressão do levantar voo da Cristandade depois do ano Mil, transforma-se durante o século XII. O seu novo rosto, o gótico, é uma arte urbana, uma arte de catedrais, surgidas do corpo urbano, que a sublimam e dominam. A iconografia das catedrais é a expressão da cultura urbana: a vida activa e a vida contemplativa buscam ali um equilíbrio instável; as corporações adornam a igreja com vitrais, ali se exibe o saber escolástico".

exemplo, procuraram levar respostas para os seus novos problemas. Levaram para o meio da multidão os conventos dos desertos. O mapa das casas de franciscanos e de dominicanos de fins do século XIII é o mapa das cidades cristãs. E – não sem dificuldade – juntaram às cadeiras conventuais as cadeiras universitárias, em que se instalaram e onde brilharam de forma incomparável. Tomás de Aquino e Boaventura, mestres da universidade de Paris, eram, o primeiro, dominicano e o segundo franciscano.[215]

Bolonha é a sede da mais antiga das corporações universitárias. No mundo medieval, a universidade de Bolonha torna-se célebre por seus juristas. Daí, o grau de segurança com que se pode afirmar que a *universidade* do século XIII consiste no berço do renascimento dos estudos de direito romano.

Renasce a ideia de Direito (c. 1101-c. 1900)

A ascensão e queda dos sistemas jurídicos e dos grandes projetos legislativos são determinadas, na prática, pelo desejo de grupos dominantes e de instituições numa determinada sociedade. A história do direito não pode ser compreendida fora do contexto da história política, e o efeito do direito sobre a sociedade é, em si, um fenômeno político em sentido amplo. Convém, portanto, considerar quais foram as circunstâncias políticas e sociais que permitiram ao direito erudito espalhar-se por toda a Europa.

R. C. van Caenegem[216]

Aos brados, ofertando um bem e, em paralelo, advertindo tratar-se de artefato legítimo, mesmo parecendo falsificado, David (1906 -) apresenta a família romano-germânica de Direitos:

---

215 *Idem, ibidem*, p. 119. Os sínodos dos séculos XII e XIII seguem a evolução. O IV Concílio de Latrão (1215), segundo Le Goff (p. 122), "o mais célebre e importante de todos", organiza o ensino.

216 Caenegem, *Uma introdução histórica ao direito privado*, *cit.*, p. 102.

Os direitos da família romano-germânica são os continuadores do direito romano, cuja *evolução* concluíram; não são de modo algum a cópia deles, tanto mais que muitos dos elementos derivam de fontes diversas do direito romano.[217]

Ora, há que se relativizar a posição de DAVID, a fim de se encontrar, *na evolução do direito romano*, os elementos que permanecem romanos nos Direitos românicos. Quanto a isso, DAVID, pelo menos a princípio, é desalentador:

A família romano-germânica tem atrás de si uma longa história. Liga-se ao direito da antiga Roma, mas uma evolução mais que milenar afastou, de modo considerável, não só as regras substantivas e de processo, mas a própria concepção que se tem do direito e da regra do direito, da que era admitida no tempo de Augusto ou Justiniano.[218]

Os membros da família afastam-se, sim, do direito-pai, trata-se de afastamento *considerável*, mas não se trata de distância infinita. Na história da família há, com certeza, episódios de *mutação* e *recombinação genética*; é possível que se verifique que os direitos-filhos recebam, de herança, a velha característica do direito-pai, sua *variabilidade* – pois, em relação ao tempo, o próprio Direito romano é trino: *arcaico*, *clássico* e *pós-clássico*; é provável que as gerações descendentes sofram espécies de *seleção sociocultural*. Que a noção de regra de direito seja outra. E, daí? Que a definição de direito tenha mudado. Qual o problema? Que, nos Direitos novos, as regras, materiais ou processuais, não sejam as mesmas que as existentes no tempo em que Roma é Imperial. Há mal nisso? Ora o Direito é romano, ora é românico. Roma também muda, já é menos romana do que ontem. Importa, sim, saber: em sua experiência jurídica, aos povos sob égide de Direito românico é ensinado que Direito é manifestação do *justo*? Se sim, trata-se de Direito romano de berço. E, mais: em sua experiência jurídica, os povos sob égide de Direito românico

---

217 DAVID, *Os grandes sistemas do direito contemporâneo*, 2002, *cit.*, p. 33 (grifo nosso).
218 *Idem, ibidem*, p. 33.

têm sabido *positivar* seu ordenamento? Se sim, trata-se de Direito romano de raiz, independente da roupa que estiver vestindo.

A família está espalhada pelo mundo inteiro: Europa continental, da América Latina e do Oriente Próximo, grande parte da África, Japão e Indonésia. WOLKMER observa a particularidade da América Latina:

> Não é por demais relevante lembrar que, na América Latina, tanto a cultura jurídica imposta pelas metrópoles ao longo do período colonial, quanto as instituições legais formadas após o processo de independência (tribunais, codificações e operadores do Direito) derivam da tradição legal europeia ocidental, representada pelas fontes clássicas do Direito Romano, Germânico e Canônico. Portanto, da Cultura Jurídica latino-americana há de se ter em conta a herança colonial luso-hispânica (e suas respectivas raízes romano-germânicas).[219]

DAVID antecipa uma explicação para o sucesso com que a ideia romana de Direito tem obtido:

> Essa expansão deve-se em parte à colonização, em parte às facilidades que, para sua recepção, foram dadas pela técnica jurídica da *codificação*, geralmente adotada pelos direitos românicos no século XIX.[220]

Mesmo sendo *ars* jurídica, *codificação* é experiência romana, consequência óbvia de sua *scientia*, de sua *epistéme* do fenômeno jurídico. Recepcionar a arte de fazer códigos significa comungar com a filosofia de direito concebida em Roma, de base jusfilosófica grega. Assim, em metáfora arquitetônica, Roma está em uma das margens do Ocidente; na outra, a codificação do século XIX. Unindo as duas margens, a ponte, representada pelo que há de romano na família romano-germânica de direitos – sua invocação ao *justo* e sua exigência de *positivação*. Projeto arquitetônico híbrido, reunião de vários estilos, que, há

---

219 WOLKMER, *Síntese de uma história das ideias jurídicas*, cit., p. 33.
220 DAVID, *Os grandes sistemas do direito contemporâneo*, cit., p. 33.

vinte e sete séculos, cruza os céus do Ocidente, assistindo sucederem-se, no chão abaixo, glosadores, comentadores, humanistas, racionalistas, históricos, juspositivistas, exegéticos etc. Interessa saber se e de que forma essas filosofias do direito realizam algo da *essência romana de conteúdo grego*. Essa será a maneira de demonstrar que o Ocidente é herdeiro de uma longa continuidade jurídica.

O local de nascimento da família é a Europa continental. BERMAN registra a data:

> Maitland designou o século XII como "um século do Direito". Ele foi mais do que isso: foi *o* século do Direito, no qual a Tradição Jurídica Ocidental se formou. Os grandes eventos revolucionários, contudo, assim como as primeiras conquistas no plano do Direito, aconteceram nas últimas décadas do século XI [...]
> O aparecimento dos sistemas jurídicos ocidentais modernos no final do século XI e início do XII estava intimamente ligado ao surgimento das primeiras universidades europeias.[221]

DAVID divide a história da família de direitos romano-germânicos em etapas, afirmando que, durante cinco séculos,

> o sistema [de direito romano-germânico] vai ser dominado pela doutrina, sob a influência principal da qual a própria prática do direito evoluirá nos diferentes Estados. A doutrina preparará, com a Escola do Direito Natural, o despertar do período seguinte, aquele em que ainda atualmente nos encontramos – período no qual o sistema será dominado pela legislação.[222]

A fala de DAVID, acima, exige três ordens de considerações. A primeira, com relação ao modo como *a doutrina domina o sistema*. BERMAN demonstra-o, com base nos acontecimentos que, a partir do final do século XI, ocorrem nas universidades:

---

[221] BERMAN, Harold J. *Direito e revolução*: a formação da tradição jurídica ocidental. Trad. Eduardo Takemi Kataoka. São Leopoldo: Unisinos, 2004, p. 155.

[222] DAVID, *Os grandes sistemas do direito contemporâneo, cit.*, p. 35.

Nelas, pela primeira vez na Europa Ocidental, o Direito foi pensado como um conjunto distinto e sistematizado de conhecimento, uma ciência na qual cada uma das decisões, regras e normas era estudada objetivamente e explicada com base em princípios gerais e verdades nos quais se baseava o sistema como um todo.[223]

A segunda, vinculada à *prática do direito* que, segundo David, *evolui nos diferentes Estados*. Ponto de vista confirmado pelo juízo de Berman, atento aos desdobramentos do conhecimento produzido nas universidades:

> Treinados na nova ciência do Direito, gerações sucessivas de graduados nessas escolas migraram para as chancelarias e outros postos nos então emergentes Estados eclesiásticos e seculares para servir como conselheiros, juízes, advogados, administradores, legisladores. Eles aplicavam o seu conhecimento para dar estrutura e coerência à massa crescente de normas jurídicas, ajudando, assim, a moldar os novos sistemas jurídicos a partir das velhas ordens, que estavam quase totalmente difusas no costume social e nas instituições políticas e religiosas em geral.[224]

Por fim, a terceira, preocupada com esclarecimento em torno de períodos. A história da família de direitos romano-germânicos divide-se em duas fases: a de domínio da doutrina; e, a de domínio da legislação, *aquele em que ainda atualmente nos encontramos*. Datar o início do período atual para depois do debate em torno das doutrinas jusnaturalistas, significa negar ruptura entre os séculos XV e XVI e considerar os eventos desse período como etapas da evolução iniciada na Idade Média. Assim, o domínio quinhentista da Escola Humanista na jurisprudência é, nas palavras de Caenegem, parte da "história da assimilação do direito antigo pelo homem europeu"; a recepção do Direito romano é "uma das muitas formas de interação entre o direito consuetudinário germânico e o direito 'erudito' romano"; e a homologação de costumes responde à questão da necessidade ou não de se preservar o direito

---

223   Berman, *Direito e revolução*, cit., p. 155.
224   *Idem, ibidem*.

consuetudinário, questão essa "que preocupou as autoridades e juristas da Idade Média em diante".[225]

De qualquer forma, o direito consuetudinário, fonte mais importante do antigo direito, sofre mudanças que modificam a originalidade de seu caráter. Em primeiro lugar, aceita padronizar-se; CAENEGEM explica como:

> no período pós-carolíngio, existiam muitos costumes locais e regionais devido à fragmentação feudal e à independência das cidades. Essa diversidade foi sendo progressivamente reduzida através de um processo de concentração e unificação.[226]

Em segundo lugar, mostra-se cada vez mais concorde com a tendência de se escrever os costumes. O *registro*, ou seja, a operação de compilação de usos locais seguida de sua promulgação com força de lei, é alvo de ponderações por parte de CAENEGEM:

> À primeira vista, trata-se de uma contradição em termos, pois as qualidades por excelência dos costumes são a adaptabilidade, a flexibilidade e a fluidez com que surgem e desaparecem. Quando uma norma consuetudinária é registrada por escrito, a versão escrita adquire vida própria e uma certa permanência; a escrita fixa o texto e restringe qualquer modificação posterior. [...]
> Por outro lado, os textos coligidos eram promulgados depois de uma revisão efetuada pelas autoridades centrais, e os tribunais se comprometiam a aplicá-los, com a exclusão de qualquer outro costume contrário.[227]

---

225   CAENEGEM, *Uma introdução histórica ao direito privado*, cit., p. 47.
226   *Idem, ibidem*, p. 50. CAENEGEM (p. 51) esclarece: "O termo 'Common Law' tem hoje em dia outras conotações, particularmente a do direito feito pelos julgamentos, isto é, a jurisprudência baseada em precedentes injutivos (*case law*, em inglês), em contraste com o direito estatutário aprovado pelo Parlamento.".
227   *Idem, ibidem*, p. 51-2.

Nesses termos, *costumes homologados* constituem transição entre fases, a de *costumes autênticos*, anterior, e a de *legislação autêntica*, que lhe segue. CAENEGEM resume seus desdobramentos:

> No continente, as compilações e as avaliações do direito consuetudinário apareceram no século XIII. Nas primeiras obras, não se encontra qualquer vestígio do direito erudito [isto é, o direito romano e o direito canônico], mas logo o ensino universitário começou a se refletir, em graus que variavam de um autor a outro, no uso do direito erudito. O caráter flexível e algo ingênuo do costume se perdeu, inevitavelmente, quando teve de se submeter a uma erudição baseada em maior ou menor grau no direito romano.[228]

Permita-se, aqui, uma pequena digressão.

Certos aspectos da relação entre *costumes* e *tribunais* são investigados por VOLTAIRE, que escolhe o direito de prelibação, de *marquette*, de *jambage*, de *cuissage*, nomes dados ao *ius primae noctis*, para reiterar a aplicação de bom senso na avaliação da História. Eis o que diz VOLTAIRE:

> Barões, bispos, abades tornaram-se legisladores e ordenaram que, em todos os casamentos nos arredores de seus castelos, a primeira noite de núpcias seria deles. É difícil saber até onde eles levavam sua legislação; se eles se contentavam em pôr uma perna na cama da noiva, como quando se casava uma princesa por procuração, ou se punham as duas coxas. Mas o que é certo é que esse direito de *cuissage*, que era de início um direito de guerra, foi enfim vendido aos vassalos pelos senhores, seja regulares, que compreenderam sabiamente que, com o dinheiro desse resgate, poderiam ter mulheres mais bonitas.
> Mas, caro leitor, note principalmente que esses costumes esquisitos, estabelecidos numa fronteira por alguns bandoleiros, não têm nada

---

[228] *Idem, ibidem*, p. 54.

em comum com as leis das grandes nações; que nunca o direito de *cuissage* foi aprovado por nossos tribunais.[229]

Na verdade, o costume relaciona-se, em níveis cada vez maiores, com um *direito neorromano* ou um *direito romano medieval*, oriundo de estudos e comentários em torno do *Corpus iuris civilis*. Isso porque, esclarece BERMAN, investigando o que ensinam os primeiros professores de Direito:

> O Direito que, em primeiro lugar, foi ensinado e estudado sistematicamente no Ocidente não era aquele vigente; era o Direito que estava contido em um antigo manuscrito que viera à luz em uma biblioteca italiana no final do século XI e que reproduzia o Digesto, uma enorme coletânea de material jurídico que havia sido compilado no império de Justiniano, por volta de 534 de nossa era – mais de cinco séculos antes.[230]

A especificidade desse "Direito romano", objeto de preocupações acadêmicas, é definida por BERMAN:

> O Direito Romano compilado durante o império de Justiniano em Constantinopla constituía um sistema jurídico altamente desenvolvido e sofisticado, muito diverso do Direito Costumeiro germânico. Já havia vigorado tanto no Império Romano do Ocidente como do Oriente.[231]

SALDANHA informa sobre a situação dos estudos jurídicos na Idade Média:

> A herança cultural legada por Roma não cessou propriamente de ser cultivada, durante os primeiros séculos da chamada Idade

---

229 VOLTAIRE, *A filosofia da história*, cit., p. 242. Conclui VOLTAIRE, retomando o tema das *damas da Babilônia*: "nunca os inimigos do meu tio, por mais encarniçados que sejam, encontrarão uma lei babilônica que tenha ordenado a todas as damas da corte que deitassem com os passantes".

230 BERMAN, *Direito e revolução*, cit., p. 157.

231 *Idem, ibidem.*

Média. Mas seu cultivo foi, naqueles séculos, por vários motivos, insuficiente ou pelo menos assistemático e pouco constante. Depois do século XI, mais ou menos, houve entretanto uma renovação cultural, que coincidiu inclusive com o incremento da vida urbana na região lombarda. Data deste período o movimento que fez surgirem as universidades, e dentre as primeiras se conta a de Bolonha, justamente tornada, desde logo, centro de estudos jurídicos.[232]

SALDANHA diz da pedagogia do *direito romano medieval*: "o modelo de ensino do direito foi mais ou menos o mesmo por toda a Europa de então".[233] Diante do *trivium* e do *quadrivium*, os *estudos jurídicos* impõem-se como área independente do saber, desdobram-se em *direito civil* e *direito canônico*. COLLINS e PRICE fornecem as linhas gerais deste último:

> Em 1148, o grande jurista Graciano, um acadêmico de Bolonha, compilou uma coletânea definitiva dos decretos (ou cânones) dos papas e concílios da Igreja, que ofereciam as regras pelas quais a Igreja era governada. Todos os códigos posteriores de direito canônico se basearam em sua compilação. A codificação dos cânones aumentou o poder do papa, que era o árbitro legal, e tendeu a substituir, no governo da Igreja, o capricho dos poderosos pela regra da lei.[234]

HESPANHA aprofunda o estudo sobre a tradição canonística:

> O direito canônico é o direito da Igreja cristã.
> Como instituição, a Igreja sempre teve um direito que, inicialmente, decorreu quase inteiramente da vontade de Deus, revelada nos livros sagrados (Antigo e Novo Testamentos). Nos tempos apostólicos, os cristãos alimentavam a esperança de poder

---

232 SALDANHA, Nelson. *Pequeno dicionário de teoria do direito e filosofia política*. Porto Alegre: Fabris, 1987, p. 142.
233 *Idem, ibidem*.
234 COLLINS, PRICE, *História do cristianismo, cit.*, p. 112.

resolver, quer os problemas de disciplina interna da Igreja, quer as relações entre os crentes, apenas com base na palavra de Deus, nos ensinamentos de Cristo e nas exigências do amor fraternal.
[...]
Tudo se modificou, porém, com a outorga da liberdade de culto pelo imperador Constantino, em 313 d.C.. A jurisdição do Papa e dos bispos sobre os fiéis pode, agora, ser abertamente exercida, sendo mesmo fomentada pelo poder imperial, que atribui força de julgamento às decisões episcopais sobre litígios que lhes tivessem sido voluntariamente sujeitos e reserva para a jurisdição eclesiástica o julgamento das infracções puramente religiosas. A partir do século V, o Império – e, depois, os restantes poderes temporais – reconhece a Igreja o privilégio de foro, atribuindo-lhe uma jurisdição privativa sobre os clérigos. No século X, a Igreja arroga-se a jurisdição sobre todas as matérias relativas aos sacramentos, nomeadamente, sobre o casamento.

Essa progressiva extensão do domínio jurídico-jurisdicional da Igreja foi ainda facilitada pela derrocada das estruturas políticas, jurídicas e jurisdicionais no Ocidente europeu consequente à queda do Império Romano do Ocidente (476 d.C) e às invasões germânicas.[235]

CAENEGEM completa:

> O direito romano medieval, ou direito "civil", junto com o direito canônico (que por sua vez era fortemente influenciado pelo direito romano), criou o direito erudito comum para todo o Ocidente: daí o seu nome *ius commune*.[236]

Ius commune mantém-se ao lado de *ius proprium*, o direito em vigor, sob a forma de costumes, ordenações e cartas, em cada país, região ou cidade – cada um deles, no entanto, em busca de lineamentos jurídicos para as profundas mudanças administrativas a que assistem. Ao fornecer-lhes argumentos

---

235 HESPANHA, *Cultura jurídica europeia*, cit., p. 148.
236 CAENEGEM, *Uma introdução histórica ao direito privado*, cit., p. 65.

para sustentar suas causas, o *Corpus iuris* angaria denotado interesse político em prol seus estudos.

Tais estudos iniciam-se de forma rudimentar. Durante a alta Idade Média, a partir do século VII, ignora-se o *Digesto*; as *Novelas* seguem o destino do *Digesto*; o *Codex* mantém-se conhecido na Itália, mas através de versão condensada; embora precariamente, as *Institutas* mantém-se vivas. BERMAN conhece a panorâmica do momento:

> Depois do século VI, apenas fragmentos do Direito Romano sobreviveram no Ocidente, apesar de ele florescer como um sistema no Império do Oriente, chamado de Bizantino (incluindo a parte sul da Itália).[237]

A situação modifica-se no século XI, quando reaparece um manuscrito do *Digesto*, datado do século VI – o *Littera Pisana*, assim chamado porque esteve em Pisa até 1411,[238] que serve de base para uma cópia feita em cerca de 1070, que, com outras fontes, fundam a edição estudada pelos primeiros jusromanistas. O *Codex* reaparece no século XI. Segundo CAENEGEM, das *Novelas*, há a *Authenticum*, "cujos manuscritos existentes remetem a uma época não anterior ao século XI".[239]

O século XI mostra-se, portanto, como portador de uma novidade. FERRAZ JR. (1941-) identifica-a:

> A ciência (europeia) do direito propriamente dita nasce em Bolonha no século XI. Com um caráter novo, mas sem abandonar o pensamento prudencial dos romanos, ela introduz uma

---

237 BERMAN, *Direito e revolução, cit.*, p. 157.
238 CAENEGEM, *Uma introdução histórica ao direito privado, cit.*, p. 68. Após a conquista de Pisa, o manuscrito é levado para Florença e passa a ser conhecido como *Codex Florentinus*.
239 *Idem, ibidem*, p. 69. Segundo CAENEGEM (p. 26): "Como as constituições imperiais, as *Novas* possuíam evidentemente força de lei, e é natural que tenham sido incorporadas mais tarde ao *Corpus iuris*. Mas não havia nenhuma compilação oficial, e elas só chegaram até nós através de coleções particulares. A mais conhecida das coleções latinas é o *Autheticum*, cuja data e origem são incertas, embora seu nome evoque o fato de ter sido considerada por muito tempo uma coleção oficial ou 'autêntica'".

nota diferente no pensamento jurídico: sua dogmaticidade. O pensamento dogmático, em sentido estrito, pode ser localizado, nas suas origens, neste período. Seu desenvolvimento foi possível graças a uma resenha crítica dos digestos justinianeus, a *Littera Boloniensis*, os quais foram transformados em textos escolares do ensino na universidade.[240]

Escola dos glosadores

O primeiro período dos estudos parte do século XII à metade do século XIII, sob orientação da Escola de *Glosadores*, debruçados sobre a *Littera vulgata*[241] ou, em homenagem à universidade de Bolonha, *Littera Boloniensis*. Ferraz Jr. comenta:

> A teoria jurídica torna-se, então, uma disciplina universitária, na qual o ensino era dominado por livros que gozavam de autoridade. Estes eram, além do *Corpus Juris Civilis* de Justiniano, o *Decretum* de Graciano, de 1140, além das fontes eclesiásticas que formavam os cânones. Por fim, as coleções de decretos papais. As fontes contemporâneas eram consideradas secundárias e, na teoria, subordinadas às anteriores. Como porém, os textos discutiam casos singulares tomados como protótipos, o pensamento prudencial não chegou a desaparecer. Apenas seu caráter é que foi mudado: de casos problemáticos, eles são transformados em casos paradigmáticos, que deveriam traduzir uma harmonia. Com isto, ao invés de utilizar basicamente dos recursos prudenciais – como a equidade e a apreciação do interesse em jogo – o jurista vai mais além, procurando princípios e regras capazes de reconstituir harmonicamente o *corpus*. Neste sentido, a prudência se faz dogmática.[242]

---

[240] Ferraz Júnior, Tercio Sampaio. *Introdução ao estudo do direito*: técnica, decisão, dominação. 2ª ed. São Paulo: Atlas, 1994, p. 63.

[241] *Vulgata*, no sentido de edição-padrão.

[242] Ferraz Júnior, *Introdução ao estudo do direito*, cit., p. 63.

O objetivo principal desses juristas é compreender o *Corpus iuris*, ou explicando o significado de cada palavra, ou elaborando paráfrases. Trabalham num contexto cultural que sustenta a tese de o direito canônico ser limite de validade dos direitos temporais, conforme Hespanha:

> A teoria canônica das fontes de direito proclamava a subordinação dos direitos *humanos* (secular e eclesiástico) ao direito *divino*, revelado pela Escrituras ou pela Tradição. Esses direitos humanos eram considerados como dois modos complementares de realizar uma ordem querida por Deus.[243]

A atividade por excelência da Escola consiste em *glosar*[244] os textos romanos, seja por meio de exegese puramente literal, seja através de *referência cruzada*, isto é, o esclarecimento de texto por alusão a outro. A lição de Ferraz Jr. é esclarecedora:

> Aceitos como base indiscutível do direito, tais textos foram submetidos a uma técnica de análise que provinha das técnicas explicativas usadas em aula, sobretudo no *Trivium* – Gramática, Retórica e Dialética, caracterizando-se pela glosa gramatical e filológica, donde a expressão *glosadores*, atribuída aos juristas de então. Na sua explicação, o jurista cuida de uma harmonização entre todos eles, desenvolvendo uma atividade eminentemente exegética.[245]

Harmonizar é, sem dúvida, uma forma de aprimorar a interpretação; faz, porém, emergir contradições internas à codificação justinianeia, imediatamente atacadas. Ferraz Jr afirma.:

> Os textos nem sempre concordavam, dando lugar às *contrarietates*, as quais, por sua vez, levantavam as *dubitationes*, conduzindo o jurista à sua discussão, *controversia*, *dissentio*, *ambiguitas*, ao

---

243 Hespanha, *Cultura jurídica europeia*, cit., p. 153.
244 *Glosar*, "fazer glosa"; *glosa*, nota explicativa ou esclarecedora de palavra ou de sentido de um texto; anotação marginal ou interlinear.
245 Ferraz Júnior, *Introdução ao estudo do direito*, cit., p. 63.

cabo da qual se chegava a uma *solutio*. A *solutio* era obtida quando se atingia, finalmente, uma concordância.[246]

Na verdade, diante das tais contradições, os *Glosadores*, convictos de que *in hortulo juris nil spinosum*, consideram-nas inaceitáveis, conforme CAENEGEM: "Para os juristas da Idade Média, [...] o *Corpus* representava a própria perfeição, logo as suas contradições não podiam ser genuínas, mas apenas aparentes".[247] Em função do pressuposto, a Escola impõe restrições ao próprio trabalho. Uma delas é assumir a doutrina do *Corpus iuris* enquanto expressão da *ratio scripta*, a razão escrita, julgando qualquer atentado ao texto como algo destituído de razão e de sentido. Outra, é desconsiderar o *Corpus iuris* enquanto documento histórico de uma civilização determinada. E, mais uma, é somente estudar o *Corpus iuris*, isolado de instituições feudais e alienado da realidade política. BERMAN repete a lição, exemplificando:

> Eles acreditavam que esses textos possuíam uma qualidade permanente e universal. Eles tomaram o Direito de Justiniano como o Direito aplicável em todos os tempos e lugares e não como aquele do Império Bizantino, no ano 534. Eles o consideraram, em outras palavras, a verdade – do mesmo modo que a Bíblia era tomada como a verdade, assim como as palavras de Platão e (mais tarde) de Aristóteles. Apesar de, por exemplo, o que estava escrito na compilação sobre a propriedade da terra não ter qualquer relação com a disciplina da propriedade feudal no ano 1100 na Toscana ou Normandia, isso não significava que esses textos não eram "o Direito". Eram, de fato, o *verdadeiro* Direito, o Direito ideal, a corporificação da razão.[248]

---

246 *Idem, ibidem*.
247 CAENEGEM, *Uma introdução histórica ao direito privado, cit.*, p. 70. A convicção dos Glosadores, "não há espinhos no jardim da lei", que CAENEGEM revela à mesma página, leva-os a municiar seus estudos com diversos métodos. Por exemplo, a técnica, adotada por glosadores, para eliminar antinomias é, em geral, a *distinctio*, a distinção minuciosa entre os diferentes significados de uma palavra particular.
248 BERMAN, *Direito e revolução, cit.*, p. 158.

Em função da exclusividade de seu objeto – o sistema jurídico de uma época extinta –, a ciência jurídica propagada por Bolonha assume caráter abstrato, pois não se desenvolve, conforme CAENEGEM, "como é mais usual, a partir das situações geradas pela prática diária e pela experiência acumulada de gerações".[249]

Quanto ao ensino, a Escola dos Glosadores é famosa por suas técnicas, cujos segredos CAENEGEM revela-os:

> Uma técnica de ensino amplamente empregada era o *casus*. Originalmente tratava-se da apresentação de um caso fictício, no qual a regra de direito que estivesse sendo estudada tinha de ser aplicada. Mais tarde a mesma expressão foi usada para descrever um relato de uma questão complexa. *Notabilia* e *brocardica*, isto é, breves e marcantes aforismos resumindo uma regra do direito, também eram muito populares.[250]

Actor sequitur forum rei, o autor deve seguir o foro do réu; *nec procedat judex ex officio*, o juiz não age de ofício; *locus regit actum*, a lei local rege o ato; *in dubio pro reo*, na dúvida decide-se a favor do réu... os brocados podem ser contados às dezenas! É possível imaginar o dia-a-dia da universidade de Bolonha, preenchido com a cantilena dos estudantes de direito, repetindo, incessantemente, *notabilia* por *notabilia* até sabê-las, todas, de cor. E com que maestria a Escola de Glosadores cumpre seu papel de educadora, pois cada *brocardica* permanece na memória do mundo jurídico, delas o Ocidente nunca mais se esqueceu.

A vida da Escola dos *Glosadores* vai do século XII à metade do século XIII, quando entra em cena TOMÁS de Aquino (1225-1274). É o momento em que se percebe que o reencontro com o direito romano possui um pano de fundo, que deve ser apreciado agora, antes da leitura do modo como agem as próximas gerações de juristas medievais. BILLIER resume a tessitura da rotunda frente a qual os juristas da academia expõem doutrinas:[251]

---

249 CAENEGEM, *Uma introdução histórica ao direito privado*, cit., p. 72.
250 *Idem, ibidem*, p. 71.
251 *Rotunda*, em linguagem teatral, é o pano que fica no fundo do palco, muitas vezes utilizado como cenário.

No século XIII, a situação é diferente [daquela na qual o Ocidente assiste ao declínio do direito romano como alvo dos assaltos bárbaros]: por um lado, o direito romano retornou com consistência na prática das cidades italianas, dos príncipes laicos, mas também nos Cursos dos Papas; por outro lado, a teologia se sistematiza consistentemente com Tomás de Aquino, com um recurso maciço à filosofia de Aristóteles. Efetua-se então, escreveu Villey, um "novo encontro" entre o direito e a doutrina teológica, mas "desta vez um encontro verdadeiro: não mais, como nos tempos das invasões bárbaras, entre um direito romano moribundo e uma cultura bíblica viva. Agora as duas forças são iguais: a teologia instaurada como mestra dos estudos – o direito retornando à existência".[252]

Del Vecchio, assistindo aos desenlaces da teoria tomística, admitindo sua tendência em fazer da Igreja o único poder absoluto, percebendo que a doutrina de Tomás sacrifica a ela todos os demais poderes e, em especial, prejudica a soberania estatal, assim se manifesta:

> Era natural que uma reação, uma defesa surgisse para reafirmar a independência do Estado contra as pretensões de ingerência da Igreja; tanto mais que era vivíssima a tradição do Estado romano, que continuava, ainda, formalmente, no Império. Roma representava, na mente do medievo, o Estado universal, o Estado por excelência.
> Havia, pois, dois fundamentos sobre os quais se apoiava a vida política da Idade Média: o Papado e o Império. [...]
> Dois poderes foram estabelecidos por Deus sobre a humanidade: um, temporal; o outro, espiritual. Este dualismo era admitido por ambos os partidos, o dos guelfos e o dos gibelinos. O primeiro, porém, afirmava que, derivando os dois poderes, igualmente da divindade, só a Igreja era intérprete imediata dos quereres do Céu; e o Estado, ao contrário, os derivava mediatamente, por meio da Igreja, de modo que o Papa tinha também o direito de depor e de punir o Imperador.

---

252 Billier, Maryioli, *História da filosofia do direito*, cit., p. 120. Billier anota a referência: M. Villey, *Bible et philosophie gréco-romaine*, Archives de Philosophie du droit, 1976, p. 29.

Diversamente, o segundo partido afirmava que o poder civil era paralelo, por isso, independente do poder religioso, dependente só e diretamente de Deus.[253]

Escola dos Comentadores

A escola seguinte é saudada por Saldanha:

> No sentido amplo, a palavra *glosadores* costuma abranger os juristas medievais de modo genérico; historicamente, porém, distinguem-se os glosadores e os pós-glosadores ou *comentaristas*, que correspondem aos séculos XIV e XVI.
>
> [...]
>
> Enquanto os "glosadores" propriamente ditos se situam no tempo da patrística, os comentaristas foram contemporâneos da escolástica, e nos trabalhos dos séculos XIV e XV nota-se a direta influência desta sobre aqueles.[254]

A Escola dos *Pós-glosadores* ou dos *Comentadores* ou, ainda, dos *Consiliatores*, impõe-se nos séculos XIV e XV. É recebida pelo acirramento das relações entre Papado e Império, conforme Collins e Price, narrando iniciativas do Papa Bonifácio VIII, sucessor de Celestino V:

> Bonifácio sentiu-se motivado a publicar a mais forte afirmação de poder papal já feita. Em sua bula *Unam Sanctam*, conclamou todos a se submeterem à autoridade papal. Nesse ponto, o papa colidiu com a nova força da política europeia, os poderosos

---

253 Del Vecchio, Giorgio. *História da filosofia do direito*. Trad. João Baptista da Silva. Belo Horizonte: Líder, 2003, p. 48.

254 Saldanha, *Pequeno dicionário de teoria do direito e filosofia política*, cit., p. 142. Saldanha não faz referência à Escola Humanista do direito romano, do século XVI. No entanto, mostra que há diferença no período dos *comentaristas*, séculos XIV a XVI, pois a escolástica influencia somente os trabalhos dos séculos XIV e XV. O século XVI, sem os auspícios da escolástica é, justamente, o século da Escola Humanista.

Estados-nações, liderados pela França e pela Inglaterra, que doravante, imporiam grandes obstáculos ao Papado.[255]

Diante da situação, a Escola dos Comentadores toma por base tanto o *Corpus iuris*, quanto as Glosas, e atribui a elas mais importância do que aos originais. A Escola concebe um direito acadêmico, professoral, inspirado no sistema de argumentação, debate e polêmica da escolástica. Ou seja, a dialética escolástica fornece aos Comentadores ferramentas para relativizar a posição do Papado. A Escola atenta-se às ideias em circulação. Sobre estas, Del Vecchio recorda que, provavelmente, em 1312 (início do século XIV, portanto), Dante Aliguieri (1265-1321), inspirado no ideal do Império romano e buscando subtrair o Estado e a sua soberania da intromissão da Igreja, publica *Monarquia*. Del Vecchio faz a resenha crítica da obra:

> Também Dante procede através de argumentos escolásticos, por alegorias, por símbolos, com disquisições sutilíssimas, confutando argumentos que aparentemente não mereceriam ser afrontados. Sustenta, antes de tudo, no primeiro livro, que é necessária a unidade do governo político para todo o gênero humano, isto por razões metafísicas, em razão da excelência da unidade em geral, e também por utilidade prática (manutenção da paz).[256]

No segundo livro, Aliguieri, de início, demonstra que Deus designa o povo romano para comandar o mundo, para, em seguida, afirmar que o Imperador é herdeiro do povo romano, o que lhe aufere, de pleno direito, a condição de soberano universal. Del Vecchio conclui o resumo da obra do imortal poeta de *Divina comédia*:

> No terceiro livro Dante trata das relações do Estado com a Igreja e sustenta a independência do Imperador em face da Igreja, na ordem temporal. Prova tudo isso com argumentos abstratos, longe mesmo de toda a realidade, com valor apenas

---

255 Collins, Price, *História do cristianismo, cit.*, p. 118.
256 Del Vecchio, *História da filosofia do direito, cit.*, p. 50.

alegórico. Assim, discute o argumento do Sol (que para os guelfos devia representar o poder da Igreja) e da Lua (que tinha representado o Império, dele recebendo a luz). E mostra como não se pode extrair uma prova da sujeição do Imperador, pois a lua não recebe do sol o ser nem a atuação, mas apenas um auxílio. Assim, o Imperador recebe, com certeza, da Igreja, o lume da graça, mas isto não lhe destrói a independência.[257]

As ideias políticas, ao tempo da Escola dos Comentadores, magnetizam, pois, a disputa entre Papado e Império. De certa forma, professores e estudantes posicionam-se ao lado do Imperador, em sua luta por *independência em face da Igreja*. Isso pode ser visto naquilo que os Comentadores diferem de seus predecessores, ao admitirem a impossibilidade de o direito erudito tornar-se direito comum para todo o continente. Realista, a Escola reconhece a força de costumes regionais, princípios feudais, regulamentos e estatutos municipais e ordenações régias, que, além de formarem a mentalidade da época, estão, como mostra CAENEGEM, "por demais intimamente ligados aos interesses em jogo para serem deixados de lado e substituídos por um sistema acadêmico vindo de Bolonha".[258] A universidade, então, amplia o círculo de seus de estudos e toma por objetos costumes, ordenações etc., adapta o direito erudito às necessidades do momento, elabora doutrinas de valor prático, faz com que o direito erudito complemente e enriqueça a prática jurídica, fornece método e princípio adequados ao estudo acadêmico de direitos não-romanos. Entretanto, diante de lacunas do *ius proprium*, os Comentadores avançam: deve ser integrado pelo direito erudito. São doutrinas que, sem dúvida, alinham forças do lado da ideia de um poder político central.

DEL VECCHIO registra a força das ideias circulantes ao momento em que a Escola dos Comentadores está inserida, trazendo ao debate a fala de Marsílio de Pádua (1270-1342), que, em 1324, lança o seu *Defensor pacis*, em que restabelece a paz entre Papado e Império, subordinando a Igreja ao Estado:

---

257   Idem, ibidem.
258   CAENEGEM, *Uma introdução histórica ao direito privado*, cit., p. 75.

[*Marsilius Patavinus*] parte do conceito de que a fonte do poder político é o povo; dele emana o governo; por isso, sendo o Príncipe, no Estado, *secundaria, quase instrumentalis seu executiva pars* (= "uma parte secundária, como que instrumental ou executiva"), deve governar *justa subditorum suo num voluntatem et consensum* (= "de acordo com a vontade e o conselho dos seus súditos"). O Príncipe é sempre levado, em respeito ao povo, a observar a lei, e pode ser punido em caso de transgressão.[259]

Marsílio sabe opor contrarrazões às razões da Igreja. Considera que a maior causa de perturbação entre os homens é o Papado, cujo domínio como poder temporal resulta de uma série de usurpações. Sustenta que ao Papa e ao clero não assiste nenhuma jurisdição coercitiva, nem mesmo o direito de impor coativamente a obediência à lei divina. Defende que penas contra heréticos só podem ser pronunciadas por tribunais civis. Reafirma que o Príncipe é independente do sacerdócio e possui legítima jurisdição sobre tudo o que se passa no território do Estado, inclusive sobre os ofícios do culto, e as práticas religiosas. Os pontos de vista de Marsílio parecem distantes dos estudos acadêmicos do direito romano, mas nada obstaria à Escola dos Comentadores conviver pacificamente com seus princípios. No entanto, há aspectos de sua doutrina que encontrariam a adversidade da Escola. DEL VECCHIO conta a respeito das convicções de Marsílio acerca da origem do Estado:

> A obra de Marsílio de Pádua é sobremodo notável também porque nela se delineia a teoria do contrato social, que já se mostrava em germe nos sofistas e mais ainda em Epicuro, mas que, a partir de Marsílio, ocupará lugar importante na história da Filosofia do direito, terá campo fértil até o século XVIII por inteiro, variamente concebida e diversamente exposta por escritores com o objetivo de revelar nela consequências e aplicações práticas diferentes.[260]

---

259 DEL VECCHIO, *História da filosofia do direito, cit.*, p. 53.
260 *Idem, ibidem*, p. 54.

Quanto à atividade docente, os professores da Escola dos Comentadores ministram *lecturae*, cursos, tratando, integral ou parcialmente, do *Corpus iuris*; completadas com debates e discursos sobre problemas específicos, as *lecturae*, CAENEGEM conta, "às vezes expandiam-se até se tornarem comentários enciclopédicos, que deram seu nome a essa escola".[261] Além de lecionar, os professores redigem *tratados* sobre temas fora dos limites do *Corpus*; aqui, o ponto de partida é, conforme CAENEGEM esclarece, "um exemplo real ou um problema de prática jurídica, ao qual o jurista tentava dar uma solução satisfatória através do uso do direito erudito".[262] A fama da Escola dos Comentadores deve-se, ainda, à redação de *consilia*, atividade muito próxima da prática jurídica, sobre a qual CAENEGEM detalha:

> O *consilium* era um parecer jurídico, frequentemente bastante detalhado, dado por um ou mais advogados profissionais sobre um caso real, a pedido de um indivíduo ou de uma instituição. Até mesmo as corte solicitavam tais opiniões (e ainda no século XIX, o direito germânico permitia um processo pelo qual as cortes podiam, em determinadas circunstâncias, solicitar o parecer das faculdades de direito). É sobretudo na massa de *consilia* existentes que a experiência e o saber dos comentadores deve ser procurada.[263]

ESCOLA HUMANISTA DO DIREITO ROMANO

O século XVI assiste à ascensão da Escola Humanista do direito romano, que, seguindo a tradição das anteriores, mantém o *Corpus iuris* em primeiro plano. A abordagem humanista possui matiz renascentista e soma, pois, a redescoberta da Antiguidade ao estudo de direito romano, aplicando-lhe novos métodos, o filológico, em busca do significado de textos latinos e gregos, e o histórico, a fim de sondar o contexto social que lhe dá origem. Transformado em produto de uma dada sociedade num período determinado, relativizado em

---

261 CAENEGEM, *Uma introdução histórica ao direito privado*, cit., p. 76.
262 Idem, ibidem, p. 77.
263 Idem, ibidem.

monumento histórico, entendido como referência a um direito morto, tratado como relíquia acadêmica, o *Corpus iuris* perde a aura de autoridade absoluta. Em seu lugar, os humanistas apresentam uma concepção filosófica do Direito. Diante do trabalho realizado até então, opõe resistências, conforme CAENEGEM:

> Esses princípios capacitaram os humanistas a expor as interpretações errôneas e anacrônicas e anacrônicas dadas por seus predecessores. Às vezes desferiam ataques violentos aos juristas da Idade Média, descrevendo-os como tolos e acusando-os de ter submergido o direito romano sob uma massa de acréscimos góticos e bárbaros.[264]

Em caráter retrospectivo, talvez seja possível afirmar que a Escola dos Glosadores revela o direito antigo ao mundo da baixa Idade Média, permitindo, através de devotada exegese, seu acesso ao *Corpus iuris*. Diante do caminho aberto, a Escola dos Comentadores aprende a sintetizar direito romano e costumes medievais, postura que, devido à preeminência italiana, se eterniza na expressão *mos italicus iuris docendi*, "método italiano de ensino jurídico". A Escola Humanista, essencialmente ligada à França, daí a designação *mos gallicus*, retorna à origem, desta vez à procura de um direito romano vivo em Roma, o que, em paralelo, resulta em aprofundando do conhecimento do Ocidente acerca do mundo antigo. As três Escolas são fruto do profundo relacionamento que, durante séculos, *academia* e *direito romano* mantêm entre si. A relação, no entanto, sucumbe diante de reformas sociais e políticas trazidas pela Modernidade. Novos tempos, outros conceitos; o *direito acadêmico romano* é suplantado pela Escola de Direito Natural. Inspirado por ela, o Ocidente está apto para os códigos nacionais.

A tentativa de sistematizar o desenvolvimento do pensamento político e jurídico, a partir do século XII, encontra em BILLIER um estudante perspicaz que descobre, nas controvérsias da época, cinco correntes principais; eis a primeira:

---

264 *Idem, ibidem*, p. 79.

> Uma ruptura com o pensamento "augustiniano" que considerava que o Estado, suas instituições e a sociedade política completa são infectados irremediavelmente pelo pecado; vai-se doravante mostrar que eles podem ser os instrumentos da encarnação dos fins morais e dos modos de realização da justiça.[265]

BILIER concorda – e este é o discurso da segunda corrente – que o direito é designado como princípio superior da sociedade. A respeito disso, avalia que tal designação se deve mais a uma renovação da filosofia antiga do direito natural e menos a uma reflexão política sobre a função de ligação recíproca de governantes e governados por regras jurídicas.

A terceira corrente, BILLIER expressa-a do seguinte modo:

> Uma polêmica profunda quanto à autoridade de um direito objetivo, ligado à questão do primado de um ou outro dos dois poderes, temporal e espiritual. No fim do século V, a doutrina do papa Gelásio havia proposto um equilíbrio entre as duas esferas: ao poder político, a *potestas* administrativa, ao poder espiritual, a *auctoritas*. Mas o aumento de poder tanto do Imperador como do Papa viu esta "autonomia cruzada" ser um fator negativo.[266]

A quarta corrente, segundo BILLIER, refere-se à teoria da autoridade jurídica da sociedade civil, base doutrinária para a Idade Média negar o absolutismo e reivindicar o princípio segundo o qual soberania, direito e governo devem provir do povo.

A quinta corrente é identificada por BILLIER nos seguintes termos:

> Uma evolução decisiva da concepção dos direitos privados e, sobretudo, do direito de propriedade privada: os padres da Igreja consideravam que a propriedade privada era uma instituição pecadora, ligada aos baixos apetites e à cupidez humana; na Idade Média, as influências tanto de Aristóteles quanto da jurisprudência romana promovem o abandono do severo princípio dos padres

---

265 BILLIER, MARYIOLI, *História da filosofia do direito*, cit., p. 121.
266 *Idem, ibidem*.

e o reconhecimento pelos teólogos, na primeira fileira dos quais Tomás, do direito à propriedade privada.[267]

O direito romano das universidades afeta, modelando e orientando, a vida jurídica do Ocidente. Conforme CAENEGEM: "Em algumas áreas do mundo mediterrâneo, o direito erudito foi adotado já no século XIII como base do sistema jurídico", sendo que "o grau de romanização variava muito de país a país, mas nenhum escapou completamente à sua influência".[268] Significa dizer que, transcendendo limites geográficos, o *ius commune* é o direito ocidental. Significa, também, compreender os obstáculos que enfrenta, pois, CAENEGEM observa, "era acessível apenas à reduzida elite daqueles que tinham sido educados em universidades, e para o povo de modo geral o latim desse direito era uma língua sibilina".[269] Diante do provincianismo do século XI e do primitivismo do século XII, a romanização significa modernização. Frente ao direito consuetudinário, tradicional, antiquado, vinculado a um tipo de organização social a um passo de ser superado, o direito romano parece progressista, orientado para o futuro.

Mas, para além das qualidades inerentes do direito romano, o que permite o êxito do direito romano? A epígrafe recomenda considerar as "circunstâncias" políticas e sociais da romanização. Ora, o mote está correto, mas esconde o principal: para compreender *circunstâncias* é preciso encontrar as ideias que as fundamentam. CAENEGEM, em longo relato, promove seu arrolamento:

> A Igreja foi o primeiro dos grandes poderes do mundo medieval a dar um apoio decidido ao direito romano. A educação dos juristas da Igreja baseava-se no *Corpus iuris civilis*, do qual derivavam os métodos e, às vezes, os princípios mesmos do direito canônico, e o processo nos tribunais eclesiásticos estava a tal ponto impregnado de direito romano que foi denominado "romano-canônico". Centralização, hierarquia, burocracia, racionalização imposta de cima, a importância do direito e da

---

267 Idem, ibidem, p. 123.
268 CAENEGEM, *Uma introdução histórica ao direito privado*, cit., p. 95-6.
269 Idem, ibidem, p. 100.

> administração: todos estes eram elementos contidos no direito romano, que as autoridades da Igreja podiam utilizar. Desde a Reforma Gregoriana, essas eram as linhas gerais da política papal e também eram, precisamente, as características do direito romano, especialmente o direito do último período do Império Romano tal como se encontra conservado no *Corpus iuris*. A Igreja adotou o direito romano sem hesitação, apesar de seus principais autores terem vivido numa época pagã, pois o direito do *Corpus* estava associado ao prestígio do grande imperador cristão Justiniano.[270]

FERRAZ JR. apresenta um outro ângulo para o estudo das ideias carreadas pela Igreja e seu vínculo com a causa do direito romano:

> Após o século V, assumindo-se como instituição política, a Igreja adota a distinção romana entre *auctoritas* e *potestas*, reclamando para si a primeira e deixando a segunda, que não estava mais "nas mãos do povo", como dizia Cícero, para os príncipes seculares. Tal separação, aliás, deixou, pela primeira vez desde os romanos, o político sem autoridade, só com o poder. Como, ao contrário do romano, a autoridade do Cristo era transcendente ao mundo político, para justificá-la o cristianismo teve de amalgamá-la com os padrões e as medidas transcendentes da tradição platônica com o seu mundo das ideias. Juntam-se no seu pensamento, num só, os conceitos de início e de fundação com a ideia grega de medida transcendente da razão, de verdade.
> A Igreja reintroduz, assim, vários mitos gregos, [...], que agora se transformam em dogmas de fé – e os dogmas que produzem a Teologia influenciarão o pensamento jurídico que vai, então, assumir o caráter de pensamento dogmático. Tal pensamento nasce, pois, desta amálgama entre a ideia de autoridade romana e a ideia de verdade bíblica, transcendente. Consequentemente, nos dogmas, autoridade e razão se mesclam, aparecendo os textos da *Littera Boloniensis* como verdadeira *ratio scripta*, fundamento de todo o direito. Neste sentido, a teoria do direito medieval,

---

270 Idem, ibidem, p. 102.

ao conciliar o espírito grego da *fronesis*, no sentido de orientar a ação, com o espírito romano da prudência, no sentido de confirmar o certo e o justo, instaura pouco a pouco uma teoria que vai servir ao domínio político dos príncipes, como instrumento de seu poder.[271]

Trata-se, pois, de teoria para orientar a ação e a decisão. Mas é a partir desse ponto que a teoria jurídica se tecniciza, a fim de se tornar instrumento político, isto é, teoria da manifestação da autoridade. Ótimas notícias, portanto, para o outro lado do poder, o de reis e imperadores, que passam a encontrar no direito romano as razões últimas de suas pretensões políticas. Eis a análise de CAENEGEM:

> No Sacro Império Romano, a autoridade do direito romano era evidente, já que os imperadores consideravam-se sucessores dos príncipes cristãos da Roma antiga. Os reis também se julgavam sucessores do *caesar* ou *princeps* do *Corpus iuris*; a expressão *rex imperator in regno suo* ("o rei em seu reino é [tão soberano quanto] um imperador") era um lugar-comum desde o século XII. Para os soberanos da baixa Idade Média, o *Corpus* era, acima de tudo, uma reserva inesgotável de argumentos para reforçar suas posições. O *Corpus* nada diz sobre os direitos do povo ou sobre os limites ao poder do Estado; nada sabe de democracia. Mas os princípios que sustentam a onipotência do imperador e a majestade do Estado aparecem com toda a clareza. Máximas do tipo *princeps legibus solus* e *quod principi placuit legis habet vigorem* adequavam-se perfeitamente aos soberanos que ansiavam por libertar-se do molde feudal e por estabelecer estruturas políticas modernas.[272]

---

271 FERRAZ JÚNIOR, *Introdução ao estudo do direito, cit.*, p. 64.
272 CAENEGEM, *Uma introdução histórica ao direito privado, cit.*, p. 103. As expressões *princeps legibus solus* e *quod principi placuit legis habet vigorem* traduzem-se, respectivamente, dessa forma: "o imperador não está preso a leis", "o que agrada ao imperador tem força de lei".

FERRAZ JR. aprofunda a questão:
> Desde a Idade Média, pode-se, pois, dizer, o pensamento jurídico se fez essencialmente em torno do *poder real*. E a recuperação do direito romano serviu-lhe como instrumento de organização. No continente europeu, o poder real tendeu a um centralismo crescente, tendo sido o direito romano, absorvido pelas universidades, o instrumento apropriado para a centralização.
> Ao se colocar o rei como personagem central de todo o edifício jurídico, aparece, nessa época, um conceito chave, que irá dominar a organização jurídica do poder: a noção de *soberania*. As disputas em torno deste poder mais alto, o poder soberano, se bipartem na questão do *fundamento* do direito de se exigir obediência e na dos *limites* desse direito.[273]

A noção de soberania propicia uma forma de conceber o direito a partir de um princípio centralizador. FERRAZ JR. encontra a amplitude de seu contexto:

> Assim todos os seres tinham a sua unidade na convergência em Deus, assim como a verdade só podia ser uma, assim também o direito só podia ser um, dentro de um determinado território, de uma determinada esfera de poder.[274]

Observando o modo de implementação de políticas de *racionalização* e unificação dos direitos, vê-se que o modelo colocado à disposição pelo direito romano aparece como tentação difícil de ser resistida. CAENEGEM conclui:

> É inegável que o *Corpus iuris* forneceu legitimidade e argumentos solidamente persuasivos para reforçar o poder do Estado contra a fragmentação feudal, e que muitos comentadores do direito romano tomaram o partido do absolutismo no grande debate da época sobre o poder do Estado. Os legistas [assim

---

273 FERRAZ JÚNIOR, *Introdução ao estudo do direito*, cit., p. 65. FERRAZ JR. (p. 66) acrescenta: "A soberania, encarada como direito do soberano, coloca o problema jurídico da legitimidade". O que parece coerente, pois, se a Idade Média já se preocupa com *soberania*, não há como ela evitar o tema da *legitimidade*.

274 *Idem, ibidem*, p. 66.

chamados porque haviam estudado na universidade as *leges* dos imperadores romanos (isto é, o *Corpus iuris civilis*)] ficaram no centro do poder e aí desenvolveram doutrinas para sustentar as políticas de centralização, racionalização e padronização buscadas pelos soberanos.[275]

FERRAZ JR. concorda que o pensamento dogmático medieval tenha assumido essa função sociopolítica e confere importância ao papel do jurista dessa época na vitória da ideia do Estado racional que irá dominar a política dos séculos seguintes:

> os juristas auxiliam a construção do Estado Moderno não apenas através dos tribunais, pois ao darem uma fundamentação jurídica às pretensões de soberania dos príncipes, a partir do *Corpus Justinianeu*, interpretado de forma quase absoluta, eles também forneceram uma técnica de tratamento de atas e negociações [no âmbito das esferas diplomáticas e administrativas]. Uma atividade que, na prática, torna possíveis os principados, na medida em que o Estado Moderno concentra, racionaliza e objetiva as formas de domínio através do câmbio pessoal dos cargos e da instauração de aparelhos administrativos que pairam acima dos interesses pessoais. Não se pode negar que o pensamento dogmático contribui decisivamente para isso, na mesma proporção em que os canonistas, por intermédio do Direito Canônico, construíram a Igreja. Afinal, só o jurista é que domina, àquela altura, as operações analíticas através das quais a complexa realidade política podia ser devidamente dominada.[276]

Para o outro lado – o da sociedade –, o *ius commune* perturba círculos conservadores e é tratado como prejudicial a seus interesses tradicionais e contrário à sua maneira de pensar. A primeira oposição é a colocada pelo direito feudal, fundamento da propriedade da nobreza rural, da forma de exploração de terras, do sistema de herança, do duelo. O choque é tão grande

---

275 CAENEGEM, *Uma introdução histórica ao direito privado*, cit., p. 104.
276 FERRAZ JÚNIOR, *Introdução ao estudo do direito*, cit., p. 65.

que as regiões de direito consuetudinário impõem suas tradições e mostram-se capazes de as conservar. A situação é esclarecida por CAENEGEM, ao utilizar o exemplo a seguir:

> Em 1278, Felipe III chegou a proibir que os advogados citassem o direito romano nos casos oriundos das regiões de direito consuetudinário. ["Li advocats ne soient si hardis d'eus mesler d'aleguer droict escrit, là où coutumes aient lieu, mais usent de coutumes" ("Os advogados não devem ser ousados a ponto de citar o direito escrito onde os costumes são adotados, mas sim fazer uso dos costumes")].[277]

A segunda força de resistência ao *ius commune* origina-se do particularismo local e regional, caso em que o direito consuetudinário é considerado como elemento de independência política e obstáculo à autoridade central.

A terceira onda de defesa do *ius proprium* refere-se à inacessibilidade do *ius commune* à compreensão popular; conforme CAENEGEM: "Os dias dourados das ações *judicia* ao ar livre, concluídas num só dia – como era prescrito por uma capitular de Carlos Magno –, eram evocados com persistência".[278]

A quarta força contrária atrela-se a questões de política nacional. O direito romano é entendido como direito imperial. CAENEGEM afirma: "Os reis franceses sempre se opuseram à ideia de que o direito romano tivesse força de lei em virtude da autoridade dos imperadores alemães".[279] O nacionalismo deixa, por ocasião dos estados nacionais soberanos, marca profunda no desenvolvimento da tradição jurídica do Ocidente. A França, relativizando a autoridade do direito romano e salientando suas imperfeições, sustenta, já no século XVI, a necessidade de um direito francês codificado. CAENEGEM comenta a posição francesa:

> Seu projeto foi um dos primeiros a visar uma codificação em nível nacional de todo o direito privado e público. Isso acontecia no

---

277 CAENEGEM, *Uma introdução histórica ao direito privado, cit.*, p. 115.
278 *Idem, ibidem*, p. 117.
279 *Idem, ibidem*, p. 116.

contexto de uma política de nacionalização e padronização do direito francês, em conexão com uma forte monarquia nacional.[280]

Vale antecipar: em solo francês, no século XIX, a ideia da codificação floresce... e, fazendo-o de maneira absoluta, eterniza o direito romano.

A cultura jurídica popular

Ao lado do Direito fruto de pesquisas acadêmicas, é preciso notar o Direito que está ao alcance dos que são pouco versados nessa arte. Grande parte da população desconhece sutilezas e artifícios do direito erudito. Um aspecto dessa realidade pode ser observado na área urbana. HESPANHA refere-se ao outro aspecto da relação entre Direito e massas, afirmando

> a existência de todo um mundo – nomeadamente, o mundo campesino – que continuava a viver sob um outro direito, constituído por antigas tradições normativas, passadas oralmente de geração em geração, aplicadas por juízes leigos e iletrados, apontando para valores diferentes e utilizando conceitos, princípios e estratégias de resolução dos conflitos que pouco tinham a ver com o direito culto.
> Este direito dos grupos sociais culturalmente marginalizados (embora estatisticamente dominantes) foi designado, por esta época, como "direito dos rústicos" (*ius rusticorum*), tendo a sua sobrevivência construído uma constante do direito europeu, a que nem a "codificação" nem, mais tarde a alfabetização ou a massificação da cultura puseram termo.[281]

Tomando o exemplo português, HESPANHA relata:

> Nos meados do séc. XVII, o número dos juízes de fora – os únicos que, desde 1539, tinham que ter uma formação jurídica universitária, não ia além de um décimo do total dos juízes dos

---

280 Idem, ibidem, p. 117.
281 HESPANHA, *Cultura jurídica europeia, cit.*, p. 270.

concelhos. Os restantes, eram juízes que, quando muito, saberiam ler e escrever, embora as fontes pareçam evidenciar que nem isso acontecia num número apreciável de casos. Ou seja, mesmo para quem administrava a justiça, o discurso dos juristas eruditos, escrito e, para mais, em latim, era absolutamente inacessível. Como o era mesmo a própria lei do reino (nesse caso, as *Ordenações filipinas*, de 1604).[282]

No entanto, a preciosa lição de HESPANHA vai além: "Se descermos ao nível dos destinatários do direito, do que nos damos conta é da existência de um mundo jurídico submergido, pouco aparente para quem lê as obras doutrinais dos juristas".[283] HESPANHA demonstra que esse mundo do que vivem fora das cidades ou das terras importantes, submetidos a um direito tradicional, não erudito e não escrito, é, enquanto alternativa cultural e jurídica, combatido, depreciado e tornado objeto de enquadramento dogmático e institucional. HESPANHA é preciso: "'Rústicos' não era, de facto, uma expressão neutra no discurso da Baixa Idade Média".[284] As conotações atribuídas ao termo são: grosseiro, rude, ignorante. Segundo HESPANHA, diante do direito do "rústico", o erudito assume misto atitude de simpatia, "suscitada pelo estado virginal da inocência primitiva", arrogância e desprezo mal disfarçado, em função da "insignificância (também econômica) das questões jurídicas que, neste mundo, apareciam".[285]

HESPANHA conclui:

> Do que se disse, resulta um quadro bastante específico de fontes do direito, quando se trata do mundo local, ou "rústico":
> a) costumes locais, reduzidos ou não a escrito, cuja existência e eficácia é atestada, ainda no século XVII, pela própria legislação real [...]
> b) "posturas" ou "estatutos", tomadas em resultado de deliberação dos conselhos ou comunas camponesas, normalmente

---

282   *Idem, ibidem.*
283   *Idem, ibidem,* p. 271.
284   *Idem, ibidem,* p. 274.
285   *Idem, ibidem,* p. 274.

sobre matérias de organização da vida local (divisão de águas, regime dos pastos, feiras e mercados);
c) privilégios locais, concedidos pelo rei ou pelos senhores; direitos adquiridos pelo uso; praxes dos tribunais locais;
d) costumes locais e normas casuísticas ditadas pelo sentido comunitário de justiça.

Este direito aplicado pelos juízes populares era, decerto, um direito conservador ou mesmo arcaizante.[286]

Jusracionalismo e a descoberta moderna do fundamento romano do direito

A perspectiva circular de DAVID reapresenta o Direito medieval:

> Segundo as ideias que predominavam na Idade Média, o direito existe independentemente dos comandos da autoridade; o soberano não está qualificado nem para criar, nem para modificar o direito. A sua função é uma pura função administrativa; é unicamente com o fim de organizar e facilitar a administração da justiça que ele pode intervir para auxiliar a formulação do direito que ele não criou. Pelas ordenanças, pelos éditos, pelas práticas administrativas, [...] o soberano pode corrigir certos erros da justiça, do mesmo modo que é competente para organizar os tribunais de justiça e para lhes regular o processo; o soberano, propriamente falando, não faz leis.[287]

As ordenanças regulam matéria de direito penal e, organizando a administração, de direito público. No âmbito do direito privado, DAVID afirma que "o papel da legislação foi muito menor. As autoridades não procuraram modificar os costumes",[288] preocupando-se, por vezes, em mantê-los por meio de sua escrituração. DAVID complementa a respeito de direito adjetivo:

---

286   Idem, ibidem, p. 278.
287   DAVID, Os grandes sistemas do direito contemporâneo, cit., p. 62.
288   Idem, ibidem, p. 63.

é falso acreditar que os soberanos tenham desempenhado um papel ativo em favor do direito romano, considerado como favorável ao estabelecimento ou à justificação do seu poder absoluto. Se o direito privado foi modificado, o foi essencialmente por meio do processo; nós notamos, e nunca é demais sublinhá-lo, como a substituição de um processo oral antigo por um processo escrito, inspirado no modelo canônico, favorecera a recepção do direito romano.[289]

Se o direito privado foi modificado, o foi essencialmente por meio do processo. De resto, o rei – incluindo o monarca absoluto – sabe que não está inteiramente livre para modificar regras de direito privado. Os tempos modernos mudam essa mentalidade, conforme noticia DAVID:

> A *escola do direito natural*, no século XVIII, rompe com esta concepção tradicional. Ela se recusa a reconhecer a onipotência do soberano e a atribuir a qualidade de leis aos comandos emanados da sua vontade arbitrária. Mas já transige ao ver na pessoa do soberano um legislador; atribui-lhe a função de reformar o direito de modo a rejeitar os erros do passado e a proclamar a autoridade de *regras plenamente conformes à razão*.[290]

Identifica-se, portanto, uma *escola do direito natural*, que busca proclamar *regras plenamente conformes à razão*... CAENEGEM discursa sobre o sentido da referida Escola dá à expressão *direito natural*:

> formou-se na era moderna uma nova concepção do direito natural. Ainda fazia referência à natureza do homem e da sociedade, mas diferia das concepções anteriores em vários aspectos. Rejeitava a concepção do direito natural como um ideal de justiça com uma significação maior do que a da ordem jurídica

---

289 *Idem, ibidem.*
290 *Idem, ibidem*, p. 64 (grifo nosso).

positiva.[291] Pelo contrário, concebia o direito natural como um corpo de princípios básicos dos quais o direito positivo deveria ser diretamente derivado: era um direito natural aplicado. A moderna Escola do Direito Natural recusava derivar seus princípios de sistemas externos, como o direito divino ou o *Corpus iuris*.[292] Através do estudo racional e da crítica da natureza humana, os autores dessa escola procuravam princípios evidentes e axiomáticos, dos quais pudessem deduzir todos os outros *more geometrico*. O nome "direito da razão" (*Vernunftrecht*) é, portanto, mais adequado do que "direito natural", que possui outras conotações.[293]

Sobre a doutrina da Escola, RECASENS SICHES diz o seguinte:

> En sí, el pensamiento de la escuela clásica del Derecho natural, apoteosis del racionalismo, carece de sentido histórico y, por tanto, no abre vías para la variedad y el cambio de los ideales jurídicos. Pero como quiera que representa en gran parte una orientación liberal construida sobre la base de los llamados derechos naturales subjetivos básicos (los cuales son derechos de libertad), lo invariable, lo universal, lo idealmente necesario, es

---

[291] Oposição à Grécia, onde *direito natural* é entendido como, na visão de CAENEGEM, *Uma introdução histórica ao direito privado, cit.*, p. 164, "corpo de normas ideais não-escritas opostas aos estatutos reais e imperfeitos da vida cotidiana". Vale acrescentar o comentário de CAENEGEM, *Uma introdução histórica ao direito privado, cit.*, sobre o direito natural romano: "Em Roma, o direito positivo era apresentado como uma distorção de uma ordem natural primitiva [...] Para os romanos, o direito natural correspondia à lei da natureza: o acasalamento de animais e o casamento de seres humanos, por exemplo, expressavam uma lei universal, à qual tanto os homens quanto os animais estavam sujeitos".

[292] Oposição, ainda segundo CAENEGEM, *Uma introdução histórica ao direito privado, cit.*, ao direito natural medieval: "Na Idade Média cristã o direito natural tinha conotações religiosas e estava identificado a uma lei divina distinta das leis humanas, as quais aquelas leis não podiam transgredir". Oposição, também, à Escola dos Glosadores, convencida de que, conforme CAENEGEM, *Uma introdução histórica ao direito privado, cit.*, p. 164, "o direito natural, concebido como um princípio diretor perfeito e eterno, era idêntico ao direito romano, à *ratio scripta* ('razão escrita')". Todavia, apoio à Escola Humanista, que vê o *Corpus iuris* como produto histórico, sem valor eterno, imperfeito e passível de aprimoramento.

[293] CAENEGEM, *Uma introdução histórica ao direito privado, cit.*, p. 164.

el orden jurídico que consagre y garantice la libertad en todos sus aspectos; y las diferencias en el espacio, así como los cambios en el tiempo, derivarían de los distintos pactos que los hombres concertaren y de las diversas cosas que hicieren en el ejercicio de sus libertades.[294]

Segundo RECASENS SICHES, a *Escuela Clásica del Derecho Natural* está convicta de que universal e eterno é o ordenamento jurídico que consagre e garanta a liberdade em todos os seus aspectos. O particular e transitório é o contrato, de qualquer tipo, celebrado pelos homens no exercício de suas liberdades.

RECASENS SICHES diz mais:

> Es decir, como esse Derecho Natural consiste fundamentalmente en la norma de libertad, que se deriva por esencia de la índole del hombre como ser moral, es decir, como consiste en la consagración de las libertades básicas del sujeto, que no deben sufrir más restricciones que las necesarias para la existencia de las libertades de los demás, resultaría que bajo el imperio de ese orden iusnaturalista inmutable se podrían produzir variedades y transformaciones en las situaciones históricas, según cuáles fuesen las tareas concretas que los hombres emprendieran en el uso de su libertad.[295]

Segundo RECASENS SICHES, a *Escuela Clásica del Derecho Natural* é imperativa, impõe que as liberdades básicas do sujeito não devem sofrer mais restrições do que as necessárias para a *existência* das liberdades dos demais.

Ouça-se RECASENS SICHES:

> Ahora bien, esto que acabo de indicar no es algo explícitamente expresado, ni tal vez pensado por los autores de la escuela clásica, sino un comentario o glosa mía de su concepción, tratando de sacar una de las consecuencias que ésta permitiría, en relación com la variedad y el movimiento de la historia. Pero adviértase que, en

---

294 RECASENS SICHES, Luis. *Tratado general de filosofia del derecho*. 4ª ed. México: Porrua, 1970, p. 434.
295 RECASENS SICHES, *Tratado general de filosofia del derecho, cit.*, p. 431.

todo caso, la historia no afectaría al orden jurídico iusnaturalista, sino a las situaciones sociales concretas creadas al amparo de los derechos naturales de libertad.[296]

Segundo RECASENS SICHES, a *Escuela Clásica del Derecho Natural* adverte: a história nem modificou, nem pode modificar, nem nunca modificará a ordem jurídica jusnaturalista.

A expressão completa é esta: *direito racional da Escola de Direito Natural e das Gentes*. Seu tempo: séculos XVII e XVIII. O propósito: elaboração de *teorias de direito natural* – o motivo de a História do Direito chamar-lhes *jusnaturalistas*. Sua conjectura nuclear, segundo WOLKMER:

> O estado de natureza é o primeiro pressuposto do jusnaturalismo moderno, podendo ser interpretado de forma positiva e negativa por seus múltiplos autores. Tal condição refere-se à ausência de sociedade organizada e do próprio Estado, vivendo os homens num estágio sem disciplina política e sem nenhum tipo de lei, a não ser as próprias leis naturais. É nessa esfera de comunidade espontânea que se formulam as concepções de direito à vida, à segurança, à liberdade e à propriedade.[297]

Diante desses dados, MATA-MACHADO ergue trincheira epistemológica:

> Previnamo-nos, pois, contra dois equívocos: o primeiro, o da confusão entre Filosofia do Direito e Direito Natural (disciplinas), pois é certo que a Filosofia do Direito, tal como se estuda em nossa época, nada tem a ver com as posições dos séculos XVII e XVIII, que só figuram, nela, dum ponto de vista histórico, ao lado de outras doutrinas, anteriores e posteriores.[298]

---

296   *Idem, ibidem.*
297   WOLKMER, *Síntese de uma história das ideias jurídicas*, cit., p. 33.
298   MATA-MACHADO, *Elementos de teoria geral do direito*, cit., p. 77.

A defesa procede. Primeiro, para lembrar que, durante muito tempo, reserva-se o termo *Filosofia do Direito* para um tipo de especulação específica, aquela desenvolvida nos séculos XVII e XVIII. E, depois, para esclarecer que:

> os autores desse período elaboraram teorias chamadas do direito natural, os termos "Filosofia do Direito" e "Direito Natural" vieram a considerar-se, na época, como sinônimos. Ainda em 1950, um catedrático da Faculdade de Direito de Barcelona, Luño-Peña, reeditava tratado de Filosofia do Direito sob o título de *Derecho Natural*.[299]

Percebendo grave *confusão* na forma de se entender do termo *Filosofia do Direito*, BROCHADO alerta:

> Esta compreensão de *Filosofia do Direito* confunde este campo de investigação filosófica prática com uma de suas vertentes de pensamento, o *jusnaturalismo*, que em sentido amplo, refere-se às *doutrinas do direito natural* clássico (antigo e medieval), e ao *jusnaturalismo strictu sensu* ou *escola do direito natural e das gentes*, surgido no período moderno, sob o paradigma do *contrato social*, totalmente fundado na razão humana e não na ordem cosmológica ou na vontade divina, como nas fases que o antecederam. Daí também ser denominado *jusnaturalismo contratualista*.[300]

Imbuído da necessidade de se precisar o significado do termo *Filosofia do Direito*, SALDANHA distingue lugares, um para a *Filosofia do Direito*; outro para as ciências jurídicas:

> Há sempre a permanência de equívocos e de pseudo-problemas no que tange ao traçado das relações recíprocas entre as áreas ou "campos" do conhecimento jurídico.
> Um equívoco crescente é o que se acha na referência à distinção entre a Filosofia do Direito e as "outras" ciências jurídicas. Na

---

299 Idem, ibidem.
300 BROCHADO, Mariá. *Direito e ética*: a eticidade do fenômeno jurídico. São Paulo: Landy Editores, 2006, p. 23.

verdade a Filosofia do Direito não constitui uma das ciências jurídicas, nem se enfileira "entre" os saberes concernentes ao Direito, ela possui um sentido especial, que corresponde ao fato de ser uma projeção da própria filosofia sobre uma temática localizada, mais ou menos como a sociologia jurídica é um debruçar-se da sociologia "geral" sobre certos aspectos do direito.[301]

O debate em torno de do modo como *a filosofia projeta-se sobre uma temática localizada*, no caso, o Direito, avança com as distinções acerca do uso do termo *Filosofia do Direito*, trazidas à tona por REALE:

> O termo *Filosofia do Direito* pode ser empregado em acepção lata, abrangente de todas as formas de indagação sobre o valor e a função das normas que governam a vida social no sentido do justo, ou em acepção estrita, para indicar o estudo metódico dos pressupostos ou condições da experiência jurídica considerada em sua unidade sistemática.
> No primeiro sentido, Filosofia do Direito corresponde, em última análise, a "pensamento filosófico da realidade jurídica", e é sob esse enfoque que se fala na Filosofia do Direito na Antiguidade Clássica, na Idade Média, ou mesmo na época pós-renascentista.[302]

REALE reconhece uma *Filosofia Jurídica implícita*, que se revela, nas formulações teóricas legadas por filósofos acerca do *legal* e do *justo*, como longa continuidade dos pré-socráticos a KANT, e uma *Filosofia Jurídica explícita*, com *objeto próprio*, com fronteiras bem demarcadas nos domínios do discurso filosófico. A contribuição de REALE torna-se imprescindível a partir do que pode ser entendido como Pequena História da Ciência Jurídica Ocidental, esquematizada a seguir, na qual anunciam-se fases, denominadas *fundações*: A primeira *fundação*

---

301 SALDANHA, Nelson. *Filosofia do direito*. 2ª ed. Rio de Janeiro: Renovar, 2005, p. 39. Sobre existência de *filosofias particulares*: GROPPALI, A. *Philosophia do Direito*. Trad. S. Costa. Lisboa: Clássica, 1926; CUNHA, Paulo Ferreira. *Lições preliminares de Filosofia do Direito*. Coimbra: Almadina, 1998.

302 REALE, *Filosofia do direito, cit.*, p. 285.

da Ciência Jurídica Ocidental ocorre na Roma Antiga, que, "graças à esquematização predeterminada e institucional das classes de comportamentos possíveis, constitui *o Direito como ciência*"; a segunda *fundação* da Ciência Jurídica Ocidental ocorre com Cujas e os representantes da "Jurisprudência culta", que, no século XVI, se propõe ao *estudo sistemático de uma ordem normativa autônoma*, o Direito [A "Jurisprudência culta" renasce no início do século XIX, com a elaboração do Código Civil de Napoleão e as contribuições complementares da Escola da Exegese e da Escola Histórica ou dos Pandectistas. Aliás, REALE considera que esse renascimento supera "a pseudociência do Jusnaturalismo Racionalista"]; e, a terceira *fundação* da Ciência Jurídica Ocidental ocorre com o surgimento da *Filosofia do Direito como disciplina autônoma*, "resultado de longa maturação histórica, tornando-se uma realidade *pienamente spiegata* (para empregarmos significativa expressão de Vico).[303]

Após o que, REALE assenta o conceito de Filosofia do Direito:

> Pois bem, é por ocasião desse terceiro momento de fundação científico-positiva do Direito que a Filosofia Jurídica começa a adquirir a configuração que nos vem do século XIX, tendo como fonte inspiradora o criticismo kantiano, com o qual se esboça a passagem do *estudo do Direito Natural* para o *estudo da Filosofia do Direito* propriamente dita, fato este que a nova compreensão da Ciência Jurídica iria esclarecer e consolidar.[304]

Voltando a MATA-MACHADO, seu propósito é prevenir contra dois equívocos: o primeiro, o da confusão entre Filosofia do Direito e Direito Natural, e:

> o segundo, e mais grave, o da confusão entre o conceito de direito natural [...] – noção que nunca deixou de oferecer-se à pesquisa [...] – e o "direito natural" da Escola do Direito Natural e das Gentes (séculos XVII e XVIII), que melhor se chamaria, com Kant, "direito racional".[305]

---

303   Idem, ibidem, p. 286 (grifo nosso).
304   Idem, ibidem, p. 287.
305   MATA-MACHADO, *Elementos de teoria geral do direito*, cit., p. 77. Na verdade, MATA-MACHADO (p. 78) debate a distinção de *direitos naturais* – um, objeto permanente da

Adote-se KANT: *jusracionalismo*, a doutrina do Direito, hegemônica nos séculos XVII e XVIII, concebida pela *Escola do Direito Natural e das Gentes*. Forma de pensar fundada, em primeiro lugar, numa atitude racionalista, conforme a posição de alguns de seus representantes, cotejados por MATA-MACHADO. Primeiro, HUGO GROTIUS (1583-1645), cujo namoro com as ciências exatas recebe bem-humorada tradução de MATA-MACHADO:

> Para Grotius, por exemplo, o problema do direito está ligado ao da matemática, "rasgo típico da direção fundamental do século XVII".
> [...]
> Aludindo a uma comparação e a uma analogia do próprio Grotius, anota Cassirer que tanto o direito como a justiça implicam o conceito de uma coincidência, de uma proporção, de uma harmonia, que continuariam sendo válidas ainda que não obtivessem verificação concreta em caso algum, ainda que não existisse pessoa alguma que praticasse a justiça ou coisa alguma a que ela se aplicasse. Com isso (está em Grotius) o Direito se assemelha à Aritmética pura, porque o que esta nos ensina sobre a natureza dos números e suas relações implica verdade eterna e necessária, a qual não seria de forma alguma afetada, ainda que todo o mundo empírico desaparecesse e já não existisse ninguém para contar, nem objeto algum para ser contado.[306]

Depois MATTA-MACHADO lembra GOTTFRIED WILHELM VON LEIBNIZ (1646-1716):

---

reflexão ocidental, e, outro, concebido pela Escola do Direito Natural e das Gentes –, em termos mais amplos, conforme se segue: "o segundo, e mais grave, o da confusão entre o conceito de direito natural objetivo – noção que nunca deixou de oferecer-se à pesquisa e é retomada, em nosso tempo, sobretudo quando se considera a necessidade de integrar-se no estudo do Direito uma 'Estimativa Jurídica' – e o 'direito natural' da escola do Direito Natural e das gentes (séculos XVII e XVIII), que melhor se chamaria, com Kant, 'direito racional' e é conceito subjetivista, contrário à melhor tradição e às tendências contemporâneas." Aproveita-se a distinção e a informação sobre a postura kantiana, deixa-se, para outro momento, os demais pontos trazidos à baila por MATA-MACHADO.

306 *Idem, ibidem*, p. 80.

É de Leibniz a declaração de que a Ciência do Direito pertence às disciplinas "que não dependem de experiências, mas de definições, não dependem de fatos, mas de demonstrações rigorosamente lógicas".[307]

Por fim, SAMUEL PUFFENDORF (1632-1694), matematizador do direito, indiferente a inadequações entre princípios do Direito Natural e questões concretas:

> os princípios continuarão evidentes por si mesmos, "porque são capazes de evidência igual a dos axiomas puramente matemáticos". As regras do direito natural racionalista são símbolos, tais como os símbolos matemáticos, como as figuras geométricas, "desprendidas de toda matéria corpórea".[308]

Para GROTIUS, LEIBNIZ e PUFFENDORF os conceitos de *direito* e de *justiça* não são abstraídos da experiência, pois, argumentam, *fatos* não são fonte de todos os conhecimentos e, por si só, não oferecem condições de certeza.[309] MATA-MACHADO revela como o jusracionalismo chega ao conceito de *Direito* – um direito pura criação do espírito, abstrato, sem existencialidade, concretude e historicidade:

> De dentro de si mesmo, de suas ideias inatas, pode o espírito "levantar e construir o reino da grandeza e do número"; igual "poder construtivo, de criadora edificação", é posto em ação no domínio do Direito: também aqui é preciso começar com normas

---

307 Idem, ibidem, p. 80. MATA-MACHADO reporta-se a CASSIRER. *Filosofia de la ilustración*.
308 Idem, ibidem, p. 81.
309 Quanto ao problema da *origem* do conhecimento, destacam-se três posições: empirismo ou empiricismo; racionalismo; e, criticismo. GROTIUS e LEIBNIZ debatem-se contra o *empirismo*, isto é, as correntes de pensamento que sustentam ser a origem única ou fundamental do conhecimento dada pela experiência, que alguns simplificam como sendo, em última análise, a experiência sensorial. Segundo a posição clássica do empiricismo, nada existe no intelecto que não tenha antes passado pelos sentidos. Os conhecimentos seriam, pois, *a posteriori*, isto é, posteriores à experiência. No entanto, segundo o empiricismo de LOCKE, há conhecimento logicamente valido fora dos limites da experiência, como seria o caso da Matemática. Ver: REALE, Miguel. *Filosofia do direito*. São Paulo: Saraiva, 2002.

primordiais que tiramos de nós mesmos e partir delas para conformar-lhes o particular, o caso concreto.
O conteúdo de conceito do direito é, assim, *tirado da razão pura*.[310]

RECASENS SICHES batiza a *Escola de Direito Natural e das Gentes* com um outro nome: *Escuela Clásica del Derecho Natural*, reflexo de um novo tipo humano, filho do Renascimento, portador de uma nova concepção de mundo e de vida, fazendo o realismo da Antiguidade e da Idade Média ser sucedido pelo idealismo. RECASENS SICHES explica o tipo de pensamento preferido pela Modernidade:

> En la filosofía teórica, el hombre no se apoya ingenuamente em la experiencia – que es lo confuso, lo dudoso, lo problemático –, sino que va a fundamentar el universo sobre su propria conciencia; pues el pensamiento es la única realidad firme e indubitable.[311]

Eis como RECASENS SICHES compreende o surgimento da *Escuela Clásica del Derecho Natural*:

> Parejamente, el hombre moderno, en la meditación sobre los problemas jurídicos, trata de elaborar un esquema de Derecho fundado única e exclusivamente en la reflexión racional pura; volviendo la espalda a la historia. La multiformidad histórica del Derecho positivo es sólo el testimonio de los fracasos e de las aberraciones del hombre. El auténtico Derecho es el Derecho natural, aquel que descubre la razón pura.[312]

Pela exposição de RECASENS SICHES, compreende-se que, segundo a *Escuela Clásica del Derecho Natural*, a História do Direito possui um sentido, a aproximação cada vez maior do Direito positivo com o Direito natural, e uma finalidade, a positivação integral de suas normas absolutas. Noutras palavras, o

---

310   MATA-MACHADO, *Elementos de teoria geral do direito*, cit., p. 81.
311   RECASENS SICHES, *Tratado general de filosofia del derecho*, cit., p. 429.
312   *Idem, ibidem*.

Direito histórico, o Direito positivo, deve ceder espaço para o Direito autêntico, o Direito natural. RECASENS SICHES avia a receita do jusracionalismo:

> Para encontrar el Derecho Natural, es preciso hallar lo auténticamente humano, en estado de pureza. Se cree que el proceso histórico ha degenerado y deformado al hombre; y, por consiguiente, hay que buscar al hombre en su prístino estado, antes de que la historia haya puesto sus pecadoras manos sobre él; es decir, hay que buscarlo en *estado de naturaleza*.[313]

Ora, é profundo e irremediável o equívoco do *jusracionalismo*, pois, na forma de RECASENS SICHES, "tiende a confundir lo que se proyeta como ideal, con una supuesta situación prehistórica, en que el hombre no había sido todavía deformado".[314] Mas é, também, profundo e parece louvável o aspecto positivo de sua contribuição: "aparelhar o indivíduo para a luta contra o absolutismo estatal",[315] conforme atesta MARITAIN:

> O que o século XVIII realizou de próprio – realização de importância máxima, sem dúvida – consistiu em trazer à plena luz os *direitos* do homem como exigidos também pela lei natural. Essa descoberta deveu-se, essencialmente, ao progresso da experiência moral e social, mediante o qual as *inclinações* radicais da natureza humana, no tocante aos direitos da pessoa, foram libertadas...[316]

Racionalismo! Eis o fundamento do *direito racional* da Escola do Direito *Natural e das Gentes*; dedutivismo!, eis seu método. Eis seus discípulos, segundo MATA-MACHADO, que identifica um grupo de *fundadores*, "Grotius, Hobbes, Puffendorf e Thomasius, mais juristas que filósofos" e outro, composto por filósofos cuja importância está na inclusão da problemática do direito em suas

---

313 Idem, ibidem, p. 430.
314 Idem, ibidem.
315 MATA-MACHADO, *Elementos de teoria geral do direito*, cit., p. 83.
316 MARITAIN, JACQUES. *L'homme et l'Etat*, Paris: PUF, 1953, p. 87, apud MATA-MACHADO, *Elementos de teoria geral do direito*, cit., p. 83.

cosmovisões, a saber: "Locke, Spinoza, Leibniz, Wolff *e, sobretudo, Kant*".[317] A respeito da inserção de KANT no campo do jusnaturalismo, SALGADO ressalva:

> Kant pode ser chamado jusnaturalista somente no sentido de que o direito positivo, para ele, não encontra o seu fundamento de validade última em si mesmo ou no arbítrio do legislador, mas na razão ou, em última palavra, na liberdade, o único direito natural.[318]

Sobre KANT, DEL VECCHIO, introduzindo a *Crítica da razão prática*, confirmando que o filósofo de Königsberg refuta os sistemas de moral fundados em utilidade (*eudaimonismo*), e observando somente o aspecto puramente formal do 'imperativo categórico' – Age de modo que a máxima da tua ação possa valer como princípio de uma legislação universal –, afirma:

> Lembre-se de que, neste particular, Kant não afirmou nada de verdadeiramente novo: a lei moral por ele formulada não é substancialmente diversa daquela que já se encontra enunciada nos antigos pensadores, especialmente na doutrina cristã ("Não fazer aos outros" etc.).[319]

A reação de REALE é semelhante à chegada de um redemoinho:

> Não concordo, [...], com Del Vecchio quando afirma que Kant pouco teria acrescentado às concepções jusnaturalistas, pois a ele devemos a colocação da temática filosófico-jurídica em termos de compreensão das "condições transcendentais" da experiência jurídica, a começar de sua afirmativa essencial de que *"o direito é o conjunto das condições mediante as quais o arbítrio de cada um deve se acordar com o arbítrio dos outros segundo uma lei universal de liberdade"*. Abstração feita de aceitar-se ou não tal conceito, que marca o ápice da concepção liberal de Direito, o que nele

---

317 MATA-MACHADO, *Elementos de teoria geral do direito*, cit., p. 86 (grifo nosso).
318 SALGADO, *A ideia de justiça em Kant*, cit., p. 274.
319 DEL VECCHIO, *História da filosofia do direito*, cit., p. 117.

me parece valer como verdade adquirida é a correlação entre o conceito de Direito e os de *condicionalidade* e *realizabilidade* da ação no plano prático.[320]

Na teoria de GROTIUS, HOBBES, PUFFENDORF e THOMASIUS, o homem nem é cidadão da Cidade Deus, nem agente do mundo histórico.[321] É um elemento de um mundo que pode ser figurado no espírito segundo *leis naturais*, universalmente válidas, porque lógicas. O fundamento do Direito é a *natureza humana pura*, sem componentes artificiais, isto é, históricos. Teoria que, legitimada perante a razão, mediante exatidão matemática e lógica propositiva, confere ao Direito o caráter de *sistema*, conforme afirma FERRAZ JR.:

> A jurisprudência europeia, que até então era mais uma ciência de exegese e de interpretação de textos singulares, passa a receber um caráter lógico-demonstrativo de um sistema fechado, cuja estrutura dominou e domina até hoje os códigos e os compêndios jurídicos.[322]

A compreensão de FERRAZ JR. acerca dos *jusracionalistas* mostra-se cristalina:

> Acentuando e dando um caráter sistemático ao processo de secularização do direito natural iniciado com Grotius e Hobbes, Puffendorf ultrapassa a mera distinção entre Direito Natural e Teologia Moral segundo o critério de normas referentes ao sentido e à finalidade *desta vida*, em contraposição às referentes à *outra vida*, distinguindo as ações humanas em *internas* e *externas*: o que permanece guardado no coração humano e não se manifesta exteriormente deve ser objeto apenas da teologia Moral. A

---

320 REALE, *Filosofia do direito, cit.*, p. 287.
321 Como o será no século XIX.
322 FERRAZ JÚNIOR, *Introdução ao estudo do direito, cit.*, p. 24. FERRAZ (p. 23) utiliza o conceito de *sistema*, tal como desenvolvido por Johann Heinrich LAMBERT. *Fragment einer systematologie*, 1787: "Lambert fala-nos de sistema como *mecanismo*, isto é, partes ligadas uma a outra, e dependentes uma da outra; como *organismo*, isto é, um princípio comum que liga partes com partes numa totalidade; finalmente com *ordenação*, isto é, intenção fundamental e geral, capaz de ligar e configurar as partes num todo".

influência desta distinção em Thomasius e posteriormente em Kant é significativa.[323]

Apesar de defensores radicais do racionalismo, Grotius, Puffendorf e Thomasius fundam o Direito natural em base empírica; isto é, acreditam na existência de um fato psicológico, um fenômeno real, que se converte em base de um sistema normativo. Assim é que, em Grotius, o que é próprio da natureza humana é a *tendência à sociabilidade*, sendo o Direito consequência racional de seu *apetitus societatis*; em Puffendorf, o atributo da natureza humana é o sentimento de *imbecillitas*, 'fraqueza física', 'debilidade', que arremete o homem a se relacionar racionalmente com seus semelhantes;[324] e, em Thomasius, dá-se o mesmo. Recasens Siches considera que fundar o Direito natural em bases empíricas é um lastimável paradoxo:

> Esto trae consigo que en su Derecho Natural la razón ande a veces confundida con un concepto equívoco de naturaleza. Se emplea la palabra naturaleza confusamente, en um dúplice y diverso sentido: a la vez como lo que *es* y como lo que *debe ser*.[325]

Sem pretender ferir a respeitabilidade que emana de Recasens Siches, é possível perceber que Grotius, Puffendorf e Thomasius usam a palavra *natureza* nos dois sentidos: a *natureza* é, sim, algo que *foi*; e é, também, algo que *deve ser*. Se, antes, o homem não se sentia vítima de sua própria *imbecillitas*, "seu próprio desamparo", agora, deve ser assim: a *socialitas*, "o companheirismo", deve ser a saída para seu estado de miserabilidade.

---

323 Ferraz Júnior, *Introdução ao estudo do direito*, cit., p. 25. Sobre a participação decisiva de Puffendorf na *secularização do direito natural*, Ferraz indica Paul Koschaker. *Europa und das römische Recht*, 1966. Sobre a teoria de Samuel Puffendorf, ver: *De officio hominis et civis juxta legem naturalem libri duo*, 1927.

324 Ferraz Júnior, *Introdução ao estudo do direito*, cit., p. 25, acrescenta: "Puffendorf aponta, na *imbecillitas*, o desamparo em que se acha o homem na sua solidão, a principal propriedade do ser humano. Da *imbecillitas* surge o mais importante e o mais racional dos princípios do *direito natural*: a *socialitas*, como tal, [...], não se confunde com o direito natural, mas apenas fornece o fundamento do seu conteúdo (seu caráter indicativo)."

325 Recasens Siches, *Tratado general de filosofia del derecho*, cit., p. 430.

A *Ciência do Direito*, tal como implementada pela *Escola de Direito Natural e das Gentes*, nega a *autoridade* dos textos romanos. Com isso, chegam ao fim o procedimento e jurisprudência dogmáticos protagonizados pelas escolas medievais. Perdido o elo com o direito romano? Não, conforme FERRAZ JR.:

> A *Ciência do Direito*, nos quadros do jusnaturalismo, [...], não rompe, [...], com o caráter dogmático, que tentou aperfeiçoar, ao dar-lhe a qualidade de *sistema*, que se constrói a partir de premissas cuja validade repousa na sua generalidade racional. A teoria jurídica passa a ser um *construído sistemático* da razão e, em nome da própria razão, um instrumento de *crítica* da realidade.[326]

O direito romano apresenta, pois, sua nova face: seu caráter dogmático. E, assim, no desdobrar-se do Direito Romano no Ocidente, apreende-se seu Conceito. Conceito esse que, para se revelar, percorre dois caminhos. Um, de acumulação, de aumento de peso, de densidade – é o que vai da arte dos pretores e da metafísica do Direito dos jurisprudentes à positivação justinianeia. O outro, de desvestimento, de perda de máscaras, de aquisição de espiritualidade – é o que, em primeiro lugar, revela que o direito romano é *ratio scripta* (Glosadores), que, em segundo lugar, mostra o direito romano é *o* meio de fundação do Estado moderno (Comentadores), que, em terceiro lugar e com base naquilo que foi em Roma, considera que o direito é princípio superior da sociedade (Humanistas), e que, em quarto lugar, confirma que: i) o direito é, sim, *ratio scripta*, tanto que pode ser sistematizado conforme o rigor lógico da dedução; ii) o direito é, sim, instrumento de transformação sociopolítica, sendo que seu sentido crítico-avaliativo agora é posto em nome de padrões éticos contidos em princípios reconhecidos pela razão; iii) o direito possui, sim, caráter dogmático (Jusracionalistas).

A "nova" face do direito romano, revelada pelo *direito racional*, não é nova. É velha, por ser a mais interna. Por ser a primeira. Por ser a base. A *Escola de Direito Natural e das Gentes* não acrescenta uma novidade. Não coloca um penduricalho no direito romano. Pelo contrário, aprofunda a

---

326 FERRAZ JÚNIOR, *Introdução ao estudo do direito*, cit., p. 26.

compreensão do Ocidente acerca do direito romano. Chega mais perto de sua essência. Ela descasca o direito romano, retira – assim como o fizeram Glosadores, Comentadores e Humanistas – mais uma das membranas que, até, então, protegiam *o* Direito romano. É por ser dogmático que o direito é princípio superior de uma nação. É porque um povo reconhece no direito, seu princípio fundador – e desconhece, desautorizando, como tais, tanto Deus, quanto o *kosmos* –, que ele pode fundar seu Estado. É porque o Estado se conhece como realização do Espírito, que ele pode compreender que seu Direito é a Razão, a expressão escrita da Razão. É porque o Direito é *ratio scripta* que ele se positiva – de resto, nenhuma novidade para Justiniano.

6. CODIFICAÇÃO: A JUSROMANÍSTICA MODERNA

NO PERÍODO QUE VAI da segunda metade do século XVIII ao início do século XIX, a fé que, muitas vezes, Roma depositou em *codex* ressurge no Ocidente. A propósito de marcas, reconheça-se a utilidade da proposta de HAUSER:

> O século XIX, ou o que usualmente entendemos por esse termo, começa por volta de 1830. É apenas durante a Monarquia de Julho que se desenvolvem os alicerces e contornos deste século, ou seja, a ordem social na qual nós próprios estamos enraizados, o sistema econômico, os antagonismos e contradições que ainda subsistem, e a literatura em cujas formas ainda hoje, de modo geral, nos expressamos. Os romances de Stendhal e Balzac são os primeiros livros voltados a nossa própria vida, nossos próprios problemas vitais, a dificuldades e conflitos morais desconhecidos de gerações anteriores. Julien Sorel e Mathilde de la Mole, Lucien de Rubempré e Rastignac são os primeiros personagens modernos da literatura ocidental – nossos primeiros contemporâneos intelectuais. Encontramos neles, pela primeira vez, a sensibilidade que crispa nossos nervos; no delineamento de seus caracteres descobrimos os primeiros contornos da diferenciação psicológica que, para nós, é parte integrante da natureza do homem contemporâneo. De Stendhal a Proust, da geração de 1830 à de 1910, somos testemunhas de

um desenvolvimento intelectual homogêneo e orgânico. Três gerações debatem-se com os mesmos problemas, pois durante setenta a oitenta anos o curso da história permanece inalterado.[1]

Não é – muito pelo contrário, *o curso da história não permanece inalterado* – o caso do período que vai da segunda metade do século XVIII ao início do século XIX, a era do Iluminismo, a força que prepara o terreno para a revolução de 1789; a era do *Aufklärung*, o renascimento literário que permite à Alemanha libertar-se da subserviência à cultura francesa; a era da ciência, a da atitude apolínea contra a autoridade de Aristóteles e da Igreja. É, ao mesmo tempo, a era do Romantismo,[2] a explosão dionisíaca contra, conforme Russel, "a objetividade um tanto fria e distante dos pensadores racionalistas".[3] Período, em suma, de paixão pela *luz* – Caenegem filtra-a: "A esperança - no espírito do Iluminismo - era que a lógica e a ciência formassem um novo fundamento de um aprendizado seguro para toda a Europa civilizada"[4] – e de "sentimento como objeto da ação interior do sujeito, que excede a condição de simples estado afetivo: a intimidade, a espiritualidade e a aspiração ao infinito".[5]

Os homens do Iluminismo acreditam precisar do Direito para conquistar metas, tal como Caenegem os percebe:

> Como o papa Gregório VII no século XI, *os reformadores modernos contavam com a legislação para realizar seus objetivos políticos e eram hostis às fontes rivais de direito, tais como o costume e a jurisprudência. Em sua visão, o bem público dependia inteiramente*

---

1 Hauser, *História social da arte e da literatura*, cit., p. 728.
2 Date-se o Romantismo, segundo o plano da obra de Talmon: "os anos entre 1815 e 1848". A respeito, ver: Talmon, J. L. *Romantismo e revolta, Europa 1815-1848*. Lisboa: Verbo, 1967.
3 Russell, *História do pensamento ocidental*, cit., p. 332.
4 Caenegem, *Uma introdução histórica ao direito privado*, cit., p. 162.
5 Nunes, Benedito Nunes. "A visão romântica". In: Guinsburg, J. (org.). *O romantismo*. São Paulo: Perspectiva, 1978, p. 52.

dos códigos, e o apego ao costume revelava uma falta de confiança no progresso social.[6]

Códigos são promulgados a partir de 1756, conforme inventário de CAENEGEM:

> O primeiro código importante do período foi o *Codex Bavaricus civilis* do eleitor Maximiliano José III da Baváría, promulgado na Alemanha, em 1756.
> [...]
> A promulgação do *Allgemeine Landrecht* prussiano [dá-se] em 1794. Esse código exaustivo e maciço cobria não apenas o direito civil, mas também o direito público e comercial, o direito eclesiástico, o direito feudal e o penal. O código entrava (ou perdia-se) nos casos com um detalhamento extraordinário, na esperança vã de antecipar e regulamentar todos os casos possíveis. Qualquer extensão ou mesmo interpretação do direito por meio de precedentes comentários ou distinção erudita estava proibida; em caso de dúvida o esclarecimento devia ser buscado junto a uma *Gesetzkommission* oficial (comissão legislativa).
> [...]
> O *Allgemeines Bürgerliches Gesetzbuch* [austríaco] foi promulgado, em 1811, inicialmente para as velhas terras hereditárias alemãs do império dos Habsburgos e, mais tarde, para outras terras sob sua autoridade. Era naturalmente mais moderno do que o código prussiano, que, por exemplo, ainda atribuía muita importância à desigualdade dos súditos diante da lei e que ainda respeitava os privilégios da nobreza. O código austríaco excluía todo o direito consuetudinário existente e até mesmo futuro (art. 10). A analogia e, na falta dela, os princípios naturais deviam ser usados para preencher as lacunas potenciais.
> [...]
> Os códigos do direito intermediário não passam de projetos; e os códigos napoleônicos refletem, acima de tudo, a vontade política

---

6   CAENEGEM, *Uma introdução histórica ao direito privado, cit.*, p. 171 (grifo nosso).

de um estadista poderoso e a obra de pessoas com boa formação jurídica e cultura filosófica.[7]

Promulgam-se códigos em nome de uma filosofia de vida que aposta no indivíduo e que, imaginando-o livre de ingerências religiosas e absolutistas, se coloca a favor de uma reforma – visão de mundo que conduz as teorias jusracionalistas ao ápice. CAENEGEM destrinça o assunto:

> Os velhos costumes e os livros autorizados deveriam ser substituídos por um novo direito livremente concebido pelo homem moderno, cujo único princípio diretor fosse a razão. Esse novo direito deveria estar isento de qualquer obscurantismo. Ele constituiria um sistema claro e certo, compreensível para o povo, pois, *de agora em diante, o direito deveria estar a serviço do povo*.[8]

Em favor do *jusracionalismo*, DAVID contabiliza "dois êxitos espetaculares":

> Em primeiro lugar fez reconhecer que o direito devia estender-se à esfera das relações entre os governantes e os governados, entre a administração e os particulares. O direito romano formulava a distinção do direito público e do direito privado, para deixar de lado o direito público [...]. A escola do direito natural pôs fim a este tabu. As matérias de direito público entraram, a partir do século XVIII, nas preocupações dos juristas. Com um sucesso variável [...] eles conseguiram, a partir do século XVIII, construir no direito público uma obra que corresponde àquela, tradicional, do direito privado.
> *O segundo êxito espetacular da escola do direito natural foi a codificação.*[9]

---

7   *Idem, ibidem*, p. 172-5.
8   *Idem, ibidem*, p. 163 (grifo nosso).
9   DAVID, *Os grandes sistemas do direito contemporâneo, cit.*, p. 65.

Codificação é a solução técnica vislumbrada pelo jusracionalismo para aplicar o novo direito, baseado no *direito natural racional*. O *código* só se torna possível quando os juristas passam a admitir à excelência do modelo de direito das universidades, completado e clarificado pela *Escola do Direito Natural*, e a imaginá-lo como *direito positivo* das nações modernas. Enquanto evento, na avaliação de DAVID, o *segundo êxito* ocorre: "na França, no alvorecer da Revolução, associada ao prestígio das ideias de 1789 e da expansão napoleônica".[10] Resulta de séculos de trabalho acadêmico. Converte em realidade o desejo da *Escola de Direito Natural* de transformar o *direito ensinado* em *direito positivo*. DAVID elenca as promessas da *Escola*, em campanha pró-codificação:

> A *codificação liquidará os arcaísmos* que muito frequentemente se perpetuaram; ao mesmo tempo, *ela porá fim à fragmentação do direito e à multiplicidade dos costumes*, que são muitas vezes um obstáculo na prática, e para os quais se tornou impossível, na época, fornecer uma justificação.[11]

A *Escola do Direito Natural* reconhece a importância das reformas realizadas, nos séculos precedentes, pelas *compilações*, mas sua ambição é maior: *liquidar arcaísmos, pôr fim à fragmentação do direito e à multiplicidade dos costumes*. Em nome da *justiça*, da *liberdade* e da *dignidade do indivíduo*, o *código* resolveria aquilo que as compilações conservam. Seria, na visualização de CAMBACÉRÈS, "um código da natureza sancionado pela razão e garantido pela liberdade".[12] No âmbito político, os soberanos veem, afirma CAENEGEM, "a promulgação de códigos nacionais como um componente essencial de suas políticas de unificação".[13] Na esfera social, os códigos agradam à classe média, em suas reivindicações de liberdade e responsabilidade individual e de abolição das barreiras e discriminação feudal. No campo intelectual, conforme CAENEGEM:

---

10   *Idem, ibidem*, p. 67.
11   *Idem, ibidem*, p. 66 (grifo nosso).
12   CAMBACÉRÈS, *apud* DAVID, *Os grandes sistemas do direito contemporâneo, cit.*, p. 66.
13   CAENEGEM, *Uma introdução histórica ao direito privado, cit.*, p. 175.

A filosofia do Iluminismo rejeitou os velhos dogmas e as tradições (especialmente religiosas) e colocou o homem e seu bem-estar no centro de suas preocupações. [...] De acordo com as novas concepções, o homem e a sociedade faziam parte de um universo inteligível governado pelas leis da natureza. A ideia de um ser criado à imagem de Deus e colocado acima da natureza estava agora excluída do discurso científico.[14]

Acrescente-se, fundamentando o fenômeno: o código alcança a essência do direito romano; codificar é repetir o caminho que vai à Roma, cujo destino, ao fim da trilha, é a iniciativa justinianeia. Na esfera dessa tradição, o jusracionalismo sabe que positivar é o meio de declarar os princípios do *jus commune*, rejuvenescido e adaptado ao século XIX. David vincula-o, diretamente, ao Digesto: "Os códigos deviam constituir, ao suceder ao *usus modernus*, o *usus modernissimus Pandectarum*".[15]

No entanto, Kant antepõe-se à doutrina da Escola de Direito Natural, conforme o demonstra Salgado:

> Que o Estado e a ordem jurídica positiva (bem como toda a legislação ética) existem (es gibt) e que o direito vige (gilt) é sem sentido demonstrar; trata-se de um fato, no caso do direito e do Estado, antes de tudo histórico. A questão é [...] demonstrar como são possíveis, ou seja, empreender uma dedução transcendental desses fatos (ou legislações), para encontrar os princípios a priori da sua possibilidade. Esses princípios, no caso da legislação jurídica, são os do direito natural, que Kant identificará com a liberdade, o único que pode ser chamado a rigor direito inato ou "por natureza", e que está à base do contrato social.
> Esse direito natural não se confunde, portanto, com um conjunto de princípios acima do direito positivo, os quais lhe dão inclusive conteúdo; mas, como princípios a priori da razão que justificam a existência do direito positivo e que, por serem condição a priori da sua existência, lhe dão também validade. Kant afasta-se, pois, da

---

14   *Idem, ibidem*, p. 178.
15   David, *Os grandes sistemas do direito contemporâneo, cit.*, p. 68.

Escola do Direito Natural, na medida em que essa buscava matematizar o direito natural (para Kant a matemática pertence à ordem da natureza, e o direito, à esfera da liberdade), e concebe um direito natural sem a natureza, a partir da razão que por ele é definida como o poder de legislar em geral ou o poder de legislar eticamente, em particular. Procura ver o direito nos limites da razão (Vernunftrecht), não um direito natural (Naturrecht) propriamente.[16]

O século XIX, nacionalista e sem vocação universitária, transita por outras vias. Uma das quais é a representada pela Escola Histórica do Direito, assim descrita por SALGADO, após conferir, em comparação com o direito costumeiro e direito legislado, o mais alto grau ao direito codificado, organizado racionalmente em sistema:

> Sistema é para Hegel a forma de revelação da razão. O sistema é a forma mais completa e perfeita que a história, como vida da razão e da sociedade, dá ao direito. Isso marca o distanciamento de Hegel com relação à Escola Histórica do Direito, de pensamento essencialmente diverso. Enquanto, a partir de Gustavo Hugo, o conhecimento do direito não se liga à sua racionalidade, mas ao empírico, ocasional e contingente do direito positivo, confundindo a existência exterior do direito, seu fenômeno exterior, particular, com a sua natureza, com a sua constituição a partir do conceito, Hegel busca conhecer na aparência ou manifestação positiva do direito a sua essência, a sua razão real ou a sua racional realidade: "O direito deve ser criado a partir da razão". Isso significa que nenhum privilégio prevalece contra o direito da razão; todos os direitos particulares estão sob o comando do conceito do direito.[17]

---

16   SALGADO, *A ideia de justiça em Kant*, cit., p. 273. À mesma página SALGADO acrescenta esta importante nota: "Inato [...] não significa 'por nascimento', mas 'não adquirido por ato positivo do direito'; da mesma forma, 'por natureza' não significa em decorrência da natureza (física), mas de nada mais derivado".

17   *Idem, ibidem*, p. 326.

Vale acrescentar a observação de SALGADO acerca da crítica de HEGEL ao jusempiricismo:

> É de tal forma clara a posição de Hegel contra a abstrata e empiricista posição da Escola Histórica, que volta Hegel, nas suas *Lições de Filosofia do Direito*, frequentemente, ao princípio da racionalidade do real formulado no Prefácio da *Filosofia do Direito*, mostrando a diferença entre o real e o existente: o real é racional, "mas nem tudo o que existe é real" ou efetivo (*wirklch*).[18]

Os códigos, por um lado, são transformados em instrumentos de nacionalização do direito; e, por outro, são eleitos como meio de colocar em prática as concepções do direito nacional. O direito é confundido com a ordem do soberano. Esmaecem as ideias de comunidade jurídica e de família de direito romano-germânica. Surpreendentes, pois, as curvas colocadas pelo século XIX no destino do *Codex*; DAVID denomina-as "consequências desastrosas da codificação":

> Pelo fato de se ter realizado, na França em 1804, na Alemanha em 1896, na Suíça em 1881-1907, a perfeição da razão, para apenas considerar os códigos civis, perdeu-se de vista a tradição das universidades, que era a de orientar a procura do direito justo, de propor um direito modelo e não de expor ou de comentar o direito dos práticos deste ou daquele país ou região. Quando surgiram códigos nacionais, pareceu que as duas coisas coincidiam, e que a função das universidades era apenas a de fazer a exegese dos novos textos. Abandonando o espírito prático dos pós-glosadores, a audácia dos pandectistas, os professores de direito voltaram à escola dos glosadores, aplicando as suas glosas aos novos textos. Uma atitude de positivismo legislativo, agravada pelo nacionalismo, foi originada pelos códigos, contrariamente à ideia que os tinha inspirado. O direito tornou-se para os juristas o seu direito nacional. Os juristas concentraram-se sobre os seus códigos e

---

18 *Idem, ibidem*, p. 327.

deixaram de considerar que o direito, norma de conduta social, era, por essência, supranacional.[19]

Positivismo legislativo… juspositivismo, consequência desastrosa da codificação, que Bobbio apresenta em altissonante conceituação:

> Positivismo jurídico é uma concepção do direito que nasce quando "direito positivo" e "direito natural" não mais são considerados direito no mesmo sentido, mas o direito positivo passa a ser considerado como direito em sentido próprio. Por obra do positivismo jurídico ocorre a redução de todo o direito a direito positivo, e o direito natural é excluído da categoria do direito: o direito positivo é direito, o direito natural não é direito. A partir deste momento o acréscimo do adjetivo "positivo" ao termo "direito" torna-se um pleonasmo mesmo porque, se quisermos usar uma fórmula sintética, *o positivismo jurídico é aquela doutrina segundo a qual não existe outro direito senão o positivo*.[20]

Há *um momento a partir do qual* o Ocidente deixa de acreditar que *direito natural* seja direito. Esse momento é o da concepção juspositivista de

---

19   David, *Os grandes sistemas do direito contemporâneo, cit.*, p. 68.
20   Bobbio, *O positivismo jurídico, cit.*, p. 26. Bobbio considera que até a Idade Média direito natural e direito positivo são, ambos, qualificados como direito na mesma acepção do termo. Sobre o conceito medieval de direito natural, expõe (p. 25): "Na Idade Média, […] o direito natural é considerado superior ao positivo, posto seja o primeiro visto não mais como simples direito comum [como o era na Antiguidade], mas como norma fundada na própria vontade de Deus e por este participada à razão humana ou, como diz São Paulo, como a lei escrita por Deus no coração dos homens. Esta concepção do direito natural encontra sua consagração oficial na definição que lhe é dada no *Decretum Gratiani* (que é a primeira grande recensão de direito canônico, e que constituirá posteriormente a primeira parte do *Corpus juris canonici*). *Jus naturale est quod in Lege et in Evangelio continetur* (isto é, o direito natural é aquele contido na lei mosaica do Velho Testamento e no Evangelho). Desta concepção do direito natural como direito de inspiração cristã derivou a tendência permanente no pensamento jusnaturalista de considerar tal direito como superior ao positivo. Esta superioridade é afirmada no próprio *Decretum Gratiani*, logo depois da passagem citada: *Dignitate vero jus naturale praeponitur legibus ac constitutionibus ac consuetudinibus*".

direito, que domina o século XIX e, em grande medida, o século XX. HAUSER, comparando os séculos XVIII e XIX, apresenta o *tempo* do *juspositivismo*, o *tempo* em que o Ocidente torna-se céptico:

> O século XVIII é dogmático – há uma veia dogmática até no seu romantismo – e o século XIX é cético e agnóstico. Os homens do século XVIII empenham-se em extrair de todas as coisas, até mesmo do seu próprio emocionalismo e irracionalismo, uma doutrina e uma visão de mundo claramente defíniveis; são sistematizadores, filósofos e reformadores que se decidem a favor ou contra determinada causa, alternam-se frequentemente entre apoio e oposição, mas conhecem o lugar que ocupam, obedecem a princípios e são guiados por um plano para melhorar a vida e o mundo. Os representantes intelectuais do século XIX, por outro lado, perderam a fé em sistemas e programas [...]; sua fé consiste numa afirmação irracional e instintiva de vida e sua moralidade, numa aceitação resignada da realidade. Não querem sistematizar nem superar a realidade; querem vivenciá-la e reproduzir essa vivência tão direta, fiel e perfeitamente quanto lhes seja possível. Têm a irrefreável sensação de que a vida do presente imediato, o mundo contemporâneo e circundante, o tempo e o lugar, a experiência e as impressões, escapam-lhes dia após dia, hora após hora, e se perdem para sempre.[21]

Dos esforços revolucionários nasce uma nova era, uma nova ordem. Diante dela os homens do século XI *aceitam, resignadamente, a realidade*. No campo do Direito, dispõem-se a acreditar que o direito positivo é *o* Direito, todo o Direito. Eis um dos porquês disso, conforme explicação de BOBBIO, afirmando que, com a formação do Estado moderno, o *juiz* se torna titular de um dos poderes estatais, subordinado ao legislativo, e que o direito positivo passa a ser o único direito a encontrar aplicação nos tribunais:

> quando identificamos o direito com as normas postas pelo Estado, não damos uma definição geral do direito, mas uma

---

21 HAUSER, *História social da arte e da literatura*, cit., p. 718.

definição obtida de uma determinada situação histórica, aquela em que vivemos. Enquanto, de fato, num período primitivo, o Estado se limitava a nomear o juiz que dirimia as controvérsias entre os particulares, buscando a norma a aplicar ao caso sob exame tanto nos costume quanto em critérios de igualdade, e a seguir, adicionando à função judiciária aquela coativa, providenciando a execução das decisões do juiz, *com a formação do Estado moderno é subtraída ao juiz a faculdade de obter as normas a aplicar na resolução das controvérsias por normas sociais e se lhe impõe a obrigação de aplicar apenas as normas postas pelo Estado,* que se torna, assim, o único criador do direito.[22]

SALDANHA confere sentido semelhante a seu ditado: "o Estado faz as leis (embora em princípio deva subordinar-se a elas), e com isso o 'direito' se torna produto do Estado".[23] CAENEGEM completa, referindo-se a proclames de reformadores modernos:

> Os juízes [...] não deveriam competir com o legislador e não deveriam aplicar estatutos de maneira restritiva, sob o pretexto de respeitar princípios fundamentais não-escritos. O papel do juiz era deliberadamente limitado a agir como "a voz do direito". De outro modo, todos os esforços de codificação teriam sido em vão; e o objetivo da certeza jurídica teria sido prejudicado por juízes que tomassem decisões de acordo com suas convicções pessoais.[24]

As normas postas pelo Estado constituem *direito escrito* e *legislado*. A *ideia de legislar* é objeto de permanente reflexão no Ocidente. Muitas vezes porque sua efetivação, a *lei,* parece assumir ares de expressão superior do direito, suficientemente forte para superar o costume. Talvez em razão disso, a atividade legislativa alcance tal valorização que chega a patrocinar movimentos legiferantes: Lei das XII Tábuas, *Corpus iuris civilis,* compilações medievais... Na

---

22   BOBBIO, *O positivismo jurídico, cit.,* p. 29 (grifo nosso).
23   SALDANHA, *Pequeno dicionário da teoria do direito e filosofia política, cit.,* p. 87.
24   CAENEGEM, *Uma introdução histórica ao direito privado, cit.,* p. 171.

concepção dos séculos XVII e XVIII, *o legislativo* torna-se Poder do Estado, uma parte de suas tarefas. A filosofia da história reconhece-o como investimento cultural, cujo porte VOLTAIRE avalia:

> Para que uma nação se reúna em corpo de povo, seja poderosa, aguerrida, culta, é necessário um tempo prodigioso. [...] É necessário um concurso de circunstâncias favoráveis durante séculos para que se forme uma grande sociedade de homens reunidos sob as mesmas leis.[25]

Diante do que é possível afirmar: *uma grande sociedade de homens reunidos sob as mesmas* produz *direito escrito, direito legislado* e *direito codificado*. Conceitos que SALDANHA, com a maestria de sempre, faz questão de distinguir:

> O termo "direito escrito" concerne [...] ao modo como o direito se apresenta, isto é, expressado em textos",[26] "por oposição óbvia ao não-escrito que se identifica como costumeiro",[27] "um direito surgido e vivido espontaneamente dentro das comunidades populares".[28]
> O termo "direito legislado" indica sobretudo o modo de surgimento de um direito, e sua relação com o poder, a função ou a atividade que o criou.
> [...]
> Muitas das manifestações mais antigas na história das legislações apareceram em forma de código [...] *legislação* é um conceito mais geral; o direito codificado pode ser tido como uma espécie dentro dele.[29]

SALDANHA aprimora as definições, situando as condições histórico-políticas de vigência dos direitos *escrito* e *legislado*:

---

25 VOLTAIRE, *A filosofia da história, cit.*, p. 45.
26 SALDANHA, *Pequeno dicionário da teoria do direito e filosofia política, cit.*, p. 83.
27 *Idem, ibidem*, p. 86.
28 *Idem, ibidem*, p. 84.
29 *Idem, ibidem*, p. 86.

> Enquanto o direito *escrito* pode ser encontrado em civilizações onde não houve atividade política desenvolvida, o direito *legislado* corresponde a povos onde a ordem política chegou ao ponto de destacar atividades e funções especiais para órgãos deliberativos – mesmo em sentido rudimentar.
>
> [...]
>
> Na Grécia, o advento do direito escrito coincidiu, *grosso modo*, com o predomínio da vida urbana e do "iluminismo" filosófico do século V a.C. Segundo Walter Jones, foi depois de Solon que se fixou a noção de um *agrafos nomos*, uma lei não-escrita, e o próprio termo *nomos* se generaliza a partir daí. Mas a ideia de leis não-escritas, na Grécia, não se explicou apenas à imagem de um direito costumeiro; aplicou-se também (como no texto exemplar da Antígona de Sófocles) à noção de um direito extra-estatal ou "natural", que o Ocidente recolheria como herança das mais importantes.[30]

Salgado arremata:

> O direito existente – as normas jurídicas positivas –, embora seja para Hegel o modo pelo qual a liberdade se revela, não é a essência do direito na dialética da existência, isto é, não é a realidade substancial do direito ou o direito no seu conceito. O direito no sentido filosófico decorre de um desenvolvimento "racional da sociedade", desenvolve-se com essa sociedade ou com a "realização da razão" nessa sociedade por meio da história. Hegel procura indicar como essa racionalidade se dá, na crítica à *Reformbill* de 1831 (contra o direito de caça, lei penal não escrita, direito dos pobres etc.), mostrando que com a "simples mudança da ordem jurídica positiva não se solucionam os problemas" da sociedade. "As mudanças políticas e sociais têm de vir em primeiro lugar", enquanto movimento imanente da liberdade ou do Espírito, em que se insere a ordem jurídica.[31]

---

30 Idem, ibidem, p. 84.
31 Salgado, *A ideia de justiça em Hegel*, cit., p. 327.

O século XIX quebra a tradição: reduz todo o direito a direito positivo e exclui o direito natural da categoria do direito; direito positivo é direito, direito natural não é direito. Saldanha observa:

> O evolucionismo, no século XIX, via o surgimento do direito escrito (e legislado) como um estágio de progresso e aperfeiçoamento em face do costumeiro, tido como arcaico, regional, irracional, rudimentar.[32]

Em nome de uma suposta certeza jurídica, o juspositivismo afirma que os juízes não devem: (a) competir com o legislador; (b) aplicar estatutos de maneira restritiva, sob o pretexto de respeitar princípios fundamentais não-escritos; e (c) tomar decisões de acordo com suas convicções pessoais. Devem cumprir seu papel: agir como "a voz do direito", expressão sobre a qual Caenegam esclarece:

> A famosa expressão "boca da lei" é do *Esprit des lois* de Montesquieu XI.6: "os juízes da nação são apenas a boca que pronuncia as palavras da lei, seres inanimados que não podem moderar nem sua força, nem seu rigor".[33]

'Boca da lei', *Esprit des lois*, Montesquieu. A metáfora é natural do continente, pois. Sua cunhagem procede: os Estados modernos continentais obrigam os juízes a aplicarem apenas as normas postas por ele, Estado. No entanto, o *common law*, com toda a força de sua tradição judiciária – Reale diria: "É o *normativismo jurisprudencial* e não o legalismo como tal que caracteriza o *Common Law*"–,[34] parece expor com mais contundência o embate entre *Estado legislador* e *juiz autônomo*. Aí, a figura de John Austin (1790-1859) desponta, conforme a solene apresentação de Morrison:

---

32 Saldanha, *Pequeno dicionário da teoria do direito e filosofia política*, cit., p. 84.
33 Caenegem, *Uma introdução histórica ao direito privado*, cit., p. 171.
34 Reale, Miguel. *Nova fase do direito moderno*. 2ª ed. São Paulo: Saraiva, 1998, p. 101.

John Austin tem a duvidosa distinção de ser a figura paterna da moderna filosofia jurídica inglesa; em particular, é visto como iniciador do positivismo jurídico e formulador de uma teoria do comando ou teoria imperativa do direito.[35]

Ao lado do Positivismo Dogmático de Jhering, Austin, que na narrativa de Bobbio assume o papel de "o fundador do positivismo jurídico propriamente dito",[36] dá ao século XIX seu contorno de século do juspositivismo. Austin é o pai do "juspositivismo", corrente de pensamento jurídico assim compreendida por Morrison:

> Uma afirmação crucial do positivismo jurídico é a separação analítica entre direito e moral; mais especificamente que, muito embora a ordem jurídica empírica de uma sociedade possa muito bem fundar-se sobre argumentos morais, não há uma ligação necessária ou conceitual entre direito e moral. Em outras palavras, enquanto o direito natural ou as posições expressivas podem argumentar que o direito é "poder moralmente justificável", ou "a expressão de preocupações verdadeiramente humanas", o positivismo jurídico argumenta que o direito pode ter qualquer tipo de conteúdo. Duas ideias centrais do positivismo são: (i) podemos identificar o que é o direito existente sem emitir quaisquer juízos morais. O fato de uma regra ser ou não jurídica depende de saber se tem em sua origem uma fonte como uma lei escrita ou uma ação judicial. Se fundamentar-se em alguma fonte válida, será uma regra jurídica quer seja boa, quer má, justa ou injusta. Do mesmo modo, o simples fato de uma regra ser justa ou razoável não a converte em parte do direito se não estiver fundada em fonte de direito reconhecida; (ii) as proposições de lei por meio das quais afirmamos a existência dos direitos e deveres legais não são, por sua própria natureza, juízos morais.[37]

---

35   Morrison, Wayne. *Filosofia do direito*: dos gregos ao pós-modernismo. Trad. Jefferson Luiz Camargo. São Paulo: Martins Fontes, 2006, p. 258.
36   Bobbio, *O positivismo jurídico, cit.*, p. 47.
37   Morrison, *Filosofia do direito, cit.*, p. 258.

A preocupação basilar de AUSTIN é *o papel do direito na criação do bom governo*. Segundo ele, o direito é o mecanismo do governo utilitarista, sendo que a utilidade é tanto a ferramenta para se avaliar o que o direito deveria ser, quanto a chave para se demonstrar de que modo a interação social realmente cria o direito do modo como ele é. O problema de fundo é a noção, a seguir interpretada por MORRISON, de que *o direito é tanto uma criação quanto um elemento constitutivo da civilização*:

> A nação-Estado confere vida ao direito positivo, e a utilidade fornece o instrumento de medição através do qual se podem criar políticas progressistas. Sem o fator da obediência do público geral às leis, nenhum governo seguro se torna possível; sem governo seguro não há propriedade, fruição de posses ou cultura. *O direito, devidamente assim denominado, só passa a existir com a ascensão de sociedades políticas independentes e a criação de um soberano*, mas o direito também permite que tais organizações existam.[38]

Em sua pesquisa a respeito da relação entre *direito* e *bom governo*, AUSTIN determina as condições de existência do direito positivo: a ascensão de sociedades políticas independentes e a criação de um soberano. Perspicaz, consciente da necessidade de fixar, com a máxima exatidão possível, a natureza de seu objeto, AUSTIN demora-se na empreitada de definir *direito*:

> A matéria da teoria jurídica é o direito positivo; direito, simples e expressamente assim denominado, ou direito estabelecido por dirigentes políticos para subordinados políticos [...].
> Pode-se afirmar que uma lei, na acepção mais geral e abrangente em que o termo é empregado em seu sentido literal, é um regra estabelecida para a orientação de um ser inteligente por um ser inteligente que tem poder sobre ele [...].
> Dentre as leis ou regras criadas para os homens, algumas são estabelecidas por dirigentes políticos, soberano e súdito; por pessoas no exercício do governo supremo e subordinado, em nações

---

[38] *Idem, ibidem*, p. 273 (grifo nosso).

independentes ou sociedades políticas independentes [é este o objeto da ciência positiva do direito].[39]

O *soberano* é, sim, superior ao súdito, mas não estabelece relação de poder absoluto entre eles. Seu poder é suficiente para obrigar à obediência à sua vontade, contendo-se no abuso de sua força por medo de provocar a ira do governado, que, quando transforma em resistência ativa o poder que se encontra latente na multidão, é superior ao monarca. Somando-se a esse cuidado a recomendação de Austin ao soberano – ele deve responder por seus atos perante a moral positiva e crítica, sobretudo perante o princípio de utilidade –, resulta que estão apresentadas as duas únicas limitações que lhe podem ser oponíveis. De resto, *todo governo supremo é legalmente despótico*, conforme Morrison, em relato dos pontos de vista de Austin:

> [...] Segue-se que [...] o poder do soberano não é passível de limitação *legal* [grifo de Austin]. [...] O poder supremo limitado pelo direito positivo é uma total contradição em termos.
> As leis que os soberanos costumam impor a si mesmos, ou aquelas que costumam impor a seus seguidores, não passam de princípios ou máximas que ele tomam por guia, ou que preconizam como tal aos que os sucedem no poder soberano [40]

Resumindo, na perspectiva de Austin, direito é a lei estabelecida pelo soberano; bom governo é aquele que toma alguns cuidados na forma como obriga a obediência, mas governo, por definição, é *legalmente despótico*. O próximo passo de Austin é, mediante análise das expressões *soberania*, *submissão* e *sociedade política independente*, enumerar *as características que distinguem as leis positivas*:

> "Soberania", a expressão correlata "submissão", e a expressão "sociedade política independente", que lhes é inseparavelmente ligada. [...] Todo direito positivo, ou todo direito simples e expressamente assim

---

39 Austin, John. *Lectures on jurisprudence or the philosophy of positive law*, apud Morrison, *Filosofia do direito, cit.*, p. 273.

40 Austin, *Philosophy of positive law*, apud Morrison, *Filosofia do direito, cit.*, p. 278.

denominado, é criação de um indivíduo soberano, ou de um corpo soberano de indivíduos, para um membro ou para membros da sociedade política independente em que tal indivíduo ou corpo detém o poder soberano ou supremo.[41]

Só há direito na *sociedade política*, termo que Austin distingue bem de *sociedade natural*:

> Uma sociedade natural, uma sociedade em estado de natureza, ou uma sociedade independente porém natural, é formada por indivíduos que são ligados por relações mútuas, mas que não são membros, soberanos ou súditos, de nenhuma sociedade política. Uma sociedade só será uma sociedade política se a totalidade de seus membros estiver habituada a obedecer a um determinado superior comum.[42]

Austin exige que os indivíduos tenham o *hábito de obedecer* a leis positivas, cujas *características* atrelam-se aos conceitos de *soberania*, de *submissão* e de *sociedade política... independente*. Austin é categórico ao tratar da natureza dessa *independência*, conforme Morrison:

> Tal sociedade deve ser independente; *as elites políticas não devem obediência às ordens de ninguém mais.*
> "A totalidade ou o conjunto de seus membros deve ter o hábito de obedecer a um certo superior comum, enquanto este determinado indivíduo ou conjunto de indivíduos não deve ter por hábito obedecer a nenhum indivíduo ou conjunto de indivíduos".[43]

O direito, tanto produto quanto produtor civilizacional, cumpre, na avaliação do que deveria ser e do é, papel utilitário na criação do bom governo, que, por definição é legalmente despótico, fonte de leis positivas, caracterizadas por soberania, submissão e sociedade política independente - essas as questões preliminares.

---

41 Idem, ibidem.
42 Idem, ibidem.
43 Idem, ibidem (grifo nosso).

Trate-se, por fim, do embate entre *Estado legislador* e *juiz autônomo*, ou seja, do papel da criação judicial do direito – tema que, parágrafos acima, suscita o motivo de se recorrer à contribuição do Positivismo Analítico de Austin.

Austin busca fundamento no direito romano, enquanto "direito vivo", direito administrado e aplicado nos tribunais, para, reiterando que o soberano é o autor de todo o direito, para afirmar que *as leis têm diferentes autores*. A legislação é a fonte imediata do direito – algo incontroverso para um juspositivista. No entanto, Austin, como bom britânico, admite uma *fonte secundária*: a *legislação judicial*, fruto da prática do judiciário, pois o objetivo do tribunal é, resolvendo a lide, fazer justiça. Os juízes devem decidir, têm que decidir, mesmo quando pareça impossível encontrar lei escrita que inclua a situação em litígio. O discurso é de interpretação e de presunção de encontrar o direito ou torná-lo manifesto, mas, na realidade, os juízes estão criando direito. Morrison lembra que Austin combate a ideia de que juízes criem direito arbitrariamente:

> Isso teria como resultado um direito variável, incerto e incoerente. A tomada de decisões arbitrárias deve ser controlada (i) pela natureza hierárquica de um sistema jurídico em que os tribunais de apelação racionalizem as decisões tomadas pelos tribunais inferiores; (ii) por juízes que se deixam levar por sua concepção daquilo que o legislador soberano faria diretamente "caso se preocupasse o suficiente com os interesses gerais", e (iii) pela censura dos organismos profissionais (isto é, pela Ordem dos Advogados) e pelas opiniões de outros advogados que preservam "os interesses do ofício". A "relutância dos juízes em inovar" e não a criação do direito pelos juízes, tem sido o grande mal; "demasiado respeito por regras estabelecidas, e demasiada atenção às deduções e analogias, é o que em geral têm demonstrado os criadores do direito judicial".[44]

O conservadorismo do juiz tem sido *o grande mal*. Quem o afirma é *o juspositivista por excelência*. Os juízes deveriam arrefecer sua resistência em

---

44 Morrison, *Filosofia do direito*: dos gregos ao pós-modernismo, *cit.*, p. 285.

inovar. Mas que o façam limitados por certos *passos*, conforme Morrison, com base na doutrina de Austin:

> Os juízes não devem ter livre poder discricionário; é preciso impor vários passos ao caminho da tomada de decisões. Primeiro passo: o juiz deve empenhar-se por identificar qual é a natureza do direito. Se esta for certa, deve aplicá-la. Contudo, no caso de uma lei em que os termos podem ser claros mas pareçam em desacordo com o claro objetivo da lei, o juiz "pode distanciar-se do sentido claro da lei a fim de buscar atingir as finalidades da lei, a 'Ratio Legis'. Nesses casos, porém, ele não é um juiz interpretando devidamente o direito, mas sim um legislador subordinado corrigindo seus erros e defeitos".[45]

Austin teme o risco de, no processo, o tribunal transformar-se em tribunal arbitrário. Em nome *da invariabilidade e da certeza*, apresenta remédios contra uma possível arbitrariedade judiciária: profissionalismo, por meio de análise reflexiva e científica. Há, no entanto, um risco muito maior, que atinge o direito como um todo. Contra esse mal, Austin apresenta o que lhe parece ser a única solução admissível, no testemunho de Morrison:

> O sistema jurídico tampouco é um universo coerente quando boa parte dele é necessariamente criada por juízes:
> "Todo o sistema jurídico, ou todo o *corpus juris*, é necessariamente um caos monstruoso: formado em parte pela jurisprudência, introduzido aos poucos e impregnado de um número incomensurável de decisões judiciais específicas, e em grande parte pelo direito legislado, repleto de fragmentos de 'direito judiciário' e imerso em um número incomensurável de leis esparsas".
> Austin então conclui suas lições sobre as fontes do direito com uma defesa da codificação.[46]

---

45 Idem, ibidem, p. 286.
46 Idem, ibidem.

Em sua lição sobre fontes do direito, *Austin defende a codificação*. Postura perfeitamente coerente com a convicção jurídica de Justiniano, talvez o maior de todos os juspositivistas. O Imperador, no entanto, não sente necessidade de negar o viés jusracionalista do direito e publica o *Digesto*. Seu juspositivismo não o impede de, reafirmando a necessidade de reflexões em torno de um *direito natural*, publicar as *Institutas*. Com elegância de jurista-legislador, recepciona a *jurisprudência*, a ciência das coisas divinas e humanas. Com larga e profunda visão jurídica, encontra, na justiça, o fundamento para o direito.

O depoimento de Austin é importante, pois o auge de sua carreira dá-se de 1828 a 1832, quando ocupa a cadeira de filosofia jurídica da Universidade de Londres. O mestre da *Filosofia do direito positivo* produz sua doutrina ao apagar das luzes do período que vai do final do século XVIII ao início do século XIX. Nesse lugar, demonstra maturidade ao refletir sobre o sentido estrita das normas postas pelo Estado. As palavras a seguir, que Austin parece tê-las recolhido de algum manuscrito, recuperado pela arqueologia da segunda metade do século XVII, contendo o último pronunciamento de Justiniano... As palavras a seguir, dizia-se, informam a defesa mais brilhante da *codificação* e, ao apelar para Roma, presenteia o Ocidente com as razões que levam o continente, na figura do Código Civil francês, a inaugurar a *jurisromanística moderna*:

> Se o direito fosse mais simples e científico, atrairia as mentes mais qualificadas para o exercício da profissão, e sua causa seria adotada por homens independentes que hoje se veem impedidos de fazê-lo devido à repulsa que o direito lhes causa, uma vez que este é, de fato, repulsivo. Que pessoa com formação literária e intelecto superior é capaz de tolerar os absurdos contidos nos livros didáticos, por exemplo, além de muitas outras partes do direito?
> [...]
> Contudo, se o direito fosse devidamente codificado, tais mentes se dedicariam ao seu estudo; e poderíamos então esperar por uma legislação incomparavelmente melhor, e por uma melhor aplicação da justiça do que a que hoje conhecemos. A profissão não seria meramente venal ou mercantilista como é em nossos dias, mas,

como na Roma antiga, tornar-se-ia um caminho para a honra e a importância política. Sem dúvida, boa parte do trabalho baixo e servil da profissão continuaria a ser praticada pelos que só pensam nas recompensas financeiras, mas a moralidade predominante na profissão como um todo seria instituída, em grande parte, por esse seu segmento superior, que também abrangeria os legisladores práticos da comunidade.[47]

Final do século XVIII e início do *século XIX*, *tempo* de escrituração e de legislação, de monopolização da produção jurídica por parte do Estado. *Tempo* de positivação e de codificação, nas figuras da *Declaração* – dos direitos naturais, logo; das *Constituições* – das liberdades e das garantias, portanto; e do *Código Civil* – de direitos civis, pois. *Tempo* de HEGEL, do espírito absoluto, então. *Tempo* de capitalismo, sociedade burguesa, arte realista-naturalista, em suma, daquilo que, definitivamente, estrutura o mundo contemporâneo. *Tempo de contemporaneidade! Tempo* que cria modos de vida e situações tão novos, que parece se desligar do passado, quase quebrar a *longa continuidade* da cultura ocidental. Mas, não, pelo contrário; mais do que nunca, o Ocidente se vê a si mesmo e se realiza. O primeiro passo que dá nesse sentido é buscar no direito romano e fundamento de sua nova sociedade. E, nele, encontra, uma de suas tendências mais fortes: a *codificação*. Essa é a maneira de justificar a *Código civil*, a *Constituição* e a *Declaração dos direitos do homem e do cidadão*.

Código Civil

Primeiro, porque sua referência ao Direito Romano harmoniza-se, perfeitamente, sem arestas ou arranhões, com a orientação da hipótese: *o Ocidente é herdeiro da tradição jurídica clássica*. Segundo, porque o brilhantismo de sua síntese acerca do período aqui estudado evidencia os anelos entre o impulso histórico para a legislação próprio do *jusracionalismo* e a criação do reino inconteste do *juspositivismo*. Terceiro, porque o estilo de profundo conhecedor da reflexão em torno do Direito carrega consigo o diálogo com potentados

---

47 AUSTIN, *Philosophy of positive law*, apud MORRISON, *Filosofia do direito*, cit., p. 287.

do pensamento ocidental. Por essas razões, a melhor maneira de introduzir o Código Civil é acompanhar Horta às alturas que ele atinge:

> O capítulo da codificação é um especialíssimo tema do período, revelando a força do gênio racional e sua fortíssima capacidade de intervenção no plano do ser; é preciso ressaltar, no entanto, que no campo mais evidentemente bem sucedido da codificação – o dos imponentes códigos civis, regulando os aspectos comuns e corriqueiros da vida dos indivíduos – a dogmática jurídica colhia séculos de reflexão romana e romanística: Sem o Direito Romano (e sua fantástica construção), não haveria o Direito Civil contemporâneo.[48]

Horta grava o modo como Silva Pereira sente o impacto causado pelo código civil francês de 1804, que, a partir de 1807, recebe a alcunha de *Code Napoleón*:

> Inequivocamente, o Código Civil de 1804 deveu-se a Bonaparte. Pela determinação, pela presença, pelo debate das matérias, pela influência marcante de seu gênio na aprovação das disposições e até pelos equívocos científicos que contém. Embora trazendo a redação dos juristas que o elaboram, o Código é obra sua como diz Savatier, por que Bonaparte foi a autoridade que o tornou possível: "[…] É a obra da vontade de um homem: Bonaparte."[49]

Ora, se o Código Civil é o campo mais bem sucedido da codificação, há outros, menos bem sucedidos. Os outros dos campos da codificação são

---

48 Horta, José Luiz Borges. *Horizontes jusfilosóficos do Estado de Direito*: uma investigação tridimensional do Estado liberal, do Estado Social e do Estado Democrático, na perspectiva dos direitos fundamentais. Belo Horizonte, Faculdade de Direito das UFMG, 2002 (Tese de Doutorado em Filosofia do Direito), p. 94.

49 Pereira, Caio Mário da Silva. "Código de Napoleão: influência nos sistemas jurídicos ocidentais". *Revista da Faculdade de Direito*, Belo Horizonte, Universidade Federal de Minas Gerais, v. 32, 1989, p. 7 [Caio Mário cita Savatier, *Bonaparte et lê Code Civil*, p. 24], *apud* Horta, *Horizontes jusfilosóficos do Estado de Direito*, cit., p. 94.

a *constituição* e a *declaração* – algo que pelo menos como pensável a razão tem de admitir, para não ser impugnada na sua própria essência e cair em profundo ceticismo. A Constituição é, também, *códex* – legislado e escrito. A Declaração também o é.

A importância do Código Civil está, em primeiro lugar, no fato de ele ser bandeira de referência. É para o Código Civil que se olha, quando se quer ver de que modo, sob sua vigência e eficácia, o homem tem vivido e a maneira pela qual ele, legitimamente, pode viver melhor. Esse é o aspecto notável do Código Civil: ser regra estabelecida, que pode ser re-estabelecida. Assim sendo, é o alvo da luta política, em todos os seus momentos, isto é, antes, durante e depois de sua promulgação.

O Código Civil francês, à época, a lei mais liberal do mundo, é convocado em todas as oportunidades em que a discussão gira em torno de, por exemplo, *relação entre homens e mulheres, casamento, vida conjugal, figura do pai, infância, filhos naturais, adolescência, morte, partilhas de sucessão* etc. Os temas organizam-se em torno da família, instituição triunfante sobre a ambição da Revolução Francesa, que tenta, segundo PERROT, "subverter a fronteira entre o público e o privado, construir um homem novo, remodelar o cotidiano através de uma nova organização do espaço, do tempo e da memória".[50] Mas os indivíduos resistem, o projeto revolucionário fracassa, os costumes mostram-se mais fortes do que a lei.[51] A mais contundente defesa da família fica por conta de KANT e HEGEL. São bastante diferentes as preocupações dos dois: KANT debruça-se sobre o microespaço da casa; HEGEL, sobre a disposição macrossocial do público e do privado; mas são absolutamente concordes quanto aos papéis desempenhados pela família e por seus membros.

O Código é, por excelência, o lugar de realização de ddeterminadas imagens de relacionamento familiar e será o lugar, com a mesma qualidade, se se quiser fazer prevalecerem outras. Isso pode ser aceito com tranquilidade. O que

---

50 PERROT. Michel. *História da vida privada*. Trad. Hildegard Feist. São Paulo: Companhia das Letras, 1991, v. 4, p. 94.

51 À certa altura de *A defesa do meu tio*, VOLTAIRE, *op. cit.*, p. 244, afirma: "Meu tio, sempre discreto, sempre sábio, sempre persuadido de que nunca as leis puderam violar os costumes".

surpreende é o fato de que, diante do Código, os professores de direito voltem à Escola dos Glosadores para, feito medievais, aplicar-lhe glosas. Agindo dessa maneira o juspositivismo dá as costas às profundas lições de Voltaire:

> Há dois tipos de leis, algumas naturais, comuns a todos e úteis a todos. "Não roubarás; não matarás o próximo; tratarás respeitosamente os que te deram à luz e que cuidaram da tua infância; não tomarás a esposa do teu irmão, não mentirás para prejudicá-lo; ajuda-o em suas necessidades, para merecer ser socorrido por sua vez": eis as leis que a natureza promulgou, do fundo das ilhas do Japão às costas do nosso Ocidente. Nem Orfeu, nem Hermes, nem Minos, nem Licurgo, nem Numa necessitavam que Júpiter viesse no ribombar do trovão anunciar verdades gravadas em todos os corações. [...]
> As outras leis são as leis políticas: leis puramente civis, *eternamente arbitrárias*, que ora estabelecem éforos, ora cônsules, comícios por centúrias ou comícios por tribos; um areópago ou um senado; a aristocracia, a democracia ou a monarquia.[52]

O caráter *eternamente arbitrário* do Código Civil de Napoleão, Bonavides já o havia anunciado, por meio das acuradas observações de Horta: "o século XVIII, com *a Revolução da burguesia*, decreta os códigos da Sociedade civil".[53] Saldanha vislumbra-o com precisão:

> Os códigos modernos, a começar pelo código francês de 1804 e pelo austríaco de 1811, revelam a influência das ideias iluministas e dos novos hábitos sociais burgueses. Em seu racionalismo, em suas cautelas, o burguês dos séculos XVII e XVII valorizou essencialmente a clareza e a certeza. Isto estava inclusive na filosofia cartesiana. Daí, ao realizar as revoluções que deram origem ao Estado liberal, terem as lideranças burguesas demonstrado um claro desejo de colocar por escrito suas conquistas. O fato se

---

52 Voltaire, *A filosofia da história*, cit., p. 227 (grifo nosso).
53 Bonavides, Paulo. Do Estado Liberal ao Estado Social. 5ª ed. Belo Horizonte: Del Rey, 1993, p. 17, *apud* Horta, *Horizontes jusfilosóficos do Estado de Direito*, cit., p. 93.

reflete no movimento pelas constituições escritas, bem como no caso dos códigos.[54]

Nesses termos, a pretensão burguesa é a de que o direito natural expresse-se diretamente na lei escrita. Que o direito positivo seja fundado em princípios racionais, apreendidos por meio de debate público, regido pelo saber e pelo bom senso. Sobre a estratégia burguesa, SALDANHA adverte:

> Na estruturação dos códigos, bem como no tratamento dos conceitos fundamentais, os sociólogos e historiadores observam, contudo, a marca inequívoca dos interesses de classe carregados pelas lideranças burguesas. Conceitos basilares como propriedade (com a vasta questão de suas relações com o conceito de posse), negócio jurídico, ato jurídico, declaração de vontade, e ainda toda uma série de operações negociais e nexos patrimoniais, correspondiam à experiência dos que tinham atividade econômica e à necessidade de regulamentar esta atividade.[55]

SALDANHA introduz elementos sutis à análise do modo como a burguesia pratica a ideia de código:

> No sentido cultural, o próprio universalismo da linguagem dos códigos, abstrata e objetiva, era mais um traço da mente burguesa, sempre inclinada a colocar em termos impessoais seus pleitos e seus ideais. Wieacker observou que a "abstrateza das normas", nas legislações burguesas, ocultava toda uma ética social vinculada a interesses concretos.[56]

O direito dos Códigos, reconhecido como direito burguês, torna-se alvo de críticas. Dentre seus opositores, SALDANHA cita MENGER, que, além de acusar os códigos de "estarem dissociados dos que não possuem nada",

---

54   SALDANHA, *Pequeno dicionário de teoria do direito e filosofia política*, cit., p. 35.
55   *Idem, ibidem.*
56   *Idem, ibidem*, p. 36. SALDANHA refere-se a Franz WIEACKER.

ressalta o fato de que estes "que nada possuem" também "não têm acesso ao conhecimento jurídico".[57]

A crítica sociológica tem, sim, seu lugar. Tanto que, a partir de 1848, as constituições terão que moderar seus laivos individualistas. Construirão gerações de direitos fundamentais, ampliando cada vez mais o sonho humano por liberdade. Mas é preciso acrescentar à reflexão sociológica algum tempero universal. NIETZSCHE encarrega-se disso, tratando do César moderno e seu modo de exercitar o direito privado:

> Os indivíduos, sendo verdadeiramente "em e para si", preocupam-se mais com o instante, sabemos, do que seus opostos, os homens de rebanho, por se considerarem tão imprevisíveis quanto o futuro; e também gostam de ligar-se a homens violentos, por se sentirem capazes de atos e expedientes que não achariam, junto à massa dos homens, compreensão nem mercê – mas o tirano ou César compreende o direito do indivíduo também nos seus excessos, e tem interesse em dar a palavra e mesmo estender a mão a uma moral privada audaciosa. Pois ele pensa e quer que seja pensado de si o que Napoleão, à sua maneira clássica, exprimiu certa vez: "Eu tenho o direito de responder a todas as acusações com um eterno 'sou o que sou'. Encontro-me à parte de todo mundo e não aceito condições de ninguém. Vocês devem submeter-se a todas as minhas fantasias e achar natural que eu me entregue a tais ou tais distrações." Assim falou Napoleão a sua esposa uma vez, quando esta teve razões para questionar a fidelidade conjugal de seu esposo.[58]

Declaração dos direitos do homem e do cidadão

A presença da *Declaração do direitos do homem e do cidadão* num capítulo sobre codificação não deve causar estranheza. A *Declaração* é norma escrita, é direito expresso em texto, e *legislada*, termo que, referindo-se ao modo de

---

57   *Idem, ibidem*, p. 36. A respeito: MENGER, Anton. *El derecho civil y los pobres*. Buenos Aires: Atalaya, 1947.
58   NIETZSCHE, *A gaia ciência, cit.*, § 23.

surgimento do direito, denuncia sua fonte: uma Assembleia Nacional. Resta admitir se é direito codificado, espécie de direito legislado.

Sobre a *Declaração*, BOBBIO informa:

> A *Declaração dos direitos do homem e do cidadão* foi aprovada pela Assembleia Nacional, em 26 de agosto de 1789. A discussão que levou à aprovação se processou em dois tempo. De 1º a 4 de agosto, discutiu-se se se devia proceder a uma declaração de direitos antes da emanação de uma Constituição. Contra os que a consideravam inútil e contra os que a consideravam útil, mas devendo ser adiada, ou útil somente se acompanhada de uma declaração de deveres, a Assembleia decidiu, quase por unanimidade, que uma declaração dos direitos – a ser considerada, segundo as palavras de um membro da Assembleia inspiradas em Rousseau, como o ato da constituição de um povo – devia ser proclamada imediatamente e, portanto, preceder a Constituição. De 20 a 26 de agosto, o texto pré-selecionado pela Assembleia foi discutido e aprovado.[59]

FURET considera a *Declaração* "uma ilimitada promessa de igualdade".[60] LEFEBVRE vê mais longe: "Proclamando a liberdade, a igualdade e a soberania popular, a Declaração foi o atestado de óbito do Antigo Regime, destruído pela Revolução".[61] HEGEL manifesta-se a respeito de sua finalidade, conforme BOBBIO reporta: "a meta inteiramente política de firmar os direitos naturais, o principal dos quais é a liberdade, seguido pela igualdade diante da lei, enquanto uma sua ulterior determinação".[62] Isso porque a *Declaração*, partindo do princípio de que homens são seres singulares, proclama direitos que pertencem aos indivíduos considerados um a um. A hipótese da *Declaração*, a mesma de Hobbes, de LOCKE e de ROUSSEAU, é a de que os indivíduos possuem direitos

---

59 BOBBIO, Norberto. *A era dos direitos*. Trad. Carlos Nelson Coutinho. Rio de Janeiro: Elsevier, 2004, p. 99.

60 FURER, François. *Critica della rivoluzione francese, apud* BOBBIO, *A era dos direitos, cit.*, p. 117.

61 LEFEBVRE, Georges. *La rivoluzione francese, apud* BOBBIO, *A era dos direitos, cit.*, p. 99.

62 BOBBIO, *A era dos direitos, cit.*, p. 101.

antes de ingressarem em qualquer sociedade.[63] O liberalismo anuncia a tese: o homem é detentor de direitos!, que triunfa, conforme DALLARI formaliza:

> O século XVIII seria, afinal, o século das Declarações. Muitos fatores de influência se conjugaram para que se chegasse à noção da existência de direitos inerentes à natureza humana, que precedem a própria existência do Estado. Em boa medida, os mesmo fatores que geraram os movimentos pela criação do Estado Constitucional inspiraram a elaboração de declarações, fixando valores e preceitos que deveriam ser acolhidos por todas as Constituições. Mas, pela própria circunstância de se atribuir às Declarações uma autoridade que não depende de processos legais, verifica-se que na sua base está a crença num Direito Natural, que nasce com o homem e é inseparável da natureza humana.[64]

A *Declaração de direitos* é outro dos êxitos espetaculares do *jusracionalismo* da *Escola de Direito Natural e das Gentes*, que propugna um *jusnaturalismo* muito diferente dos períodos anteriores. Percebam-se as diferenças, ao comando de DALLARI, primeiro quanto à Antiguidade clássica:

> O exame dos documentos legislativos da Antiguidade revela já uma preocupação com a afirmação de direitos fundamentais, que nascem com o homem e cujo respeito se impõe, por motivos que estão acima da vontade de qualquer governante.[65]

DALLARI observa, ainda, que os documentos antigos, além de mesclarem preceitos jurídicos, morais e religiosos, mantêm jungidos *recomendação de regras morais* e *imposição coercitiva de condutas*. Ou seja, inexistem, na Antiguidade, documentos com caráter de declarações de direitos. Mesma situação percebida na Idade Média, época em que se produzem, segundo DALLARI: "documentos legislativos, como a legislação dos povos germânicos, que contêm regras de vida

---

63   Os mesmos elementos parecem servir para explicar a Constituição Americana de 1787.
64   DALLARI, Dalmo. *Elementos de teoria geral do Estado*. 19ª ed. São Paulo: Saraiva, 1995, p. 175.
65   DALLARI, *Elementos de teoria geral do Estado*, cit., p. 174.

social, nas quais está implícita a existência dos direitos fundamentais",[66] cujo primeiro exemplo é a Magna Carta da Inglaterra, de 1215. O jusnaturalismo da modernidade tem características próprias, como explica DALLARI:

> Assim Hugo Grócio, um dos mais eminentes defensores do novo Direito Natural, sustentava que este poderia ser concebido mesmo que não houvesse Deus, procurando com isso afirmar o seu caráter puramente racional. Para ele o Direito Natural era "a qualidade moral que tornava justo e certo que um homem fizesse ou tivesse algo".[67]

DALLARI apoia-se em POUND para organizar as proposições dos juristas do século XVII:

> 1ª) Há direitos naturais demonstráveis pela razão. São eternos e absolutos, válidos para todos os homens em todos os tempos e em todos os lugares. 2ª) O Direito Natural é um grupo de regras, suscetíveis de verificação por meio da razão, que asseguram perfeitamente todos esses direitos naturais. 3ª) O Estado existe tão-só para assegurar aos homens esses direitos naturais. 4ª) O direito positivo, o direito aplicado e executado pelos tribunais, é o meio pelo qual o Estado realiza essa função e obriga moralmente somente enquanto está de acordo com o Direito Natural.[68]

Fundando as relações jurídicas em princípios racionalistas, o *jusnaturalismo moderno* alcança, tanto na América quanto na França, reflexo político, contendo e racionalizando o poder. SALGADO analisa o teor desse desdobramento:

> Há [...] determinados direitos que são matrizes de todos os demais; são direitos sem os quais não podemos exercer muitos outros. São os direitos fundamentais, direitos que dão fundamento a todos os demais. Ora, como todo direito de uma pessoa tem

---

66 *Idem, ibidem*
67 *Idem, ibidem*
68 *Idem, ibidem*, p. 175.

de estar garantido por uma lei, os direitos fundamentais também têm de estar garantidos por uma lei. Essa lei não pode ser uma lei comum, mas tem de ser uma lei matriz de todas as demais, uma lei fundamental, que fundamenta as outras, da qual todas decorrem. Essa lei fundamental é a Constituição. Assim, os direitos fundamentais, que são suporte a todos os direitos que temos, são garantidos pela lei fundamental que dá origem e validade a todas as demais leis que criam ou garantem os demais direitos.[69]

Bobbio aprimora a análise sobre os fundamentos da *Declaração* francesa: "O núcleo doutrinário da Declaração está contido nos três artigos iniciais".[70]

Diz o artigo primeiro, referindo-se à condição natural dos indivíduos antes da formação da sociedade civil: *os homens nascem e permanecem livres e iguais em direitos*, enunciado no qual Bobbio encontra paralelismo com Rousseau: "O homem nasceu livre, mas por toda parte se encontra a ferros".[71]

O artigo segundo declara, deixando implícita a ideia de contrato social na palavra "associação": *o objetivo de toda associação política é a conservação dos direitos naturais e imprescritíveis do homem*, a liberdade, a propriedade, a segurança e a resistência à opressão. Bobbio analisa esses primeiros passos da *Declaração*: "A ligação entre os dois artigos é dada pelo fato de que o primeiro fala de igualdade nos direitos, enquanto o segundo especifica quais são esses direitos".[72] O artigo 4º define a *liberdade*: o direito de *poder fazer tudo o que não*

---

[69] SALGADO, Joaquim Carlos. Os direitos fundamentais. *Revista Brasileira de Estudos Políticos* – RBEP. Belo Horizonte: Programa de Pós-Graduação da Faculdade de Direito da UFMG, 1996, p. 15. À página 16, *ibidem*, SALGADO assim procede, imbuído da tarefa de historicizar os direitos fundamentais: "Sua evolução obedece a um processo histórico de três momentos: em primeiro lugar, aparece a consciência desses direitos em determinada condições históricas; em segundo lugar, a declaração positiva desses direitos como aceitação formal de todos, nas constituições; e, finalmente, a sua realização, como concretos e eficazes".

[70] BOBBIO, *A era dos direitos, cit.*, p. 107.

[71] ROUSSEAU, Jean-Jacques. *O contrato social*, apud BOBBIO, *A era dos direitos, cit.*, p. 107.

[72] BOBBIO, *A era dos direitos, cit.*, p. 107.

prejudique os outros.[73] O artigo 8º conceitua *segurança: proteção concedida pela sociedade a cada um de seus membros para a conservação de sua pessoas, de seus direitos e de suas propriedades*. O direito de resistência pode ser deduzido de LOCKE ao admitir que, quando o governo viola os direitos dos homens, o povo está desobrigado de qualquer dever de obediência, não lhe restando mais do que "o refúgio comum que Deus ofereceu a todos os homens contra a força e a violência".[74] HORTA reconhece a vanguarda representada por LOCKE:

> Digna de nota, ainda, é a grande inovação de LOCKE ao estabelecer de modo inequívoco, o direito – que assiste à coletividade – de resistir à tirania e à opressão política. Aí, inscreve seu nome entre os grandes paladinos da insurreição e desobediência civis, como HENRY DAVID THOREAU, o mahatma MOHANDAS KARAMCHAND GANDHI e MARTIN LUTHER KING.
> Por certo na justificação da ruptura política da Inglaterra de antanho, são suas palavras:
> "Se alguém abala um poder ao qual foi submetido pela força e não pelo direito, esta ação recebe o nome de rebelião, mas não constitui um pecado diante de Deus, que, ao contrário, a aprova e autoriza".[75]

Sobre direito de abalar o poder ilegítimo, SALGADO ministra importante aula ao inseri-lo no rol dos direitos políticos, considerados "forma superior

---

73   *Idem, ibidem*, p. 108, comenta a definição de liberdade acolhida pela Declaração: "é uma definição diversa da que se tornou corrente de Hobbes a Montesquieu, segundo a qual a liberdade consiste em fazer tudo o que as leis permitam, bem como da definição de Kant, segundo a qual a minha liberdade se estende até o ponto da compatibilidade com a liberdade dos outros". O autor da presente pesquisa pede licença ao leitor para, humildemente, expor sua definição do direito em questão, através de construção literária: "A sua liberdade amplia a minha ao infinito".

74   LOCKE, John. *Segundo tratado sobre governo, apud* BOBBIO, *A era dos direitos*, cit., p. 108.

75   HORTA, José Luiz Borges. "Uma breve introdução à Filosofia do Estado de John Locke". *Revista Brasileira de Estudos Políticos*, Belo Horizonte, UFMG, n. 90, jul./dez. 2004, p. 253.

de realização dos direitos fundamentais"[76] e assim definidos: "Os direitos políticos são a expressão superior da igualdade e da liberdade entendida como autodeterminação".[77] SALGADO identifica-os: "Além dos direitos políticos de votar e ser votado, devem ainda ser lembrados o direito de resistência, o direito de destituição e o direitos de organização e filiação partidária".[78] Por fim, eis a lição de SALGADO:

> O direito de resistência aparece na Constituição alemã atual (art. 20, inciso IV) como o direito de todos os alemães de resistirem à tentativa de eliminação da ordem constitucional, empreendida por quem quer que seja, desde que se não possam usar outros meios. Trata-se de resistência contra o ato que viola a Constituição, não se confundindo com a chamada desobediência civil, cuja característica é o descumprimento de uma norma positiva válida.
> O direito de resistência supõe uma norma superior violada. No caso, a constituição, razão por que deve ser colocado entre os direitos políticos. Como se vê, não se trata do direito de resistência teoricamente desenvolvido na Idade Média, em que o poder temporal devia submeter-se ao espiritual da Igreja, razão por que era lícito ao cristão resistir à lei não conforme com a lei natural ou divina revelada, interpretada pela Igreja. Também o Iluminismo coloca os direitos naturais do homem, inalienáveis, como critério de legitimidade de todo direito positivo, a exemplo de que ocorreu com a Constituição francesa de 1793.[79]

O direito à propriedade é de interesse muito especial à tese de que o Ocidente é herdeiro da tradição jurídica clássica, pois como afirma BOBBIO:

---

76 SALGADO, Joaquim Carlos. "Os direitos fundamentais". *Revista Brasileira de Estudos Políticos*, Belo Horizonte, UFMG, n. 82 (separata), jan. 1996, p. 57.
77 SALGADO, "Os direitos fundamentais", *cit.*, p. 63.
78 *Idem, ibidem*, p. 64.
79 *Idem, ibidem*.

> Quanto à propriedade [...] Sua inclusão entre os direitos naturais remontava a uma antiga tradição jurídica, bem anterior à afirmação das doutrinas jusnaturalistas. Era uma consequência da autonomia que, no direito romano clássico, era desfrutada pelo direito privado em relação ao direito público, da doutrina dos modos originários de aquisição da propriedade (através da ocupação e do trabalho) e dos modos derivados (através do contrato e da sucessão), modos – tanto uns como outros – que pertenciam à esfera das relações privadas, que se desenvolviam fora da esfera pública. [...] Ao contrário do que hoje se poderia pensar, depois das históricas reivindicações dos não-proprietários contra os proprietários, guiadas pelas movimentos socialistas do século XIX, o direito de propriedade foi durante séculos considerado como dique – o mais forte dos diques – contra o poder arbitrário do soberano.[80]

Eis, eternamente presente, o Direito romano. O mesmo Direito romano que, há séculos, traz em sua essência diversos tipos de *diques contra o arbítrio de qualquer que seja o soberano*, secular ou eclesiástico. O mesmo Direito, utilizado pelo Ocidente como barreira contra a Igreja medieval e o Estado absoluto, para ficar com apenas os exemplos estudados anteriormente. Se, por um lado, o Direito em Roma é dique construído para barrar o velho direito costumeiro e permitir à República cumprir seu destino e se, por outro, a *Declaração* recorre ao Direito romano na intenção de erguer diques para atestar o óbito do Velho Regime, então que, nos contrafortes da tese aqui defendida, anuncie-se, com a solenidade da consciência quando alcança a consciência de si: é romana a *Declaração do direitos do homem e do cidadão, de 1789*.

O vínculo direito romano – propriedade privada – *Declaração* é confirmado se se lembrar que a ética estoica chega o mundo romano por meio de Panécio, mas que, efetivamente, é através de Cícero que Roma aprende que pautar a vida segundo prescrições da natureza significa servir ao interesse geral da comunidade, antes que a seu próprio; conformar o próprio interesse com o interesse geral. Eis o estoicismo de Cícero:

---

80 Bobbio, *A era dos direitos, cit.*, p. 108.

> Se a natureza determina que devemos respeitar um homem apenas pelo fato de sua condição humana, é inegável que, sempre segundo a natureza, há algo que é de interesse comum a todos; se assim é, somos todos sujeitos a uma só e mesma lei natural, que proíbe atentar contra os direitos alheios.[81]

Da máxima ciceroniana resulta que, no que tange à dialética entre o todo e a parte, nem o *interesse comum a todos* cassa o individual, nem o bem coletivo engole a propriedade privada. Esse é o princípio cujo fio percorre séculos e aflora na Assembleia Nacional, em 26 de agosto de 1789.[82]

Na fórmula do artigo terceiro, *o princípio de toda soberania reside essencialmente na nação*, a *Declaração* fala de nação, isto é, de unidade. A mesma unidade que Roma concebe através da ideia de *ius gentium*. Nesses termos, a *Declaração* é uma atualização do *ius gentium*; um direito de todos os povos, praticável quando os homens ensinam seus corações a tolerar diferenças e a perceber semelhança onde, antes, ele só encontra alteridade. Roma promove esse ensino, sob o *magisterium* de Cícero – seu discurso, em defesa da universalidade do gênero humano, é, obviamente, unificador de gentes. As palavras de Victor Hugo (1802-1885), a seguir, possuem o mesmo caráter; poderiam ter sido proferidas por Cícero:

> Senhores, se alguém, há quatro séculos, na época em que existia a guerra de comuna contra comuna, de cidade contra cidade, de província contra província, se alguém tivesse dito à Lorena, à Picardia, à Normandia, à Bretanha, à Auvérnia, à Provença, ao Delfinado, à Borgonha: Chegará o dia em que vós não mais fareis a guerra, chegará o dia em que não mais levantareis soldados uns contra os outros... mas sabeis o que poreis no lugar de soldados? Sabeis o que poreis no lugar de homens a pé e a cavalo, canhões, falcoeiros,

---

81 Cícero, De officiis, livro III, VI, *apud* Comparato, Ética, *cit.*, p. 112.

82 Saldanha, *Pequeno dicionário de teoria do direito e filosofia política, cit.*, p. 51, expressa a essência estoica do pensamento jurídico romano: "Um grande passo para a concepção de justiça como critério formal de tratamento igual de todos, perante a lei, foi dado pelas novas condições de vida do Império Romano, cuja expressão filosófica mais própria apareceu no estoicismo".

lanças, espadas, piques? Poreis uma pequena caixa de pinho que chamarão de urna de escrutínio, e dessa caixa sairá o quê? Uma assembleia, uma assembleia na qual sentireis que vivem todos, *uma assembleia que será como uma alma de todos, um concílio soberano e popular que decidirá, julgará, resolverá tudo em lei, que fará cair o gládio de todas as mãos e surgir a justiça em todos os corações, que dirá a cada um: "Aqui acaba teu direito, aqui começa teu dever. Abaixa as armas! Vive em paz!"* E nesse dia sentireis um pensamento comum, interesses comuns, um destino comum; vós vos abraçareis, vos reconhecereis como filhos da mesma categoria e da mesma raça... Não mais chamareis a guerra, chamareis a civilização!* [83]

Uma assembleia que será como uma alma de todos, um concílio soberano e popular que decidirá, julgará, resolverá tudo em lei... Essa lei é um "direito de todos"; o *ius gentium* de uma Lorena, uma Picardia, uma Normandia, uma Bretanha, uma Auvérnia, uma Provença, um Delfinado, uma Borgonha, unidas, nacionalizadas. A possibilidade da Nação francesa – união de povos até então dispostos a levantar uns contra os outros homens a pé e a cavalo, canhões, falcoeiros, lanças, espadas, piques – só existe quando as províncias se mostram preparadas para inserir o homem na vida nacional, um homem que, necessariamente, já admite a unidade do gênero humano, princípio ético que, na História, os estoicos foram os primeiros a afirmar. Para além do momento em que reconhece direitos naturais, a Nação realiza-se quando identifica o destinatário do direito natural: o gênero humano, pois, em última instância, cada um, fundado no amor ao próximo, pertence à sociedade universal do gênero humano. Mas a Nação só se realiza quando cada um *pode falar* – nos sentidos de "capacidade de falar" e de "ter direito de falar"[84] – como se fosse

---

83   HUGO, Victor. Congresso de paz em Paris, 1849, a*pud* FEBVRE, *A Europa*: gênese de uma civilização, *cit.*, p. 268. (grifo nosso). No auge da *primavera dos povos*, de 1848, HUGO, buscando alemães e franceses, fala em *Estados Unidos da Europa*, em *Europa Nação*.

84   Sobre a dupla acepção de *pode falar*, SALGADO ensina: "Tome-se, por exemplo, a regra 'quem puder falar, pode fazer parte do discurso'. Ou esse 'pode' registra apenas a capacidade de falar (*können*) e, neste caso, o discurso se reduz a uma mecânica estéril, ou esse 'pode' significa 'ter direito' (*dürfen*), cuja consequência inexorável é a exigência de valoração do participante como sujeito ou pessoa. Eis o caminho aberto e exigido para uma instância

ZENÃO: "nós não somos cidadãos de uma tribo ou de uma *pólis*, separados uns dos outros por um direito particular e leis exclusivas, mas devemos considerar todos os homens como concidadãos, como se pertencêssemos à mesma tribo e à mesma *pólis*". Ou como se tomado pelo espírito de CÍCERO: "Dizer que se deve respeitar os concidadãos, mas não os estrangeiros, é destruir a sociedade comum do gênero humano". É assim, feito ZENÃO, que o homem se sente quando se reconhece como *filho da mesma raça* e abraça seus irmãos como quem abraça um pensamento comum, um destino comum. É feito CÍCERO que o homem se sente quando sente que *a assembleia nacional é como uma alma de todo que fará cair o gládio de todas as mãos e surgir a justiça em todos os corações*, que dirá a cada um: "Aqui acaba teu direito, aqui começa teu dever. Abaixa as armas! Vive em paz!"

O discurso de VICTOR HUGO prossegue, sem se afastar um nada do Direito romano, pois imbuído da essência do Império:

> Se alguém tivesse dito isso naquela época, Senhores, todos os homens positivos, todas as pessoas sérias, todos os grandes políticos de então teriam exclamado: "Oh, sonhador! Oh, sonho fútil! Como conhece pouco a humanidade esse homem!..." Pois bem! Dizeis hoje, e eu sou daqueles que dizem convosco... à França, à Inglaterra, à Prússia, à Áustria, à Espanha, à Itália, à Rússia, nós lhe dizemos: Chegará um dia em que as armas cairão das mãos, também para vós! Chegará um dia em que a guerra parecerá tão absurda e será tão impossível entre Paris e Londres, entre Petersburgo e Berlim, entre Viena e Turim quanto seria impossível e pareceria absurda hoje entre Rouen e Amiens, entre Boston e Filadélfia. Chegará o dia em que vós, França, vós, Rússia, vós, Itália, vós, Inglaterra, vós, Alemanha, todas vós, nações do continente, sem perder vossas qualidades distintas e vossa gloriosa individualidade, vos fundireis estreitamente numa unidade superior, e constituireis a fraternidade europeia, absolutamente como

superior da reflexão filosófica, e que se revelou conceptualmente como constante do processo civilizatório do Ocidente no rumo do Estado Democrático de Direito, onde o sujeito de direito universal ocupa o centro das preocupações jurídicas e políticas". In: BROCHADO, *Direito e ética, cit.*, p. 93.

a Normandia, a Bretanha, a Borgonha, a Lorena, a Alsácia, todas as nossas províncias se fundiram na França... Chegará um dia em que se mostrará um canhão nos museus como se mostra hoje um instrumento de tortura, espantando-se de como isso pode acontecer! Chegará um dia em que se verão esses dois grupos imensos, os Estados Unidos da América, os Estados Unidos da Europa, colocados um em frente ao outro, estendendo-se as mãos por cima dos mares, trocando seus produtos, seu comércio, sua indústria, suas artes, seu gênio, desbravando o globo, colonizando os desertos, melhorando a criação sob o olhar do Criador, e combinando junto para daí tirar o bem-estar de todos, essas duas forças infinitas, a fraternidade dos homens e a potência de Deus.[85]

HUGO vaticina: *chegará um dia em que as armas cairão das mãos, pois uma assembleia – que será como uma alma de todos, um concílio soberano e popular - decidirá, julgará, resolverá tudo em* **lei**. E o faz na mais pura tradição cultural do Ocidente: associando Religião e Direito, a *lei que*, na mais pura tradição grega, *faz cair o gládio de todas as mãos e surgir a justiça em todos os corações*. A *Declaração universal dos direitos do homem* representa a manifestação da única prova através da qual um sistema de valores pode ser considerado humanamente fundado e, portanto, reconhecido: e essa prova é o consenso geral acerca da sua validade.

Ora, falar em validade da *Declaração*, reconhecida por BOBBIO com base na universalidade de sua legitimidade, é pensá-la como norma jurídica, semelhante à norma jurídica contida na lei, na sentença, no contrato, no costume. A norma jurídica contida em qualquer um dos artigos da *Declaração* é da mesma natureza que a contida em todos os artigos do Código Civil. Por analogia e por princípio geral do direito! Com base nisso, a *Declaração* é *codex*, o código contemporâneo do estatuto eterno da alma do homem, fundada na liberdade!

Constituição e Estado de Direito

Facetas da positivação racionalista, código civil, declaração de direitos e constituição expressam um novo modo de compreender a finalidade

---

85 HUGO, *apud* FEBVRE, *A Europa*, *cit.*, p. 269.

do Estado: proteger o direito. Confirma-o o artigo 30 da Constituição de Massachusetts, conclamando um *governo de leis*. KANT chama-o de Estado, definindo seu comprometimento metodológico com o Direito: "Um Estado é a união de uma multidão de seres humanos submetida a leis de direito".[86] HORTA pinta as cores da nova *civitas*, o Estado de Direito:

> Emerge, assim, toda uma nova perspectiva de vida política, fundada, por um lado, em elementos materiais de grande nobreza – os direitos fundamentais –, e por outro, em sofisticadas técnicas de estruturação e controle do poder – o *constitucionalismo*.[87]

A ideia de Estado, o Estado enquanto ideia, é permanente; existe desde sempre. Da mesma forma, a ideia de Direito, o Direito enquanto ideia. A ideia, como se sabe a partir de HEGEL, desdobra-se em seu devir, manifesta na História. Na análise do Estado histórico, HORTA é claro:

> Se podemos aceitar a presença do Estado antes da Modernidade, é imperativo, no entanto, frisar que, dentre as diversas manifestações verificadas no curso dos milênios, aquela que mais se aproxima (ou mais pode se aproximar) da ideia de Estado é sem dúvida o chamado Estado Moderno, cuja força é reconhecida universalmente.[88]

Encontram-se as raízes do Estado Moderno na Baixa Idade Média, em MAQUIAVEL. Sua estirpe é, desde o primeiro vagido, reconhecida através de seus elementos formal e material. Identifique-se o elemento formal: a *soberania*, entendida com poder de produzir Direito Positivo a ser respeitado pelo povo, no plano interno, e pelos povos, no plano internacional. Quando aos elementos

---

[86] KANT, Immanuel. *A metafísica dos costumes*. Trad. Edson Bini. Bauru: Edipro, 2003, p. 155. No mesmo lugar, KANT completa: "Todo Estado encerra três poderes dentro de si, isto é, a vontade unida geral consiste de três pessoas (*trias politica*): o poder soberano (soberania) na pessoa do legislador; o poder executivo nas pessoas do governante (em consonância com a lei) e o poder judiciário (para outorgar a cada um o que é seu de acordo com a lei) na pessoas do juiz (*potestas legislatoria, rectoria et iudiciaria*)".

[87] HORTA, *Horizontes jusfilosóficos do Estado de Direito*, cit., p. 21.

[88] Idem, ibidem, p. 9.

materiais do Estado, HORTA anuncia-os, ao falar do "Estado de Direito, cuja finalidade ética reside na promoção dos direitos fundamentais".[89] Nesses termos, é admissível, em primeiro lugar, arriscar um codinome para o Estado de Direito: *Estado de Direitos Fundamentais*. E, em segundo lugar, esquematizar o Estado moderno, reconhecendo em sua estrutura, dois grandes pilares de finalidade: o da *segurança*, garantida pela soberania, o elemento formal, o poder; e o da *liberdade*, salvaguardada pela declaração e garantia de exercício dos direitos fundamentais, elemento material, conteúdo do poder. HORTA conclui:

> O Estado de Direito é, assim, a forma política que confere aos direitos fundamentais primazia axiológica: não há norma jurídica mais importante que aquelas que, ao consagrarem direitos, tornam-se nucleares a todo o ordenamento jurídico.[90]

A natureza axiológica dos direitos fundamentais é definida por SALGADO: "Os direitos fundamentais são aquelas prerrogativas das pessoas, necessárias para uma vida satisfatória e digna, garantidas nas Constituições".[91] Seu evolver é apreendido por HORTA:

> Verifica-se um lento processo de construção e consolidação dos direitos fundamentais, das revoluções dos séculos XVI e XVII, que os consagraram, aos nossos tempos. Fala-se em momentos sucessivos, em *gerações de direitos*, com contornos precisos: direitos de primeira geração (individuais e políticos), direitos de segunda geração (sociais) e direitos de terceira geração (aqui, chamaríamos de "difusos", por falta de termo mais adequado).[92]

Geração após geração, cada uma delas concede, segundo HORTA, "fundamento jusfilosófico aos três paradigmas de Estado de Direito", ou seja, a cada uma das fases históricas do Estado pós-revolucionário: *Estado liberal de*

---

89   Idem, ibidem, p. 15.
90   Idem, ibidem, p. 20.
91   SALGADO, Joaquim Carlos. "Os direitos fundamentais", cit., p. 17.
92   HORTA, *Horizontes jusfilosóficos do Estado de Direito*, cit., p. 26.

Direito, planeado "na Era das Revoluções"; *Estado social de Direito*, constituído "desde meados do século XIX (sobretudo, com o Manifesto Comunista de 1848) e consagrado [...] na República alemã de Weimar, cuja constituição data de 1919"; e, *Estado democrático de Direito*, "esboçado na Declaração Universal dos Direitos do Homem de 1948, e ainda em processo de construção (intelectual, normativa e fática)".[93] Vínculos expressos de maneira lapidar por Horta: "O Estado Moderno, soberano, constitucionalizado no Estado de Direito, recebe da História sua mais elevada *ratio*: os Direitos Fundamentais".[94]

A primeira geração de direitos fundamentais realiza-se no Estado *liberal* de Direito, erigido em defesa da liberdade, por meio de uma Constituição que, justamente, limita o próprio Estado, conforme o demonstra o paralelo, traçado por Horta, entre Estado liberal de Direito e "constitucionalismo clássico":

> Ao Estado liberal de Direito, formação originária do Estado de Direito, corresponde o constitucionalismo que se convencionou chamar *clássico*, inclusive pela solidez de suas instituições:
> "O constitucionalismo clássico está ligado à realização da *democracia governada* de Burdeau, inseparável do meio social, econômico, espiritual e político decorrente do estado liberal. A democracia governada é todo um conjunto, um instrumento do estado liberal".
> As *constituições liberais* nascem, portanto, com duas missões precípuas: proclamar os direitos dos cidadãos e organizar o poder do Estado, limitando-o de tal forma que aqueles possam ser usufruídos.[95]

O Estado *social* de Direito mantém as conquistas do Estado liberal de Direito e avança, na luta pela concretização da igualdade e pela realização da segunda geração de direitos, por meio de uma Constituição intervencionista na economia e nas relações entre capital e trabalho, produzindo direitos sociais e econômicos.

---

93   Idem, ibidem, p. 31.
94   Idem, ibidem, p. 29.
95   Idem, ibidem, p. 105.

Ainda recém-nascido, o *Estado democrático de Direito* vê-se, de maneira especial a partir da queda do Muro de Berlim e do fim do socialismo real, diante de adversário temerário: o neoliberalismo, alardeando triunfos da livre iniciativa, do lucro e da lógica de mercado e cantando louvas à vitória da burocracia financeira internacional. O inimigo, neocapitalista, parece já ter escolhido, no sistema político, seu alvo estratégico: a *soberania* do Estado. A acreditar na propaganda internacional, parece que as pressões da economia globalizada obrigam o sistema político a se organizar globalizadamente, ferindo, na carne, a prática da soberania. Neoconservadores... O resultado de seu programa de mercantilização do planeta atinge, nos nervos, a segurança do cidadão, escreve-o VAN CREVELD:

> Seja porque o governo ordenou – como no caso da aviação civil de muitos países – ou porque simplesmente não confiam no Estado para lhes fornecer segurança razoável, os indivíduos e a iniciativa privada já cuidam de si, cada vez mais. Dependendo da natureza da ameaça percebida, os cidadãos de muitos países já se acostumaram com a inspeção de pertences, e até do corpo, sempre que entram em lojas de departamentos, cinemas, estádios de futebol, espetáculos de *rock*, ou locais semelhantes, onde se reúnem multidões e onde o ato terrorista é portanto mais provável de acontecer e, caso aconteça de fato, resultar em um grande número de mortes. Da África do Sul à Itália, alguns Estados agora exigem que todos os bancos sejam protegidos por detectores de metal e portas duplas que só se abrem se e quando for constatada a inocência do visitante (isto é, o fato de não portar armas). Indivíduos, bairros e empresas tentam proteger-se contra o terrorismo e o crime contratando guardas particulares, construindo cercas de segurança, instalando sistemas de alarme e circuitos fechados de televisão, exigindo prova de identidade ao entrar em prédios ou instalações (amparados pela lei ou não, o pessoal responsável sempre faz questão de reter os documentos até a saída do visitante), exigindo o uso de crachás etc.[96]

---

96 VAN CREVELD, Martin. *Ascensão e declínio do Estado*. Trad. Jussara Simões. São Paulo: Martins Fontes, 2004, p. 577.

Talvez por não querer se debruçar sobre questões táticas, VAN CREVELD não se refere à chamada *política do terror*, que mantém a população do planeta e, particularmente, a do Ocidente em situação de pavor e apreensão crescentes. O cotidiano da civilização ocidental transfigura-se em desassossego, ante a noção de um perigo real ou imaginário e a certeza de estar sendo ser arrasado por um bombardeio denso, concentrado, de susto após susto, em escalada surpreendente. Numa palavra: medo, advindo do pressentimento de que o Estado fraqueja diante de forças superiores às suas. E sem o Estado, grassa a insegurança.

FABRIZ diagnostica:

> No universo contemporâneo vivenciamos um momento histórico atípico, permeado pela cultura *maquínica*, virtualizado, em cujo contexto sujeito e objeto transmigraram-se para as dimensões do abstrato, onde as relações, em contínuo desencanto, contemplam as estéticas do nosso tempo atual: morte, miséria, preconceitos de toda ordem, dominação do capital especulativo internacional, dentre outras escatologias da atual condição humana.[97]

O liberalismo tupiniquim vive, também, seu novo ciclo. Deixando de lado máscaras nacionalistas, atrela-se ao capital internacional para imaginar, em 1988, uma Constituição que, sobremaneira, acentua o fracionamento partidário, facilitando, obviamente, a ação de lobistas, justificados por rompantes retóricos da teoria da transferência de responsabilidades estatais para a esfera pública, a ser administrada pela sociedade civil com subsídios estatais, porém. Com base nesse ideário, na década de 1990, reforma o Estado com o fito de adequá-lo a paradigmas de administração e gestão empresariais, atrelados ao conceito de eficiência.

O quadro parece irreversível, mas não é bem assim.

Tendo em meta a efetivação dos Direitos Fundamentais do Homem, FABRIZ aponta uma saída:

> É preciso urgentemente invocar a História, e contemplarmos a grandiosidade da raça humana, grandiosidade essa expressa no

---

[97] FABRIZ, Daury César. *A estética do direito*. Belo Horizonte: Del rey, 1999, p. 244.

encanto dos inúmeros bens culturais produzidos até aqui e que ainda procuram pelo verdadeiro espírito humano, que justamente por ser *demasiadamente humano*, torna-se, também, divino.[98]

Há como resistir, pois o Estado não é apenas o elemento formal de *segurança*; é, sobretudo, o elemento material de *liberdade*. HORTA garante, tendo REALE como avalista:

> Em contrapartida, REALE alerta que [...]: "O desaparecimento do Estado não interessa às nações emergentes, as quais somente lograrão preservar o que lhe é próprio, assim no campo da cultura como no de suas reservas naturais, se o Estado Nacional continuar a desempenhar um papel essencial de moderador, no entrechoque das reivindicações internacionais".[99]

A cultura é própria das nações.

Atente-se para a dialética entre Estado e Cultura. Por um lado, herança e patrimônio culturais só serão preservados se o Estado de Direito mantiver-se forte o suficiente para enfrentar a onda de golpes que buscam seu desmantelamento. Por outro, Estado e Direito só se preservarão se encontrarem impulso na revitalização de seus bens culturais. Fórmula induzida por REALE: "Ante a globalização, que pode ser massificante, cumpre ao Estado salvaguardar os valores específicos de sua cultura";[100] e deduzida por DINIZ: "Há um ressurgimento das tradições de cada cultura como força admirável de libertação."[101]

O ato de ressurgir é movimento histórico.

Ao final do século XVIII, a cultura dos povos brada por liberdade. Conquista-a, mas sente que o faz para o gozo de poucos. Aos demais parece que as relações sociais, atomizadas pela disputa entre oferta e procura, dilaceradas pela guerra entre o capital e o trabalho, são expressamente criadas

---

98 *Idem, ibidem.*
99 HORTA, *Horizontes jusfilosóficos do Estado de Direito, cit.*, p. 202.
100 REALE, Miguel. *Crise do capitalismo e crise do estado*. São Paulo: Senac, 2000, p. 57.
101 DINIZ, Arthur José Almeida. "A crise de nossos dias". *Revista da Faculdade de Direito*, Belo Horizonte, UFMG, ano XXVII, n. 21, p. 307-49, maio 1979.

pelo destino para atormentar seus corações e alienar suas mentes. A liberdade liberal não se prova universal. Através do método comparativo, confrontando épocas, REALE diagnostica a angústia sentida, então, pela humanidade:

> Na Democracia Social, ao contrário do que ocorre na Democracia Liberal de linhas clássicas, a liberdade que se quer garantir e realizar não é [...] apenas a do cidadão genericamente considerado, mas sim a do "homem situado" na concretitude de suas circunstâncias individuais, sociais e históricas.[102]

No século XIX parece que, historicamente, falta um pouco mais, como se o processo de emancipação do espírito estivesse pela metade. A cultura dos povos luta, então, por igualdade. Luta a troco de brechas, para encontrar fissuras na arquitetura do sistema que permitissem ensinar lições de vida ao poder do dinheiro, cada vez mais livre do poder do Estado. O que o *igualitarista* pretende é assegurar um modo de viver em paz, na certeza de manter-se digno e com condições de legitimar seu Estado-nação. MARX e ENGELS nomeiam as partes: burgueses e proletários:

> A burguesia desempenhou na história um papel extremamente revolucionário.
> Onde quer que tenha chegado ao poder, a burguesia destruiu as relações feudais, patriarcais, idílicas. Dilacerou impiedosamente os variegados laços feudais que ligavam o ser humano a seus superiores naturais, e não deixou subsistir entre homem e homem outro vínculo que não o interesse cru *(da nackte Interesse)*, o insensível "pagamento em dinheiro". Afogou nas águas gélidas do cálculo egoísta os sagrados frêmitos da exaltação religiosa, do entusiasmo cavalheiresco, do sentimentalismo pequeno-burguês. Fez da dignidade pessoal um simples valor de troca e no lugar das inúmeras liberdades já reconhecidas e duramente conquistadas colocou *unicamente* a liberdade de comércio sem escrúpulos. Numa palavra, no lugar da exploração mascarada por ilusões

---

102 REALE, Miguel. *Liberdade e democracia*: em torno do anteprojeto da Comissão Provisória de Estudos Constitucionais. São Paulo: Saraiva, 1987, p. 13.

políticas e religiosas colocou a exploração aberta, despudorada, direta e árida.[103]

Mas o *Estado social de Direito* mostra-se aquém da empreitada: sua forma de igualdade garante a liberdade apenas no recinto estrito da realidade nacional de países economicamente ricos. O resto da humanidade segue à margem da cidadania. Estado de coisas que, para ser compreendido, basta ouvir o lamento africano ou contemplar a agonia latino-americana, para se entender o que é viver em estado de cidadania restrita. Ao mesmo tempo, interpreta o sonho de universalizar direitos, de pintar um panorama cosmopolita e nacional para o Estado de Direito, pois, lembra HORTA, "cosmopolitismo e nacionalismo não podem ser contraditórios, já que é do patrimônio das culturas nacionais que se constrói o legado humano".[104]

---

103 MARK, Karl; ENGELS, Friedrich. *Manifesto do Partido Comunista*. Trad. Marco Aurélio Nogueira, Leandro Konder. 8 ed. Petrópolis: Vozes, 1998, p. 68. Sobre MARX, eis a anotação de GUSTIN, em GUSTIN, Miracy Barbosa de Sousa. CARNEIRO, Cynthia Soares. "O marxismo e as novas metodologias de análise histórica". In: GUSTIN, Miracy Barbosa de Sousa; SILVEIRA, Jacqueline Passos da; AMARAL, Carollino Scofield (orgs.). *História do direito*: novos caminhos e novas versões. Belo Horizonte: Mandamentos, 2007, p. 35: "Não é dispiciendo lembrar que Marx, quando estudante de Direito em Bonn e Berlim, ingressa no denominado *Doktorklub* – círculo de universitários hegelianos – dedicando-se a um cuidadoso estudo da obra de Hegel, um ícone da modernidade. Glosa sua *Filosofia do Direito*, o que resulta na *Crítica da filosofia do Estado de Hegel*, manuscrito elaborado em 1843, quando Marx tinha 25 anos de idade – daí as obras desse período serem identificadas como trabalhos do 'jovem Marx' para diferencia-las das obras do Marx maduro, cujo grande marco é *O Capital*. Desse período também os seus estudos sobre a filosofia de Feuerbach e sua aproximação com Arnold Ruge, que publica alguns artigos de Marx nos Anais Alemães, elaborados com base em seus estudos da filosofia de Spinosa, Kant, Leibniz, Hume e da teoria política de Rousseau, Montesquieu, Maquiavel, Tocqueville etc. A ruptura com a modernidade, em Marx, faz-se, no entanto, com o abandono 'da razão filosófica especulativa', voltando-se para o estudo das práticas sociais, as relações sociais concretizadas no mundo empírico, daí o seu 'novo método filosófico', consequência de sua aproximação com os membros da 'Liga dos Justos' e de sua amizade com Engels, fatos que resultarão na publicação, em 1848, do famoso 'Manifesto do Partido Comunista'".

104 HORTA, *Horizontes jusfilosóficos do Estado de Direito, cit.*, p. 232.

Diante da apreensão dos povos da Terra, o século XX toma providências, com base em fundamentos axiológicos, apontados por HORTA:

> Em 1945, assombrado, o mundo opta por reestruturar as relações internacionais. A criação da *Organização das Nações Unidas* foi o definitivo passo nessa direção. Em 10 de dezembro de 1948, emerge o marco definitivo de uma nova era: a *Declaração Universal dos Direitos do Homem*, que traz o novo valor central do Estado de Direito: a *Fraternidade* (ou *Solidariedade*, como preferem alguns).[105]

O termo *fraternidade* traduz a complexidade da ideia que se instala no centro do *Estado democrático de direito*: o reconhecimento do Outro como semelhante, porque pertencente à mesma cultura, e o reconhecimento do Outro como semelhante ainda que diferente, justamente porque pertencente à mesma cultura, pois toda cultura é plural, admite contingências no seio de suas estruturas. HORTA confirma: "Na perspectiva da fraternidade humana, a igualdade é matizada pelo respeito (e até mesmo pela valorização) à *diferença*";[106] e ergue divisas: "Democracia para a humanidade; eis o mote possível para o Estado democrático de Direito".[107] O que permitiria fazer com que o Estado de Direito transparecesse essas esperanças através de um nome que traduzisse, de maneira explícita, sua especificidade: *Estado democrático de Direito à Cultura*. Ou: *Estado democrático de Direito ao Patrimônio cultural*. Ou, em norma mais contundente: *Estado democrático de Direito à Cultura e ao Patrimônio cultural*. Ou: Deixe-se à imaginação outros subtítulos para o *Estado democrático de Direito*, convidando-a, assim, a engajar-se na luta contra os adversários do Estado de Direito à Cultura – à *cultura*, sim, pois todo e qualquer bem de um povo é, de "a" a "z", bem cultural, material ou imaterial.

---

105 Idem, ibidem, p. 230.
106 Idem, ibidem, p. 235.
107 Idem, ibidem, p. 243.

O Direito que deve proteger a Cultura está em gestação, os fundamentos jusfilosóficos do *Estado democrático de Direito*. HORTA atesta o momento de sua concepção jusfilosófica:

> Soam os ecos de Baden: a grande marca da atualidade é a descoberta do plano do valor jurídico, conecta à Filosofia dos Valores característica do século XX, cuja vertente neo-kantiana e idealista terá significativo impacto no Direito, a partir da Escola de Baden.[108]

HORTA percebe a amplitude da Axiologia Jurídica:

> É que, conforme BONAVIDES, ao estimular a investigação dos valores subjacentes ao Direito, a Jurisprudência dos Valores transmuta-se em *Jurisprudência dos Problemas*:
> "A 'jurisprudência dos valores', que é a mesma 'jurisprudência dos princípios', se interpenetra com a 'jurisprudência dos problemas' [a Tópica] (Vieweg-Zippelius-Enterría) e domina o constitucionalismo contemporâneo.
> Forma a espinha dorsal da Nova Hermenêutica na idade do pós--positivismo e da teoria material da constituição".[109]

De forma contundente, HORTA frisa que a Axiologia informa a *Teoria Tridimensional* de REALE, partindo "do reconhecimento 'de que a cultura, com seus plexos axiológicos, é o *habitat* histórico próprio do direito'".[110] A

---

108 *Idem, ibidem*, p. 249.

109 *Idem, ibidem*, p. 250.

110 *Idem, ibidem*, p. 252. HORTA, *op. cit.*, p. 252-5, aprofunda o estudo sobre as fronteira já estabelecidas do pós-positivismo. Refere-se, no campo do *culturalismo*, a MACHADO PAUPÉRIO, DJACIR MENEZES, PAULO BONAVIDES, NELSON SALDANHA; na esfera da *Semiótica* e *Hermenêutica Jurídica*, a Tércio SAMPAIO FERRAZ JÚNIOR, JOAQUIM CARLOS SALGADO, LUÍS ROBERTO BARROSO; na *Teoria do Direito*, a NORBERTO BOBBIO; menciona, ainda, na esfera da *Hermenêutica Jurídica*, o *objetivismo* de EMILIO BETTI (totalidade, autonomia e atualidade), o *subjetivismo* de HANS-GEORG GADAMER. Alude a *modelos jurídicos abertos*, prescritivos na legislação e hermenêuticos na doutrina. Anota alterações: no plano legislativo, com aplicação da *equidade*; no plano jurisdicional, conferindo-se maior autonomia e poder criador aos juízes; e, no plano hermenêutico, onde "o ato interpretativo passa a ser tomado

confirmação dessa *matriz cultural do Direito* lança as luzes definitivas para a argumentação aqui pretendida: considerando que nós, ocidentais, somos herdeiros, por um lado, de uma tradição cultural religiosa e, por outro, de uma tradição jurídica; lembrando que, diante de qualquer ameaça de lesão ou lesão propriamente dita, o patrimônio cultural ocidental deve ser defendido pelo Direito engendrado conforme nossas raízes culturais; tendo em vista que a civilização ocidental define-se pelo cristianismo, conforme Vaz, Hegel, Toynbee, Dawson – "as grandes religiões são os alicerces sobre os quais repousam as civilizações"[111] –, Braudel – "Uma civilização é sempre um passado, um certo passado vivo" –,[112] e Huntington – "A religião é uma característica central definidora das civilizações" –,[113] "O termo 'o Ocidente' é agora usado universalmente para se referir ao que se costumava chamar de Cristandade Ocidental";[114] afirma-se: cabe ao *Estado democrático de Direito* preservar sua herança cultural que, no campo da religiosidade de seu povo, significa manter vivo aquilo que define sua razão de ser, pois *a história do Ocidente* é a *história da transcendência*. Proteger o patrimônio cultural que recebemos de herança é, em último plano, manter vivo o Espírito, a parte inteira do Homem, sua essência, sua Ideia realizada ao longo da História.

Resta, agora, nomear os direitos a serem protegidos pelo *Estado democrático de Direito* e dos quais depende sua própria sobrevivência.

---

estruturalmente". E, mais, registra os avanços nos campos de *Filosofia do Direito*, *Teoria do Direito*, *Hermenêutica Jurídica*, *Técnica Jurídica* e *Direito Processual*. Por fim, assiste às novidades promovidas por estudos *jusinternacionalísticos*: *Direito Internacional Público*, *Direito econômico Internacional*, *Direito Comunitário*, *Direito da Integração* e *Direito Internacional Humanitário*, segundo ele, "matriz dos direitos de 3ª geração".

111 Dawson, Christopher. *Dynamics of World History*. Wilmington: Sheed and Ward, 2002, *apud* Huntington, p. 54.
112 Braudel, *Gramática das civilizações*, cit., p. 45.
113 Huntington, *O choque de civilizações e a recomposição da ordem mundial*, cit., p. 54.
114 *Idem, ibidem*, p. 53.

7. PROTEÇÃO JURÍDICA À HERANÇA CULTURA E ESTADO: *DIREITOS CULTURAIS*

DE QUE BARRO É FEITO O ESTADO? De um barro chamado Cultura. E a Cultura? – é composta de qual argila e de qual água? De valores, normas e signos – do sopro do Espírito, pois. O Estado é bem cultural de natureza imaterial, cuja imaterialidade expressa-se através daqueles bens que servem de referência à ação, memória e identidade de seu povo.

A história da Cultura é a história do Espírito. A história do Direito e a história do Estado são partes da História do Espírito, isto é, da Cultura. Essa é a lição de SALGADO, sobre Estado e liberdade:

> Na natureza em si ou abstratamente considerada, não se pode falar em liberdade e por isso não se pode falar em história. Entretanto, a natureza tem como verdade o Espírito e é nele suprassumida. A liberdade por sua vez só é efetiva na história ou no momento do Espírito, na identidade do eu e do nós pela mediação do seu mundo, que pressupõe a identidade da consciência (razão, nós) com esse mundo. O Espírito que é essa mesma liberdade, como liberdade de um nós manifesta na história, é o Estado. Há uma identidade entre o começo da história e o começo do Espírito ou da liberdade. Por isso, tudo ocorre com a simples presença do homem no mundo. Para Hegel não é o indivíduo o precedente histórico, é a sociedade concreta de indivíduos. Um e outro são

abstratos se tomados separadamente, quer como começo da história, quer como momento lógico. Como começo histórico (a história só é história do homem) a afirmação do indivíduo isolado seria, na versão de Hegel, tão absurda como a afirmação de uma sociedade sem indivíduos. Como momento lógico seria uma contradição afirmar isoladamente o indivíduo ou a sociedade, pois como momento (*movimentum*) são ambos passagem e mediação de um no outro. A história é assim a história do Espírito, vale dizer, a história é a história do Estado.[1]

SALGADO complementa a exposição desta forma:

> A identidade de um povo é a particularidade em que o Espírito se manifesta na história, e pela qual o indivíduo pertence ao universal. A história do Espírito como história da liberdade é a história de um povo e sua manifestação será tão mais efetiva quanto mais esse povo seja a encarnação do Espírito universal e quanto mais realiza a liberdade ou se organiza racionalmente.[2]

Identidade histórica, tradição cultural, compostas por bens de natureza material e imaterial – destes, Direito e Estado *objetivam* o Espírito manifesto no povo. O Estado cuja razão de ser é a *liberdade* é o Estado de Direito, aquele cuja finalidade é declarar e garantir o exercício dos direitos fundamentais. Fala-se em gerações de direitos fundamentais: direitos de primeira geração, os individuais e os políticos; de segunda geração, os sociais; e, de terceira geração, os direitos difusos. Cada geração, respectivamente, concede, segundo HORTA, "fundamento jusfilosófico aos três paradigmas de Estado de Direito":[3] *Estado liberal de Direito*; *Estado social de Direito*; e, *Estado democrático de Direito* – "é o percurso histórico do Estado de Direito, da declaração à universalização dos direitos fundamentais".[4] O *Estado democrático de Direito* funda-se na realiza-

---

1   SALGADO, *A ideia de justiça em Hegel*, cit., p. 395.
2   Idem, ibidem, p. 396.
3   HORTA, *Horizontes jusfilosóficos do Estado de Direito*, cit., p. 31.
4   Idem, ibidem, p. 280.

ção dos direitos fundamentais de terceira geração, direitos difusos. O vingar da terceira geração de direitos fundamentais é anunciado por BOBBIO:

> Com a Declaração de 1948, tem início uma terceira e última fase, *na qual a afirmação de diretos é, ao mesmo tempo, universal e positiva*: universal no sentido de que os destinatários dos princípios nela contidos não são mais apenas os cidadãos deste ou daquele Estado, mas todos os homens; positiva no sentido de que põe em movimento um processo em cujo final os direitos do homem deverão ser não mais apenas proclamados ou apenas idealmente reconhecidos, porém efetivamente protegidos até mesmo contra o próprio Estado que o tenha violado. No final desse processo, os direitos do cidadão terão se transformado, realmente, positivamente, em direitos do homem. Ou, pelo menos, serão os direitos do cidadão daquela cidade que não tem fronteiras, porque compreende toda a humanidade; ou, em outras palavras, serão os direitos do homem enquanto direitos do cidadão do mundo.[5]

BOBBIO esforça-se para identifica os direitos que podem ser chamados de direitos fundamentais de terceira geração:

> Jean Rivera inclui entre esses direitos os direitos de solidariedade, o direito ao desenvolvimento, à paz internacional, a um ambiente protegido, à comunicação. [...] A. E. Pérez [...] inclui entre esses direitos o direito à paz, os do consumidor, à qualidade de vida, à liberdade de informação.[6]

Diante da relação de direitos que constituem os *direitos fundamentais de terceira geração*, HORTA marca presença registrando, "no plano cultural, o direito ao *patrimônio comum (histórico, artístico, ambiental e paisagístico) da humanidade* e o pleno acesso à comunicação";[7] na verdade, a lista é incompleta,

---

5   BOBBIO, *A era dos direitos*, cit., p. 49.
6   *Idem, ibidem*, p. 31.
7   HORTA, *Horizontes jusfilosóficos do Estado de Direito*, cit., p. 269.

pois a humanidade, titular desses direitos, está em permanente desdobrar-se, ao longo do qual percebe os novos ideais a serem realizados, pois "em rigor, todos os direitos decorrem do *direito à liberdade*".[8]

A história da liberdade é a história do Espírito, que é a história da Cultura. Os direitos fundamentais de terceira geração são *direitos culturais* em sentido lato, que permitam ao Estado democrático de Direito, enquanto bem cultural do povo, defender-se a si mesmo – premissa claramente disposta na *Constituição da República Federativa do Brasil*, de 5 de outubro de 1988:

> Art. 215. O Estado garantirá a todos o pleno exercício dos direitos culturais e acesso às fontes da cultura nacional, e apoiará e incentivará a valorização e a difusão das manifestações culturais.
> § 1º O Estado protegerá as manifestações das culturas populares, indígenas e afro-brasileiras, e das de outros grupos participantes do processo civilizatório nacional.
> § 2º A lei disporá sobre a fixação de datas comemorativas de alta significação para os diferentes segmentos étnicos nacionais.
> § 3º A lei estabelecerá o Plano Nacional de Cultura, de duração plurianual, visando ao desenvolvimento cultural do País e à integração das ações do poder público que conduzem à:
> I - defesa e valorização do patrimônio cultural brasileiro;
> II - produção, promoção e difusão de bens culturais;
> III - formação de pessoal qualificado para a gestão da cultura em suas múltiplas dimensões;
> IV - democratização do acesso aos bens de cultura;
> V - valorização da diversidade étnica e regional."

Declarando os *direitos culturais* e garantindo seu exercício a todos, através de apoio e incentivo a fim de valorizar e difundir as manifestações culturais nacionais, o Estado protege a si mesmo do ataque corrosivo por parte das forças de mercado, manipuladas por diferentes atores internacionais para os quais não há força armada eficaz, mesmo aceitando que, no plano externo, o foro competente é a Organização das Nações Unidas, mas tendo que

---
8   *Idem, ibidem*, p. 279.

reconhecer que, no plano interno, a luta trava-se no dia-a-dia e dá-se na esfera da identidade do povo. Só há Estado, "liberdade de um nós manifesta na história",[9] se há identidade de povo. O Estado brasileiro, enquanto Estado ético, cumpre seu papel democrático e cuida para que todos mantenham viva a ideia e a construção do *Estado democrático de Direito*, através de acesso às fontes de cultura nacional. Mesmo porque, é sua única via de continuidade. Sua autoproteção não se dá mais apenas pelo poder, elemento formal do Estado de Direito. Sua autogarantia ocorrerá, então, também pela via da Cultura, elemento axiológico do poder do Estado.

O *caput* do artigo 216 define o mecanismo através do qual Estado, enquanto patrimônio cultural do povo brasileiro, protege-se a si mesmo:

> Art. 216. Constituem patrimônio cultural brasileiro os bens de natureza material e imaterial, tomados individualmente ou em conjunto, portadores de referência à identidade, à ação, à memória dos diferentes grupos formadores da sociedade brasileira, nos quais se incluem:
> I - as formas de expressão;
> II - os modos de criar, fazer e viver;
> III - as criações científicas, artísticas e tecnológicas;
> IV - as obras, objetos, documentos, edificações e demais espaços destinados às manifestações artístico-culturais;
> V - os conjuntos urbanos e sítios de valor histórico, paisagístico, artístico, arqueológico, paleontológico, ecológico e científico.

Não haveria de ser de outro modo. O *caput* norteia a percepção daquilo através do que o Espírito manifesta-se no povo: identidade, ação e memória. Os bens elencados ao longo dos cinco incisos podem ser compreendidos à luz da orientação hegeliana.

São bens de manifestação do espírito subjetivo (antropologia, fenomenologia, psicologia), no vértice da antropologia (alma natural, alma que sente, alma atual), no campo da alma atual (jogos de expressão, gestos, voz

---

9   SALGADO, *A ideia de justiça em Hegel*, cit., p. 395.

humana): as formas de expressão;[10] no vértice da psicologia (espírito teórico – inteligência, espírito prático – vontade, espírito livre), no campo do espírito teórico (intuição, representação, pensar), no momento do pensar (entender, julgar, conceber): as criações científicas e tecnológicas.

São bens de manifestação do espírito objetivo (direito abstrato, moralidade, vida ética da comunidade humana), no vértice da eticidade (família, sociedade civil, estado): os modos de criar, fazer e viver; edificações e demais espaços destinados às manifestações artístico-culturais; os conjuntos urbanos e sítios de valor histórico, paisagístico, artístico, arqueológico, paleontológico.

São bens de manifestação do espírito absoluto (arte, religião, filosofia), nos vértices da arte e da filosofia: as criações artísticas; as obras, objetos e documentos artístico-culturais.

O vértice da religião parece não ter sido contemplado! No entanto, consciente da necessidade de se posicionar diante das relações contemporâneas entre Estado e Igreja, o constituinte de 88 não se esquiva e deixa implícito que as formas de expressão da religiosidade de seu povo constituem patrimônio cultural brasileiro. Caminhe-se passo a passo ao longo dos incisos do artigo 216, da Constituição de 88. Inciso primeiro: Uma das *formas de expressão* do povo brasileiro é a *religiosidade* de sua *matriz religiosa*, através da qual exterioriza modos de pensamento, gestos, palavras escritas ou faladas; em torno da qual cria danças, orações etc.; em nome da qual estabelece crendices, cultos, festas, manifestos material ou imaterialmente. Inciso segundo: Dentre seus *modos de criar, fazer e viver* o brasileiro vive imerso em ambiente cultural de inquestionável *religiosidade* objetiva: batismo de recém-nascido, missa de sétimo dia, sinal da cruz de jogador de futebol à beira do campo antes de entrar na partida, hora da ave-maria em emissoras de rádio, comunidades inteiras que se referem a santos (São Paulo, Santa Catarina, São Luís etc.). Inciso

---

10   Cf. Silva, José Afonso da. *Ordenação constitucional da cultura*. São Paulo: Malheiros, 2001.
     Silva afirma que, ao falar em *formas de expressão*, a Constituição refere-se a "modos de exteriorização do pensamento, gestos, palavras escritas ou faladas; dança, crenças etc." (p. 96), crendices, cultos, festas, que tanto podem ser manifestações da cultura material como da cultura imaterial, "cujas valorização e difusão devem ser apoiadas e incentivadas, segundo a Constituição (art. 215)" (p. 98).

terceiro: No campo das *criações artísticas*, a *religiosidade* é um modo gigante de o brasileiro afirmar sua identidade, da nave da igreja barroca à vestimenta de marujos, caboclinhos ou catopês, da dança ritual do Xingu à festa dos orixás – é tudo tão belo e a beleza é o valor que o homem atribui ao objeto artístico; na esfera de sua *religiosidade*, junto o belo ao sagrado. Inciso quarto: há um sem número de obras (um exemplo: *Réquiem*, de José Maurício Nunes Garcia), de objetos (máscaras, tambores, imagens) documentos (partituras, textos dramatúrgicos, livros de atas de Irmandades), edificações (igrejas, templos, terreiros...) e espaços (praças, ruas, avenidas, encruzilhadas) destinados às manifestações artístico-culturais-religiosas. Inciso quinto: os conjuntos urbanos (Diamantina, Mariana, Ouro Preto) e sítios de valor histórico-religioso como é o caso do adro de todas as igrejas do Brasil.

No entanto, mesmo juridicamente protegidas, as marcas culturais da tradição religiosa das quais somos herdeiros estão ameaçadas ou sofrendo graves lesões. É preciso, então, reconhecer, no seio dos direitos culturais em sentido lato, um *direito à religiosidade*, que impeça ameaças e lesões, representadas por determinados aspectos da relação contemporânea entre Estado e religião, tanto na política interna, quanto na esfera internacional. Um *direito à religiosidade* capaz de garantir a todo brasileiro o acesso, em primeiríssimo lugar, ao patrimônio cultural ocidental e, em seguida, ao patrimônio cultural mundial. Isso significa permitir que todo brasileiro se forme enquanto membro da humanidade, carregando em sua alma e sua mente o que é próprio de sua cultura. O *Estado democrático de Direito* brasileiro deve erigir um *direito à religiosidade*, para que possa resolver com tranquilidade os conflitos sociais em torno da questão que já se fazem polemicamente presentes no cotidiano nacional. Aos órgãos públicos cabe, desde já, o cuidado na preservação de nossas tradições, negando sistematicamente que os ocupantes de seus cargos, por motivos religiosos ou profanos, tentem enfraquecer o Estado brasileiro através de ataque a símbolos religiosos. Ao pretender um grau de laicidade incompatível com a herança de nosso povo, o que determinados setores da sociedade fazem é, em imagem caricatural, desejar que a imagem do Cristo Redentor seja retirada do Corcovado (Rio de Janeiro), ou que a cruz instalada na Praça do Praça (Belo Horizonte) seja desmontada, ou que catedral de

Brasília seja implodida. Apesar do exagero, os exemplos imaginados acentuam o problema e tornam mais real a necessidade de reflexão acerca de um direito que proteja as referencias da cultura brasileira, principalmente as relativas à religiosidade de seu povo.

Quantum satis![11]

---

11 A expressão latina traduz-se por 'quanto basta' e pode se refir a dose suficiente, a quantidade razoável.

REFERÊNCIAS BIBLIOGRÁFICAS

ANDRADE, Mário de. *Pequena história da música.* 7ª ed. São Paulo: Martins, 1980.

ARNAOUTOGLOU, Ilias. *Leis da Grécia Antiga.* Trad. Ordep Trindade Serra, Rosiléa Pizarro Carnelós. São Paulo: Odysseus, 2003.

BACHELARD, Gaston de. *A psicanálise do fogo.* Trad. Paulo Neves. São Paulo: Martins Fones, 1999.

BANDEIRA, Manuel. *Estrela da vida inteira.* 6ª ed. Rio de Janeiro: José Olympio, 1976.

BERMAN, Harold J. *Direito e revolução*: a formação da tradição jurídica ocidental. Trad. Eduardo Takemi Kataoka. São Leopoldo: Unisinos, 2004.

BILLIER, Jean-Cassien. MARYIOLI, Aglaé. *História da filosofia do direito.* Trad. Maurício de Andrade. Barueri: Manole, 2005.

BITTENCOURT FILHO, José. *Matriz religiosa brasileira*: religiosidade e mudança social. Petrópolis: Vozes, 2003.

BOBBIO, Norberto. *A era dos direitos.* Trad. Carlos Nelson Coutinho. Rio de Janeiro: Elsevier, 2004.

_____. *O positivismo jurídico*: lições de filosofia do direito. Trad. Márcio Pugliesi, Edson Bini, Carlos E. Rodrigues. São Paulo: Ícone, 1995.

_____. *Teoria da norma jurídica*. Trad. Fernando Pavan Baptista e Ariani Bueno Sudatti. 3ª ed. revista. Bauru: Edipro, 2005.

BOEHNER, Philotheus; GILSON, Etienne. *História da filosofia cristã*. 9ª ed. Petrópolis: Vozes, 2004.

BOLTSHAUSER, João. *História da arquitetura* – v. IV. Belo Horizonte: Escola de Arquitetura da UFMG, 1968.

BOURGEOIS, Bernard. *O pensamento político de Hegel*. Trad. Paulo Neves da Silva. São Leopoldo: Unisinos, s/d.

BRAUDEL, Fernand. *Gramática das civilizações*. Trad. Antonio de Pádua Danesi. 3ª ed. São Paulo: Martins Fontes, 2004.

_____. *Memórias do Mediterrâneo*: pré-história e antiguidade (Trad. Teresa Antunes Cardoso *et al*). Rio de Janeiro: Multinova, 2001.

BROCHADO, Mariá. *Direito e ética*: a eticidade do fenômeno jurídico. São Paulo: Landy Editores, 2006.

BROWN, Peter Robert Lamon. *Santo Agostinho*: uma biografia. Trad. Vera Ribeiro. 2ª ed. Rio de Janeiro: Record, 2005.

CAENEGEM. R. C. VAN. *Uma introdução histórica ao direito privado*. Trad. Carlos Eduardo Lima Machado. 2ª ed. São Paulo: Martins Fontes, 2000.

CALMON, Pedro. *História do Brasil*: século XVI, as origens (conclusão), século XVII, formação brasileira. 2ª ed. Rio de Janeiro: José Olympio, 1963.

COELHO, Luiz Fernando. *Introdução histórica à filosofia do direito*. Rio de Janeiro: Forense, 1977.

COELHO, Vera Penteado (org.). *Karl von den Steinen*: um século de antropologia no Xingu. São Paulo: Edusp, 1993.

COLLINS, Michael; PRICE, Matthew. *História do cristianismo*: 2000 anos de fé. São Paulo: Loyola, 2000.

COMPARATO, Fábio Konder. *Ética*: direito, moral e religião no mundo moderno. São Paulo: Companhia das Letras, 2006.

DAL RI JÚNIOR, Arno. *História do direito internacional*: comércio e moeda; cidadania e nacionalidade. Florianópolis: Fundação Boiteus, 2004.

DALLARI, Dalmo. *Elementos de teoria geral do Estado*. 19ª ed. São Paulo: Saraiva, 1995.

DAVID, René. *Os grandes sistemas do direito contemporâneo*. Trad. Hermínio A. Carvalho. 4ª ed. São Paulo: Martins Fontes, 2002.

DEL VECCHIO, Giorgio. *História da filosofia do direito*. Trad. João Baptista da Silva. Belo Horizonte: Líder, 2003.

DINIZ, Arthur José Almeida. "A crise de nossos dias". *Revista da Faculdade de Direito*, Belo Horizonte, UFMG, ano XXVII, n. 21, p. 307-49, maio 1979.

DINIZ, Arthur José Almeida. *Reflexões sobre o direito e a vida* (Org. Rogério Faria Tavares). Belo Horizonte: Movimento Editorial da Faculdade de Direito da UFG, 2005.

FABRIZ, Daury César. *A estética do direito*. Belo Horizonte: Del Rey, 1999.

FEBVRE, Lucien. *A Europa*: gênese de uma civilização. Trad. Ilka Stern Cohen. Bauru: Edusc, 2004.

FERRAZ JR., Tércio Sampaio. *A ciência do direito*. 2ª ed. São Paulo: Atlas, 1986.

_____. *Introdução ao estudo do direito*: técnica, decisão, dominação. 2ª ed. São Paulo: Atlas, 1994.

FERREIRA, Manuel J. Carmo. *Hegel*: prefácios. Tradução, introdução e notas de Manuel J. Carmo Ferreira. Imprensa Nacional – Casa da Moeda, 1990. (*Estudos Gerais* Série Universitária, Clássicos de Filosofia).

FOUCAULT, Michel. "Linguagem e literatura". Trad. Jean-Robert Weisshaupt e Roberto Machado. In: MACHADO, Roberto. *Foucault*: a filosofia e a literatura. 2ª ed. Rio de Janeiro: Zahar, 2001.

FRANCISCO, Dalmir. "Negro, etnia, cultura e democracia". *Revista do Patrimônio Histórico e Artístico Nacional*, Ministério da Cultura – IPHAN, n. 25 – Negro brasileiro negro, 1997.

FREITAS, Marcus Vinicius de. *Hartt*: expedições pelo Brasil Imperial 1865-1878. São Paulo: Metavídeo, 2001.

FUSTEL DE COULANGES, Numa Denis. *A cidade antiga*: estudos sobre o culto, o direito, as instituições da Grécia e de Roma. Trad. Jonas Camargo Leite e Eduardo Fonseca. 6ª ed. Rio de Janeiro: Ediouro, 1996.

GALEANO, Eduardo. *Memória do fogo, 1*: nascimentos. Trad. Eric Nepomuceno. Rio de Janeiro: Paz e Terra, 1983.

GASNNER, John. *Mestres do teatro*. V. 1. Trad. Alberto Guzik e J. Guinsburg. São Paulo: Perspectiva, 1974.

GUSTIN, Miracy Barbosa de Sousa; SILVEIRA, Jacqueline Passos da; AMARAL, Carolline Scofield (orgs.). *História do direito*: novos caminhos e novas versões. Belo Horizonte: Mandamentos, 2007.

HAUSER, Arnold. *História social da arte e da literatura*. Trad. Álvaro Cabral. São Paulo: Martins Fontes, 1998.

HEGEL, Georg Wilhelm Friedrich. *A razão na história*: uma introdução geral à filosofia da história. Trad. Beatriz Sidou. 2ª ed. São Paulo: Centauro, 2001.

HESÍODO. *Teogonia*: a origem dos deuses. Trad. Jaa Torrano. São Paulo: Massao Ohno-Roswitha Kempf, 1981.

HESPANHA, António Manuel. *Cultura jurídica europeia*: síntese de um milênio. Florianópolis: Fundação Boiteux, 2005.

HORTA, José Luiz Borges. *História do Direito*: notas de aula. Belo Horizonte: Programa de Pós-Graduação da Faculdade de Direito da UFMG, 2005.

_____. *Horizontes jusfilosóficos do Estado de Direito*: uma investigação tridimensional do Estado liberal, do Estado Social e do Estado Democrático, na perspectiva dos direitos fundamentais. Belo Horizonte, Faculdade de Direito das UFMG, 2002 (Tese de Doutorado em Filosofia do Direito).

_____. "Uma breve introdução à Filosofia do Estado de John Locke". *Revista Brasileira de Estudos Políticos*, Belo Horizonte, UFMG, n. 90, jul./dez. 2004.

<http://greek.hp.vilabol.uol.com.br/teatro.htm>. Acesso em 20 de maio de 2007.

<http://www.colegiosaofrancisco.com.br/alfa/alexandre-herculano/eurico-o--presbitero-8.php>.

<http://www.hkocher.info/minha_pagina/proverbios.htm>. Acesso em 5 de junho de 2007.

Huntington, Samuel. *O choque de civilizações e a recomposição da ordem mundial*. Rio de Janeiro: Objetiva, 1997.

Inwood, Michael. *Dicionário Hegel*. Trad. Álvaro Cabral. Rio de Janeiro: Zahar, 1997.

Johnson, Paul. *História do cristianismo*. Trad. Cristiana de Assis Serra. Rio de Janeiro: Imago, 2001.

Kant, Immanuel. *A metafísica dos costumes*. Trad. Edson Bini. Bauru: Edipro, 2003.

Kerényi, Karl. *Dioniso*: imagem arquetípica da vida indestrutível. Trad. Ordep Trindade Serra. São Paulo: Odysseus, 2002.

_____. *Os deuses gregos*. Trad. Octavio Mendes Cajado. São Paulo: Cultrix, 2000.

Laplanche, J.; Pontalis, J.-B. *Vocabulário da psicanálise*. Trad. Pedro Tamen. 9ª ed. São Paulo: Martins Fontes, 1986.

Le Goff, Jacques. *A civilização do ocidente medieval*. V. 1. Trad. Manuel Ruas. Lisboa: Editorial Estampa, 1983.

Lopes, Nei. "As línguas dos povos bantos e o português no Brasil". *Revista do Patrimônio Histórico e Artístico Nacional*, Ministério da Cultura – IPHAN, n. 25 – Negro brasileiro negro, 1997.

Machado, Roberto. *Foucault*: a filosofia e a literatura. 2ª ed. Rio de Janeiro: Zahar, 2001.

Marky, Thomas. *Curso elementar de direito romano*. 8ª ed. São Paulo: Saraiva, 1995.

Marton, Scarlett. *Nietzsche*: uma filosofia a marteladas. São Paulo: Brasiliense, 1982.

Marx, Karl; Engels, Friedrich. *Manifesto do Partido Comunista*. Trad. Marco Aurélio Nogueira, Leandro Konder. 8ª ed. Petrópolis: Vozes, 1998.

Mata-Machado, Edgar de Godoi. *Elementos de teoria geral do direito*: para os cursos de introdução ao estudo do direito. Belo Horizonte: Líder, 2005.

Mondolfo, Rodolfo. *El pensamiento antiguo*: historia de la filosofia greco-romana. 2ª ed. Buenos Aires: Loada, 1945.

MORAES, José Geraldo Vinci de. *História*: geral e Brasil. São Paulo: Atual, 2003.

MORRISON, Wayne. *Filosofia do direito*: dos gregos ao pós-modernismo. Trad. Jefferson Luiz Camargo. São Paulo: Martins Fontes, 2006.

MOTT, Luiz. "Dedo de anjo e osso de defunto: os restos mortais na feitiçaria afro-luso-brasileira". *Revista USP/Coordenadoria de Comunicação Social, Universidade de São Paulo*, n. 1, mar./maio 1989.

NIETZSCHE, Friedrich Wilhelm. *A gaia ciência*. Trad. Paulo César de Souza. São Paulo: Companhia das Letras, 2001.

_____. *Humano, demasiadamente humano*: um livro para os espíritos livres. Trad. Paulo César de Souza. São Paulo: Companhia das Letras, 2000.

NUNES, Benedito Nunes. "A visão romântica". In: GUINSBURG, J. (org.). *O romantismo*. São Paulo: Perspectiva, 1978.

Patrimônio imaterial: o registro do patrimônio imaterial: dossiê final das atividades da Comissão e do Grupo de Trabalho Patrimônio Imaterial. Brasília: Ministério da Cultura/Instituto do Patrimônio Histórico e Artístico Nacional, 2ª ed., 2003.

PAULO, 1 *Cor* 1, 17-25.

PEREIRA, Caio Mário da Silva. "Código de Napoleão: influência nos sistemas jurídicos ocidentais". *Revista da Faculdade de Direito*, Belo Horizonte, Universidade Federal de Minas Gerais, v. 32, 1989.

PERROT. Michel. *História da vida privada*. Trad. Hildegard Feist. São Paulo: Companhia das Letras, 1991.

PLATÃO. *A república* ou: sobre a Justiça. Gênero político. Trad. Carlos Alberto Nunes. 3ª ed. Belém: Edufpa, 2000.

_____. *Górgias*. 5ª ed. Lisboa: Edições 70, 200-.

RAMOS, Marcelo Maciel. *Ética grega e cristianismo na cultura jurídica ocidental*. Belo Horizonte, Faculdade de Direito da UFMG, 2007 (Dissertação de mestrado em Filosofia do Direito).

REALE, Miguel. *Crise do capitalismo e crise do estado*. São Paulo: Senac, 2000.

_____. *Filosofia do direito*. São Paulo: Saraiva, 2002.

_____. *Liberdade e democracia*: em torno do anteprojeto da Comissão Provisória de Estudos Constitucionais. São Paulo: Saraiva, 1987.

_____. *Nova fase do direito moderno*. 2ª ed. São Paulo: Saraiva, 1998.

RECASENS SICHES, Luis. *Tratado general de filosofia del derecho*. 4ª ed. Mexico: Porrua, 1970.

RIBEIRO, Darcy. *O povo brasileiro*: a formação e o sentido do Brasil. São Paulo: Companhia das Letras, 1995.

RUSSELL, Bertrand. *História do pensamento ocidental*: a aventura dos pré-socráticos a Wittgenstein. Trad. Laura Alves e Aurélio Rebello. Rio de Janeiro: Ediouro, 2002.

SAINT-HILAIRE, Auguste de. *Viagem pelas províncias do Rio de Janeiro e Minas Gerais*. Trad. Vivaldi Moreira. Belo Horizonte: Itatiaia, 1975.

SALDANHA, Nelson. *Filosofia do direito*. 2ª ed. Rio de Janeiro: Renovar, 2005.

_____. *Pequeno dicionário de teoria do direito e filosofia política*. Porto Alegre: Fabris, 1987.

SALGADO, Joaquim Carlos. *A ideia de justiça em Hegel*. São Paulo: Loyola, 1996.

_____. *A ideia de justiça em Kant*: seu fundamento na liberdade e na igualdade. Belo Horizonte: UFMG, 1986.

_____. *A ideia de justiça no mundo contemporâneo*: fundamentação e aplicação do direito como *maximum* ético. Belo Horizonte: Del Rey, 2007.

_____. "O Estado Ético e o Estado Poiético". *Revista do Tribunal de Contas do Estado de Minas Gerais*, Belo Horizonte, v. 27, n. 2, abr./jun. 1998.

_____. "Os direitos fundamentais". *Revista Brasileira de Estudos Políticos*, Belo Horizonte, UFMG, n. 82 (separata), jan. 1996.

SEGATO, Rita Laura. "*Okarilé*: uma toada icônica de Iemanjá". *Revista do Patrimônio Histórico e Artístico Nacional*, Ministério da Cultura – IPHAN, n. 28 – Arte e cultura popular, 1999.

SILVA, José Afonso da. *Ordenação constitucional da cultura*. São Paulo: Malheiros, 2001.

TIMMERMANS, Benoît. *Hegel*. Trad. Tessa Moura Lacerda. São Paulo: Estação Liberdade, 2005.

VAN CREVELD, Martin. *Ascenção e declínio do Estado*. Trad. Jussara Simões. São Paulo: Martins Fontes, 2004.

VAZ, Henrique Cláudio de Lima. *Escritos de filosofia I*: problemas de fronteira. 2ª ed. São Paulo: Loyola, 1998.

_____. *Escritos de filosofia III*: filosofia e cultura. São Paulo: Loyola, 1997.

_____. *Escritos de filosofia VI*: ontologia e história. São Paulo: Loyola, 2001.

_____. *Escritos de filosofia VII*: raízes da modernidade. São Paulo: Loyola, 2002.

VOLTAIRE. *A filosofia da história*. Trad. Eduardo Brandão. São Paulo: Martins Fontes, 2007.

WHEATCROFT, Andrew. *Infiéis:* o conflito entre a Cristandade e o Islã. Trad. Marcos José da Cunha. Rio de Janeiro: Imago, 2004.

WOLKMER, Antônio Carlos (org.). *Fundamentos de história do direito*. 3ª ed. Belo Horizonte: Del Rey, 2005.

_____. *Síntese de uma história das ideias jurídicas*: da antiguidade à modernidade. Florianópolis: Fundação Boiteux, 2006.

WRIGHT, Robin M. "História indígena do noroeste da Amazônia: hipóteses, questões e perspectivas". In: CUNHA, Manuela Carneiro. *História dos índios no Brasil*. São Paulo: Companhia das Letras, 1992.

Esta obra foi impressa em Santa Catarina no inverno de 2012 pela Nova Letra Gráfica & Editora. No texto foi utilizada a fonte Minion em corpo 10 e entrelinha de 14,5 pontos.